Management

应用型本科规划教材

管理学 （第二版）

Management

◆ 主　编　王积瑾　王　卫
◆ 副主编　徐优丽　李　总

ZHEJIANG UNIVERSITY PRESS
浙江大学出版社

图书在版编目(CIP)数据

管理学 / 王积瑾,王卫主编. —2版. —杭州:浙江大学
出版社,2012.9(2015.6重印)

ISBN 978-7-308-10588-0

Ⅰ. ①管… Ⅱ. ①王… ②王… Ⅲ. ①管理学 Ⅳ. ①C93

中国版本图书馆 CIP 数据核字(2012)第 214037 号

管理学(第二版)

王积瑾　王　卫　主编

策　　划	朱　玲	
责任编辑	葛　娟	
封面设计	联合视务	
出版发行	浙江大学出版社	
	(杭州市天目山路 148 号　邮政编码 310007)	
	(网址:http://www.zjupress.com)	
排　　版	杭州中大图文设计有限公司	
印　　刷	德清县第二印刷厂	
开　　本	787mm×960mm　1/16	
印　　张	21	
字　　数	388 千	
版 印 次	2012 年 9 月第 2 版　2015 年 6 月第 11 次印刷	
书　　号	ISBN 978-7-308-10588-0	
定　　价	39.00 元	

总　序

胡祖光

　　应用型本科教育是在我国经济建设现代化和高等教育大众化推动下产生的一种新类型本科教育。研究型和教学研究型高校主要培养理论型人才,高职类院校培养技能型人才,而大量的教学型本科院校、独立学院培养的是介于前两类院校之间的应用型人才。应用型本科教育作为一种独立的教育类型,它具有自己的人才培养目标、培养规格、培养过程、培养方式和评价标准。

　　随着办学规模的快速扩大和分类指导、分层教学的开展,应用型本科高校的人才培养定位日益清晰,但作为实现培养目标重要工具的教材建设却远远滞后。由于应用型教材种类和数量的匮乏,使得许多院校不得不沿用传统研究型教学的教材,严重影响了应用型本科院校人才培养目标的实现。浙江大学出版社一直关注应用型本科院校的建设与发展,把开发应用型本科教育教材列为重要工作,组织力量并与相关高校密切合作,与广大一线教师、院系教学领导进行充分有效的研讨、交流,组织优秀的作者队伍编写教材,努力编写出适合应用型人才培养需要的教材。

　　应用型本科院校大多设置有经管类专业,在学人数量很大,涉及的课程也很多。浙江大学出版社在调查研究基础上,优先开发了教学急需、改革方案明确、适用范围较广的教材。

胡祖光:浙江工商大学党委书记、校长,浙江省社会科学界联合会主席,教授、博导。

本系列教材具有以下特色：

1. 强调教材要符合应用型本科教育的定位和人才培养目标。考虑到应用型本科教育既要符合高等教育法关于本科教育学业标准的规定，又要充分体现应用性的特点，强调以应用为主线来构建教材的结构和内容，做到基本理论适度，实际应用性突出。同时，把经管类学生应当学习和掌握的应知应会的基本技能贯穿于教材中，把理论与实验实训有机结合起来。

2. 强调教材及时反映新观点、新技术、保证学生接收和掌握前沿实用的知识和技能。把当前生产工程、管理、服务一线的新观点、新技术收入教材中，增强学生的学习能力、就业能力、转岗能力和创业能力。

3. 聚集多校力量，吸纳各校教改成果，提高教材质量。将情况较为类似的学校组织到一起进行教材编写，挑选业务水平高、教学经验丰富的一线骨干教师作为主编。通过集体讨论来决定教材的整体框架、内容选取，把各校的教学改革成果体现到教材中。

相信这套精心策划、认真编写出版的系列教材会得到广大院校的认可，对于应用型本科院校经济管理类专业的教学改革和教材建设将起到积极的推动作用。

2006 年 8 月

前　　言

　　管理学是教育部规定的普通高等学校经贸管理类专业的一门重要的核心专业基础课程。

　　浙江省的应用型本科院校自 1999 年 7 月创办以来,发展迅猛,其中经贸管理类专业数量很多。开创初期,我们一般都采用普通高等学校的教材,虽然管理学教材种类很多,但几部代表性教材改版以后篇幅越来越长,有的甚至达到五十余万字。要找一部思路清晰、简洁明了、适合应用型本科院校使用的教材很难。为此,我们组织编写了这部针对应用型本科院校学生特点的管理学教材。

　　负责本书编写工作的都是多年来从事应用型本科管理学课程教学的任课教师。他们既熟悉普通高等学校管理学课程的教学内容和各种管理类的教材,又了解应用型院校学生的现状,包括他们的接受能力和认知水平。为了编好教材,全体参编者在由主编提供的《管理学课程编写大纲》的基础上进行了认真而热烈的讨论,并在教材目标定位、内容体系和编写特点上达成共识,为编写工作创造了良好的基础。

　　本书自 2007 年出版发行以来,至今已印刷七次,发行量达 2 万余册。除浙江省的应用型本科院校使用外,还有北京、广东、江苏等地的高校使用本教材。为了更好地适应管理学课程的教学需要,进一步提高教材质量,我们决定对教材进行改版。

　　参加第二版编写的老师们,对教材的目标定位、内容体系和编写特点又进行了认真的讨论,既肯定了第一版教材的内容体系和编写特点,也指出了需要改进的地方。决定在保留总体框架结构的基础上,删除了部分与目前的社会经济环境已不相适应的内容,修改了部分讨论题,更新了部分案例分析,使其与现实能够更加紧密结合。

　　为了更好地反映管理理论的新发展,我们增加了创新这一章,以使管理理论的内容体系更加完整。

一、教材目标定位

　　教材的编写必须服务于人才培养目标。我们在总结多年来应用型本科管理学课程教学改革和实际调研的基础上,确立了要编写一部适合于应用型本科院校使用的管理学教材。

本书的目标定位:服务于各类应用型本科经贸管理人才的培养模式。这既区别于普通高校教学型及研究型本科教材服务于培养各类高级经贸管理人才的培养目标,又区别于高职高专培养各类高级技能型管理人才的培养目标。而是培养既有系统的管理理论,又具有管理实际能力的高级应用型管理人才。

二、教材内容体系

本书以培养应用型管理人才为主线,努力使学生掌握两大基础理论:一是系统的管理基础知识,二是基本的管理思想与理念;重点培养学生的四大管理能力:即计划与决策的能力、组织与人事的能力、领导与沟通的能力和控制与信息处理的能力。

根据这一体系,全书共分为 10 章。

1. 管理导论

本章着重阐述管理的概念和重要性、管理的性质和职能、管理的对象和基本方法、管理者的角色和技能、管理学的特点和研究方法等内容,是管理的原理部分。

2. 管理演进

既包括管理实践的发展,也包括管理思想的演进,特别是管理理论的演进。主要介绍我国古代、近代和现代的管理思想以及近现代西方管理理论的发展、演变过程,特别是管理理论的"热带丛林",最后分析了管理理论发展的新趋势。

3. 管理伦理

这部分内容在国内部分管理学教材中是不涉及的,而我们认为在现代管理中伦理问题值得重视。美国管理学家斯蒂芬·P.罗宾斯在他的《管理学》中除单独设立"社会责任与管理道德"一章外,还在其他章节开辟了"管理的道德困境"栏目。本章从介绍企业和企业治理结构入手,分析了企业作为一个社会经济细胞的伦理问题及其所应承担的社会责任问题。

4. 管理环境

环境研究是管理决策和制订计划的前提。本章从管理环境及其分类入手,着重分析了管理者进行决策时所需考虑的各种内、外部环境因素。其中外部环境因素包括一般环境和特殊环境,而内部环境除阐述各种经营条件外,重点介绍了组织文化。

5. 管理决策

决策是管理工作的本质。管理的各项职能——计划、组织、领导控制都离不开决策。本章阐述了管理决策的概念及其前提条件、决策的类型、各种决策问题的决策程序,重点介绍了各种定性和定量的决策方法。

6.计划

计划是管理的首要职能。本章主要阐述了计划的概念和作用、计划类型、计划内容、计划编制过程以及影响计划的因素,并对目标管理的思想和工作程序进行分析和介绍,最后重点阐述了计划的工具和计划,包括滚动计划法、网络计划法和时间管理。

7.组织

本章在阐述组织的概念、组织设计的任务、组织设计的原则以及影响组织设计的各种因素基础上,对组织结构各种形式包括优缺点及其适用条件和范围进行重点阐述,并阐述了人员配备的任务、程序和原则,包括人员选聘、人员培训和人员考核等问题,最后,讨论了组织整合的相关问题,如正式组织与非正式组织、集权与分权、授权等。

8.领导

本章主要阐述了领导的概念和作用,领导的特质理论、行为理论和权变领导,对于各种激励理论,包括内容型、满足型和强化型,激励理论和方法进行了阐述和分析,并对各种沟通理论及相关的方法进行详细的分析和介绍。

9.控制

本章在分析控制的含义、控制的作用、控制系统的建立、管理控制的三种基本类型的基础上,对控制过程和各种具体的控制方法进行了介绍,如预算控制、比率分析、审计控制和统计分析控制等。

10.创新

本章从阐述创新的概念和特征出发,介绍了创新的作用、创新的条件和创新的具体过程。又对创新的各项内容、创新的各种模式和方法进行了比较详细的阐述。并对管理创新的各项管理工作包括计划、组织、领导和控制进行了具体的介绍。

三、教材编写特点

1.以培养社会需要的应用型管理人才为导向。教材是为课程服务的,课程是为人才培养目标服务的。本教材建立在各类应用型本科院校应用型管理人才的办学理念基础上,从编写的指导思想,到内容选择、编写模式都要服务于应用型、外向型、复合型人才的培养模式,适合应用型本科院校的办学特色——"低起点,有坡度,上水平"。

2.在教材内容取舍上,既区别于普通高校教学型及研究型本科教材,又区别于高职高专的高级技能型教材。力求做到概念和知识体系清晰,在介绍各种管理理论时,不是直白的叙述,而是从管理理论研究的背景、研究方法、推理过程对管理理论加以介绍,容易使读者深刻理解管理理论的内容。同时尽可能做到古为今用,洋为中用。本书在编写中借鉴了大量的历史资料以及国内外的管理理论和管理案例,并努力使理论与实践相结合,以此来丰富管理学教学内容,拓展学生的思维空间,使学生能够既具有较为系统的管理理论,又掌握一定的管理技能和方法。

3.教材框架结构完整,理论体系清晰。从介绍管理原理入手(第1章管理导论),接着介绍管理实践管理思想,管理理论的发展过程(第2章管理演进),然后介绍当今管理中的一个热点问题(第3章管理伦理),后面部分按管理职能分别加以阐述,重点突出了管理的首要职能即计划职能。共分为三章,分别是第4章管理环境、第5章管理决策、第6章计划。最后介绍第7章组织、第8章领导、第9章控制和第10章创新。

4.编写形式上的创新,力求充分体现教科书的特点。我们打破了研究型教材以"绪论"、"概念"、"论述"和"案例"的套路。每一章设置的栏目有:

* 学习目标:为了帮助读者有效地学习,本书在每一章开头提出了学习目标,指出这一章应该掌握的内容,具体达到什么学习目的。

* 引例:即在每一章学习目标后引入案例,为学习此章内容创造一个管理情景,激发学生的学习兴趣。

* 思考题:在每一章都包含有不少的思考题,包括小的案例讨论,目的是促使学生在学习过程中开动脑筋,进行思考,加深对管理基本概念和基本观点的理解和掌握。同时,通过思考题进一步激发学生学习的兴趣,自觉扩大阅读面。

* 本章小结:各章后面都有一个围绕此章学习目标的简明总结,正如学习目标指出学习方向一样,本章小结则是提醒学生目前应该掌握的学习程度。

* 复习思考题:每一章后面都设有一些复习思考题,这些问题都是直接针对该章内容的,答案一般都可以从本章内容中直接找到,包括一些计算题和分析题。

* 案例讨论:每一章的最后都附有一个案例。通过对这些案例的讨论、分析,可以使学生理论联系实际,提高自己灵活运用管理知识来解决管理实际问题的能力,同时加深对相关章节管理知识的理解。

四、教材使用方法建议

1.本教材是为应用型本科经贸管理类专业"管理学"课程服务的,全部教材内容通常需要64学时(即一学期16周,每周4学时)才能讲完。由于各校对管理学课时的规定各不相同,因此在大多数情况下需要根据不同的课时数确定教学内容,由教师在此教材基础上适当增减内容。

2.树立以调动学生学习积极性为核心,激励学生自主学习的教学理念。在教学过程中充分发挥学生的主体作用和教师的主导作用,对于这些没有工作经验的本科生,可以以社会生活和日常大学生活中可能遇到的管理问题为例,讲解教材中的管理学知识,避免其由于没有工作经验而难以理解社会上所遇见的管理问题。

3.教师精讲,学生参与,建立互动式课堂。教师要在讲授基本管理理论——原理和方法后,发动学生参与,通过案例分析、撰写小论文、课堂讨论、演讲等多种方式,构建激励学生自主学习的机制与氛围,包括营造一种生动活泼、师生互动的课堂氛围。

4.在本教材中,根据教材的目标定位,我们为应用型本科学生提供了系统的管理学基础知识,同时提供了不少思考与少量的案例分析和练习,其目的就是在保证管理学知识结构体系完整性和系统性的同时,为教师教学提供足够的发挥空间。也就是说,每一位管理学课程的主讲教师可以根据本人对管理学的理解,发挥自己的特长,对教材内容进行增删,以形成自己独特的教学风格。

本书在编写过程中,吸收、借鉴与引用大量国内外学者的理论成果,力求建立适合于应用型本科教学特点,更加科学与实用的管理学教材体系。主要的参考文献已列于书后,或在文下注明,一些案例由于在教学中反复使用与修改已难标明出处,在此一并致谢。

本书作为应用型本科规划教材,由浙江大学出版社策划。

参加第二版编写工作的分工如下:王积瑾(浙江越秀外国语学院)编写前言、第7章、第9章;王卫(浙江树人大学)编写第2章、第4章;徐优丽(浙江树人大学)编写第1章、第3章、第10章;李总(浙江越秀外国语学院)编写第5章、第6章、第9章。由王积瑾、王卫担任主编,徐优丽、李总担任副主编,全体编写者在第二版编写过程中进行借鉴和探索,都想把自己多年来从事应用型本科管理学课程的教学经验融入本书中,但由于编写时间仓促,编者水平有限,书中尚有疏漏或不足之处,恳请读者不吝赐教,以便修订,使之日臻完善。

浙江大学出版社的朱玲、葛娟等编辑为本书的出版做了很多工作,对编写工作给予了很大的支持和帮助,在此一并致谢!

编　者

2012 年 5 月

目　　录

第 1 章

管理导论

>>> >

学习目标

通过学习本章的内容,学生能够:

1.掌握管理的概念及特性;

2.掌握管理的四大职能;

3.了解管理者的类型,管理者的技能;

4.理解管理的科学性与艺术性;

5.了解管理学学科体系及管理学的研究方法。

引　例

选课问题

随着社会对综合性人才需求的增强,高校学生对人文社科类课程的关注度也日益增强,在这种情况下,选修名师开设的人文社科类课程的学生日益增多。在一所以理工为主的综合性大学中,管理学院的王老师向全校本科生开设"管理概论"选修课,刚开始时,选修的人大约在60人左右。由于王老师在课程中能够理论联系实践,以通俗的语言讲解管理知识,选修该课程的学生逐年增加,从最初的60人到90、120、300、700、900人。由于选修该课程的人数日益增多,教务处通过将该课程调整到大教室的方式以满足日益增长的选修需求。但学校最大的教室也只能容纳 120 人,当选修人数超过 120 人以后,学校就无法通过调整教室的方式来满足学生的选课要求。在这种情况下,教务处与该教师协商,希望其一学期开两次课。但该教师由于本身的科研、教学任务繁重,难以承担更多的教学任务。

既然如此,教务处就只好采取限制选课方式,规定只接受前 120 人的选课申请。但学生选修此课程,并不仅仅是为了取得学分。面对学校限选的规定,仍然有不少没有选上课的学生,为了提高自身的素质而前去参加旁听,以至于教室里人满为患。学生为了抢到一个座位,晚上 6:30 的课常常需要 5:00 以前就到教室,并常常会为座位问题而发生纠纷,从而导致了选上该课程的学生的极大不满。他们纷纷通过校长信箱和其他途径,要求学校保护自己的正当权益。

为此,学校相关部门通过协商,最终采取了给选上该课程的学生发放听课证的方式,以保证他们上课前到教室能够有座位。尽管如此,选上课的同学没有位置、没有选上课的同学继续通过各种方式进入旁听的情况仍然存在,想选选不上、选上了不一定听得到的问题仍然没有能够得到切实解决。

问题:如何才能有效解决有限的学习机会与不断增长的学习需求之间的矛盾?

（邢以群:《管理学》,高等教育出版社 2007 年版）

1.1　管理的概念和特征

1.1.1　管理的概念

管理的实践活动在人类社会已经存在了几千年,其对于实现组织目标的重要性渐渐被人们所认识,伴随着几千年有效的管理实践活动,管理的重要性也逐渐为人们所认识。20 世纪以来,管理运动和管理热潮取得了令人瞩目的成果——产生了完整的管理理论体系和大量的管理著作。那么,什么是管理? 由于学者具有不同的背景和经历,因此对于管理的认识和看法也大不一样,给管理下的定义也有差别。泰勒认为,管理是一门怎样建立目标,然后用最好的方法经过他人的努力来达到的艺术。而法国著名的实业家和管理专家法约尔则从管理过程给管理进行了定义。法约尔认为,管理就是计划、组织、控制、指挥、协调。哈罗德·孔茨则认为,管理就是设计和维持一种环境,使集体工作的人们能够有效地完成预定目标的过程。当代著名管理学者彼得·德鲁克在他的《管理实践》中给管理下的定义是,管理是一种以绩效责任为基础的专业职能。他认为工商企业管理必须始终把经济上的成效放在首位,在每一项决策和行动中都应这样,既要注重效率又要注重效益;管理与所有权、地位和权利无关;管理是专业性工作,与其他技术性工作一样,有自己专有的技能、方法、工具和技术;管理人员是一个专业的管理阶层。

从上述管理定义可以看出,管理定义虽然多角度、多样化且并不统一,让初学者无所适从,但可以为管理者解决企业经营管理问题提供更多的思路,也从不同角度揭示了管理的内涵和实质。我们认为,管理就是在特定的环境下,对组织所拥有的资源进行有效地计划、组织、领导和控制,以便达成既定的组织目标的过程。

1.1.2　管理的特征

根据管理的定义,作为管理活动,至少具有以下四个特性。

1. 管理的目的性

目的性是管理的首要特征。首先,目的就是方向。管理是要带领组织前进并推动组织发展的。既然是前进、是发展,就必须有方向。什么是组织的方向?概括地说,组织的方向就是指组织的核心竞争力的创造和维持。如果组织没有竞争力,那么竞争力应该在哪里,哪里就是组织的方向;如果组织有一定的竞争力,那么它的方向就是使这一竞争力能够维持,并不断开发出新的竞争力。其次,目的就是压力。没有目的,就没有压力;有了目的,才可能有压力。再次,目的就是标准。管理的目的应当成为管理行为的标准,而且是核心的标准,管理的行为过程不能与管理的目的相脱节。从上面三点可以看出,管理的目的性不是可有可无的,相反,它是非常重要的。同时,与之相对应的涉及评判"目的"的标准也是必不可少的。管理的目的往往表现为管理目标,它既是管理的出发点和归宿,也是指导和评价管理活动的基本依据。为此,任何管理活动都必须把制定管理目标作为首要任务。管理是管理者为实现组织目标所进行的计划、组织、指挥、协调和控制等一系列活动的总称,任何管理活动都是具有一定目的性的。人力资源管理是为了优化人力资源配置,调动员工的工作积极性;质量管理是为了在控制成本情况下保障产品和服务的质量;生产运作管理是科学合理地组织符合市场需求的产品和服务的生产和运作过程;财务管理是为了降低资金的筹资成本和提高资金的使用效率。

我们认为，可以用下列标准来衡量管理的目的：①目的必须正当。就是要求管理的出发点符合公共利益。公共利益有社会公共利益、组织公共利益之分，有别于私人的或小团体的利益。②目的必须合理。也就是说，目的必须符合特定事物的发展规律，在一定时期、一定阶段能够达到。③目的必须明确。其实质就是使标准客观化，这样才有明确的可操作性。

2. 管理的有效性

管理需要讲究效率和效益，因为资源是有限的，例如价格不断上涨的石油资源、水资源、劳动力资源、资本资源。相反的，若资源无限，没有效率压力则不需要管理。而管理、科学决策可以提高效率和效益。我国两大肉类加工企业双汇集团和春都集团在市场竞争中因管理不同而呈现出不同情况：双汇集团 2004 年实现利税 5.02 亿元，比上年增长 69.5%，步入快速发展轨道；春都集团 2004 年亏损 6982 万元，连续两年出现巨额亏损，企业陷入困境。同是国务院确定的全国重点企业、中国名牌，又同是地处中原的肉类加工企业，双汇的迅速崛起和春都的严重滑坡引起社会各界的广泛关注。在各方面都处于劣势的双汇集团，为什么在短短几年内成了同行业的排头兵，而春都集团却在市场竞争中败下阵来？原因就在于双汇集团注重决策管理，注重资源使用效率；而春都集团决策却多次失误，造成资源巨大浪费。

3. 管理的他人性

狭义的管理的他人性是指管理需要别人的努力；从广义的角度来理解，管理的他人性是指通过各种隐含或外在的功能，对管理的对象发挥管理的作用。管理的他人性是管理的自然属性，随管理的存在而存在。在各项管理活动中，管理的他人性作用发挥得越充分、越彻底，各项工作就完成得越好，管理水平也就越高。反之，如果他人性没有被认识和充分挖掘，管理活动的作用就带有很大的盲目性和随意性。因此，充分认识管理他人性的地位与作用，对做好各项管理工作至关重要。管理作为一个过程，管理者在其中要发挥的作用，就是管理者的职能，也就是通常说的管理职能。管理的职能有多种划分方法，各种划分大同小异，基本有五大职能：计划、组织、指挥、协调和控制。管理的他人性无不隐含在管理的各项职能之中。

4. 管理的多样性

管理的多样性是指管理的对象、过程和管理部门都是多种多样的。管理对象包括人、财、物等，不同的管理对象有不同的演变规律，要求管理者采用不同的管理方法，如对人的管理应更多地采用心理学和行为科学的分析方法。管理多样性还体现在管理过程是多种多样的,包括计划、组织、控制等多样化的活动。在企业或任何组织中,管理部门也是多种多样的,包括生产、财务、销售、人事等,每一个部门的分工和责任都大不相同。

【思考】 管理的四个特性之间有什么关系?

1.2 管理的重要性

管理活动和人类的历史一样悠久,至少可以追溯到几千年以前。生活在幼发拉底河流域的闪米尔人,早在公元前5000年就开始了原始的记录活动。这也是有据可考的人类历史上最早的管理活动。管理活动的历史虽然悠久,但在过去几千年中管理始终只是一种零散的经验和某种闪光的思想。只是到了工业革命以后,随着现代工业技术的广泛应用和工商企业的大量发展,管理才得到了系统的研究和普遍的重视。在工业革命之后管理变得越来越重要,管理的重要性主要有以下三个方面的原因。

1. 资源的有效配置

由于人力资源和其他资源(时间、资金、物资、信息、技术等)相对于人类的欲望总是短缺的,为了实现人们的共同欲望(目标),就必须充分利用有限的资源,为此就必须进行管理,使这些资源都以适当的形态、合理的配比参与组织活动。

2. 协调高度专业化分工的社会

组织对管理的要求和对管理的依赖性与组织的规模是密切相关的,共同劳动的规模越大,劳动分工和协作越精细、越复杂,管理工作也就越重要。一般来说,在手工业企业里,要进行共同劳动,有一定的分工协作,管理就成为进行生产所不可缺少的条件。但是,如果手工业企业的生产规模较小,生产技术和劳动分工比较简单,管理工作也就比较简单。现代化大工业生产不仅生产技术复杂,而且分工协作严密,专业化水平和社会化程度都很高,社会联系更加广泛,需要的管理水平就更高。

高度专业化的社会分工是现代国家和现代企业建立的基础。如何把不同行业、不同专业、不同分工的各种人员合理地组织起来,协调他们相互间的关系,协调他们与政府的关系,协调他们与各种资源的关系,从而调动各种积极因素,都要靠有效的管理。美国国际商业机器公司的创办人托马斯曾经讲过这样一个故事,可以深入浅出地说明管理的产生及其在实现组织目标中的作用。有一个男孩得到一条长裤,穿上一试长了一些。他请奶奶帮忙把裤子剪短一点,可奶奶说,眼下的家务事太多,让他去找妈妈。而妈妈回答他,今天她已经同别人约好去玩桥牌。男孩子又去找姐姐,但是姐姐有约会,时间就要到了。到了晚上,奶奶忙完家务事,想起了孙子的裤子,就去把裤子剪短了一点;姐姐回来后心疼弟弟,又把裤子剪短了一点;妈妈回来后同样也把裤子剪短了一点。可以想象,第二天早上大家会发现这种没有管理的活动所造成的恶果。由上述例子可以看出,任何活动都需要管理。

3. 建立和实现共同目标

任何组织(早期的如氏族公社、部落、商号,近现代的企业)都有自己的中长期目标,为了实现组织目标,需要组织中全体成员一致行动。实现社会发展和企业或任何社会组织发展的预期目标,都需要靠全体成员长期的共同努力。如何把每个成员千差万别的个人目标引向组织的目标,把无数分力组成一个方向一致的合力,也要靠管理。如果管理不善,组织就会像一盘散沙,内耗不止,毫无活力。不仅预期目标不可能实现,而且与强手相比距离愈拉愈远,最后可能找不到立足之地而被淘汰。著名战略管理专家迈克尔·B.波特也曾说过,只要是需要一个以上的人来完成的工作,就需要管理。这些充分说明一个事实:管理存在的基础是组织。组织目标的实现要依靠管理,管理是为实现组织目标服务的。

1.3 管理的性质与职能

1.3.1 管理的科学性和艺术性

管理是科学还是艺术?这个争论是从大学开始教授管理才出现的。尽管很早就有企业管理,但并没有这种争论,因为管理者都是从其他专业转行而来的。人们的常识是:一个任何人都可能从事的专业怎么可能是科学?可是当企业越来越大,管理越来越复杂,学校开始教授管理了,有人就提出:管理是科学。争论就开始了。

我们认为,管理是一门科学。管理的科学性,表现在它是以反映管理客观规律的管理理论和方法为指导的,具有一套分析问题、解决问题的科学方法论等方面。管理是人类重要的社会活动,存在着客观规律性。管理作为科学,就是指人们发现、探索、总结和遵循客观规律,在逻辑的基础上,建立系统化的理论体系,并在管理实践中应用管理原理与原则,使管理成为在理论指导下的规范化理性行为。如果不承认管理的科学性,不按规律办事,违反管理的原理与原则,随心所欲地进行管理,必然受到规律的惩罚,导致管理的失败。我们认为,要将管理工作做好,首先必须承认管理是一门科学,管理主要依靠的是一套制度,尤其是评价制度与激励制度。在现实中,人们也可以发现,一个企业管理得好,那肯定是因为它有一套科学的评价制度与激励制度。只有有了一套科学的管理制度,才能给职工稳定的预期,减少信息搜寻成本和由于不确定性所造成的损失。在此基础上企业家的人格魅力、聪明才智、创新精神才有发挥的余地。如果只承认管理是一门艺术,而不承认管理是一门科学,就必然导致管理中的随意性、一言堂,甚至独裁与腐败。

管理又是一门艺术。管理的艺术性,即强调管理的实践性,没有实践则无所谓艺术。管理艺术的含义是指能够熟练地运用知识并且通过巧妙的技能来达到某种效果。管理虽然可以遵循一定的原理或规范办事,但它绝不是"按图索骥"的照章操作行为。管理理论作为普遍适用的原理、原则,必须结合实际应用才能奏效。管理者在实际工作中,面对千变万化的管理对象,因人、因事、因时、因地制宜,灵活多变地、创造性地运用管理技术与方法,解决实际问题,从而在实践与经验的基础上,创造了管理的艺术与技巧。这就是所谓管理是艺术的含义。把管理只当成科学,排斥管理的艺术,完全按管理原理与原则去刻板地解决管理问题,必然会碰壁。在承认管理科学性的前提下,讲管理的艺术性也是很有必要的。因为,管理制度是经营者与职工之间的一些契约,包括正式的契约与非正式的契约、书面契约与口头契约、强制性契约与诱致性契约,等等,而这些契约都不可能是完备的。例如,规定工资与生产的产品成正比,这一看似明确的契约实际上包括了很多不完备的地方:工资有没有包括奖金,有没有包括实物工资?生产不同产品的职工之间,产品如何比较?产品的质量如何界定?由于请假、工伤、公务、不可抗力而导致生产的产品减少,如何扣减工资?而涉及度量(如产品质量度量)方面,更是不可能做到绝对精确。简单到一张桌子有多长,我们也不可能精确量出(总是有误差存在)。而涉及概念,也是不可能绝对明晰的。由于度量是不精确的,概念是模糊的,所以任何制度都不是完备的,在制度不完备的地方,就需要管理者的艺术。可以这样说,管理艺术是对管理制度的补充,在管理制度规定到的地方,是不可以假管理艺术之名违反管理制度的。如果管理制度本身不合理,那么就需要修订管理制度,而不是以管理艺术去代替不合理的管理制度。

管理是科学与艺术的结合。管理既是科学，又是艺术，这种科学与艺术的划分是大致的，其间并没有明确的界限。说它是科学，是强调其客观规律性；说它是艺术，则是强调其灵活性与创造性。而且，这种科学性与艺术性在管理的实践中并非截然分开，而是相互作用，共同发挥管理的功能，促进目标的实现。管理需要科学的理论指导，没有理论指导的实践是盲目的实践，盲目的实践必然导致失败。但是管理理论是管理实践的概括与抽象，具有较高的原则性，可每一项具体的管理活动都是在特定条件下展开的，因此，要结合实际进行创造性的管理。

【思考】 请各举一个管理科学性和艺术性的例子。

1.3.2 管理的基本职能

管理职能是指管理过程中各项活动的基本功能。西方管理理论至今对管理职能的划分意见不一。最早系统地提出管理职能的是法国的法约尔。他认为，管理的职能包括计划、组织、指挥、协调和控制，这就是所谓的"五职能说"。其中，他比较重点地强调了计划职能的重要性；另外在他的论述中，组织职能是指为实现组织的既定目标提供一切所需条件的过程，包括组织结构的建立，职工的招募、评价、训练以及规章制度的建立等；指挥职能就是管理层对下属人员给予指导的过程；协调职能是指为使组织目标顺利实现而协调组织一切工作的过程；控制职能是指为了实现组织计划而对实际工作进行调整和控制的活动过程。

自从法约尔提出管理职能学说以后，沿着他的研究框架，诸多学者对管理的职能进行广泛深入的研究。美国学者拉尔夫·戴维斯曾担任过美国管理学院院长。他在 1934 年提出了"有机职能说"。他认为，管理的职能是计划、组织和控制。所谓"有机职能"意为这些活动的目的是为了维持组织的生存与发展。这里的"计划"是指为解决某一具体的管理问题，而对所需的各项因素、财务、力量关系的详细说明；"组织"是指为实现组织目标所须做的一切工作总称，它强调了协调人与人的关系、人与物的关系以及物与物的关系；"控制"是对实现某一目标所从事的各种活动的调节与监督。

美国哥伦比亚大学公共管理研究所所长卢瑟·吉利克在 1937 年与厄威克合编的《管理科学论文集》中，就管理职能的划分，提出了著名的管理"七职能说"。他认为，管理的职能是：计划、组织、人事、指挥、协调、报告和预算。

阿尔文·布朗是美国一家大公司的高级管理人员。他将管理的职能划分为计划、执行和检查三种。其中,"计划"是预测并规定各种活动的过程,"执行"是实际的实施,"检查"是指检查计划和执行是否同组织目标一致。他认为,管理过程是这些职能活动重叠交叉,周期性进行的。他的管理职能的观点在管理过程学派中有一定的影响。

英国管理学权威林德尔·厄威克在管理职能划分方面,基本上是在法约尔"五职能说"的基础上进行了分析和综合。他认为管理过程是由计划、组织和控制三项主要职能构成的。其中预测是计划的基础,而预测的原则是"适用性",这就决定和要求计划应具有"条理性"。厄威克认为,协调和控制的基础在于职权,而职权则是依据"层次原理"来确定的,即通过职务的高低和职能的统一,最后界定每个人的权责。他主张控制应遵循集中原则,并将控制职能又细分为配备人员、选择与安排、纪律和训练这三种派生的职能。

威廉·纽曼是美国哥伦比亚大学教授,著有《经营管理的原则》。他将管理过程的职能划分为计划、组织、调节资源、指挥和控制。威廉·纽曼对计划职能的描述比较深入,进一步将其划分为三种:即组织目标、专门计划(为适应某一特定情况而制定出的一整套行动路线)、长期计划。纽曼还第一次提出了"调节资源"的职能。而且,威廉·纽曼将协调归入指挥职能,而不作为一项独立的职能。

哈·罗德·孔茨和西里尔·奥唐奈两人都是美国加利福尼亚大学教授。1955 年,他们把管理的职能划分为:计划、组织、人事、控制。他们首先明确指出,管理过程中的这些职能是有机联系在一起的,管理人员并非按照固定的顺序来执行这些职能,而事实上往往同时执行这些职能。他们还提出了实施这些职能应遵循的原则。

20 世纪 60 年代以来,随着系统论、控制论和信息论的产生以及现代技术手段的发展,管理决策学派的形成,使得决策问题在管理中的作用日益突出:西蒙等人在解释管理职能时,突出了决策职能。他认为组织活动的中心就是决策。制订计划、选择计划方案需要决策;设计组织结构、人事管理等也需要决策;将实际成绩同计划比较,选择控制手段还需要决策。他认为,决策贯穿于管理过程的各个方面,管理就是决策。

约瑟夫·L.梅西是美国肯塔基大学的教授,他在 1979 年出版的《管理学基础》一书中,将管理职能划分为:决策、计划、组织、控制、通讯与指挥。他强调了决策的作用,认为管理者的主要任务是进行决策,而不必亲自去做某项具体的工作。与前述的研究不同,他还将通讯作为一个独立的管理职能分离出来,认为管理的各项活动,尤其是组织和控制职能中都有通讯。

从西方管理理论关于管理职能的划分中可以看出,管理职能的划分不存在固定的模式。综合前人的研究成果，我们认为管理应包含以下四大职能：

（1）计划。计划职能是指管理者为实现组织目标对工作所进行的筹划活动。计划职能一般包括调查与预测、制定目标、选择活动方式等一系列工作。任何管理者都要执行计划职能，而且，要想将工作做好，无论大事小事都不可能缺少事先的筹划。

计划职能是管理的首要职能，它对未来事件作出预测，以制订出行动方案。计划工作是为事物未来的发展规定方向和进程，重点要解决好两个基本问题：一是目标的确定问题。如果目标选择不对，计划再周密具体也枉费心机，这是计划的关键；二是进程的时序，即先做什么，后做什么，可以同时做什么，均不能错位，这是计划的准则。如小赵得知近来某高档啤酒销售利润丰厚，就托关系以预付30％款项的方式从厂家批发了5000箱。同时招聘一批临时工以0.2元/瓶回扣的报酬组织促销队伍，并安排饮食店和宾馆代销。但因促销不力，2000箱啤酒积压在库房。小赵的爱人骂他做事没有计划，小赵感到很委屈。你认为小赵有计划吗？

从管理学上来说，小赵是有"计划"的。因为，小赵对这次业务活动进行了谋划，了解最近的行情，并估计好卖，也就是作了预测，并在促销和代销中对资源进行了组织。小赵的"计划"虽未形成文字，但却进行了实践，只是结果不理想而已。

在管理科学中，研究的是计划的动态过程，也就是说，要研究计划是如何产生的这一过程，从而探索制订计划的一系列科学程序和方法，为管理提供科学的计划决策。管理的计划职能就是要选择组织的整体目标和各部门的目标，决定实现这种目标的行动方案，从而为管理活动提供基本依据。因此，计划职能是管理的首要职能，是从现在通向未来的桥梁。

（2）组织。组织职能是管理者为实现组织目标而建立与协调组织结构的工作过程。

组织职能一般包括：设计与建立组织结构、合理分配职权与职责、选拔与配置人员、推进组织的协调与变革等。合理、高效的组织结构是实施管理、实现目标的组织保证。因此，不同层次、不同类型的管理者总是或多或少地承担不同性质的组织职能，也是最具有艺术性的职能。

组织职能一般有两个基本要求：一是按目标要求设置机构、明确岗位、配备人员、规定权限、赋予职责，并建立一个统一的组织系统；二是按实现目标的计划和进程，合理地组织人力、物力和财力，并保证它们在数量和质量上相互匹配，以取得最佳的经济效益和社会效益。

(3)领导。领导职能是指管理者指挥、激励下级,以有效实现组织目标的行为。

领导职能一般包括:选择正确的领导方式;运用权威,实施指挥;激励下级,调动其积极性;进行有效沟通,等等。凡是有下级的管理者都要履行领导职能,不同层次、不同类型的管理者领导职能的内容及侧重点各不相同。领导职能是管理过程中最常见、最关键的职能,也是最具有艺术性的职能。

(4)控制。控制职能是监视各项活动以保证它们按计划进行并纠正各种重要偏差的过程。即按照既定的目标、计划和标准,对组织活动各方面的实际情况进行检查和考察,发现差距,分析原因,采取措施,予以纠正,使工作能按原计划进行。新新水果店最近水果滞销,霉烂较多。针对这一问题,果品公司领导先后为该店换了几位经理,但销售还是不火,领导下决心亲自经营。一到水果店,就查找问题根源,发现主要原因在于营业员的态度不如对面的小摊贩热情,促销不力,缺乏竞争意识。这一问题不解决,进货积压在所难免,商品损耗率上升也就很自然了,于是该领导决定对全体员工进行一次培训,专门学习推销技巧,改变服务观念,然后又进行了现场指导,一个月以后,水果店的生意果然红火起来了。

为什么会有这么大的转变? 关键在于经理实施了预先控制。

控制职能与计划职能密不可分。计划是控制的前提,为控制提供目标和标准,没有计划就不存在控制;控制是实现计划的手段,没有控制工作,事先拟定的计划是不会自动实现的,控制活动为计划的实现提供保证。但是,控制比计划更重要,控制是管理的内涵,计划则是管理的外延。

控制必须具备三个基本条件:一是有明确的执行标准,如数量、定额、指标、规章制度、政策等;二是及时获得发生偏差的信息,如报表、简报、原始记录、口头汇报等;三是纠正偏差的有效措施。缺少任何一个条件,管理活动便会失去控制。

管理的上述职能是相互关联、不可分割的一个整体。通过计划职能,明确组织的目标与方向;通过组织职能,建立实现目标的手段;通过领导职能,把个人的工作与所要达到的集体目标协调一致;通过控制职能,检查计划的实施情况,保证计划的实现。管理的这几个职能的综合运用,归根结蒂是为了实现组织的目标。

【思考】　请举例说明管理的四大职能之间的关系。

1.3.3　衡量管理水平的标准

　　我们虽然无法为管理的好坏作一个明确的判断,但是当我们身处任何一个管理者的管理当中时,总会有自己的感觉和评判,知道现在这个管理者的管理究竟是好还是不好。从前述可以看出,管理活动的首要特点就是其目的性,管理是有目的和目标的。笼统地说,管理目标的实现程度就是衡量管理工作好坏的标准。那么,管理的目的是什么呢? 两个字:效益,即管理者对于组织的管理的目的是使组织产生一定的经济效益和社会效益。

　　彼得·德鲁克在其《管理实践》中写道:"管理人员在作出每一个决定、采取每一个行动时,都必须永远把经济绩效摆在第一位。只有通过它产生了经济效果,它才有存在的价值,才有权威;也需有一些很重大的非经济的效果:企业成员的幸福、对一个群体的福利或文化的贡献,等等。然而,管理如果不能生产出经济效果它也就失败了。它如果不能以消费者愿意付的价格供应消费者想要的货物和服务,它就失败了。它如果不能改善、或者至少是维持用交托给它的经济资源制造财富的能力,它就是失败了。在这个意义上,管理是独一无二的。"

　　效益是管理的永恒主题。任何组织的管理都是为了获得某种效益。效益的高低直接影响着组织的生存和发展,组织的效率和效益高低就是衡量管理水平的标准。组织的高效率和高效益反映出高水平的管理。

　　效益是有效产出与其投入之间的一种比例关系,是指某一特定系统运转后所产生的实际效果和利益,可从社会和经济这两个不同角度去考察。具体地说,它反映了人们的投入与所带来的利益之间的关系。

　　效果是一项活动的成效与结果,是人们通过某种行为、力量、方式或因素而产生的合乎目的性的结果。企业生产的产品虽然质量合格,但它不符合社会需要,在市场上卖不出去而积压在仓库里,最后甚至会变成废弃物资,这些产品的生产活动就是没有效果的,因为它既不符合企业的目标,也不符合市场的需求。例如实达电脑在 1999 年上马的 VCD 生产项目,其产品本身质量是没有问题的,但是由于它所生产的是即将被市场淘汰的产品,因此,这项投资活动是没有效果的,也就是说它的战略是错误的。一项决策的效果高低取决于公司战略是否正确。

　　效率的含义是随着生产力的发展而发展的。最初的效率概念就是传统意义上的劳动生产率,因为在劳动力作为主要生产力的时候,劳动生产率基本上决定了整体的生产力。随着工业革命的深入,生产者的体力劳动逐步被机器设备所代替,而要购买机器设备就需要大量的资金,因此,资金也被作为生产力要素之一来看待。之后,人们逐渐开始把资金的投入和产出的大小作为衡量企业效率高低的标志。效率的含义也有了扩展。

效率是指投入与产出或成本与收益的对比关系。投入或成本从一般意义上来说就是利用一定的技术,生产一定产品或提供一定服务所需要的资源,既包括物质资源,又包括人力资源;既包括有形资源,又包括无形资源。产出或收益指的是人们利用一定的技术、投入一定的资源生产出来的能够满足人们需要或具有一定使用价值的物品或服务,既包括有形产品,又包括无形产品。如果用公式来表达效率的概念,即:效率＝收益/投入。

从该公式不难看出,提高效率所要考虑的内容只有两个:收益与投入。对组织而言,由于总的投入水平一定,收益愈多就是效率愈高,反之亦然。而组织中收益的增加,是以某些投入(如劳动、原料、管理费用等)为前提的,相对投入越少,说明生产成本越低,因而利润额就越大。如果没有这部分投入的相对减少,那么增产就只是生产规模的扩大,并没有效率可言。效率的提高,实际上就是相对投入的降低。因此,相对投入的降低成为组织最为关心的问题。

从管理的角度来看,管理是一个投入收益的过程。管理者依据计划决策,将人、财、物等资源条件投入生产或服务运转之中,经过管理主体和管理客体的相互作用和创造,产生出一定的收益。任何一种管理理论或技术革命,无一例外都是为了达到相对投入的降低。相对投入的降低可以通过两条途径,一是在一定的投入下收益的增加,一是在一定收益上投入的减少。而收益的增加归根到底也就是为了减少相对投入,或者说降低成本。组织系统是由组织目的、组织环境、管理主体、管理客体四要素构成的,对于组织而言,减少投入或者降低成本就是在产出一定的情况下,减少管理客体的投入。

在组织系统中,管理客体是人、财、物。管理学一般把人、财、物作为三个平行的要素加以探讨,认为管理就在于通过组织、计划、协调、控制等手段,对人、财、物进行合理的配置,使人尽其才、物尽其用。其实,人是一类因素,财和物则是另一类因素。因为人是有感情的,人在多大程度上接受管理,完全取决于管理者在多大程度上调动了人的积极性、主动性和能动性。管理者越是能够调动起被管理者的积极性、主动性和能动性,被管理者也就越愿意接受管理。在人的管理中,管理和被管理、主动和被动是统一的。对财和物的管理和对人的管理则不同,因为财和物都是一种客观的、完全由人支配的物质因素。所以,在组织系统中,被控制对象分为两类:一类是对资金、物资的控制;另一类是对人员、组织的控制。前者主要表现在物资的筹措、供应、使用、保管方面的合理安排,以提高物资、装备的使用效率;后者多表现为计划、组织、制度、体制的科学制定,以提高人员的工作效率。

效益与效果和效率是既相互区别又相互联系的概念。效益与效率、效果的关系是：

$$效益＝效果×效率$$

要使效果好就要有正确的战略，要使效率高就要有正确的方法。要提升组织效益就要用正确的方法（策略）做正确的事（战略）。管理的目的就是既要做对工作，又要做好工作。

【思考】 效率高就一定效益好吗？

1.4 管理者

1.4.1 管理者的概念及分类

关于管理者的概念有传统观点和现代观点。传统关于管理者的观点认为，根据人们在组织中的地位和作用的不同，可以将他们分为操作者和管理者。操作者是指在组织中直接从事具体的业务，不承担对他人工作监督责任的组织成员。操作者的任务就是做好组织分派的具体操作性事务。管理者是指那些在组织中指挥他人完成具体任务的人。管理者虽然也承担一定的具体事务性工作，但他的主要职责是指挥下属工作。这种概念强调的是组织中的正式职位和职权，强调必须拥有下属。有下属向其汇报工作，是管理者区别于操作者的显著特点。关于管理者的现代观点，美国学者彼得·德鲁克曾下了如下定义：在一个现代的组织里，一个知识工作者如果能够由于他们的职位和知识，对组织负有贡献的责任，因而能够实质性地影响该组织经营及达成成果，即为管理者。这一定义强调作为管理者首要的标志是必须对组织的目标负有贡献的责任，而不是权力；只要共同承担职能责任，对组织的成果有贡献，他就是管理者，而不在于他是否有下属人员。依据这一定义，拥有知识并负有贡献责任的工程师就是管理者。

综合以上分析，管理者的定义应为：履行管理职能，对实现组织目标负有贡献责任的人。管理者拥有奖惩他人的权力，必须执行一定的管理职能，人格一般是双重的，这是管理者的特征。

【思考】 传统的管理者定义与彼得·德鲁克的管理者定义有何不同？

管理者可以按照多个标准进行分类。

1. 按照管理者所处的层次划分

（1）高层管理者。是指那些对组织的管理负有全面责任，并侧重负责制定组织的大政方针、沟通组织与外界交往联系的人。高层管理者对组织发展战略、行动计划、资源安排拥有充分的权力。他们的决策是否科学、职权利用是否得当等，会直接关系到组织的存亡兴衰。如学校的正、副校长，企业的董事会成员，城市的正副市长等。

（2）中层管理者。是指主要以贯彻高层管理者所制定的大政方针，并指挥基层管理者活动的人。他们不做具体操作，而是根据上级的计划，把具体任务分配给基层单位，并指导和协调基层管理者的工作。中层管理者起着承上启下的作用，对上下级之间的信息沟通负有重要的责任。如系主任，处长，企业中计划、生产、财务等部门的负责人，政府中的主任、局长等。

（3）基层管理者。是指那些直接指挥和监督现场作业的人员，他们是完成上级下达的各项计划和指令的人，直接带领具体操作人员完成上级下达的具体任务。因此，他们直接同操作人员打交道，协调和解决工作中遇到的具体问题，是整个管理系统的基础。如工长、领班、小组长等。

上述三个不同层次的管理人员，其工作内容和性质存在很大的差别。一般来说，第一线管理人员所关心的主要是具体的战术性工作，而最高管理人员所关心的则主要是抽象的战略性工作。

【思考】 各层次管理者在组织中分别起到什么作用？

2. 按管理工作的性质与领域划分

（1）综合管理者。指负责整个组织或其所属单位的全面管理工作的管理人员。他们是一个组织或其所属单位的主管，对整个组织或该单位目标实现负有全部的责任；他们拥有这个组织或单位所必需的权力，有权指挥和支配该组织或该单位的全部资源与职能活动，而不是只对单一资源或职能负责。例如，工厂的厂长、车间主任、工段长都是综合管理者。而工厂的计财处长则不是综合管理者，因为其只负责财务这种单一职能的管理。

（2）职能管理者。是指在组织内只负责某种职能的管理人员。这类管理者只对组织中某一职能或专业领域的工作目标负责,只在本职能或专业领域内行使职权、指导工作。职能管理者大多具有某种专业或技术专长。例如,一个工厂的总工程师、设备处长等。就一般工商企业而言,职能管理者主要从事以下类别的管理工作:计划管理、生产管理、技术管理、市场营销管理、物资设备管理、财务管理、行政管理、人事管理、后勤管理、安全保卫管理等。

3. 按职权关系的性质划分

(1)直线管理人员。是指有权对下级进行直接指挥的管理者。他们与下级之间存在着领导隶属关系,是一种命令与服从的职权关系。直线管理人员的主要职能是决策和指挥。直线人员主要指组织等级链中的各级主管,即综合管理者。例如,企业中的总经理—部门经理—班组长,他们是典型的直线人员,主要由他们组成组织的等级链。

(2)参谋人员。是指对上级提供咨询、建议,对下级进行专业指导的管理者。他们与上级的关系是一种参谋、顾问与主管领导的关系,与下级是一种非领导隶属的专业指导关系。他们的主要职能是咨询、建议和指导。参谋人员通常是指各级职能管理者。

直线人员与参谋人员是依职权关系进行区分的,是相对于职权作用对象而言的,因此在实际管理中两者经常转化。例如,计财处长对其他各部门来说是参谋性管理者,因为其只是在计财领域内进行专业指导;而对于计财处内部人员来说,计财处长却又是直线管理者,因为他对本处工作人员有直接指挥的权力。

【思考】　直线人员和参谋人员应该如何整合?

1.4.2　管理者的角色

20 世纪 60 年代末,加拿大管理学家亨利·明茨伯格(Henry Minzberg)对 5 位总经理的工作进行了一项细致的研究,他对长期以来对管理者工作所持的看法提出了挑战。例如,当时流行的观点认为管理者是深思熟虑的思考者,在作决策之前,他们总是仔细地和系统地处理信息。而明茨伯格发现,他所观察的经理们陷入大量变化的、无固定模式的和短期的活动中,他们几乎没有时间静下心来思考,因为他们的工作经常被打断。有半数的管理者活动持续时间少于 9 分钟。在大量观察的基础上,明茨伯格提出了一个管理者究竟在做什么的分类纲要。明茨伯格的结论是,管理者扮演着 10 种不同的,但却是高度相关的角色。管理者角色(Management roles)这个术语指的是特定的管理行为范畴。这 10 种角色可以进一步组合成三个方面：人际关系、信息传递和决策制定。如图1-1所示。

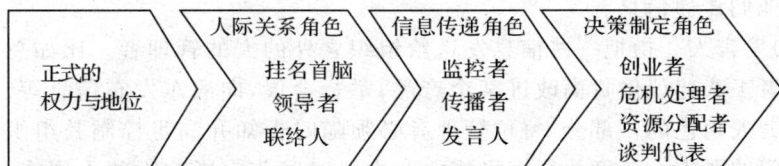

图 1-1　管理者角色

1. 人际关系角色

管理者的角色有3个直接来自于正式权力并且涉及基本的人际关系。

（1）挂名首脑。作为组织的首脑，每位管理者有责任主持一些仪式，比如接待重要的访客、参加某些职员的婚礼、与重要客户共进午餐，等等。在明茨伯格的研究里，首席执行官将12％的沟通时间花在礼节性的职责上，在他们收到的信件中，有17％是与其地位相关的感谢信或邀请函。

（2）领导者。激励和动员下属，负责人员配备、培训和交往的职责。这个角色包括雇佣、培训、激励、惩戒雇员。每位管理者必须激励员工，以某种方式使他们的个人需求与组织目的达到和谐。

（3）联络人。维护外部的网络，发感谢信，从事外部委员会的工作。销售经理从人事经理那里获得信息属于内部联络关系。

2. 信息传递角色

依靠与下属和关系网的人际联系，管理者成为组织的神经中枢。他不可能知道每件事情，但却肯定比任何下属知道得多。

信息传递与处理是管理者工作的关键部分。在明茨伯格的研究中，首席执行官花了40％的联系时间专门用于传播信息，他们的信件有70％纯粹是情报性质的（相对于那些请求行动的信件而言）。在很大程度上，沟通即是管理者的工作。监控者、传播者、发言人这3种角色从情报方面描述了管理工作。

（1）监控者。寻求和获取各种特定的内外信息，例如阅读期刊和报告，保持私人接触。作为监控者，他们为了得到信息而不断审视自己所处的环境。他们询问联系人和下属，接收主动提供的信息（这些信息大多来自个人关系网）。担任监控角色的管理者所收集的信息很多都是口头形式的，通常是传闻和流言。这些联系使管理者在为组织收集软信息上具有天然的优势。

（2）传播者。管理者必须分享并分配信息。组织内部可能会需要这些通过管理者的外部个人联系收集到的信息，如通过举行信息交流会，向组织成员传递信息。在传播者的角色中,管理者需要直接传递给下属一些他们独享的信息,因为下属没有途径接触到它们。当下属彼此之间缺乏便利联系时,管理者有时会分别向他们传递信息。

(3)发言人。指把一些信息发送给组织之外的人的管理者。比如总裁发表演讲或者工头建议供货商改进某个产品;举行会议,向股东发布信息等。另外,作为发言人角色的一部分,每位管理者必须随时告知并满足控制其组织命运的人或部门的要求。首席执行官可能要花大量时间与有影响力的人周旋,要就财务状况向董事会和股东报告,还要履行组织的社会责任等。

3. 决策制定角色

信息是决策制定的基本投入。管理者在组织的决策制定系统中起着主要作用。作为具有正式权力的人,只有管理者能够使组织专注于重要的行动计划;作为组织的神经中枢,只有管理者拥有及时全面的信息来制定战略。以下4种角色描述了作为决策者的管理者的工作。

(1)创业者。管理者必须努力组织资源去适应周围环境的变化。在监控者角色里,总裁不断寻找新思想,而作为创业者,当出现一个好主意时,总裁要么决定一个开发项目,直接监督项目的进展,要么就把它委派给一个雇员。在首席执行官层面,有两个关于开发项目的有趣特征。

首先,这些项目不涉及单一或成套的决定,而是一系列临时的小决定和小行动。很明显,首席执行官希望延长每个项目,以便能使之逐渐适应他们忙碌杂乱的时间表,如果这个项目很复杂的话,这样做还能使他们逐渐理解该项目。

其次,亨利·明茨伯格研究的5位首席执行官同时监督着五十多个这类项目。一些项目需要新产品或新程序,一些则涉及公关活动,或者解决某国外分公司员工的士气问题或进行计算机操作集成、完成各种收购等。首席执行官维护的开发项目复杂多样,它们处于不同的发展阶段,有的比较活跃,有的则被疏忽遗忘。如同变魔术的人,他们似乎能让许多悬而未决的项目停在空中,周期性地跌落一个,然后再赋予它新的爆发力,将它重新送回轨道。在不同的间歇时段,他们把新项目放在流水线上,同时抛弃旧项目。

(2)危机处理者。创业者角色把管理者描述为变革的发起人,而危机处理者角色则显示管理者非自愿地响应压力。在这里,管理者不再能够控制迫在眉睫的罢工、某个主要客户的破产或某个供货商违背了合同等变化。

亨利·明茨伯格曾把管理者与管弦乐队的指挥作过比较,正如彼得·德鲁克在《管理实践》中写的一样:管理者有创造一个真正整体的任务,这个整体大于它的各个组成部分之和,是一个多产的实体,多于投入它的资源的总和。这里有个比喻,即一位交响乐队的指挥通过其努力,可以领导那些单一的乐器,使之成为有生命的整体音乐。然而乐队指挥有乐谱,他只是演奏而已。管理者则既是作曲家,又是指挥者。

(3)资源分配者。管理者负责在组织内分配责任,他分配的最重要的资源也许就是他的时间。接近管理者就等于接近了组织的神经中枢和决策者。管理者还负责设计组织的结构,即决定分工和协调工作的正式关系的模式。

在作为资源分配者的角色里,重要决策在被执行之前,首先要获得管理者的批准。通过保留这种权力,管理者能确保决策是互相关联的。分裂这种权力就等于鼓励不连续的决策和脱节的战略。

明茨伯格发现,首席执行官们面临的选择复杂得令人难以置信。他们要考虑每个决策对其他决策和组织战略的影响,要确保该决策能够得到那些对组织有影响力的人的承认,还要确保资源不会过分扩张,还要懂得各种成本与效益以及提议的可行性,还要考虑时效性的问题。即便是在批准别人的某个提议时,所有这些考虑都是必要的。延误将浪费时间,快速批准有可能欠考虑,快速否决则会打击下属的积极性。常见的批准项目的解决方式是选择人而不是提议本身。也就是说,管理者倾向于批准那些具有可信判断力的人提交的项目,但他们不能总是采用这个简单的计策。

(4)谈判代表。对在各个层次进行的管理工作研究显示,管理者花了相当多的时间用于谈判,比如足球俱乐部老板被叫来解决与超级球星的合同纠纷、公司总裁率领代表团去处理一次新的罢工事件等等。正如伦纳德·塞尔斯所言,谈判对于富有经验的管理者来说是一种"生活方式"。谈判是管理者不可推卸的工作职责,而且是工作的主要部分,因为只有管理者有权把组织资源用于"真正重要的时刻",并且只有他拥有重要谈判所要求的神经中枢信息。

对于管理者角色划分,我们应看到,管理者角色的侧重点随组织的等级层次变化而变化,如高层更多地扮演传播者、挂名首脑、谈判者、联络者、发言人等角色,而基层管理者更多地从事领导者工作。另外,管理者也从事一些不纯属于管理性的工作,既要从事综合管理活动如谈判、挂名首脑的工作,也要从事纯粹管理工作,如资源分配、创业者等角色。了解管理者的角色,主要目的在于确定管理者角色的重要性,扩大对管理工作的理解。

1.4.3　管理者素质

管理者的素质是指管理者的与管理相关的内在基本属性与质量。管理者的素质主要表现为品德、知识、能力与身心条件。管理者的素质是形成管理水平与能力的基础,是做好管理工作、取得管理功效的极为重要的主观条件。

美国大器晚成的女企业家玛丽·凯·阿什特别重视管理者自身的素质。她认为领导的速度就是众人的速度,称职的经理必须有很高的业务素质并以身作则。例如,所有美容顾问都必须对我们自己的生产线了如指掌。一个销售主任除非自己是商品专家,否则是不可能说服其美容顾问成为商品专家的。我无法想象出一个不熟知商品知识的销售主任怎样开好销售会议,这样的销售主任只能在会上要求众人"照我说的而不是照我做的那样去做"。她说:"我相信,我们公司的情况也同其他公司一样,一个称职的经理是任何人也代不了的。"

"我只是在自己的形象极佳时才肯接待光临我家的客人,我认为,自己是一家化妆品司的创始人,必须给人留下好的印象。因此,与其不能给人留下好印象,不如干脆闭门谢客。我甚至不得不限制自己最喜爱的消遣方式:养花。我认为,要是让我们公司的一个人看见我手上沾满了泥浆,那多不好。我的这些做法已被传扬出去了。有人告诉我,我们的全国销售主任中有许多人在学着我的样子,都穿得十分漂亮,成了各自地区成千上万的美容顾问在穿着方面效仿的榜样。"

美国管理学者 W. H. 纽曼认为,一个管理者应具备以下素质。

1. 知识

在匹配人与事中,一个必然的问题是:"他必需通晓什么?"一个经理职位人选所必备的知识常常可被列为所谓专业、深度、协调和管理。每种管理职务要求一种专业知识,如销售方法、污水处理、石油经济或证券贴现。有些职务要求知识的深度,有些只要求对某一领域有一般了解。例如一家公司的总经理,他对公众关系可能只需有一般知识,但一位公共关系经理就必须通晓社会学、政治学、沟通交往手段,以及类似的学科。

除确定专门领域的知识和各领域总的知识深度以外,我们必须考虑一个管理人员在使自己活动与其他部门工作相连接上还需要什么知识。这类协调性知识包括对作业的了解——实情、工艺和问题——以及对那些在工作上与公司某一部门有关联的人的了解。换言之,管理知识是适用于种种情况的管理原则与技术的总纲。当然其他各种知识对具体的决策可能是必需的,但上面的划分法对确定一个具体职位的知识要求仍是一个良好的开端。

2. 决策才干

各种职务在其所要解决的问题的复杂性和新颖性上也是不一样的。例如,一家大航天公司的总经理,他需要有一种不同于联营汽车旅馆头头的决策才能。这里我们将列出几个对决策才干起作用的个性因素。

（1）分析能力。这种能力使一个人能把一个问题分解为几个部分,确认有关的事实,阐明事实意义和设想一项决策的后果。因为一个典型的管理问题将会牵涉到很多事实,为了能选择出关键事实和排除其他事实,管理者就必须有一种所谓直观的分析意识。

（2）概念——推理能力。要从一系列的事实中取得内涵,我们必须把这些事实归纳为几个大的概念。例如,管理者可以根据一张表示销售下降的图表,从竞争的公司得来的情报,以及关于公司本身推销员活动的报告,而把它们统统归纳到一个概念——"对顾客服务质量欠佳"。在对事实进行概括时将涉及两个方面:创造概念和用逻辑说明概念的因果关系。

（3）创造力。真正棘手的问题通常不是已知方法所能解决的。为寻得一种可行的解决办法,常需有新的研究方法和一种新的手法。较为理想的是,管理者有自己的独到见解或至少要有一种捕捉他人高见的敏锐性。

（4）直观判断力。对决策能力来说犹如一种"主观臆断"。决策人在对问题的每一点进行分析和逻辑推理达到一定程度时,突然顿悟"该怎么办"。

虽然这一过程还不是系统的和自觉的,但决策确已形成。所以当所有事实一时还不能全部收集到,当概念和逻辑论据比较模糊,或是不容长久等待合理分析而需要立即行动的情况下,直观判断力就显得格外重要。

（5）决断的胆量。管理者不同于一个科学家,他常常不必依赖细致的研究和万无一失的推理来支持自己的决策。当情况不明和面临挫折时,要超过障碍和制定决策没有胆量是不行的。

（6）头脑开明。决策才干的第六个组成部分,也是人员要求中格外重要的一条是接受新思想的能力。一个人能否认真听取别人意见,并能在解决当前问题中来验证其思想的有效性?

总之,我们可以说尽管决策才干很难于解释清楚,但它的某些要素是可以确定的。一个有分析、推理和创造能力,头脑开明,有直觉判断力和有胆识的管理者,他在判定有效的决策上较之缺乏上述品格的人要更为可靠。

3. 自信与自恃

在满足需求和解决问题中,人们对自己的信赖程度和对他人的信赖程度往往因人而异。职务也是一样,在要求一个人的主动、坚持维护自己观点和积极有力地提出自己的观点等方面,往往因职务不同而有所不同。

心理学家曾对这种品质作过研究并用所谓两个极端间的摆幅来描述自我信赖(或无自我信赖)的程度。有些人说是支配性服从性;另一些人称作独立依赖或所谓积极消极行为。一些重实务的管理者常常用"首创精神"、"魄力"或"自我启动能力"来鉴定这同一种品质。

这种性格在日常活动中都能看得到。你们可以检验一下自己。看看如果你在半夜里冻醒时你怎么去做？你是试图把被子往脖子四周披紧并希望冷空气赶快过去，还是正视面临的问题，从床上起来，再拿条毛毯？许多经理职务需要的是再拿条毛毯这样类型的人。

与一个人的自信心紧密相连的是他的雄心，或说"成就激励感。"在征服了一个难题以后，多数人都会给自己树立更高的目标并开始朝着这些目标工作。然而人们在把自己的抱负推进到什么程度方面，各人还是不一样的。有的渴望来个"大跃进"，而另一些则以稳步前进为满足。

4. 社会敏感性

有些人对一项管理问题的反应，主要取决于所涉及的人们的感情。这种"他人指向"的人常常与"己我指向"的人形成对照，后一种人主要是关心他们自己的想法和对他们来说至关重要的事情。

他人指向的人往往具有较强的神会的能力。这是一种使自己神入于他人思想、感情和可能的反应的能力。我们可能与在阿拉斯加的一个审计员或推销员进行心领神会的交往而没有必要赞成他的感情和行为；但因为我们真正感受到他的反应，我们则很可能同情，或至少理解他的观点。

当然，社会敏感性几乎对每一种职务都可能是有益的，但其对于多数销售、参谋和经理职位来说，就尤为重要。

5. 情感稳定性

情感稳定性指的是对生活能较好地适应。情感上稳定的人倾向于下列行事方式：①他们能平静和客观地接受不同的人，包括他们所不喜欢的；②他们对障碍的反应是沉着地加强自己的努力，或寻找新的途径来达到自己的愿望，而不是否认障碍的存在，变得过度的丧气，横加指责，或为自己的无能文过饰非；③他们知道自己不可能完成某一既定的目标时，便一耸肩把他们的注意力转到另一些感兴趣的事物上去；④他们在成功时刻反应平静和客观，并不表现出孩子般的高兴和变得过度乐观；⑤他们举止朴实自然，没有矫揉造作或给人以牵强的印象。

当一个人遇到紧张和矛盾的事情时，就将接受感情稳定性方面的考验。有些职务较另一些职务带有更大的紧张性。譬如，一家新成立的药品公司的推销经理，他所体验的紧张很可能比一家储蓄银行总会计师感受到的要强烈。所以销售职务就比会计职务需要有更高的情感稳定性。

6. 对个性因素的运用

如果我们为每一项职务制订了专用要求条件表，我们所谈的那些个性因素将会有极大用处。下面的例子就是建议管理人员应该如何按实际职务来裁定工作要求条件。

我们常常总想让一位经理和他的主要部属具有互补的能力。因而一个有眼力、有胆量和具备快速行动的经理可能需要一名有分析才干和倾向于研究和实地调查的助手。如果要为一群有高度依赖性的部属委任一个新的主管，那么主管人必须要有相当的自我信赖和坚持自己主张的个性。掌管生产进度的职位带来的将是一个不同的问题。他的工作必须与很多不同部门人的工作，经常密切相连——也许有 12 个领班，加上仓库管理员、采购代理人、维修工、推销员，甚至其他人。任何被指派去担任这种职务的人必须要有相当大的情感稳定性，如果他想既能解决问题又能与每一个人相处融洽的话。

对比之下，研究人员和开发工程师的职务是典型地需要有专业知识和敏捷的决策才能的。社会敏感性和情感稳定性虽然需要，但对这类职务来说，它不像对一个生产计划人员那样必不可少。推销员的职务则又要求具有另一些不同的能力，对于他们来说，社会敏感性和自信则具有高度相对重要性的。

当一家公司要作出经常改革，以适应新的竞争或急剧变革的工艺时，管理者需要有相当大的胆量和果断性。同时也需要有高度的情感稳定性，因为重大的改革对任何工作上会受到新做法影响的人都会是一种压力。

【思考】　你具备管理者的素质吗？

管理者要具备良好的素质，绝不是一朝一夕就能做到的，而是要经过长期不懈地努力。这包括以下几个方面：

1. 勤奋学习。既要学习书本，又要向他人学习。

2. 刻苦磨炼。任何一位有作为的管理者，都应自觉磨炼自己的意志和毅力。

3. 总结经验。管理人员对自己做过的工作及时进行总结，有什么经验，又有什么教训，以便日后进一步做好工作。

4. 严于律己。管理者首先严格要求自己，以身作则，说话才有威力，下级人员才能尊敬，开展工作才能顺利。

5. 接受监督。管理者既意味着负责任，又意味着握有权力；掌权的人如果不受约束、监督，那就有走向腐败的可能。因此管理者必须接受群众的监督。

1.4.4 管理者技能

根据管理学者 R.L.卡兹的研究,管理者必须具备三类技能,即技术技能、人际技能和概念技能。

1. 技术技能。技术技能是指管理者掌握与运用某一专业领域内的知识、技术和方法的能力。技术技能包括:专业知识、经验,技术、技巧,程序、方法、操作与工具运用熟练程度等。这些是管理者对相应专业领域进行有效管理所必备的技能。管理者虽不能完全做到内行,成为专家,但必须懂行,需要了解并初步掌握与其管理的专业相关的基本技能,否则很难与他所主管的组织内的专业技术人员进行有效的沟通,从而无法对所辖业务范围内的各项工作进行具体的指导。不同层次的管理者对于技术技能要求的程度是不同的,一线管理者对于技术技能的要求相对较高。

2. 人际技能。人际技能是指管理者处理人事关系的技能,即理解、激励他人并与他人共事的能力。它包括领导能力,但其内涵远比领导能力广泛,因为管理者除了领导下属外,还要与上级领导和同级同事打交道,还得学会说服上级领导,领会领导意图,学会与同事合作等。人际技能包括:观察人、理解人、掌握人的心理规律的能力;人际交往、融洽相处、与人沟通的能力;了解并满足下属需要、进行有效激励的能力;善于团结他人,增强向心力、凝聚力的能力等。在以人为本的今天,人际能力对于现代管理者而言,是一种极其重要的基本功。没有人际技能的管理者是不可能做好管理工作的。

3. 概念技能。概念技能(或称构想技能)是指管理者观察、理解和处理各种全局性的复杂关系的抽象能力。概念技能包括:对复杂环境和管理问题的观察、分析能力,概念—推理能力,创造力,对全局性、战略性、长远性的重大问题的处理与决断能力,对突发性紧急处境的应变能力等。其核心是一种观察力和思维力。这种能力对于组织的战略决策和发展具有极为重要的意义,是组织高层管理者所必须具备的,也是最为重要的一种技能。它要求管理者有较强的冒险精神与意识,要自恃与自信,要有较高的情感稳定性。

【思考】 1. 如何提高管理者的技能?
2. 如何防止"翅膀硬起来"的员工跳槽?

不同层次管理者对管理技能的需要存在差异性。上述三种技能对任何管理者来说,都是应当具备的。但不同层次的管理者,由于所处位置、作用和职能不同,对三种技能的需要程度则明显不同,其侧重点也有所不同。

基层管理人员主要需要的是技术技能和人际交往技能。基层管理人员面对的主要是一线员工,由于直接指挥实际工作,因此他必须对技术和工艺熟练精通,对下属工作了如指掌,这样才能有效地指挥和管理。试想一个车间主任对技术一窍不通,一个工程部经理对现场工艺一知半解,一个开发部经理在业务上缺乏权威,那么他将很难管好本部门。基层管理人员需要掌握的另一个技能是人际技能,协调和沟通是日常管理的一个重要内容。基层管理者需要充分施展自己的人际技能,开展协调和沟通工作,将日常工作中发生的一些小问题、小矛盾解决和消除在萌芽状态。这不仅有利于基层成员的团结和企业目标的实现,而且还可为中高层领导分忧解难。

中层管理人员需要掌握更多的人际技能和概念技能。像分厂厂长、分公司经理、事业部总经理这样的中层管理者,一方面要领导、激励下属努力工作,另一方面还要同上级领导、同级同事以及各职能部门负责人打交道,同时还要联络企业外部的客户和单位以求得各方面力量的配合,这要求具备很强的人际交往技能。中层管理者还肩负着领导本部门发展,为总部或总公司实现销售额和利润增长的重任,因而还应具备一定的概念技能。在所从事的领域内,业务的取舍,如何把握市场机遇,规避风险,面对同行竞争,应制定什么对策,根据形势发展,制定本部门的中长期规划,这些都是摆在中层管理者面前需要利用概念技能解决的问题。

对高层管理人员而言,特别需要具备很强的概念技能。如果把一个企业比作一艘轮船,高层管理者应是这艘船的船长、大副、二副等,他们肩负着在市场经济的海洋中把握“航向”、躲避“暗礁”、壮大自身、回报国家和社会的重任。因此,高层管理者的概念技能更多地发挥在整个企业使命和经营理念的建立、企业文化的建设、战略决策的制定、创新的实施和风险的承担上。可以说,概念技能是管理技能发展的最高境界。

三种层次的管理人员虽然对所需掌握的管理技能各有侧重,但在实际工作中,一些管理人员往往对提高自己所需重点掌握的管理技能有所忽视。例如有些中层管理者把许多精力放在技术技能的提高上,过多地从事和干预基层的作业工作,认为只有这样才能提高自己在员工中的威信,结果适得其反。还有的虽然重视人际技能的培养,但不注意提高自己的概念技能,结果在激烈的市场竞争中丧失许多机会。这些都是管理人员在实际工作中所应注意的问题。各层次管理者对技能需要的比例如图 1-2 所示。

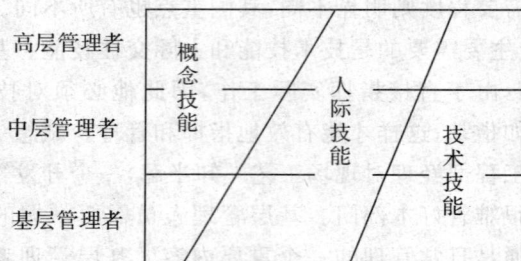

图 1-2　不同层次对管理技能需要比例

1.5　管理的对象与方法

1.5.1　管理对象的内涵和外延

管理对象,是管理者为实现管理目标,通过管理行为作用其上的客体。这是管理对象的内涵。

从管理对象的外延来看,管理,总是对一个群体或组织实施的,所以,管理对象首先可以理解为不同功能、不同类型的社会组织。而任何社会组织为发挥其功能,实现其目标,必须拥有一定的资源或要素。管理,正是通过对这些资源或要素进行配置、调度、组织,才使管理的目标得以实现。所以,这些资源或要素就成为管理的直接对象。同时,任何组织要实现其功能或目标,就必须开展一些职能活动,形成一系列工作或活动环节。只有对这些职能活动或工作环节进行有效的管理,才能保证目标的实现。这样,这些职能活动或工作环节也成为管理的对象。因此,管理的对象应包括各类社会组织及其构成要素与职能活动。

组织、资源要素与职能活动都是管理的对象。资源要素是构成组织的细胞,其动态组合与运行构成了职能活动;资源与活动又共同构成了完整的组织及其行为。资源、活动、组织是管理对象的不同形态,它们都受管理行为的作用,共同影响着管理的成效和组织目标的实现。

管理对象的划分有多种方法。按照浙江大学马庆国教授的观点,所谓管理,就是为了实现一定目标,对一个系统及其构成要素(在目标达成前)的安排。这里所谓的系统,是被安排的对象(或者说,被管理的对象),所以,又称为对象系统。对象系统范围的确定,取决于具体的问题与目标。系统一般由人、财、物、信息等要素构成。有时,为了研究方便,也可以广义地把"时间"也作为构成系统的要素。对内,系统可以分解为子系统、子子系统,直到要素。对外,对象系统又被包含于一个更大的系统中。这个更大的系统,称为对象系统的环境。被管理的对象可以分成两类。

1. 第一类对象系统:直接对象不包含人的系统,如炼油装置系统、武器系统、股票价格系统、财务数据系统。这一对象系统,又可以分为两个子系统:一是实物对象系统,如生产装置系统;二是信息对象系统,如股票价格、信息、知识等。对者两类子系统的管理,也存在较大差异。注意:整个第一类系统,虽然不直接含有人,但可以明显地看到"人"的影子,其复杂性和演变规律,都明显地会受到"人"的影响。

2. 第二类对象系统:直接对象包含人的系统,如企业、学校、医院、科室、班组等。

两类对象系统的特征与变化规律:①复杂性。不直接包含人的系统有时也非常复杂,但是一般而言,其复杂性要远远低于直接包含人的系统。例如,生产装置系统与营销系统复杂性就差异非常大。营销系统必须研究客户的需求,而影响需求因素又非常复杂,客户群体的收入水平、文化特征、生活习惯、消费时尚、舆论潮流等。而生产系统的变化,则要相对"单纯"一些。②不确定性强弱。尽管在第一类系统的有些问题中也有较大的不确定性,但总体而言,第一类系统的不确定性,要低于第二类系统。③演变的规律。第一类系统的演变更多地基于技术科学,第二类系统的演变更多地基于行为科学及其基础心理学。

用于两类对象系统的管理技法用于第一类系统管理方法,更多地基于数学工具,如运筹学方法、统计学方法。通过这些方法的应用,来寻求高效的管理方案。用于第二类系统的管理方法,更多地基于心理学方法和行为科学方法,如心理测评方法、对比实验方法、激励方法等。当然,要处理所获得的数据,也必须使用统计方法。通过对这些方法的应用,来寻求高效的管理方案。

【思考】 企业管理的对象与行政管理的对象相同吗? 目标一致吗?

1.5.2 管理方法

1. 管理方法的涵义。管理方法,是指管理者为实现组织目标,组织和协调管理要素的工作方式、途径或手段。管理方法是实施管理的途径或手段,是实现目标的中介和桥梁，是管理者管理行为的工作方式，对于管理功效及目标实现，具有非常重要的意义。

2. 管理方法的分类：

（1）按作用的原理，可分为经济方法、行政方法、法律方法和社会心理学方法。

经济方法，是指依靠利益驱动，利用经济手段，通过调节和影响被管理者物质需要而促进管理目标实现的方法。经济方法的特点。①利益驱动性。被管理者是在经济利益的驱使下去采取管理者所预期的行为的。②普遍性。经济方法被整个社会所广泛采用，而且也是管理方法中最基本的方法。特别在经济管理领域，是最重要的管理方法。③持久性。作为经济管理的最基本方法，经济方法被长期采用，而且，只要科学运用，其作用也是持久的。但经济方法也有其局限性：可能产生明显的负面作用，即会使被管理者过分看重金钱，影响其工作主动性和创造性的发挥。经济方法的主要形式有：价格、税收、信贷、经济核算、利润、工资、奖金、罚款、定额管理、经营责任制等。

行政方法，是指依靠行政权威，借助行政手段，直接指挥和协调管理对象的方法。行政方法的特点。①强制性。行政方法依靠行政权威强制被管理者执行。②直接性。行政方法是采取直接干预的方式进行的，其作用明显、直接、迅速。③垂直性。行政方法反映了明显的上下行政隶属关系，是完全垂直领导的。④无偿性。行政方法是通过行政命令方式进行的，不直接与报酬挂钩。行政方法的局限性是：由于强制干预，容易引起被管理者的心理抵抗；单纯依靠行政方法很难进行持久的有效管理。行政方法的主要形式有：命令、指示、计划、指挥、监督、检查、协调等。

法律方法，是指借助国家法规和组织制度，严格约束管理对象为实现组织目标而工作的一种方法。法律方法的特点。①高度强制性。法律方法凭借依靠国家权威制定的法律来进行强制性管理，其强制性大于行政方法。②规范性。它是采用规范进行管理的一种形式，属于"法治"，而非"人治"，这增强了管理的规范性，而限制了人的主观随意性。其局限性是对于特殊情况有适用上的困难，缺乏灵活性。法律方法的主要形式有：国家的法律、法规；组织内部的规章制度；司法和仲裁等。社会学心理学方法的涵义。这是指借助社会学和心理学原理，运用教育、激励、沟通等手段，通过满足管理对象社会心理需要的方式来调动其积极性的方法。

社会学心理学方法的特点。①自觉自愿性。这是通过被管理者内心受激励，而使其自觉自愿去实现目标的方法，不带有任何强制性。②持久性。这种方法是建立在被管理者觉悟和自觉服从的基础上的,因此,其作用持久,没有负面影响。其局限性主要表现为对紧急情况难以适应,而且,单纯使用这一种方法常常无法达到目标。社会学心理学方法的形式。其形式主要有:宣传教育、思想沟通、各种形式的激励等。

(2)按管理方法适用的普遍程度,可分为一般管理方法和具体管理方法。

(3)按方法的定量化程度,可分为定性管理方法和定量管理方法。

(4)按所运用技术的性质,可分为管理的软方法(指主要靠管理者主观决断能力的方法)和硬方法(主要指靠计算机、数学模型等的数理方法)。

(5)按管理对象的范围,可分为宏观管理方法、中观管理方法和微观管理方法。

(6)按方法所应用的社会领域,可分为经济管理方法、政治管理方法、文化管理方法、军事管理方法等。

(7)按管理对象的类型,可分为人事管理方法、物资管理方法、财物管理方法和信息管理方法等。

要提高管理方法的效能,就必须实现管理方法的现代化。①实现管理方法的科学化。企业要按照客观经济规律和生产技术规律的要求进行组织和管理,正确指挥,科学决策。②实现管理方法的最优化。管理方法尽可能实行量化,通过对多种方案的比较和优选,寻求最佳方案,取得尽可能高的经济效益。③管理方法的文明化。企业要搞文明生产,不但要有好的厂房和设备,还要有良好、优美的工作环境,职工要讲究文明礼貌和道德风尚,领导者要树立以人为本、尊重下级的思想,实现文明管理。④管理手段的现代化。要广泛采用计算机及各种信息、网络技术,努力实现管理和办公手段的现代化。

1.5.3　组织的形态及其要素

所谓组织,是指为达到特定目的,完成特定任务而结合在一起的人的群体。一般指具有法人资格的群体。组织可以因不同的标志而有不同的分类方法。一般普遍适用的是按组织的社会功能性质来划分:①政治组织,如政党、政府等;②经济组织,主要是工商企业,即以营利为目的,从事经济职能的组织,这是社会组织的主体;③文化组织,包括教育和各种文化事业单位;④宗教组织,如教会;⑤军事组织,主要指军队;⑥其他社会组织。以整个社会组织为对象进行管理的人,主要是组织的上级领导或社会组织的最高层管理者。而更多的管理者是以组织内部的要素或活动作为管理对象的。

组织内部的单位或部门是指在各种组织(独立法人)内部设置的各种单位或

部门,既包括履行组织基本职能的各业务单位,又包括行使各种管理和服务职能的各种部门。它们不是独立的社会法人,只是社会组织内部半自治性的群体或组织。组织内部,除最高管理层以外的大部分管理者都是以这类内部组织为对象进行管理的。

组织的资源或要素,作为管理的直接对象,各有其特定的属性与功能。只有对这些资源或要素进行科学的配置与组织,才会有效发挥其作用,以保证目标的实现。关于管理要素的构成,管理学者作了大量的研究,提出了不同的见解。普遍接受的观点是,管理要素包括人员、资金、物资设备、时间和信息等。

1. 人员。人是管理对象中的核心要素,所有管理要素都是以人为中心存在和发挥作用的。人员作为管理对象,包括两层含义,一方面,从生产力角度看,人是作为劳动要素出现的。管理者通过合理运筹与组织,实现劳动者在数量上和质量上的最佳配置,提高劳动的效率和效益;另一方面,从生产关系的角度看,人又是管理者与被管理者。管理者要在人与人之间的互动关系中,通过科学的领导和有效的激励,最大限度地调动人的积极性,以保证目标的实现。管理人,是管理者最重要的职能。

2. 资金。资金是任何社会组织,特别是营利性经济组织的极为重要的资源,是管理对象的关键性要素。要保证职能活动正常进行,经济、高效地实现组织目标,就必须对资金进行科学的管理。对资金筹措、资金运用、经济分析与经济核算等过程加强管理,以降低成本,提高效益,是管理者重要的经常性管理职能。

3. 物资设备。物资设备是社会组织开展职能活动,实现目标的物质条件与保证。通过科学的管理,充分发挥物资设备的作用,也是管理者的一项经常性工作。

4. 时间。时间是组织的一种流动形态的资源,也是重要的管理要素。管理者必须重视对时间的管理,真正树立"时间就是金钱"的意识,科学地运筹时间,提高工作的效率。

5. 信息。在信息社会的今天,信息已成为极为重要的管理对象。现代管理者,特别是高层管理者,已越来越多地不再直接接触事物本身,而是同事物的信息打交道。信息既是组织运行、实施管理的必要手段,又是一种能带来效益的资源。管理者必须高度重视,并科学地管理好信息。

1.6 管理学的研究对象与特点

1.6.1 管理学的研究对象

管理学作为一门独立的学科,研究的客体是人类社会的管理领域及其管理活动,研究的重点是管理领域中的特殊矛盾。因此,管理学是一门研究管理活动中基本的管理关系、管理规律及一般方法的科学。掌握管理学研究的对象与方法,是我们学习管理学,并领会其内容的关键之一。

1. 管理活动中的基本关系。包括管理主体与管理客体的关系、管理的隶属关系、管理的协作关系、管理中人与人的关系、管理中人与物的关系、管理中物与物的关系等。在管理活动中,正确处理这些关系,就能发挥各方面的积极性,从而提高管理效能。

2. 管理规律。有三种:管理系统整体规律、管理过程控制规律、管理人的激励规律。在管理活动中要不断掌握这些规律,并善于运用到管理活动中去,才能提高管理效能。

3. 管理方法。管理方法是指人们在管理活动中,为达到既定的目标而采取的管理方式、程序和手段的总和。

4. 管理者。

5. 管理的历史。

1.6.2 管理学的特点

管理学是介于自然科学与社会科学之间的一门新兴学科,它具有"软科学"的性质。其具体特点是:

1. 综合性。管理学是在社会科学、自然科学、技术科学和新兴科学(系统论、信息论、控制论、运筹学等)的交叉区域上建立起来的一门综合性学科。

2. 历史性。现代管理学是在继承、总结和发展前人管理经验与管理理论的基础上发展起来的。同时,管理理论将随着时代发展而不断地丰富、更新、完善。

3. 应用性。管理学是一门实践性很强的应用科学。管理的理论和方法是来自管理实践的科学总结,同时回到实践中去经受实践的检验,检验正确,又对管理实践进行指导。

4. 社会性。管理的社会性是由管理的二重性决定的。管理总是与一定的社会制度相联系，总是受一定的生产关系所制约，总要反映、体现统治阶级的意志，维护其经济利益。

1.6.3 管理学的研究方法

1. 调查研究法。这是认识管理活动、总结管理经验、探索管理规律的基本方法。管理理论的研究必须通过直接或间接地调查后而取得大量可靠的材料为依据。

2. 比较研究法。有比较，才能有鉴别、有取舍。比较的方法是对彼此有某种联系的事物加以对照，确定对象之间的差异点和共同点的方法。

3. 系统分析法。现代社会任何一个组织的结构、功能及其活动都呈现其特有的系统性。系统方法是从整体出发，通过部分与整体的联系，来揭示系统的运动规律。

4. 数学方法。它是运用数学理论、技术对所研究的管理客体进行定量分析，并以数学的形式揭示其内在联系和运动规律的方法。

5. 案例分析法。即从实际出发，通过分析案例、经验来研究管理问题。

➷【本章小结】

1. 管理就是在特定的环境下，对组织所拥有的资源进行有效地计划、组织、领导和控制，以便达成既定的组织目标的过程。

2. 效益是管理的永恒主题。任何组织的管理都是为了获得某种效益。效益的高低直接影响着组织的生存和发展，组织效率和效益的高低就是衡量管理水平的标准。组织高效率和高效益反映的是高水平的管理。

3. 管理既有科学性，又有艺术性。

4. 管理具有四项基本职能：计划、组织、领导、控制。

5. 管理者扮演着三大角色。人际关系角色：挂名首脑、领导者、联络人；信息传递角色：监控者、传播者、发言人；决策制定角色：创业者、危机处理者、资源分配者、谈判代表。

6. 美国管理学家 W.H.纽曼认为，一个管理者应具备以下素质：知识、决策才干、自信与自恃、社会敏感性、情感稳定性、对个性因素的微妙运用。

7. 管理学者 R.L.卡兹提出管理者必须具备三方面技能，即技术技能、人际技能和概念技能。

8. 管理对象是指管理者为实现管理目标，通过管理行为作用其上的客体。

被管理的对象可以分成两类。第一类对象系统：直接对象不包含人的系统，如炼油装置系统、武器系统、股票价格系统、财务数据系统；第二类对象系统：直接对象包含人的系统，如企业、学校、医院、科室、班组等。

9.管理方法是指管理者为实现组织目标，组织和协调管理要素的工作方式、途径或手段。

10.管理学的研究对象包括管理活动中的基本关系、管理规律、管理方法、管理者、管理的历史等。管理学的研究方法有调查研究法、比较研究法、系统分析法、数学方法、案例分析法等。

▷【复习思考题】

1.什么是管理？管理是如何产生的？

2.如何理解管理是科学与艺术的统一？

3.管理者有哪些职责？应具备哪些素质和技能？

4.你认为应该如何提高管理者的素质和技能？

5.管理者在扮演哪些不同的角色？管理者的角色具有普遍性吗？

6.不同层级的管理者技能有何不同？

7.简述管理学研究和学习的方法。

▷【案例讨论】

什么是管理

李叶和王斌是大学同学，学的都是管理科学与工程专业。毕业后，李叶去了深圳一家著名的外资企业从事管理工作，而王斌却被学校免试推荐为该校的硕士研究生。一晃三年过去了，王斌又以优异的成绩考入北京某名牌大学攻读管理科学与工程的博士学位。李叶在当上部门经理后也来到该校攻读 MBA。

王斌在办理报到手续时与李叶不期而遇。老同学相见自然免不了要"促膝长谈"，因此两人约定：晚上来个"一醉方休"。晚上王斌如约而至，两人在酒足饭饱之余闲聊起来，由于志趣相同，一会儿，他们就关于"什么是管理"的话题聊开了。

王斌非常谦虚地问："李兄，我虽然读了许多有关管理方面的著作，但对于什么是管理还是心存疑虑，管理学家西蒙说'管理就是决策'，有的管理学家却说'管理是协调他人的活动'，如此等等，真是公说公有理，婆说婆有理。你是从事管理工作的，那你认为到底什么是管理？"

　　李叶略为思索了一会儿，说道："你读的书比我多，思考问题也比我深。对于什么是管理，过去我从来没有认真去想过，不过从我工作的经验看来，管理其实就是管人，人管好了，什么都好。"

　　"那么依你看，善于交际、会拍'马屁'的人就是最好的管理者了?"王斌追问道。

　　"那也不能这么说"，李叶忙回答说，"虽然管人非常重要，但管理也不仅仅是管人，正如你所说的，管理者还必须做决策，组织和协调各部门的工作等等。"

　　"你说得对，管理不仅要管人，还要从事做计划、定目标、选人才、做决策、组织实施和控制等活动。"王斌继续发表自己的见解。

　　"可以这么说，我们搞管理的差不多啥都得做，今天开会，明天制订规则，后天拟订方案等等，所以说，搞好管理可真不容易。"李叶深有感触。

　　"那你怎么解释'管理就是通过其他人来完成工作'，难道在现实中这种说法本身就是虚假的吗?"王斌显得有点激动。

　　李叶想了一会儿才回答道："我个人认为，'管理就是通过其他人来完成工作'这句话有失偏颇，管理的确要协调和控制其他人的活动，使之符合企业制定的目标和发展方向，但管理者绝不是我们有些人所理解的单纯的发号施令者，其实管理者的工作量非常大，在很多方面，他们还必须起到带头和表率的作用。"

　　"我同意你的观点，管理者不是发号施令者，管理也并不就是叫别人帮你做事。管理者是'舵手'，是'领航员'，他必须带领其他人一起为组织目标的实现而奋斗。不过在咱们中国，听说在一些国有企业，只要你能吃、能喝、会拍'马屁'，你就是一个好管理者，就会受到上级的器重，对此你有何高见?"

　　"在咱们中国，的确存在着一些官僚主义、拉关系的现象，这恐怕是我们传统体制留下的弊端，但这不是说管理就是陪人吃饭、喝酒、拍领导'马屁'，在外资企业，这种现象几乎不存在，只要你有本事，能干出成绩，用不着你去拍马屁送礼，上级也一样器重你，你就能获得提拔，得到加薪。因此，从某种意义上来说，管理就是管理者带领组织成员一起去实现组织的目标。"

　　"可是……"

　　夜深了，可李叶和王斌好像并没有丝毫睡意，两人还在围绕关于

"什么是管理"的话题继续探讨着。

　　（选自中国地质大学管理学院《管理学》精品课程网站 http://unit. cug. edu. cn/2006jpkc/glxt/wlkj/case/casel-zw. htm. ）

【思考】　1. 管理就是做领导吗？

　　　　　2. 管理者应承担哪些角色？

第 2 章

管理演进

> > > >

学习目标

通过学习本章的内容,学生能够:

1. 了解中外早期的管理实践与管理思想;
2. 阐述泰勒的科学管理理论与法约尔的一般管理理论;
3. 阐述行为科学理论中的代表理论与代表人物;
4. 说明各种管理学派的观点;
5. 了解管理科学发展的新趋势。

引 例

如何进行管理

在一个企业管理经验交流会上,有两个厂的厂长分别论述了他们各自对如何进行有效管理的看法。

甲厂长认为,企业首要的资产是员工,只有员工们把企业当成自己的家里都把个人命运与企业的命运紧密联系在一起,才能充分发挥他们的力量和智慧为企业服务。因此管理者有什么问题都应该与员工们商量解决;平时要注意员工需求的分析,有针对性地给员工提供学习、娱乐的机会和条件;每月的黑板报上应公布当月过生日的员工姓名,并祝愿他们生日快乐等等。在甲厂长的工厂里,员工都普遍把企业当做自己的家,全心全意为企业服务,工厂日益兴旺。

乙厂长则认为,只有实行严格的管理才能保证实现企业目标所必需的各项活动顺利进行。因此,企业要制定严格的规章制度和岗位责任制,建立严密的控制体系;注重上岗培训;实行计件工资制等。在乙厂长的厂里,员工们都非常注意遵守规章制度,努力工作以完成任务,工厂发展迅速。

(张明玉等:《管理学》,科学出版社 2005 年版)

2.1 中国古代管理思想

2.1.1 中国古代的管理实践

一提起管理理论的历史,人们自然会想到亚当·斯密、泰勒、法约尔等许多西方学者的名字,而对中国的传统管理思想知之甚少。似乎人类的管理实践和管理理论是从 18 世纪的西方产生的,其实各个国家和民族对管理学的发展都有各自的贡献和价值,中国也同样有悠久的管理实践和丰富的管理思想。

中国是世界上历史最悠久的文明古国之一。早在五千年前,中国已经有了人类社会最古老的组织——部落和王国,有了部落的领袖和帝王,因而也就有了管理。到了公元前 17 世纪的商、周时代,中国已组织严密的奴隶制和封建制的国家组织,出现了从中央到地方,高度集权、等级森严的金字塔形的权力结构。

中国古代也有许多世界历史上伟大的工程,如长城、大运河、都江堰工程等。以长城为例,从公元前 7 世纪的春秋战国时开始修建,一直到明朝万历年间(1573 年)终于形成了西起嘉峪关,东至山海关的总长约六千七百多公里的万里长城。要完成如此浩大的工程,在科学技术尚不发达的当时,其计划、组织等管理活动的复杂程度是难以想象的。

在漫长的封建社会中,我国除了建立了高度集权的行政管理体制,还形成了在人才选拔和录用上完善的科举制度。从现代的观点看,尽管科举制度在考试内容和选择标准上还存在许多问题,但通过考试和平等竞争的方法选拔人才,在人类历史也可以说是开辟了一个范例。

2.1.2　中国古代的管理思想

中国的传统文化是以儒、道、释为中心,以法、墨、农、名、兵、纵横、阴阳为副线,形成一个多元文化体系。这里除了释(佛教)来源于印度,其他都来自于中国古代的春秋战国时期。它们是中华文化的核心,对中国传统的管理思想起着决定性的作用。

(一)儒家的管理思想

儒家思想是中国传统文化的主流,儒家学说由孔子开创并提出了主体的思想构架,再经后来的孟子和荀子的进一步补充,最终正式形成了一门学科——儒学。下面我们就儒家学说的代表人物及其管理思想作一简单介绍。

1.孔子管理思想的要点

(1)重视人的因素:管理工作只有得到被管理者的拥护,才能搞好;管理工作只有依靠人才才能搞好。

首先,孔子主张管理者要有一颗仁心,"仁者爱人","爱人"从管理角度讲有利于缓和管理者和被管理者之间的矛盾,有利于在二者之间建立和保持一种比较和谐的关系,从而有于实现管理目标。

"得民心者得天下","得其民有道,得其心斯得其民矣"。如何才能"爱人"?"君子学道则爱人,小人学道易使也"。

其次,"得人","选贤与能"。"贤者"是协助最高领导者掌握全局的人,这种人不但有经邦治国的大本领,有协助领导者驾驭全局的能力,还有高尚的道德品质,能够移风易俗,化民从善。"舜有臣五人(禹、益、契、弃和皋陶)而天下治";"能者"指在具体的工作部门从事具体工作的人,即具备做好某种工作的专业知识的人。在孔子看来,有各方面的"能人"在,即使最高层缺乏"贤人",也可以保持一个较平稳的局面,而不致发生重大的失败,或者很快陷于失败。但也不能使全局工作达到理想的状态,实现"天下大治"。

仅仅选拔"贤人"与"能人"还不够,还要善于使用他们,如何使用贤能呢?孔子主张"因材施用":贤人要成为"以道事君"的"大臣",即成为领导集团成员;能人要成为按自己的本领负责专项工作的"具臣",领导者对他们的使用要"器之"。

(2)管理首重教育:

首重教育手段:"善教得民心","小人学道易使也","导之以政,齐之以刑,民免而无耻;导之以德,齐之以礼,有耻且格"。主张以德、礼教育民众。

其次也重视其他管理手段的作用,如政、法的作用。但是管理主要应靠教育,而行政、法律手段应放在次要的、辅助的位置,而且在使用政法手段时,也应同教育手段配合使用,使民知法、畏法而且耻于犯法。他说,"不教而杀谓之虐"。孔子也重视经济手段的作用。说"惠则足以使人",孔子认为,"君子"和"小人"对利益的态度是不一样的,"君子喻于义,小人喻于利",要区别对待。

(3)管理成败的关键在领导:

"百姓有过,在予一人"。"朕躬有罪,无以万方;万方有罪,罪在朕躬"。

(4)着眼于长期目标,反对急功近利,始终围绕战略目标。

"无欲速,无见小利,欲速则不达,见小利则大事不成"。

(5)孔子如何调和人和人之间的矛盾:提出"忠恕"和"和同"主张。

"己所不欲,勿施于人","君子和而不同,小人同而不和"。

2.孟子管理思想的要点

孟子以"性善论"作为自己的哲学基础;以"仁政"思想为管理思想的核心;义利统一的经营管理价值观;高度重视管理者的人格修养;"以德服人"的情感管理;强调权变观念。

(1)"仁政"的管理思想。

"不以仁政,不能平治天下",现代企业管理应"以人为本";"民为贵,社稷次之,君为轻",尊重被管理者是搞好管理的前提;"得民心者的天下",赢得消费者是企业占有市场的前提。

(2)义利统一的经营管理价值观。

"圣人治天下,使有菽粟如水火",现代企业应为社会提供丰裕的物质产品;"非其有而取之者,盗也",市场竞争中的企业自律;"老吾老以及人之老,幼吾幼以及人之幼",现代企业回报社会的情怀;"斧斤以时入山林",生态伦理观是现代企业经营的精神之一。

(3)"以德服人"的情感管理。

孟子强调"天时不如地利,地利不如人和"的和谐管理的思想:"以德服人,中心悦而诚服也",感情投入,培养员工对企业的归属感;"家必自毁,而后人毁之",培养企业的团队精神;"以佚道使民",现代企业应实行弹性管理;"隐恶而扬善",实现正面激励的功用。

(4)权变管理的观念。

孟子强调通达权变:"举一而废百",企业管理之大忌;"此一时,彼一时也",以时间地点为转移;"可以久则久,可以速则速",一切以条件为转移;"嫂溺,援之以手,权也",特殊情况下的特事特办;"思则得之,不思则不得",勤于思考,智慧生财。

3.荀子管理思想的要点

荀子的管理思想是以人的自利行为为出发点，以人类的分工为核心，以"隆礼""守法"为方式，以"富国富民"为最终目标。

(1)荀子管理思想的出发点：人的自利行为。

"饥而欲食，寒而欲暖，劳而欲息，好利而恶害，是人之所生而有也。"

(2)荀子管理思想的核心："明分使群。"

人是不能脱离社会群体孤立地进行生产活动，人和人之间"离居不相待则穷"，惟有合作。人"力不若牛，走不若马。而牛马为用，何也？曰：人能群，彼不能群也。人何以能群？曰：分"。

(3)荀子的管理方式："隆礼"、"守法"。

怎样能够保证"分"更有效率的达到"群"呢？惟有"义"。"分何以能行？曰：义。故义以分则和，和则一，一则多力，多力则强，强则胜物。故宫室可得而居也。故序四时，载万物，兼利天下，无他故焉，得之分义也"。

"义"即为"宜"，"义"的表现形式就是"礼"和"法"，前者是行为准则，更多的表现为风俗、习惯(下意识行为)，后者是国家意志的体现，更多的表现为法规、法令(强制性行为)。故荀子提出"隆礼"、"重法"。当然"礼"和"法"的内容不是僵硬的，要随着时代的变化而相应的变化其中的内容。

(4)荀子的管理目标：富国富民。

富国必须以富民为基础。"王者富民，霸者富士，仅存之国富大夫，亡国富府库，府库已实，而百姓贫，夫是之谓上进而下漏，入不可以守，出不可以战，则倾覆灭亡可立而待也"。主张在国民财富总量增长的基础上使国库的收入和百姓的财富同步增长.将法家富国之学和儒家富民之学统一和协调起来。富国富民的手段是"强本节用"，"强本而节用，则天不能贫！"

(二)道家的管理思想

道家学说和儒家学说同时产生并行发展，在中国几千年的历史上有着极其重要的作用。道家学说的创始人是老子，《老子》一书是道家的经典。

1.老子关于"道"的理念

"道可道，非常道；名可名，非常名；无名，天地之始；有名，万物之母"——道，不仅局限于人类社会的范围，即："人道"，而且还指"天道""地道"。老子的"道"的理念是"大自然法则支配一切"的概念，这就是著名的"道法自然"命题的由来。

2.老子关于"人性"的理念

"五色令人目盲，五音令人耳聋，五味令人口爽。驰骋畋猎，令人心发狂。难得之货，令人行妨。是以圣人为腹不为目，故去彼取此。"老子认为：人的本性是有欲、有私、贪财货的,特别受不得外界物质享受,如:五色、五音、五味、田猎和难得之货的刺激,人类社会的一切矛盾和争斗都源于此。

3.老子关于管理方法论的理念

老子的无为而治是道家管理的一个至高境界。"无为"是在遵循自然的前提下,有所作为和无所作为的总和。按照自然的规律行事,一切工作就能够通过道的运行自然而然地"功成事遂",这就叫做"无为而无不为"。反之,如果人们行事不顺应自然而是凭自己的主观意愿违背自然而强为那就只会干扰、妨碍道的自然运行而招致失败。

"无为"是道家管理哲学的最高原则,它具有以下几个明显的特点:

第一,"无为"是一个普遍适用于任何管理过程的原则,不论是政治管理、经济管理、军事管理或社会文化管理,都概莫能外。

老子反对法令滋彰。认为国家政权为管理人民而制颁的法令规章越多,人们为规避、利用这些法令、规章而采取的手段越多,国家为禁制人民而使用的刑罚越繁苛,人们的反抗越强烈,社会也就越乱,越不安宁。"其政察察,其民缺缺","法令滋彰,盗贼多有","民不畏威","民不畏死,奈何以死惧之"。

老子也反对以礼教作为治国手段。他们认为,以德、礼治国,和以政、刑治国,同样是有为。他们激烈地攻击"礼者,忠信之薄而乱之首","大道废,有仁义"。他们认为要想使国家安定,民风淳厚,最好是"绝圣弃知","绝仁弃义"。

第二,"无为"的原则是适用于一切人的,但首先却是对上层统治者尤其是对君主的要求。

老子非常强调统治者、领导者自身的表率作用,这和儒家的风行草偃论是一致的,很可能是受儒家这种观点影响的结果。但是,儒家所讲的表率作用,是以德率民,即以领导者自身的良好道德修养影响被领导者以化民从善。这在老子看来,是导民有为,老子也同样重视领导者的表率作用,但却是要导民无为。

第三,"无为"作为一个宏观的管理原则,意味着国家对私人的活动(尤其是经济活动)采取不干预、少干预的态度,也即是采取放任的态度。但道家提倡无为,不是为了更加发挥私人的活力和积极性,而是为了把私人的活力和积极性尽量减弱减小。

老子的理想是"小国寡民",他说,"小国寡民:使有什伯之器而不用,使民重死而不远徙;虽有好舆,无所乘之;虽有甲兵,无所陈之;使人复结绳而用之,甘其食,美其服,安其居,乐其俗。邻国相望,鸡犬之声相闻,民至老死不相往来"从"无为"这个最高原则,又派生出以下几个管理原则:

其一是"清静"。

　　要使管理活动能顺应道之自然,必须首先以清静、持重的态度处事,克服轻率、躁扰的弊病,不看准方向和时机,不采取行动;而一旦看准了,就坚定不移地采取行动,不轻易变迁、更改。

　　其二是"寡欲"。

　　《老子》认为多欲和纵欲势必要采取各种手段以求得欲望的满足,这就意味着在经济、技术、文化以及政治、军事等方面有为,而君主或统治者的多欲、纵欲必然要导致赋税、徭役的增加,这本身就是国家政权的有为。同时,又将激起百姓的抵制、反抗,而使整个社会陷于纷乱和不宁。《老子》把"寡欲"看做是实现无为之治的一个先决条件,提倡"见素抱朴,少私寡欲","不欲以静,天下将自定"。

　　其三是"下民"。

　　《老子》从古代的历史,特别是春秋、战国时期的剧烈社会变动中认识到:"贵以贱为本,高以下为基"。因此,《老子》提出了统治者、领导者必须"下民"的管理思想,强调"欲上民必以言下之,欲先民必以身后之",并且以百川归海作比喻说,"江海所以能为百谷王者,以其善下之"。

　　其四是"愚民"。

　　《老子》认为,人们智慧的发展必然使人类社会同原始自然状态相去日远,而且必然使人们更趋向于有为,使无为之治越来越难以实现。因此,它主张要实行无为之治必须"愚民",宣称"古之善为道者非以明民,将以愚之"(该知道的知道,不该知道的不能知道)。

　　(三)墨家的管理思想

　　墨家学派的创始人是墨子,他主张平等和兼爱。兼爱交利是墨子管理思想的核心:"兴天下之利,除天下之害","兼相爱则治","交相利则安"。墨家管理思想的要点主要有四方面。

　　1.选贤任能的人事管理思想

　　"尚贤使能,为政之本也",任用贤能是实现管理的关键;"归国宝不若献贤而进士",不拘一格发现人才、选用人才是管理者的要务;"听其言,迹其行,察其所能",在实践中选拔贤才;"良剑期乎利,不期乎莫邪",对人才不能过于苛求;"有能则举之,无能则下之",能上能下,不搞终身制;"量才使用,以劳定赏",建立使人才发挥作用的管理机制等。

　　2.崇尚集权的行政管理思想

　　"一同天下之义,是以天下治也",实行中央集权管理的必要性;"得天下情则治,不得天下情则乱",集中的基础在于民主等。

3.生财固本的生产管理思想

"以时生财,固本而用财,则财足",生产在国计民生中的作用;"赖其力者生,布赖其力者不生",发展生产力是搞好管理的物质基础等。

4.节用节俭的消费管理思想

"去无用之费,圣王之道,天下之大利也",节用在管理中的重要意义;"节俭则昌,淫佚则亡",限制奢侈性消费的重要性等。

(四)法家的管理思想

法家学派的代表人物是商鞅、韩非子等,他们反对依赖那些空洞的不切实际的绝对的忠信观念,以及那些主观的道德规范。因为人不是靠自觉就能遵守法律的,因此,他们主张用客观的、具体的、强制的法律,通过铁面无私的奖惩制度强化司法的威严与检查的力量。其管理的核心是以奖惩的强制性来求得公平并以此实现其最高的社会理想。

1.商鞅管理思想的要点

"天下之吏民无不知法",实行法治的基础与前提;"以治法者强,以治政者削",处理好依法与用权的关系等。

2.韩非子管理思想的要点

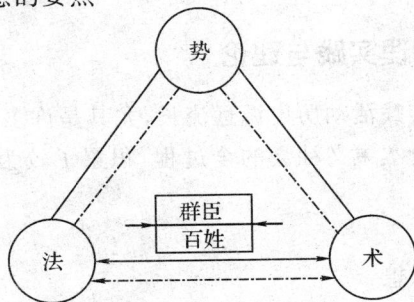

说明:实线表示作用力;虚线表示反作用力。

图2-1 韩非子管理思想图示

韩非子提出,"法、术、势"三者并重的法家集大成思想。"法"为制度安排,具有滞后性的特点,因此得靠"术"(监督、考核的种种办法及制度安排)来弥补,"术"的执行必须有"势"才能来维持,因此统治者必须紧紧掌握住手中的权力。

(五)兵家的管理思想

中国古代的春秋战国时代是战火纷飞的时代,打仗就得讲究兵法。在中国战争史中最杰出的兵书就是《孙子兵法》,该书共13篇不到6000字,语言简练但是其内容却博大精深。

在第一篇"计篇"中,指出决定事物成败和战争胜负的"五事"(五个因素),即道、天、地、将、法。"道"指道义,即只有顺道才能做到上下同心同德;"天"指天时;"地"指地利,即企业面临的内外环境;"将"指人才;"法"指组织与管理。在人才素质方面,孙子提出了领导者应具备"五德"即"智、信、仁、勇、严"。在经营谋略方面,孙子提出了"知己知彼,百战不殆"、"上兵伐谋"、"以奇制胜"、"制人而不制于人"、"兵不厌诈"、"攻其无备,出其不意"等许多著名论断。

在当今的市场竞争中,尤其是第二次世界大战以后,兵法在商战中的运用越来越广泛。特别是日本在经济发展中将中国的兵家思想充分运用于国际市场竞争中,并取得了令人瞩目的成绩,使中国的兵家思想在世界上又一次发扬光大。

【思考】　中国古代管理思想对目前的管理有何启示?

2.2　近代西方管理理论

2.2.1　早期西方管理实践与理论

西方国家的管理实践活动历史源远流长,尤其是许多工业发达国家,经历了奴隶社会、封建社会、资本主义社会的全过程,积累了较为丰富的管理实践经验及管理理论。

(一)奴隶社会

1.古埃及的管理思想

古埃及在国家制度上,建立了以法老为首的一整套专制体制管理机构。他们在法老之下设置了各级官吏,最高为宰相掌管着全国的司法、行政及经济事务,宰相之下设有大臣,分别管理财政、水利建设以及各地方事务。上至宰相,下至书吏、监工各有专职,形成了以法老为最高统治者的金字塔式的管理机构。另外,古埃及金字塔的建造,其工程之浩大、技术之复杂,堪称奇迹。

2.古巴比伦的管理思想

古巴比伦在汉谟拉比的统治下,建起了强大的中央集权制国家。为了巩固其统治,颁布了《汉谟拉比法典》,从法典的内容看,涉及财产、借贷、租赁、转让、抵押、遗产、奴隶等各个方面,对各种职业、各个层面上人员的责、权、利关系给予了明确的规定,从多方面反映了当时巴比伦人的管理思想。

3.古希腊的管理思想

古希腊是欧洲文明的摇篮。在古希腊，当时的思想家们对管理有许多精辟的见解。苏格拉底曾提出管理的普遍性，认为管理技能在公共事务与私人事务之间是相通的。亚里士多德还研究了国家制度问题，提出了国家制度的各种形式以及采取各种国家制度的原则，描绘了以奴隶制为基础的"理想城邦"的轮廓。另一名古希腊哲学家色诺芬则对劳动分工有精辟的论述。

4.古罗马的管理思想

古罗马在世界史上是最大的奴隶制国家之一。罗马共和时期，在管理体制上已体现了行政、立法和司法的分离。在法律方面，罗马人制定了有名的《十二铜表法》。故罗马最有效的管理实例，是当时统治者戴克里先对罗马帝国的重组。他重新设计了帝国的组织结构，把军队和政府分为不同的权利层次，对每一层次规定了严明的纪律以保证组织职能的发挥。他把帝国分为 100 个"郡"，归为 13 个"省"，进一步把"省"组成 4 个"道"，从而建立起专制的组织结构。

（二）封建社会

西欧封建社会早期是非常暗淡的"黑暗时代"，直到中期和后期，由于手工业从农业中迅速分离，城市的兴起和商业、贸易的发展，西欧封建社会的经济才发生了一些新的变化。特别是威尼斯的工商管理最为突出，其商业管理最有代表性的是企业组织类型和会计制度。

1.企业组织类型

当时商业的发展，尤其是海外贸易的发展出现了一些合伙或合资的企业。合伙企业通常由拥有较大数量资本的人同一个较少数量资本的人合作而成，在合伙契约中载明合伙期限等，常见于工商企业；合资企业由两个以上的所有主组成。要成立合资企业时，先向政府申请，经批准后获得营业执照，合资企业中的每位股东按资本份额分摊企业的利润和费用，常见于一次性交易的矿藏勘探或海外冒险事业。

2.现代会计制度：复式簿记制度的建立

复式簿记制度于 1340 年应用于意大利的银行界，此后向其他工商业领域推广。复式簿记制度主要用于分类账。日记账的主要作用是作为法律制度的依据。他们先把所有的交易都记在流水账上，再记入日记账，再过到分类账上。

威尼斯的工业管理是以兵工厂为代表。主要包括：流水线的出现、严格的会计管理制度、对成本的分析与核算、较健全的人事管理制度、存货控制等。

（三）资本主义早期

产业革命前后到 19 世纪，是西方管理思想发展中的一个重要时期。这一时期虽然没有形成完整的管理理论,但许多著名的经济学家、思想家、工程学者对管理思想进行了积极的探索。

1. 亚当·斯密的劳动分工论和经济人观点

亚当·斯密是英国古典政治经济学家,著作有《国民财富的性质和原因的研究》、《道德情操论》。主要思想:①资产阶级利己主义,"看不见的手"。②分工思想。他指出,"有了分工,同数劳动者就能完成比过去多得多的工作量。其原因有三:劳动者的技巧因业专而日进;由一种工作转到另一种工作,通常需损失不少时间。有了分工,就可以避免这种损失;许多简化劳动和缩减劳动的机械的发明,使一个人可以做许多人的工作"。③控制思想。他说,如果要真正地控制一个人,就必须使它为自己的工作成绩对某个人负责,而他对这个人则无法施加任何重大的影响。④计算投资还本期的重要性。他说,"购买高价机器,必然期望这机器在磨毁以前所成就的特殊作业可以收回投下的资本,并至少获得普通的利润"(是当时通行利息率的2倍)。

2. 小瓦特和博尔顿的科学管理制度

小瓦特和博尔顿分别是蒸汽机发明者瓦特和其合作者马修·博尔顿的儿子。1800年,他们接管了一家铸造工厂后,就着手改革该厂的组织与管理,建立了许多管理制度:①在生产管理和销售方面,根据生产流程的要求,配置机器设备,编制生产计划,制订生产作业标准,实行零部件生产标准化,研究市场动态,进行预测;②在会计的成本管理方面,建立起详细的记录和先进的监督制度;③在人事管理方面,制订工人和管理人员的培训和发展规划;④实行工作研究,并按工作研究结果确定工资的支付办法;⑤实行由职工选举的委员会来管理医疗福利费等福利制度。

3. 马萨诸塞车祸与所有权和管理权的分离

1841年10月5日,在美国马萨诸塞至纽约的西部铁路上,两列火车迎头相撞造成近20人死亡。事故发生后,公众对铁路公司的管理工作进行了猛烈抨击。为平息众怒,该公司进行了改革,实行所有权和管理权的分离。①独立的管理职能和专业的管理人员正式得到承认。管理不仅是一种活动,还是一种职业;②随着所有权和管理权的分离,横向的管理分工开始出现。这不仅提高了管理效率,也为企业组织形式的进一步发展奠定了基础;③具有管理才能的雇佣人员掌握了管理权,直接为科学管理理论的产生创造了条件,为管理学的创立和发展准备了前提。

4. 罗伯特·欧文的人事管理思想

罗伯特·欧文是19世纪英国著名的空想社会主义者。他曾在其经营的一家大纺织厂中做过试验。试验主要包括改善工作条件、缩短工作日、提高工资、改善生活条件、发放抚恤金等。试验的目的是探索对工人和工厂所有者双方都有利的方法和制度。

欧文是人事管理的先驱者。他认为,人是环境的产物。他在一篇论文中对监工们说,"你们中的许多人长期以来有这样的经验,在你们的制造工作中,由于设计良好和运行正常的优良机器而得到很大的好处,既然你们对死的机器赋予适当的注意就能带来如此巨大的好处,那么,如果你们对主要的、构造得远为奇异的机器(即工人)赋予同样的注意,有什么不能期望得到的呢?"欧文还认为,"人事管理必须有所报偿",单纯的"福利式"管理既不能赢得工业雇主全心全意的支持,又不能永久获得工人的支持。他曾在一次对工厂主的演讲中说,"你们的活机器可容易地加以训练和指挥,使你们的金钱收入大大增加。用在工人身上的钱,可以使你们获得 $50\% \sim 100\%$ 的报酬,而用在机器上的钱只能得到 15% 的报酬。对待活机器的经济学是,使它干净清洁,用和善的态度对待他们,使他们的精神不至于受到太多的挫折刺激"。欧文开创了在企业中重视人的地位和作用的先河,有人因此称他为"人事管理之父"。

5.查理·巴贝奇报酬原则与利润分配制度

查理·巴贝奇是英国著名的数学家和机械工程师,出版了《论机器和制造业的节约》。他对管理的主要贡献为:①对工作方法的研究。一个体质较弱的人如果所使用的铲在形状、重量、大小等方面都比较适宜,那么他一定能胜过体质较强的人;②对报酬制度的研究。他主张按照对生产率贡献的大小来确定工人的报酬。工人的收入应该由三部分组成,即按照工作性质所确定的固定工资、按照对生产率所做出的贡献分得的利润、为增进生产率提出建议而应得的奖金。

6.亨利·汤尼的收益分享制度

亨利·汤尼是美国一家制造公司的总经理。他在 1886 年发表《作为经济学家的工程师》,提出"工厂管理同工程技术有着同样的重要性……但工厂的管理却是无组织的,几乎没有什么有关的文献,没有交流经验的机构或媒介工具,而且没有任何协会或组织……为了补救这种情况,不能单只求助于'生意人'或办事员、会计师,而应该由那些由于训练和经验而能从两个方面(机械方面和文书方面)了解有关重要问题的人去办,应该由工程师来发起!"在 1889 年发表了《收益分享》,提出每个职工享有一种"保证工资",然后每个部门按科学方法制订工作标准,并确定生产成本。该部门超过定额时,由该部门职工和管理阶层各得一半。定额应在 $3 \sim 5$ 年内维持不变,以免降低工资。

7.哈尔西的奖金方案

弗雷德里克·哈尔西在 1891 年向美国机械工程学会提交论文《劳动报酬的奖金方案》，他在论文中指出当时普遍使用的三种报酬制度的弊端：①计时制（日工资制）：不是以刺激原则为依据的；②计件制：工人常认为，每当工人在产量上有大幅度的提高，雇主就会压低工资率；③收益分享制：对工人的报酬却不区分工效高的工人与工效低的工人。因而他提出了自己改进的劳动报酬的奖金方案，该方案是按每个工人来设计的：①以工人过去的通常业绩为依据；②对工人一定量的工作付给日或小时工资；③对工人增加的产量付给奖金，奖金额约为雇主按日工资或小时工资计算的 1/2 到 1/3。

2.2.2　古典管理理论

古典管理理论是以"经济人"假设为基础的管理理论，其代表性的理论有泰勒的科学管理理论、法约尔的一般管理理论和韦伯的行政组织理论等。

（一）科学管理理论

弗雷德里克·泰勒（Frederick W. Taylor，1856—1915）是美国古典管理学家，科学管理的创始人。泰勒于 1856 年出生在美国费城一个富裕的家庭里，19 岁时因故停学进入一家小机械厂当徒工。22 岁时进入费城米德维尔钢铁公司，开始当技工，后来迅速提升为工长、总技师。28 岁时任钢铁公司的总工程师。1890 年泰勒离开这家公司，从事顾问工作。1898 年进入伯利恒钢铁公司继续从事管理方面的研究，后来他取得发明高速工具钢的专利。1901 年以后，他用大部分时间从事写作、讲演，宣传他的一套企业管理理论，即"科学管理—泰勒制"。代表作为《科学管理原理》。

泰勒的科学管理的根本目的是谋求最高效率，而最高的工作效率是雇主和雇员达到共同富裕的基础，使较高工资和较低的劳动成本统一起来，从而扩大再生产的发展。要达到最高的工作效率的重要手段是用科学化的、标准化的管理方法代替原来的经验管理。为此，泰勒提出了一些基本的管理制度。

1. 对工人提出科学的操作方法，以便有效利用工时，提高工效

研究工人工作时动作的合理性，去掉多余的动作，改善必要动作，并规定出完成每一个单位操作的标准时间，制定出劳动时间定额。

2. 对工人进行科学的选择、培训晋升

选择合适的工人安排在合适的岗位上，并培训工人使用标准的操作方法，使之在工作中逐步成长。

3.制定科学的工艺规程

使工具、机器、材料标准化,并对作业环境标准化,用文件形式固定下来。

4.实行具有激励性的计件工资报酬制度

对完成和超额完成工作定额的工人以较高的工资率计件支付工资,对完不成定额的工人,则按较低的工资率支付工资。

5.管理和劳动分离

管理者和劳动者在工作中密切合作,以保证工作按标准的设计程序进行。上述这些措施虽然在现在已成为管理常识,但当时却是重大的变革。随后,美国企业的生产率有了大幅度的提高,出现了高效率、低成本、高工资、高利润的新局面。

泰勒的科学管理理论对当时企业管理从经验管理走向科学化起了重要作用:为作业方法和作业定额提供了客观依据;增加了劳资协调的可能性;促进了公众对提高效率的关心;科学管理运动加强了社会公众对消除浪费和提高效率的关心,促进了经营管理的科学研究。其后的管理科学、运筹学、成本核算、准时生产制等,都是在科学管理理论的启发下产生的。但是科学管理理论还是有其局限性,它的局限性主要表现在以下四个方面。

1.单纯从"经济人"的假设出发

泰勒及其追随者采取与古典经济学家亚当·斯密和李嘉图等人一样的观点,认为企业家的目的只是为了获取最大限度的利润,工人的目的只是为了获取最大限度的工资收入。

2.以机械模式的观点看待职工

他们把职工看成是进行一定作业的生产工具——活的机器。他们认为,工人虽然具有进行作业、接受命令的能力,但没有自主决策的能力。他们事实上把职工作为被动的生产工具。

3.对有组织的工会采取排斥的态度

泰勒主张通过经营者和工人的职能分工来建立劳资双方的协调关系。泰勒的设想是:经营者改变放任式的管理方式,担负计划职能,从事有关作业研究等方面的调查研究。这样,可以制定出高效率的作业方法。另一方面,通过对工人进行教育培训和适应个人条件的工作安排来提高工人的工作效率。工人方面则执行经营者制定的工作方法,完成及超额完成定额来支持企业和经营者。

4.忽视了工人参与决策的能力

泰勒提出的经营者同工人之间实行职能分工的设想,是以工人缺乏参与决策和参与管理的能力和知识为前提的。在当时的情况下,工人虽然在知识等方面不如经营者和专业管理人员,但并不是完全没有在某些问题上参与管理和参与决策的能力和知识。如果在决策和管理方面完全把工人排除在外,真正的经营民主化是难以建立起来的。

泰勒是科学管理的先锋,其追随者和同行者也对科学管理作出了重要的贡献。亨利·甘特用图表进行计划和控制的做法是当时管理思想的一次革命。从一张事先准备好的图表上,管理部门可以看到计划执行的进展情况,并可以采取一切必要行动使计划能按时或在预期的许可范围内完成。甘特根据这个思想设计的甘特图现在还常用于编制进度计划。亨利·福特在泰勒的单工序动作研究基础之上,进一步对如何提高整个生产过程的效率进行了研究。他充分考虑了大量生产的优点,规定了各个工序的标准时间定额,使整个生产过程在时间上协调起来,创建了第一条流水生产线——福特汽车流水生产线,使成本明显降低。同时,福特进行了多方面的标准化工作,包括在产品系列化,零件规格化,工厂专业化,机器、工具专业化,作业专门化等等。还有吉尔布雷斯夫妇的动作研究。泰勒及其同行者与追随者的理论与实践构成了泰勒制,人们称以泰勒为代表的学派为科学管理学派。

【案例分析】

联合邮包服务公司(UPS)雇用了 15 万员工,平均每天将 900 万包裹发送到美国各地和 180 个国家。为了实现他们的宗旨"在邮运业中办理最快捷的运送",UPS 的管理当局系统地培训他们的员工,使他们以尽可能高的效率从事工作。UPS 的工业工程师们对每一位司机的行驶路线都进行了时间研究,并对其中运货、暂停和取货活动都设立了标准。这些工程师记录了红灯、通行、按门铃、穿过院子、上楼梯、中间休息喝咖啡的时间,甚至上厕所的时间,将这些数据输入计算机中,从而给出每一位司机每天中工作的详细时间标准。

为了完成每天取送 130 件包裹的目标,司机们必须严格遵循工程师设计的程序。当他们接近发送站时,他们松开安全带,按喇叭,关发动机,拉起紧急制动,把变速器推到 1 挡上,为送货完毕的启动离开做好准备,这一系列动作严丝合缝。然后,司机从驾驶室跳到地面上,右臂夹着文件夹,左手拿着包裹,右手拿着车钥匙。他们看一眼包裹上的地址把它记在脑子里,然后以每秒钟 3 英尺的速度快步走到顾客的门前,先敲一下门以免浪费时间找门铃。送货完毕后,他们在回到卡车上的路途中完成登录工作。

【思考】　在我们身边的组织中,你看到了哪些科学管理的应用例子?

（二）一般管理理论

亨利·法约尔(Henri Fayol,1841—1925),法国人,1860 年从圣艾蒂安国立矿业学院毕业后进入高芒特里—福尔尚布德采矿有限公司,成为一名采矿工程师。1866 年担任高芒特里矿井经理,1888 年出任该公司总经理直至 1918 年。泰勒的研究是从"车床前的工人"开始,重点内容是企业内部具体工作的效率。法约尔的研究则是从"办公桌前的总经理"出发的,以企业整体作为研究对象。他认为,管理理论是"指有关管理的、得到普遍承认的理论,是经过普遍经验检验并得到论证的一套有关原则、标准、方法、程序等内容的完整体系";有关管理的理论和方法不仅适用于公私企业,也适用于军政机关和社会团体。这正是其一般管理理论的基石。

法约尔的著作很多,1916 年出版的《工业管理和一般管理》是其最主要的代表作,标志着一般管理理论的形成。其主要内容如下。

1. 从企业经营活动中提炼出管理活动

法约尔区别了经营和管理,认为这是两个不同的概念,管理包括在经营之中。通过对企业全部活动的分析,将管理活动从经营职能(包括技术、商业、财务、安全和会计等五大职能)中提炼出来,成为经营的第六项职能。进一步得出了普遍意义上的管理定义,即"管理是普遍的一种单独活动,有自己的一套知识体系,由各种职能构成,管理者通过完成各种职能来实现目标的一个过程"。

法约尔还分析了处于不同管理层次的管理者其各种能力的相对要求,随着企业由小到大、职位由低到高,管理能力在管理者必要能力中的相对重要性不断增加,而其他诸如技术、商业、财务、安全、会计等能力的重要性则会相对下降。

2. 倡导管理教育

法约尔认为管理能力可以通过教育来获得,"缺少管理教育"是由于"没有管理理论",每一个管理者都按照他自己的方法、原则和个人的经验行事,但是谁也不曾设法使那些被人们接受的规则和经验变成普遍的管理理论。

3. 提出五大管理职能

法约尔将管理活动分为计划、组织、指挥、协调和控制等五大管理职能,并进行了相应的分析和讨论。管理的五大职能并不是企业管理者个人的责任,它同企业经营的其他五大活动一样,是一种分配于领导人与整个组织成员之间的工作。

4. 提出十四项管理原则

法约尔在总结管理工作的实践经验的基础上,提出了十四项管理原则:

(1)分工。分工可以提高工作技能,从而可以提高工作效率和工作成果。

(2)权力与责任。权力是指挥和要求别人服从的力量和权利,责任是随着权力而来的奖罚。权力和责任是互为依存互为因果的,权力和责任应当对等。

(3)纪律。纪律实际上是管理者同下属人员之间在服从、勤勉、积极、举止和尊重方面所达成的一种协议,纪律对于企业取得成功是绝对必要的,纪律的好坏主要取决于领导人能否以身作则、赏罚分明。

(4)统一命令。每个成员只能接受一个上级的命令,这与泰勒的职能工长制的思想相反。

(5)统一指挥。对于目标相同的一组活动,只能有一个领导和一项计划,统一指挥来自健全的组织。

(6)个人利益服从集体利益。在一个企业里,一个人或一个部门的利益不能置于整个企业的利益之上。

(7)合理的报酬。人员的报酬是其服务的价格,应当公正、合理,以工作成绩与工作效率优良者应给予奖励,但不应超过合理的限度。任何优良的报酬制度都无法取代优良的管理。

(8)适度的集权与分权。集权指下级参与决策的程度。集权在任何组织中都是一个程度问题,管理当局的任务是找到在各种情况下最适合的集权程度。

(9)等级系列与"跳板"原则。从高层管理到最底层管理的直线职权构成一个等级系列,信息应当按等级系列传递,但为了避免信息的延迟,可允许进行横向交流,即"跳板"。

(10)秩序。指凡事各有其位,既适用于物质资源,也适用于人力资源。关键在于要按事物的内在联系事先选择好恰当的位置。

(11)公平。公平由善意和公道产生。管理者应当公平地对待其下属。

(12)人员的稳定。组织成员的高流动率会导致低效率,管理当局应当提供有规则的从事计划,有秩序地安排人员并补充人员。

(13)首创精神。管理当局应当允许成员发起和实施他们的计划,这会调动员工的积极性,对组织是一种巨大的动力。

(14)集体精神。要努力在企业内部建立起和谐与团结的气氛,全体成员的和谐与团结是企业发展的巨大力量。

法约尔的一般管理理论是西方古典管理思想的重要代表,后来成为管理过程学派的理论基础(该学派将法约尔尊奉为开山祖师),也是以后各种管理理论和管理实践的重要依据,对管理理论的发展和企业管理的历程均有着深刻的影响。管理之所以能够走进大学讲堂,全赖于法约尔的卓越贡献。一般管理思想的系统性和理论性强,对管理五大职能的分析为管理科学提供了一套科学的理论构架,来源于长期实践经验的管理原则给实际管理人员巨大的帮助,其中某些原则甚至以"公理"的形式为人们接受和使用。因此,继泰勒的科学管理之后,一般管理也被誉为管理史上的第二座丰碑。亨利·法约尔是直到本世纪上半叶为止,欧洲贡献给管理运动的最杰出的大师,被后人尊称为"现代经营管理之父"。

【思考】 法约尔提出的十四项管理原则在今天是否依然有效?

(三)行政组织理论

被称为"组织理论之父"的韦伯与泰勒、法约尔是西方古典管理理论的三位先驱。马克斯·韦伯(Max Weber,1864—1920),生于德国,曾担任过教授、政府顾问、编辑,对社会学、宗教学、经济学与政治学都有相当的造诣。韦伯的主要著作有《新教伦理与资本主义精神》、《一般经济史》、《社会和经济组织的理论》等,其中官僚组织模式的理论(即行政组织理论),对后世产生了最为深远的影响。韦伯行政组织理论产生的历史背景,正是德国企业从小规模世袭管理,到大规模专业管理转变的关键时期,了解韦伯的思想更具有重要的现实意义。

韦伯认为,任何组织都必须以某种形式的权力作为基础,没有某种形式的权力,任何组织都不能达到自己的目标。人类社会存在三种为社会所接受的权力:

传统权力:传统惯例或世袭得来;

超凡权力:来源于别人的崇拜与追随;

法定权力:理性——法律规定的权力。

对于传统权力,韦伯认为:人们对其服从是因为领袖人物占据着传统所支持的权力地位,同时,领袖人物也受着传统的制约。但是,人们对传统权力的服从并不是以与个人无关的秩序为依据,而是在习惯义务领域内的个人忠诚。领导人的作用似乎只为了维护传统,因而效率较低,不宜作为行政组织体系的基础。

而超凡权力的合法性,完全依靠对于领袖人物的信仰,他必须以不断的奇迹和英雄之举赢得追随者,超凡权力过于带有感情色彩并且是非理性的,不是依据规章制度,而是依据神秘的启示。所以,超凡的权力形式也不宜作为行政组织体系的基础。

韦伯认为,只有法定权力才能作为行政组织体系的基础,其最根本的特征在于它提供了慎重的公正。原因在于:①管理的连续性使管理活动必须有秩序的进行。②以"能"为本的择人方式提供了理性基础。③领导者的权力并非无限，应受到约束。

有了适合于行政组织体系的权力基础，韦伯勾画出理想的官僚组织结构，具有下列特征：

1.组织中的人员应有固定和正式的职责并依法行使职权。组织是根据合法程序制定的，应有其明确目标，并靠着这一套完整的法规制度，组织与规范成员的行为，以期有效地追求与达到组织的目标。

2.组织的结构是一层层控制的体系。在组织内，按照地位的高低规定成员间命令与服从的关系。

3.人与工作的关系。成员间的关系只有对事的关系而无对人的关系。

4.成员的选用与保障。每一职位根据其资格限制（资历或学历），按自由契约原则，经公开考试合格予以使用，务求人尽其才。

5.专业分工与技术训练。对成员进行合理分工并明确每人的工作范围及权责，然后通过技术培训来提高工作效率。

6.成员的工资及升迁。按职位支付薪金，并建立奖惩与升迁制度，使成员安心工作，培养其事业心。

【思考】 韦伯的官僚组织结构与我们现在所讲的官僚主义有何区别？

总的来说，古典管理阶段是基于"经济人"假设提出和形成管理理论，随着社会和经济的发展，这一阶段的管理思想的局限性日益突出，因此行为科学思想的兴起成为时代的必然。

2.2.3 行为科学理论

古典管理理论的建立为当时生产力的发展和社会的进步提供了有力的理论武器。但随着社会的发展，人们发现古典管理理论并不能解决实践中的所有问题，尤其是关于人的研究涉及很少。逐渐地，管理研究的前沿与中心，从科学管理理论转到了行为科学理论上。行为科学产生于20世纪20至30年代。

（一）早期行为科学

1.芒斯特伯格（Hugo Munsterberg，1863—1916）

芒斯特伯格是原籍德国的美国心理学家，工业心理学的创始人之一。他的主要著作有：《心理学和工业效率》（1913年）、《一般心理学和应用心理学》（1914年）、《企业心理学》（1918年）等。

芒斯特伯格是首先指出心理学能应用于工业以提高劳动生产率的心理学家,并最早确定工业心理学的范围和方法(美国电车司机选拔、一战士兵的选拔)。他指出,当时美国有两种意义重大的社会运动。第一种是为学校毕业生提供选择职业的指导。第二种是工商业中的科学管理。心理学对这两种社会运动都可以作出贡献。

他指出,心理学家在工业中的作用应该是:①帮助发现最适合于做某项工作的工人;②决定每个人在什么样的心理状态下能达到最高产量;③帮助人们在思想中形成最有利于企业利益的状态。

2.福莱特(Mary P. Follett,1868—1933)

福莱特是美国的管理学家和政治哲学家。她开始主要是学哲学的,但她有着广泛的兴趣,对政治学、历史学、法学、社会心理学和成人教育等都有兴趣,并取得了较高的成就。她的主要著作有:《新国家》(1920 年)。《动态的管理》(1941 年)、《自由和协作》(1949 年)等。

福莱特观点主要如下。

(1)通过利益的结合来减少冲突

社会组织内部总是有冲突存在的。处理冲突的方法主要有三种:

第一种,压服的方法。

第二种,妥协的方法。

第三种,利益结合的方法。这就是把冲突双方的利益结合起来,

这是一种创造性的解决办法,通常需要引入某些新些新事物,这些新事物可能是一种启发性的思想或见解,但更经常的是,需要花费一定的人力和物力。利益结合的最大障碍在于人们对它缺乏思想准备和训练。利益结合的解决办法比较困难,需要智慧、识别力和创造力。但必须用这种方法才能真正解决问题。

福莱特的“利益结合原则”同泰勒的劳资双方的“精神革命”相似。有些学者认为它是理想主义的,无法实现。但也有人认为它是有启发性的。如循此思路前进,对于冲突的解决是有帮助的。

(2)变服从个人权力为遵循形势规律

为了实现“利益结合原则”,人们必须重新考虑他们对权威和权力的看法。要用“共同的权力”来代替“统治的权力”,用共同行动来代替赞成和压制。福莱特提出的克服办法是,使命令“非人格化”,变服从个人命令为遵循“形势规律”。形势规律的基本原理是以科学管理的下述论点为基础的:在泰勒的职能管理中,人们服从的是经过研究确定的事实,而不是由某一个人的权责所决定的。如果权威是由职能产生的,那就同等级制度和地位没有关系。

（3）通过协作和控制来达到目标

除非在一个特定形势中的全部要素（人和物资）是团结协作的，控制就不可能实现。控制的基础在于自我指挥的各个个人和群众认识到共同的利益，并对自己的工作进行控制，以便达到这个共同目的。

关于协作的四条基本原则是：①协作是涉及一种形势中全部要素的相互作用的因素；②协作由全部有关负责人的直接接触形成；③协作要在早期阶段进行；④协作是一个连续的过程。这四条原则所达到的结论是：组织就是控制；组织和协调的目的是保证达到可控制的成果；协调达到团结，团结就是控制。

（4）领导的基础是领导者和被领导者的相互影响

领导不应以权力为基础，而应以领导者和被领导者在形势中的相互影响为基础。

领导者的首要任务是确定组织的目标。他要使下属知道，所要实现的不是他个人的目标，而是由群体的愿望和行为产生的共同目标。组织目标同职工的个人目标结合在一起，这要求最高超的领导艺术。领导者所依靠的不是命令和服从，而是协调和确定目标的技巧，唤起下属对形势规律的响应。

（二）中期行为科学

1. 梅奥和霍桑试验

梅奥（George E. Mayo，1880—1949）是原籍澳大利亚的美国行为科学家，主持了有名的霍桑试验，为人际关系学说和行为科学的创立奠定了基础。他的著作主要有：《工业文明的人类问题》（1933 年）、《工业文明的社会问题》（1945年）、《工业中的团体压力》（1945 年）等。

霍桑试验指 1924 年至 1932 年在美国西方电器公司的霍桑工厂进行的一系列试验。霍桑试验的全部过程可分为四个阶段，初期的照明试验（1924—1927）是按照科学管理理论，研究工作环境、物质条件与劳动生产率的关系，但试验的结果无法证实预想的结论。霍桑试验的后三个阶段由梅奥领导进行，是为了研究和解决前一阶段出现的问题而发展出来的。

（1）继电器装配测试室试验（1927.8—1928.4）：旨在试验各种工作条件的变化对劳动生产率的影响，结果发现生产效率的决定因素不是作业条件，而是职工的情绪。

（2）访谈计划（1928—1931）：旨在了解如何获取职工内心真正的感受，倾听其诉说对解决问题的帮助，进而提高劳动生产率。

（3）对接线板小组观察试验（1931—1932）：旨在研究非正式组织的行为、规范及其奖惩对劳动生产率的影响。

2. 人际关系学说

通过霍桑试验，梅奥在人际关系的研究上取得了一系列重要成果，并总结出人际关系学说的主要观点：

(1)"社会人"假设。工人是社会人，不仅仅追求金钱收入，还有社会方面、心理方面的需要。这是对古典管理理论的"经济人"假设的否定。

(2)企业中存在"非正式组织"。除了正式组织外，企业中还存在着非正式组织。非正式组织的作用一是保护工人免受内部成员的疏忽所造成的损失，二是保护工人免受非正式组织以外的管理人员的干涉所形成的损失。非正式组织有其特殊的感情和倾向，左右着成员的行为，对生产率的提高有很大的影响。

(3)新的领导能力在于提高职工的满足度。根据"社会人"和"非正式组织"的观点，企业中新的领导能力在于提高职工的满足度，以提高职工的士气，从而提高劳动生产率。因此，管理人员要同时具备技术——经济的技能和人际关系的技能。

【思考】 梅奥的人际关系学说与泰勒的科学管理理论有何区别？

(三)后期行为科学

梅奥等人创立了人际关系学说以后，从事这门学科研究的人大量出现。1949 年在美国芝加哥召开的一次跨学科的会议上，首先提出行为科学这一名称。为避免与广义的行为科学相混淆，出现了组织行为学这一名称，专指管理学中的行为科学。梅奥等人在早期提出的观点已为较多的人所接受，但随着社会经济和科学技术的发展，单纯依靠人际关系学说的理论和方法已不能适应管理上的需要。因此行为科学家在梅奥等人奠定的基础上进行了更加细致而深入的研究，"社会人"假设发展到"自我实现人"和"复杂人"假设，研究内容也更为广泛，其侧重点是研究有关人的需要、动机和激励、组织中的人性、非正式组织和群体行为等。其中的几种主要理论如下。

1. 需求层次理论

由美国心理学家马斯洛(A. H. Maslow，1908—1970)提出。该理论流传很广，是最主要的、应用最普遍的激励理论之一。

该理论强调两个基本论点：①人是有需求的动物，其需求取决于他所得到的东西，只有尚未满足的需求才能影响行为；②人的需求都有其轻重的层次，一旦某种需求得到满足，又会出现另一种需要满足的需求。

人的需求(或需要)分为五个等级(或层次)，由低级到高级为：生理的需要、安全的需要、社会的需要、尊重的需要和自我实现的需要。

2.双因素理论

这是由赫兹伯格（F. Herzberg,1923—）提出的理论。

赫兹伯格根据一项对满足需求的研究以及就这些需求满足的激励效果，在对 200 名工程人员和会计师进行的调查报告中提出了这一理论。赫兹伯格把企业中影响人的积极性的因素分为两大类，即"激励因素"和"保健因素"。

（1）在工作中有些因素不具备时，会引起员工的不满意，然而具备这些因素，并不能使员工受到巨大的激励，赫兹伯格称这些因素为保健因素。保健因素往往与工作环境或外在条件有关。

（2）在工作中有些因素可以构成很大程度的激励和对工作的满足感，然而如果不具备这些因素，也不会构成很大的不满足。赫兹伯格称这样的因素为激励因素。激励因素通常与工作本身的特点和工作内容有关。

【思考】 举例说明你所在组织的"保健因素"和"激励因素"。

3.X—Y 理论

这是由麦格雷戈（Douglas McGregor,1906－1964）在其著作《企业的人性方面》中提出的。他认为管理人员对员工的行为有不同的假设，主要可分为两类，分别称为 X 理论和 Y 理论。

X 理论的假设要点如下：

（1）一般人天生厌恶工作，并尽可能地逃避工作；

（2）一般人不愿承担责任，情愿受人领导；

（3）一般人缺乏进取心，没有什么抱负，对生理和安全的需要高于一切；

（4）对大多数人必须用强制、控制、指令，甚至用惩罚相威胁的办法，才能使他们达成组织目标。

麦格雷戈指出，当时企业中对人的管理工作以及传统的组织结构、管理政策、实践和规划都是以 X 理论为依据的，所以管理人员在完成任务时，或者用"强硬的"管理办法，包括强迫和威胁、严密的监督和严格的控制；或者用"温和的"办法，包括采取随和的态度顺应员工要求以及一团和气。但实践证明效果都不太理想。

麦格雷戈认为，由于上述的以及其他许多的原因，需要一个关于人员管理工作的新理论，把它建立在对人的特性和人的行为动机的更为恰当的认识基础上，于是他提出了 Y 理论，其要点如下：

（1）厌恶工作不是人的本性，工作中体力和脑力的消耗就像游戏或休息一样自然。

（2）一般人是有责任心的，在适当的条件下，人们不仅愿意接受和承担一定的责任，而且会追求责任。

（3）外来的控制和惩罚并不是使人努力工作的惟一手段，人们愿意实行自我管理和自我控制来实现组织的目标。

（4）人们在解决组织的各种问题时，有着较高的想象力和创造力，但在现代工业社会条件下，普通劳动者的智力只得到了部分的发挥。

麦格雷戈认为Y理论是建立在对人的特性和人的行为动机的更为恰当的认识基础上的，将其称为"个人目标和组织目标的结合"，认为它能够使组织成员在努力实现组织目标的同时，最好地实现自己的个人目标。所以他提出不在于在采用"强硬的"方法和"温和的"方法之间进行选择，而在于在管理指导思想上变X理论为Y理论。据此，管理工作的重点是创造一个使人得以发挥其能力的工作环境，领导的主要职责是指导和服务，要让下属担当更具有挑战性的工作，赋予其更多的责任和自主权，让员工参与管理与决策。

【思考】 你认为高校教师应该用X理论还是Y理论来管理？

此外，还有许多管理学者从不同的侧面对组织行为理论作出了贡献，丰富了组织行为理论的内容，使之成为当代管理理论的重要组成部分。

【思考】 在西方管理思想的发展过程中，新理论的出现是否有一定的规律性？

2.3 西方现代管理理论

现代管理理论是在前两个阶段基础上，充分吸收现代科学技术、适应现代市场经济环境而不断创新所形成的学派体系。它很难用一个学派或理论来概括。"二战"后，随着现代自然科学和技术日新月异，生产和组织规模急剧扩大，生产力迅速发展，思想社会化程度不断提高，引起人们对管理理论的普遍重视。因而出现了各种管理学派,管理理论呈现出"丛林"时期,美国著名管理学家孔茨(H. Koontz)在 1980 年,把管理划分为 11 个学派。

2.3.1　管理过程学派

这个学派是在法约尔管理思想的基础上发展起来的。该学派的主要代表人物之一是孔茨,美国管理学家。早年在美国耶鲁大学获博士学位,以后在美欧各国讲授管理学,并在美国、荷兰、日本等国的大公司中任咨询工作。主要代表作有《管理学》、《管理理论丛林》、《再论管理理论丛林》等。该学派认为管理是一个过程,此过程包括计划、组织、领导、控制等若干个职能,这些管理职能对任何组织的管理都具有普遍性。

该学派的基本观点是:

1.管理是一个过程,即让别人同自己去实现既定目标的过程。

2.管理过程的五个职能,计划工作、组织工作、人员配备、指挥和控制。

3.管理职能具有普遍性,但侧重点则因管理级别的不同而异。

4.管理应具有灵活性,要因地制宜灵活应用。

2.3.2　人际关系学派

此学派的依据是,既然管理就是让人或同别人一起去把事情办好,因此,就必须以人与人之间的关系为中心来研究管理问题。这个学派把"社会科学方面已有的和新近提出的有关理论,方法和技术用来研究人与人之间以及个人的各种现象,从个人的个性特点到文化关系,范围广泛,无所不包"。

2.3.3　群体行为学派

这个学派同人际关系行为学派密切相关,常常被混同。但它关心的主要是一定群体中的人的行为,而不是一般的人际关系的个人行为;它以社会学、人类文化学、社会心理学为基础,而不是以个人心理为基础。

2.3.4　经验或案例学派

该学派的代表人物有美国的彼得·德鲁克和戴尔等人。德鲁克的代表作有《管理、任务、责任和实践》、《管理实践》、《有效的管理者》等,戴尔的代表作有《伟大的组织者》、《企业管理的理论与实践》等。该学派是通过分析经验(各种实际案例)来研究管理,以向西方大企业的经理提供管理企业的成功经验和科学方法为目标,以大企业的管理经验为主要研究对象,认为学生和管理者通过研究各种成功与失败的管理案例，就能理解管理问题，自然学会有效地进行管理。但是，未来肯定不同于过去，过去的具体经验，未必能沿用于解决未来的问题。对过去经验的研究，如果不是从根本上搞清楚事物的起因，那就不可靠，甚至是危险，因此，只有以探求基本规律为目的去总结经验，才有助于管理原则的提出和论证。

2.3.5　社会协作系统学派

　　该学派的主要代表人物是美国的巴纳德，其代表作为《经理的职能》。这个学派认为，社会的各级组织都是一个由有意识进行相互协调的各个个人组成的协作系统，正式组织的协作基础是成员相互协作的意愿、共同的目标和相对稳定的信息联系。一个组织中不仅有正式组织，也有非正式组织。非正式组织同正式组织相互创造条件，在某些方面和某些时刻能对正式组织的目标产生积极影响。经理人员是协作系统因素中的关键因素，经理在系统中的作用就是对协作进行有效的协调，以便协作系统能够维持运转。组织作为一个社会的协作系统，其存在取决于：协作效果，即组织目标的达成；协作效率，即在实现目标的过程中协作的成员损失最小而心理满足度较高；组织目标应和环境相适应。显然此学派研究的领域很宽，有的已超出了管理范围。

2.3.6　社会技术系统学派

　　这一学派的创立归功于英国的特里司特。此学派认为，要解决管理问题，只分析社会协作系统是不够的，还必须分析研究技术系统对社会系统的影响，以及对个人心理的影响。他们认为，组织的绩效，不仅取决于人们的行为态度及其相互影响，而且也取决于人们工作所处的技术环境。

2.3.7　系统学派

　　一般系统理论建立之后，有些学者把它应用于工商业的管理，因而形成了系统管理学派。该学派的代表人物有约翰逊、卡斯特等人。系统管理学派认为，一个组织的管理人员必须理解构成整个运作的每一个系统。所谓系统即相互联系或相互依存的一组事物，各部分在运作时像一个整体一样，来达成特定的目标，或按计划与设计发挥其功能。

　　组织也有其子系统，执行着其生存所必需的各项关联的任务。要理解一个系统是如何工作的，首先要懂得其各子系统是如何发挥作用的，以及每一个子系统对整个系统的贡献。当任何一个子系统发生变化时，通常会对其他子系统产生影响。对于管理者而言，尤其是工商组织中的管理者，必须要有一个系统观念,当他们决定改变某一子系统时,将会对其他子系统乃至整个系统产生怎样的影响。总之,在企业中,没有一个管理者,没有一个部门或单位能不顾他人而独立存在,这也就是说,组织中整体的或部门的运作要防止因局部的优化而造成对其他领域产生负面影响。

系统管理和系统分析在自然科学中早已被应用,并形成了很值得重视的系统知识体系。系统理论同样也适用于管理理论与管理科学。一些精明老练的管理人员和有实际经验的管理学家,都习惯于把他们的问题和业务看成是一个由相互联系的因素所构成的网络,该网络和组织的内外环境每日每时都在互相作用。对系统的自觉研究和强调,的确提高了管理人员和学者们对影响管理理论与实践的各种相关因素的洞察力。

2.3.8　决策理论学派

这一学派的代表人物是著名的诺贝尔经济学奖获得者美国教授西蒙。基本观点是:由于决策是管理人员的主要任务,因而应该集中研究决策问题,而管理又是以决策为特征的,所以应该围绕决策这个核心来形成管理理论。由于决策既要有经济方面的考虑,又要有数学模型的定量描述,所以支持这个学派的学者多数是经济学家和数学家。

2.3.9　管理科学学派

管理科学的代表人物是布莱克特、丹齐克、伯法等人,主要代表作有布莱克特的《运筹学方法论上的某些方面》、伯法的《生产管理基础》等。他们认为,管理基本上是一种数学程序、概念、符号以及模型等的演算和推导。赞成这一学派的学者多数是数学家、数理统计家、物理学家、管理理论学家等。其特点:用先进的数学方法及管理手段,使生产力得到较为合理的组织,以获得最佳的经济效益,而较少考虑人的行为因素。

2.3.10　权变理论学派

该学派的代表人物是美国尼布拉加斯大学教授卢桑斯,其代表作为《管理导论:一种权变学》。权变理论学派认为,在管理中要根据所处的内外条件随机应变,没有一成不变、普遍适用的"最好的"管理理论与方法。这个学派强调管理者的实际工作取决于所处的环境条件,因此管理者应根据不同的情景及其变量决定采取何种行动和方法,它试图寻求最为有效的方式来处理一个特定的情景和问题。管理人员遇到的每一个情形虽然有可能和其他经验相类似,但都有各自独有的特征。权变理论家们广泛地应用了古典理论、管理科学和系统观念来分析解决问题。有人甚至认为真正的权变学派是一个综合各家理论的学派。在有的情形中需要"人治"(由人来寻求答案),换种情形则可能需要"法治"(按逻辑程序解决问题)。他们既吸取在某种情景中行为学家的经验,也学习在另一种形势下数理学派所用的知识。

管理实践按其本质而言,要求管理者在应用理论或方法时要考虑现实情况。科学和理论的任务绝不是,也不可能去规定在各种具体情况下该怎么办。理论与科学应用于实践的问题只能根据实际情况来解决。

2.3.11　经理角色学派

这个学派主要通过观察经理的实际活动来明确经理角色的内容。该学派认为经理扮演着 10 种角色。

1. 人际关系方面的角色有三种:①挂名首脑角色(作为一个组织的代表执行礼仪和社会方面的职责);②领导者角色;③联系人角色(特别是同外界的联系)。

2. 信息方面的角色有三种:①信息接受者角色(接受有关企业经营管理的信息);②信息传播者角色(向下级传达信息);③发言人角色(向组织外部传递信息)。

3. 决策方面的角色有四种:①领导者角色;②故障排除者角色;③资源分配者角色;④谈判者角色(与各种人和组织打交道)。

然而,到了 20 世纪 80 年代后,又衍生出许多学派,这一阶段称为西方当代管理思想,主要代表有学习型组织理论;企业再造理论;知识管理理论;管理创新理论;信息管理理论;物流管理理论;项目管理理论等。

【思考】　从西方管理思想的演变中你得到了什么启示?

2.4　中国管理思想的发展

在第一部分我们介绍了中国古代的管理实践与管理思想,进入近代时期,中国传统管理思想与西方科学管理思想逐渐融合,在复杂的历史背景下慢慢形成了富有中国特色的近代和现代管理思想。

2.4.1 中国近代管理思想

（一）行政管理思想

地主阶级改革派林则徐是一位向西方寻求救国真理的思想先驱，他不仅是为近代中国勇开风气之先的有识之士，而且在选材用人问题上也独具慧眼，重视和使用一些"社会地位卑下"的外语人才，以顺应时代对选材用人的需要。

洋务派张之洞提出"旧学为体，新学为用"的观点。"旧学为体"即用封建的"圣道"作为统治人民的根本；"新学为用"即学一些西方技术为我所用。

资产阶级改良派康有为认为，在全面变法中必以政治改革为根本，在政治改革中又必以君主立宪为根本。只有实行了君主立宪，解决了根本问题，其他各方面的问题才能次第实现，中国才能免于灭亡而走上富强独立的资本主义道路。

资产阶级革命派孙中山提出以民权主义为特征的政治管理思想。民权主义的基本内容是"建立民主立宪政体"。

（二）经济管理思想

地主阶级改革派林则徐提出严禁鸦片贸易不禁一般贸易的贸易管理思想，还提出了铸银币、用银票、开银矿的货币管理思想。

洋务派李鸿章提出"自强"、"求富"为管理目标的思想，兴办了近代军事工业、民用工业。他还提出了"官督商办"的管理形式，即商人出资，政府派官管理。

资产阶级改良派康有为"富国"、"养民"，发展资本主义的经济纲领。富国之法包括钞法、铸银、铁路、机器轮舟、开矿、邮政六项纲领，养民之法包括务农、劝工、惠商、恤穷四项纲领。

资产阶级革命派孙中山提出以民生主义为特征的经济管理思想。他为宏观经济管理所制定的目标是，同时注意"贫"和"不均"两个方面的问题，但把解决贫的问题放在首位。他在宏观经济管理模式方面的主张是倾向于国家干涉主义。

（三）企业经营管理思想

随着中国民族资本主义企业的产生和发展，中国民族资产阶级的企业经营管理思想应运而生。"棉纺巨子"穆藕初第一个把西方科学管理理论引进中国，他不仅在思想上认识到引进先进管理学说的必要性，而且在实践中大力贯彻实施，并取得一定的成效。旧中国最大的民族资本主义企业荣氏企业集团的创始人荣宗敬、荣德生的企业经营管理思想值得后人借鉴，如勇于开拓，急于扩展；敢于竞争，抢占市场；重视人才，加强培训等。被誉为"煤炭大王"、"火柴大王"、"企业大王"的刘鸿生创办的刘氏企业集团，合轻重工业、运输业、商业及金融业于一体，他的重视企业战略决策、主张分散投资策略、提出人才竞争策略及市场竞争策略的企业经营管理思想,是符合当时社会历史条件和中国特定国情的。

2.4.2 中国现代管理思想

中国现代的管理思想是与西方科学管理思想整合之后,根据中国的特色发展起来的,主要代表是毛泽东的管理思想和邓小平的管理思想。

(一)毛泽东的管理思想

1.毛泽东的社会管理思想

毛泽东把马克思列宁主义同中国革命和建设实际结合起来,对社会主义的社会管理提出了许多新观点,进一步丰富和发展了马列主义的社会管理思想。

(1)为建设一个伟大的社会主义国家而奋斗。确立反映社会利益和社会一般发展规律的目标,是社会管理主体有效活动的基础。

(2)不要四面出击。

(3)调动一切积极因素,为社会主义事业服务。在社会管理过程中,确立正确的目标和战略策略后,就是组织和协调各种力量,为实现目标而奋斗。

(4)统筹兼顾,适当安排。

(5)全面规划,加强领导。

2.毛泽东的企业管理思想

(1)要给企业一定的独立性。

(2)要实行"两参一改三结合"。即干部参加劳动,工人参加管理;不断改革不合理的规章制度;工人群众、领导干部、技术人员三结合。

(3)用托拉斯的组织形式管理企业。

(二)邓小平的管理思想

1978年党的十一届三中全会以后,邓小平带领全党和全国人民进入了改革开放和社会主义现代化建设的新时期。在开放条件下的改革是中国的第二次革命,随着改革的不断深入,邓小平的管理思想也不断地丰富和发展。

1.加强学习。在新的形势和任务下,高瞻远瞩,提出了学习管理的任务。

2.克服官僚主义。在管理方法上,强调要特别注意克服官僚主义。

3.民主与集中。民主与集中式管理决策的两个方面,管理要正确处理民主与集中的问题,贯彻民主集中制。

4.体制改革。管理要改革体制,从改革领导制度和其他制度入手。

5.重视科技、重视人才。

6.强调思想政治工作。强调思想政治工作就是做人的工作,也是管理工作的重要方面。

7.借鉴先进经验和方法。管理要学习借鉴国外的先进经验和方法，要有创造性。

2.4.3 中国现代管理实践

新中国建国以后管理实践活动富有特色，尤其是改革开放后，积累了较为丰富的管理实践经验。

1.全面学习苏联的管理模式（1953—1957）。1953年起，我国进入大规模的、有计划的社会主义经济建设时期，开始了发展国民经济的第一个五年计划。由于当时的现实情况，这个时期的企业管理主要是全面学习苏联的经验，引进苏联的整套企业管理制度和方法。

这一时期的管理思想既包括苏联管理中科学的一面，也包括了其中的糟粕。当时管理思想中比较科学的有：强调计划管理、重视技术管理、注重经济管理、重视人才培养等。但是当时对苏联管理制度的照搬照抄、单纯强调行政命令忽视民主管理等也是随之而来的问题。

2.自行探索阶段（1957—1965）。为克服学习苏联过程中的照搬照抄的缺点，从第二个五年计划开始，探索中国式的现代管理模式。1956年提出了党委领导下的厂长负责制；1957年提出党委领导下的职工代表大会制；1958年又总结出"两参、一改、三结合"。只是1958年至1961年的"大跃进"走了一段弯路，1961年以后及时采取了一系列措施纠正这些错误。

3.十年"文化大革命"（1966—1976）。从1966年开始的十年"文化大革命"，是我国政治大动乱，经济大倒退的十年，也是企业管理大混乱的十年。

4.社会主义经济管理体制改革（1977至今）。1976年10月，十年动乱结束，我国进入了一个新的历史发展时期，工农业生产得到了较快的恢复。特别是1978年党的十一届三中全会以后，邓小平带领全党和全国人民进入了改革开放和社会主义现代化建设的新时期。这一时期我国的企业改革主要可以划分为三阶段：

（1）第一阶段（1978—1986）：以扩大企业自主权、推行经济责任制和利改税为主要内容。

首先是扩大企业自主权，简政放权。从1978年下半年起，部分省市在一些国有企业进行试点，其主要内容是扩大企业经营管理权。扩权的主要内容有：国有工业企业由按工资总额提取企业基金的办法改为实行利润留成的办法；企业拥有制定补充生产计划的权力；企业有权销售超产产品等。

其次是推行经济责任制。通过利润留成、盈亏包干、以税代利等方法处理好国家与企业、企业与职工的关系;通过计件工资、超产奖、浮动工资等解决企业吃国家大锅饭、职工吃企业大锅饭的问题。

最后是两步利改税。从 1983 年开始将国有企业的利润上缴逐步改为上交税金的形式。

(2)第二阶段(1987—1991):以推行各种经营责任制,实行所有权和经营权分离为主要内容。主要有承包经营责任制、租赁经营责任制和股份制。

所谓承包经营责任制是在坚持企业的社会主义全民所有制的基础上,按照所有权与经营权分离的原则,以承包经营合同的形式,确定国家与企业的责权利关系,使企业做到自主经营、自负盈亏的经济管理制度。

所谓租赁经营责任制是指以国家为资产所有者的代表,按出租企业资产价值收取一定租金,将企业出租给承租人,使其在一定时期内获得资产经营权与使用权的一种经营让渡行为的经济管理制度。

股份制是指将企业的资本划分为一定数量的股份,继而发行认购,吸收投资者入股的一种资本组织形式。

(3)第三阶段(1992 年至今):以理顺产权关系,转换企业经营机制和建立现代企业制度为主要内容。

2.4.4　中国传统管理思想的转轨

进入 21 世纪后,管理环境发生了巨大变化,管理思想和管理模式也必然进行变革和调整,东西方管理思想的交流使得中国管理思想也发生了明显的转变。

1.以人为本,结合"情"与"法"

以人为本就是要重视"人"在企业中的作用,使每个人的价值都能在共同劳动中得以实现。在中国,由于受传统"人和"思想的影响,管理的工作方式基本上是定性化的,不善于运用西方管理科学的模型化和定量化解决问题的手段,也不善于用系统的观点研究各种功能关系,缺乏"法治"的管理方法。因此,日后的管理活动,要做到"情"与"法"的有机结合,使管理工作产生更高的效率。

2.因时因地制宜

这就要求企业的管理目标应根据具体情况而设定。用系统的观点来研究企业与环境的关系时,企业不仅是独立的个体,而且是社会系统中的一个子系统。所以企业不仅是一个经济实体同时也是社会实体,要与社会生活中各种利益相关者和谐共处,在企业目标实现的同时,也要保证利益相关者目标的实现。

3.无为而治,实现柔性化管理

柔性化管理是指企业在市场机会不断变化、竞争环境难以预测的情况下,快速反应,不断重组其人力和技术资源,获得竞争优势和利润的管理模式。柔性化管理模式是对老子"无为而治"思想的最好实践。

4.以德为先,建设企业文化

中国传统管理思想教导人们要"以德服人",这就要求企业领导人在确立了一种能够为全体成员所接受的经营理念和价值体系后,要身先士卒地去实践,通过自己的言行,向组织成员展示企业的价值观念、管理制度、经营特点等,对其成员的行为起到引导和同化的作用,并由此形成企业独特的文化。

2.5 管理理论的新发展

管理理论是随着社会经济发展和环境的变化而变化,近年来,管理理论也有了很多新的发展。

2.5.1 管理新理论

1.企业再造理论

所谓企业再造是指"针对企业业务流程的基本问题进行反思,并对它进行彻底的重新设计,以便在成本、质量、服务和速度等当前衡量企业业绩的这些重要的尺度上取得显著的进步。"

企业再造运动主要在两个方面和传统的管理模式不同:一是传统的自上而下管理模式变成信息过程的增值管理模式。即衡量一个企业有效性的主要标志是:当一个信息输入企业经企业加工后输出,信息所通过企业的任何一个环节,其管理环节对此信息加工的增值是多少,从工业的产品链到信息的价值链,就形成一种企业价值的增值过程。如果该信息不进行增值就要进行改造,这样就形成了企业管理运行机制观念的改变。二是企业再造不是在传统的管理模式基础上的渐进式改造,而是强调从根本上着手,要改变企业的运作模式就彻底改造,把旧的全部抛弃,惟有破除过去才能创造新机。

2.学习型组织

技术和知识在急剧增长,无论多么先进的东西随着时间的推移都会淘汰,因此一个企业要保持持续发展,就必须不断学习,不断更新知识。学习型组织是美国麻省理工学院的彼得·圣吉在《第五项修炼》一书中首先提出的。所谓学习型组织是指人们能够得以在其中不断扩展创造未来的能量,培养全新、前瞻而开阔的思考方法,全力实现共同的愿望,并持续学习如何共同学习的组织。他不仅要求企业中的每个人都要终身学习,不断获取新知,不断超越自我,而且要求企业也要不断地学习和不断地超越。

2.5.2　21世纪管理新趋势

人类社会在由工业经济向知识经济逐步推进的过程中,必然会导致管理思想的巨大变革,这一时期管理思想将会呈现以下几种趋势。

1. 创新

21世纪是多变的世纪,任何已有的和常规的管理模式最后都将被创新的管理模式所取代。当前对管理创新发展趋势的研究主要有这样几个观点:①管理创新的内容:战略创新、制度创新、组织创新、观念创新和市场创新等几个方面,把创新渗透于整个管理过程之中。②整个组织中的每个人都是创新者,因而组织要致力于创造一个适合每个人都可以创新的环境和机制。③企业个性化,即具有独特的个性化的产品和个性化的经营管理模式。

2. 知识经济引发知识管理

社会的发展已使知识成为最重要的资源。在信息的催化下,知识经济时代已经到来,企业如何具有独特的属于自己的知识已成为企业能否生存发展的重要标志。而知识管理就是运用集体的智慧提高应变和创新能力。它要求企业的领导层把集体知识共享和创新视为赢得竞争优势的支柱。

在知识经济时代,新的知识不断涌现,随后大部分知识很快就变得陈旧过时。企业不能等着自己的知识被竞争对手的创新所淘汰,而是要自己主动地淘汰旧产品和旧知识,以争取走在变革的前面,自己建立"游戏规则",领导新潮流。在知识管理中,最难处理的旧知识不是那些已经证明是错误或不适用的知识,而是曾经很成功但未有明确证据表明已过时的知识。

3. 快速应变

市场复杂多变,且变化的速度在日益加快,这是当今被人们称为"10倍速时代"的主要特征。如何跟上时代的步伐,适应迅速变化的市场的需要,是当今企业管理的一大难题。企业只有快速反应、快速应变才能生存。企业行为不仅比价格、质量和服务,还要比反应、比速度、比效率。在这商机稍纵即逝的时代,谁抢先一步谁就把握了获胜的先机。企业快速反应能力的建立成为管理理论研究的新领域。管理效率的持续提高成为衡量组织效能的首要标准,敏锐的观察力是预测和预见未来的首要条件,抓住时机、果断决策,使企业始终和市场的变化同步,成为企业生存和发展的首要课题。

4.组织结构的倒置

传统的组织结构是金字塔形的,最上层是企业的总裁,然后是中间层,最后是基层。指挥链是从上至下,上面是决策层,下面是执行层。当上面的决策与用户的要求相矛盾时,传统的组织结构是执行上面的决策。而在知识经济的时代正好相反,在金字塔的最上层是用户和顾客,然后是第一线的基层工作人员,最后才是中层和最高领导者。这种倒金字塔不仅仅是把组织结构进行了简单的颠倒,而是要求员工的知识、能力、技术等方面都必须得到持续发展,从而获得独立处理问题的才干。这样一种转变是整个管理观念的转变。上层从领导转为支持服务,员工从执行转为独立处理问题。

5.管理手段和设施的网络化

21世纪,信息科技特别是国际互联网的蓬勃发展,改变了人类的生产、生活方式,特别是极大地改变了企业的运行环境,把全球企业带入了"电子商务"时代。这样,企业内部的管理手段和设施也就不可避免地把各种网络联系到一起。

6.全球战略

随着信息时代的到来,企业的竞争已经不仅在单一的区域内进行,而是以全球作为舞台竞争。竞争的全球化对每个企业来说既受到挑战,同时也带来新的机遇。全球化使得企业在竞争时无论是竞争的战略还是资源的配置等都必须从全球的角度去考虑,全球战略已成为企业决胜的关键。

7.跨文化管理

企业竞争的全球化必然带来管理活动的国际化。管理活动受人们的价值观、伦理道德、行为准则、社会习俗的全面影响,它与不同的文化结合,就形成了不同的管理文化和管理风格。比如美国式的以"法"为主的管理,强调个人价值、严格的管理、理性决策等。而日本式的以"理"为主的管理,强调和谐的员工关系、员工对组织的忠诚、企业的社会责任等。中国应该如何建立既具有中国文化特色又吸纳人类一切先进文化成果的管理文化模式,是一个需要深思的问题。

8.战略弹性

战略弹性是企业依据公司自身的知识能力,为应付不断变化的不确定情况而具有的应变能力,这些知识和能力由人员、程序、产品和综合的系统所构成。战略弹性由组织结构弹性、生产技术弹性、管理弹性和人员构成弹性所构成,它来源于企业本身独特的知识能力。一旦企业建立起自己的战略弹性,企业即形成了组织的活性化、功能的综合化、活动的灵活化,企业从而就建立起别人无法复制的战略优势,竞争能力将会得到极大的提高。

【思考】 管理发展的新趋势对管理者提出了什么新的要求?

⇨【本章小结】

　　研究管理的历史可以理解现代的管理理论与实践。现代管理理论是一个不断发展起、检验、修正、再检验的过程。

　　1. 系统化的管理思想,是在 19 世纪末 20 世纪初,随着生产力的高度发展和科学技术的进步,在西方形成并蓬勃发展起来的。其主要的管理思想流派除传统的经验管理思想以外,包括:科学管理思想、行为管理思想、定量管理思想、权变管理思想。

　　2. 科学管理思想着眼于寻找科学的管理劳动和组织的各种方法,其代表性的理论有泰勒的科学管理理论、法约尔的一般管理理论和韦伯的行政组织理论。他们都主张管理的科学化和专业化,并以提高劳动生产率为研究目标。

　　3. 行为管理思想的研究重点在分析影响人的行为的各种因素上,强调管理的重点是理解人的行为。其代表人物有梅奥、马斯洛、麦克雷格等。他们都把人看作是宝贵的资源。

　　4. 定量管理思想的核心是把数学、统计学、计算机用于管理决策和提高组织效率,其特定是用先进的数学方法及管理手段,使生产力得到较为合理的组织,以获得最佳的经济效益,而较少考虑人的行为因素。

　　5. 权变管理思想认为,在管理中要根据所处的内外条件随机应变,没有一成不变、普遍适用的"最好的"管理理论与方法。这个学派强调管理者的实际工作取决于所处的环境条件,因此管理者应根据不同的情景及其变量决定采取何种行动和方法,它试图寻求最为有效的方式来处理一个特定的情景和问题。

　　6. 我国作为文明古国,在各个历史发展时期,都有极其丰富的管理思想。其中主要有关于运筹与决策的思想、关于人类行为与心理的思想、关于领导艺术的思想,等等。

　　7. 管理理论随着社会经济的发展而发展,进入 20 世纪 90 年代以后,各种新的管理理论不断出现,如企业再造、学习型组织等。进入 21 世纪以后,随着竞争的加剧、科技的发展,将引起管理思想的进一步发展。

　　总之,管理思想及理论随着社会的发展将不断发展、不断完善。

⇨【复习思考题】

　　1. 试评述中国古代传统管理思想。

　　2. 西方管理思想是如何随着社会的发展而发展的?

3.西方各种管理思想的主要特点是什么？

4.管理理论的发展与趋势对我们有什么启示？

5.通过查阅相关资料，指出近几年管理思想的新理论。

➡【案例讨论】

自我改善的柔性管理

大连三洋制冷有限公司（简称大连三洋）成立于 1992 年 9 月，于 1993 年正式投产，现有职工 400 余人，是由日本三洋电机株式会社、中国大连冷冻机股份有限公司和日本日商岩井株式会社三家合资兴办的企业。

大连三洋是在激烈的市场竞争中成立的。当时他们对外，面对来自国内外同行业企业形成的市场压力；对内，则面临着如何把引进的高新技术转化成高质量的产品，如何使来自各方面有着文化程度、价值观念、思维方式、行为方式巨大差异的员工，形成统一的经营理念和行为准则，适应公司发展的需要的问题。因此，大连三洋成立伊始，即把严格管理作为企业管理的主导思想，强化遵纪守规意识。

可是，随着公司的发展和员工素质的不断提高，原有的制度、管理思想和方法，有的已不能适应企业的管理需求，有的满足不了员工实现其精神价值的需要。更为重要的是，随着国内外市场竞争的激烈，大连三洋如何增强自身应变能力，为用户提供不同需求的制冷机产品，就成为公司发展过程中必须要解决的问题。因此，公司针对逐渐培养起来的员工自我管理的意识，使其逐步升华成为立足岗位的自我改善行为，即自我改善的柔性管理，从而增强了公司在激烈市场竞争中的应变能力。

大连三洋的经营领导者在实践柔性管理中深深地领悟到，公司不能把员工当成"经济人"，他们是"社会人"和"自我实现的人"。基于此，大连三洋形成了自己特有的经营理念和企业价值观，并逐步形成了职工自我改善的柔性管理。

通过这种管理和其他改革办法，大连三洋不但当年投产当年盈利，而且 5 年利税超亿元，合资各方连续 3 年分红，很快已收回投资，并净赚了两个大连三洋。以下是大连三洋自我改善的柔性管理运作的部分内容：

员工是改善活动的主体，公司从员工入厂开始，即坚持进行以"爱我公司"为核心的教育，以"创造无止境改善"为基础的自我完善教育，以"现场就是市场"为意识的危机教育。他们在吸纳和研究员工危机意

识与改善欲求的基础上,总结出了自我改善的10条观念:

1. 抛弃僵化固定的观念。

2. 过多地强调理由,是不求进取的表现。

3. 立即改正错误,是提高自身素质的必由之路。

4. 真正的原因,在"为什么"的反复追问中产生。

5. 从不可能中寻找解决问题的方法。

6. 只要你开动脑筋,就能打开创意的大门。

7. 改善的成功,来源于集体的智慧和努力。

8. 更要重视不花大钱的改善。

9. 完美的追求,从点的改善开始。

10. 改善是无止境的。

这10条基本观念,如今在大连三洋已成为职工立足岗位自我改善的指导思想和自觉的行为。

大连三洋的职工自我改善是在严格管理的基础上日渐形成的。从公司创建起,他们就制定了严格规范的管理制度,要求员工要适应制度,遵守制度,而当员工把严格遵守制度当成他们自我安全和成长需要的自觉行动时,就进一步使制度能有利于发挥员工的潜能,使制度能促进员工的发展具有相对的灵活性。

例如,他们现在的"员工五准则"中第一条"严守时间"规定的后面附有这样的解释,"当您由于身体不适、交通堵塞、家庭有困难,不能按时到公司时,请拨打7317375通知公司。"在这里没有单纯"不准迟到"、"不准早退"的硬性规定,充分体现了公司规章制度"人性化"的一面。公司创立日举行社庆,公司将所有员工的家属都请来予以慰问。逢年过节,公司常驻外地的营销人员,总会收到总经理亲自操笔的慰问信。在他们那里,"努力工作型"的员工受到尊重。职工合理化提案被采纳的有奖,未被采纳的也会受到鼓励。企业与员工共存,为员工提供舒适的工作环境,不断提升员工的生活质量,员工以极大的热情关心公司的发展,通过立足岗位的自我改善成了公司发展的强大动力。

(改编自张承耀主编的《中国企业经营与管理案例》,经济管理出版社2000年版,第272—278页。)

【思考】 1. 试分析大连三洋柔性管理模式的内涵。

2. 在三洋的柔性管理中体现了怎样的管理思想转变?

第 3 章

管理伦理 ≫ ≫ ≫ ≫

学习目标

通过学习本章的内容,学生能够:

1. 掌握企业及其类型;
2. 了解公司的治理机构的内容;
3. 理解管理伦理的定义与伦理议题;
4. 掌握管理伦理的决策准则;
5. 理解影响管理伦理的因素;
6. 掌握社会责任的定义;
7. 理解有关社会责任的两种相反的观点。

引 例

美国福特公司 Pinto 汽车

1981 年美国一位父亲驾驶福特公司生产的 Pinto 汽车,途中汽车爆炸,导致车上小孩严重烧伤。经法庭调查,福特汽车公司早已知悉该型汽车有瑕疵,该公司根据计算,认为全部召回该款汽车加以修复的成本为 1 亿美元,而车着火致人死亡每件赔偿 20 万美元,因而决定不召回。

1968 年,美国福特汽车公司决定在美国首次开发廉价微型轿车。

总裁 Lee Icocca 期望加速这一开发,以便能在 1970 年推出价格低于 2000 美元的微型轿车。

由于工程技术跟不上车型的革新,结果油箱位置不当,造成严重的安全问题。后车轴与后保险杠之间,只给油箱留有 10 寸的缓冲空间,后车轴上还安装有向外凸出的轮缘和一大排螺栓头。追尾冲撞试验表明,只要后面的车辆以每小时 21 英里的速度撞来,油箱就可能向前移动,造成油箱漏油。结果,一点火花就会将汽车化为灰烬。

其他试验结果表明,只要增加辅助安全措施,就可改善这种设计,所需成本估计每辆车为 11 美元。然而福特公司提出了维持原来设计的几点理由有:

1. 单车价格将突破 2000 美元,无法达到一个重要的市场目标;

2. 这种设计也符合当时的联邦安全标准;

3. 福特急于开发出一种能够与市场十分流行的大众"甲壳虫"车相抗衡的新车型。

最后,经福特总裁批准,决定仍然维持原车型的原设计。

问题:福特仓促地推出 Pinto 汽车是否不负责任呢? 福特应该召回该款车型吗?

(陈北元:《美国"食毒时代"如何由乱而治》,《南方周末》,2008 年)

3.1 企业与企业制度

3.1.1 企业的概念及基本特征

企业是从事生产、流通、服务等经济活动,为满足社会需要和获取赢利,依照法定程序成立的具有法人资格,自主经营、自负盈亏,独立享有民事权利和承担民事义务的经济组织。企业是社会生产力发展到一定程度的结果,是商品生产和商品交换的产物。

企业作为社会生产的基本经济单位,具有如下特征:

1. 它是由各类资产和劳动力组成的,直接为社会提供商品或服务,独立从事生产和经营的社会经济单位。

2. 它以谋求最大利润为基本目标。企业提供商品或劳务的直接目的是追求利润。利润是产品价格和成本之间的差额,它是企业经济利益的集中体现,"利润的创造"是企业生存的条件。

3. 作为独立的商品生产经营者,企业必须实现独立核算、自负盈亏,力争以尽可能少的劳动耗费,获得尽可能多的赢利。为此,企业又必须拥有完全的经营自主权,其中包括产品决定权、产品销售权、人事权、分配权等等。

4. 它必须依法经营、照章纳税、在市场经济条件下,作为独立商品生产者和经营者的企业,必须依据国家法律、遵循市场规则合法经营;必须严格按照国家税法规定及时、足额地向国家缴纳税金,尽纳税人义务。

5. 从企业的生存和发展所必须满足的根本条件来说,企业的根本目的主要有两个:一是提高经济效益,为社会提供最大的产出;二是必须满足所有利益相关者的需要,公平地对待所有的利益相关者。

3.1.2　企业的类型

在市场经济条件下,企业依法成立并存在,是独立的经济实体,它拥有法律许可范围内自主经营和发展所必需的各种权利。无论是新建企业,还是老企业改制,都会面临企业法律形式的选择问题。根据企业财产的组织形式及其承担的法律责任,可以将企业划分为以下几种形式。

1. 独资企业

独资企业是企业形式中最古老、最基本的企业形式。是指由一人出资兴办的企业,企业财产完全归个人所有,企业由个人经营和控制。虽然独资企业有企业的名称、经营场所和法定的注册资产,但在法律上为自然人企业。我国的私营企业不少采用独资企业的形式。

独资企业的优点是规模较小,经营方式比较灵活,决策迅速及时,业主能够独享利润,企业保密性强。缺点是自然人对企业的影响大,如果业主死亡或由于某种原因放弃经营,企业就随之消亡;由于个人资本有限,企业信用不足,取得贷款的能力较差,发展制约因素较多,企业的发展规模受到限制;当经营失败、企业的资产不足以清偿企业的债务时,业主对企业承担无限清偿责任。

独自企业至今仍普遍存在,而且在数量上占大多数。在美国,独资企业约占企业总数的75%。独资企业一般只适用于零售商业、服务业、家庭农场、开业律师、个人诊所等。

2. 合伙企业

合伙企业是由两人或两人以上的出资者共同出资兴办,联合经营和控制的企业。合伙企业的出资创办人(即合伙人)为两人以上,基于合伙合同建立。成立合伙企业时必须要有书面协议,以合伙合同形式规定该合伙经济组织的合伙人范围、组织管理,出资数额、盈余分配、债务承担及入伙、退伙、终止等基本事项。与独资企业一样,合伙企业与它的出资人在财产和人格上都是不可分的,企业在法律上为自然人企业。

与独资企业相比,合伙企业有很多优点,主要是扩大了资本来源和信用能力,提高了决策能力,增加了企业发展的可能性。其缺点主要有:由于所有的合伙人都有权代表企业从事经济活动,重大决策都需要得到所有合伙人的同意,因而容易造成决策上的延误;合伙人有一人退出或加入都会引起企业的解散和重组,企业存续相对不稳定;企业规模仍存在局限性。因此,在现代经济生活中,合伙企业所占比重小,不如独资企业那样普遍。在美国,合伙企业只占全部企业的7%左右。合伙企业一般适合于资本规模较小,管理不复杂,经营者对经营影响较大,个人信誉因素相当重要的企业,如会计师事务所、律师事务所、广告事务所、经纪行等。

3.公司制企业

(1)公司的含义及其特征

公司是指由两个以上的出资者组建,能够独立享有民事权利、承担民事责任的,以赢利为目的的经济组织。公司制企业是商品经济发展和现代化大生产的产物,是适合于现代企业经营的一种企业组织形式。从我国对公司制企业的规定和实际情况来看,我国目前公司的组织形式主要是有限责任公司和股份有限公司。

(2)有限责任公司

有限责任公司是指由两个以上股东共同出资,每个股东以其所认缴的出资额对公司承担有限责任,公司以其全部资产对其债务承担责任的企业法人,简称为有限公司。

有限责任公司不对外公开发行股票,股东的出资额由股东协商后确定,并不要求等额。股东交付股本金后,公司出具股权证书,作为股东在公司中所拥有的利益凭证,同时,这种凭证不同于股票,不能自由流通。股东之间可以相互转让其全部出资或者部分出资。股东向股东以外的其他人转让其出资时,必须经全体股东过半数同意;不同意转让的股东应当购买该转让的出资,如果不购买该转让的出资,视为同意转让。经股东同意转让的出资,在同等条件下,其他股东对该出资有优先购买权。

股东可以用货币,也可以是实物、工业产权、非专利技术、土地使用权作价出资。以工业产权、非专利技术作价出资的金额不得超过有限责任公司注册资本的20%,国家对采用高新技术成果有特别规定的除外。有限责任公司成立后,应当向股东签发出资证明书。

有限责任公司只在内部向股东汇报工作,接受股东监督,无须向社会公开内部运作情况,也不必公开账目,尤其是公司的资产负债表一般不予以公开。

(3)股份有限公司

股份有限公司又称为股份公司,是指注册资本由等额股份构成,通过发行股票的方式筹集资本,股东以其认购的股份为限对公司承担有限责任,公司以其全部资产对公司债务承担有限责任的企业法人。在市场经济国家,股份有限公司是大、中型企业通常采用的组织形式。

股份有限公司的资本总额均分为等额股份,股东以其认购的股份对公司承担责任,一旦公司破产或解散进行清盘,公司债权人只能对公司的资产提出还债要求,而无权直接向股东讨债。

为了保护股东和债权人的利益,各国法律都要求股份有限公司账目必须公开,并定期根据相关规定向社会披露公司的财务报告,以供股东和债权人查询,保密性差。近年来,国内外均出现了一些股份有限公司为了某些目的,发布虚假财务信息,骗取投资者的信任或蒙蔽投资者。因为发布虚假财务信息的丑闻被曝光而导致企业破产,甚至企业高级管理人员被起诉的事件也越来越多。例如,美国安然公司的虚假财务信息,失去了股民信任,股价下跌,最终企业申请了破产保护,并由此引发了其他一些美国大公司的类似情况的曝光。

此外,在公司形式发展的过程中,曾出现过公司的其他特殊形式:无限公司、两合公司、股份两合公司,目前,这些公司形式在一些国家和地区仍然存在。

4.股份合作制企业

股份合作制企业是指企业全部资本划分为等额股份,主要由员工股份构成,员工股东共同劳动、民主管理、利益共享、风险共担,依法设立的法人经济组织。

股份合作制企业,企业享有全部法人财产权,以其全部财产对企业承担责任;股东以其出资额为限,对企业承担责任。企业实行入股自愿、民主管理、按股分红相结合的投资管理原则。股份合作制企业是股份制和合作制的结合,具有股份制和合作制的双重特征,是一种新型的企业组织形式。

3.1.3 公司治理机构

公司的治理机构是指公司的组织机构设置和这些机构的运作规则。科学规范的治理机构可以提高公司的决策和管理能力,使公司制企业高效运行。

(一)股东会

股东会是依照公司法和公司章程规定,由全体股东组成的,决定公司重大问题的最高权力机构,是股东表达意志、利益和要求的场所和工具。对股份有限公司而言,股东会也称为股东大会。股东会有定期会议和临时会议两种基本形式。股东会一般由董事长主持,在召开股东会之前,一般要提前 15 天通知全体股东。

股东会的主要职权如下:

1.人事权。公司的董事和监事由股东大会推举和更换,并且由股东大会决定他们的报酬。

2.重大事项决策权。例如,批准和修改公司章程,批准公司的财务预算、决策方案,决定公司投资计划等。

3.收益分配权。股东大会批准公司的利润分配方案和亏损弥补方案。

4.股东财产处置权。公司增加或减少注册资本,公司合并、分立、解散或破产清算等涉及股东财产的重大变动,须由股东大会作出决议。

(二)董事会

董事会是由董事组成的负责公司经营管理活动的合议制机构。在股东会闭会期间,它是公司的最高决策机构,是公司的法定代表,对外代表公司。

董事会由股东会选举产生。按照我国《公司法》规定,有限责任公司的董事会由 3~13 人组成,其中,国有独资公司的董事会由 3~9 人组成;股份有限公司的董事会由 5~19 人组成。我国《公司法》还特别规定,国有独资公司、两个以上的国有企业或其他两个以上国有投资主体的有限责任公司,其董事会成员应当有公司职工代表,职工代表应当由公司职工民主选举产生。

董事会对股东会负责,执行股东会的决议,其主要职权如下:

1.对公司经营做出决策,如经营计划、投资方案等。

2.决定公司内部管理机构的设置和基本管理制度的制定等。

3.制定公司财务预算、决策方案、利润分配和亏损弥补方案、公司增减资本和发行公司债券方案等。

4.人事权。

董事会实行集体决策,一般采取每人一票和简单多数通过的原则。每个董事会成员对其投票要签字在案并承担责任。董事会决议违反法律、法规和公司章程,致使公司遭受严重损失的,参与决策的董事对公司负赔偿责任。但在表决时曾表明异议并有过记录在案的,可免除责任。

(三)总经理

总经理依照公司章程和董事会授权,统一负责公司的日常生产经营和管理工作。总经理由董事会聘任或解聘,对董事会负责。

总经理的主要职权如下：

1. 组织实施董事会决议。

2. 组织实施公司年度经营计划和投资方案。

3. 人事权。总经理提请董事会聘任或解聘公司副总经理和财务负责人，直接聘任或解聘其他管理人员。

公司总经理可从公司外部聘任，也可经公司董事会决议由董事会成员担任。

（四）监事会

监事会是公司治理机构中的监督机构，成员一般不少于 3 人。监事会成员可由规定代表和一定比例的职工代表组成，职工代表由工会或职工民主选举产生。监事会成立后，应设置一名召集人。

监事会的职权如下：

1. 对公司董事、经理执行公司职务时，违反法律、法规和公司章程的行为进行监督，防止他们滥用职权，发现其行为有损于公司利益时，监事会有权要求予以纠正，必要时可向股东会报告，提议召开临时股东大会，采取解决办法。

2. 检查公司的财务。为保证监督的独立性，公司的董事、经理及财务负责人一律不得兼任监事。

上述公司治理机构的各个组成部分之间关系密切。一方面，从产权关系看，股东会对董事会是委托代理关系；董事会对总经理是授权经营关系；监事会代表公司会对财产的受托人，即董事和总经理实行监督，是一种监督关系。另一方面，从职权关系看，它们各自有不同的职权范围，职权具体明确。

因此，公司的治理机构，以纵向的财产负责关系与横向的职权限定关系结合在一起，构成公司内部的制约机制。

3.2　管理伦理

近年来，美国等西方发达国家企业管理出现一种新趋势，即日益重视和加强管理和伦理的结合。美国本莱特学院（Bently College）的伦理研究中心在 20 世纪 80 年代所做的一项调查表明，《幸福》杂志排名前 100 家的企业中，80％的企业把伦理价值观融合到企业日常管理活动中，93％的企业有成文的伦理准则来规范员工的行为。美国企业界甚至出现了一种新型的职位：伦理主管。据统计，美国制造业和服务业前 1000 家企业中，有 20％的企业聘有伦理主管，他们的主要任务是训练员工遵守正确的行为准则,并处理员工对受贿和报假账等可能发生的不正当行为提出质疑。欧洲也约有一半的大企业设有专门的企业伦理机构,负责有关企业伦理工作。

3.2.1 管理伦理的概念

伦理从根本意义上指的是处理"己"、"人"关系的准则,包括人与他人、人与人类、人与国家、人与自然等关系处理的准则。引申到特定的环境,这里的人可以是泛指的"客体","己"可以是指泛指的"主体"。

管理伦理是指一个人或组织在判断是非时所依据的道德和价值观准则。人或组织的行为、决策的价值取向取决于伦理标准,它同时也是组织内部文化的一个重要组成部分。当个体或组织的行为有可能伤害或有益于他人或其他组织时,伦理问题便会显现处理。

法律行为、自由选择行为和伦理行为是不同的,通过三者的比较,我们可以更清楚地明白什么是伦理。人类行为可以分为三个区域。第一个区域我们称之为"法律区域",在这个区域里,所有的价值观和行为准则都可以在法律条文中找到相应的规定,法官可以此为依据来做出判决。在这个区域里,立法者依法来对个体或组织进行管理。例如,公司必须要纳税,开车必须要先考取驾驶执照。第三个区域是自由选择区域,在这个区域里,个体可以依据个人的价值准则来进行决策,享有充分的自由,法律是无法干预的。如个人的宗教信仰权,或公司生产多少洗碗机之类的事,别人或法律都是无权过问的。

处于这两个区域之间的是伦理区域。这里,没有具体的法律规定,但人们的行为要受到道德准则的约束,这些道德准则是一种无形的和不成文的"法"。在"法律区域",法律会告诉人们什么能做,什么不能做;在伦理区域,并不具有强制性的社会准则会在无形中引导人们或组织的行为。一个合情合理的决策必须是合法,同时在道义上又可以为社会所接受的。

| 法律区域
(法律标准) | 伦理区域
(社会标准) | 自由选择区域
(个人标准) |

高　　　　　　　　　　　　明确的控制程度　　　　　　　　　　　　低

图 3-1　人类行为的三个区域

(资料来源:[美]理查德・L.达夫特(Richard L. Daft),《管理学》(第 5 版),机械工业出版社2003 年版,第 132 页。)

很多人对第一和第三区域的存在有一种错误的理解,认为"这是合法的,所以必然道德",仿佛伦理问题根本就不存在。一个较优的选择应当是充分重视伦理问题,依据社会大多数人所认同的价值观和准则进行决策,以此来调整组织内外的行为,并由此而减少不必要的立法和避免无约束行为的出现。

由于伦理准则并不是以法典的形式出现,所以对一个特定的行为常常会出现不同的看法。在有些情况下,企业所面临的任何一个选择都有可能产生不道德的后果,此时便产生了所谓的"伦理困境"(ethical dilemma)。此时,是非的界限并不总是清清楚楚的。

【思考】 一位农民和他年轻的儿子到 12 里外的集市赶集。开始时父亲骑骡,儿子跟在后面走。没多久,碰到一位年轻的母亲,她指责父亲虐待儿子。农民不好意思地将骡让给儿子骑。走了一公里,碰到一位老和尚。和尚看了后指责儿子不孝顺父亲,儿子马上跳下骡准备让给父亲。父子商量后决定走着去。又走了两里路,碰到一学者,学者嘲笑父子俩走路不骑骡是笨蛋。父子商量后决定两人共骑一头骡。又骑了四里路,碰到一位外国人,他指责父子虐待牲畜,该由谁来骑这头骡子呢?

3.2.2 管理与伦理的关系

管理与伦理二者之间具有一致性和相关性,主要表现在两个方面。

1. 管理活动离不开伦理准则

管理的本质是协调,哈罗德·孔茨和西里尔·奥唐奈指出:"许多权威人士把协调当做主管人员的一个独立职能。然而,把它当做管理的本质看来更准确,因为使个人的努力与所要取得的集体目标协调一致是管理的目的。"企业是一个系统,企业活动是集体活动。企业与利益相关者有着多种多样的联系,要使企业活动取得成效,就必须使企业目标与社会目标相协调,企业要求与利益相关者要求相协调,个人目标与组织目标相协调,个人的行动与他人的行动相协调。协调的本质是利益关系的调整,而如何正确处理利益关系是伦理所要回答的。管理的核心是决策,企业效益来自于正确的决策。而正确的决策,除了进行经济、技术分析外,还必须进行伦理分析。只有决策符合社会的进步、人民生活的改善这一根本目的,兼顾利益相关者利益时,决策的可行性才具有了坚实的基础。正如美国学者雷德里克·B. 伯德和杰弗里·甘兹所说,"如果管理者能更多地意识到他们的价值观、社会准则和伦理规范,并把它们用于决策,就可改善决策;如果决策时能考虑到社会分析和伦理选择,那对管理者本身、企业和社会都是有益的;各种伦理分析工具能帮助管理者作出更好的决策,要清晰地向利益相关者解释其行为的理由。"管理的重心是对人的管理。人有物质需要又有精神需要。从精神层面看,要抓好人的工作,一要赋予工作以意义;二要尊重人、关心人、公正地对待人;三要管理者率先垂范;四要人与人之间关系融洽,这些无不与伦理有关。

2. 伦理具有特殊的管理功能

伦理作为一种社会规范,不仅从人们的主观意识上控制和引导着人们的行为,使得人们每做出一项社会行为时,都会自觉或不自觉地考虑一下是否符合伦理道德,而且在客观上也制约着人们的行为,每当人们的一项社会行为产生后,其周围的人群都会用当时社会所奉行的伦理道德规范来对这一行为加以衡量和评判。如符合的就以各种形式予以肯定,不符合的就会以各种形式加以批评和抨击。更重要的是,伦理管理具有独特的优点。对社会的管理总是由强制的和非强制的管理构成,政治和法律是强制的管理,对社会的各方面起着强有力的约束作用。但是法律总是比较原则和简明扼要,不可能涵盖社会行为的各方面,而且法律也有滞后性,因此法律所调节管理的范围和程度有其一定限制。而伦理是通过社会舆论、习惯、良心、理想等发挥其管理作用,它是通过对人的深层心理的渗透,直接影响人的内部精神世界,因而其对社会管理的作用有时显得更为深刻、稳定。

3.2.3　伦理决策依据的准则

组织的伦理困境来自于个体与整体的矛盾,如个人与组织、组织与组织之间、组织与整个社会的矛盾,等等。管理者们经常会遇到这类棘手的伦理问题,而解决的方法则是依据建立在价值观基础上的伦理准则。人们在处理伦理问题时,会依据不同的伦理准则,但与管理者们相关的主要有四种,功利主义原则(utilitarian approach)、个人主义原则(individualism approach)、道德－权利原则(moral-rights approach)、公正原则(justice approach)。

1. 功利主义原则(utilitarian approach)

倡导功利主义原则的学者认为,人们伦理决策的结果应当是使绝大多数人受益。按照这种观点,决策者在进行决策时,要考虑不同的决策方案可能产生的后果,他选择的应当是使绝大多数人都受益的那个方案。但在实际决策的过程中,这种方案筛选过程可能是非常复杂的,要想简化这个过程,只能将最优方案改为较优或者是恰当的方案。例如,经济核算最简单的方法是利用美元计算出成本和利润,而不是采用各种货币单位来计算。同样,在决策的过程中也可以只考虑方案的直接影响者,而对间接受影响的人予以忽略。功利主义被认为是很多现代企业制度建立的理论基础,如禁止工人在上班期间吸烟、喝酒,因为这些行为影响了整个工厂的其他人,而不仅仅是吸烟或酗酒的工人自己。

2.个人主义原则(individualism approach)

个人主义原则认为,对个体具有长期利益最大化的行为是道德的行为。个体的个人导向是至高无上的,任何外部的限制个人导向的势力都应当予以严格的制约。个体将自己长期的利益作为决策的依据,其利己性的趋利避害行为会使个体通过比较找到恰当的方案。从理论上来说,人人都是追求自我价值的,但通过个体追求自我完善和个体之间相互适应的过程,整个社会都会从中受益,所以个人主义是一种较优的伦理处理方法。从长期的角度来说,个人主义的效用最好,因为它可以使个体趋于诚实和完善。

理解个人主义原则的要点在于理解"短期性"要素。人们常常会把个人主义和自私自利联系在一起,事实上这是一种误解。从图 3-1 中我们可以看出,个人主义非常靠近人们的自由选择区域。

3.道德—权利原则(moral-rights approach)

道德—权利原则认为,人类拥有基本的权利和自由,这些权利和自由不能由于个人的决策而被剥夺。基于此,正确的伦理决策应当是最大限度地保护与决策相关之人的权利。在进行伦理决策时,管理人员应当避免干涉个人的基本权利。

这些基本的权利包括:

(1)意愿自由权。不管我们作出何种决策,都必须充分尊重个人的意志。

(2)个人隐私权。个人有权对自己工作之外的私人的各种信息予以保密,别人不得干涉。

(3)保持良知权。对于那些有悖于他们道德或宗教准则的指令,个人有权拒绝执行。

(4)言论自由权。个人可以坦诚地对他人的法律或伦理行为做出评价。

(5)获得公正信息和待遇权。个人有权获知不带偏见的信息并受到公正的待遇。

(6)安全生活权。个人有权在健康和安全不受到威胁的状态下生活。

4.公正原则(justice approach)

公正原则认为,伦理决策必须建立在公平、公正的基础之上。对于管理者来说,有三种可供选择的公正原则。第一种是"广泛公正"(distributive justice),即对待不同的人不应当带有任何个人的偏见，每个人都是平等的，都应当受到相同的待遇。所以，当女雇员和男雇员做相同的工作时，报酬就应当是相同的。但每个雇员的技术熟练程度和责任不同，这需要根据技术和责任差异来确定工作报酬。而且这种差异应当与组织目标和任务相互匹配。第二种是"程序公正"，它强调了"执法"的公正性。规章制度应当是明确和具有连续性的，执行过程也必须公正。第三种是"补偿公正"，即如果由于集体的原因而对个人造成伤害，个人应当得到赔偿。更进一步说，对于个人无法控制的事件，个人不应当承担任何责任。

从图 3-1 来看，公正原则更靠近法律区域，因为公正的实现，是以法律和规章制度作为依托的。这种方法没有牵涉到功利主义原则繁琐的计算，也不像个人主义原则那样特别强调个体的利益。但管理人员必须对各种因素加以界定，以确定对待每一个个体都是公正的。

3.2.4　影响管理伦理的因素

一个管理者的行为合乎道德与否，是管理者道德发展阶段与个人特征、组织结构设计、组织文化和道德问题强度这些变量的调节之间复杂地相互作用的结果。缺乏强烈道德感的人，如果他们为那些反对非道德行为的规则、政策、职务说明或组织文化准则所约束，那么做错事的可能性就会小很多。相反，非常有道德的人，可以被一个组织的结构和允许或鼓励非道德行为的文化所腐蚀。此外，管理者更可能对道德强度很高的问题制定出合乎道德的决策。让我们更进一步来考察一下那些影响管理者行为是否合乎道德的各种因素。

1. 道德发展阶段

研究表明，道德发展存在三个水平，每一个水平包含两个阶段。在每一个相继的阶段上，个人道德判断变得越来越不依赖外界的影响。这三个水平和六个阶段如图 3-1 所示。

第一个水平称为前习俗（preconventional）水平。在这个水平上，一个人的是非选择建立在物质惩罚、报酬或互相帮助等个人后果的基础上。当道德演进到习俗（conventional）水平时，表明道德价值存在于维护传统的秩序以及不辜负他人的期望之中。在原则（principled）水平上，个人作出明确的努力，摆脱他们所属的群体或一般社会的权威，确定自己的道德原则。

通过对道德发展阶段的研究，我们可以得到几个结论。首先，人们以前后衔接的方式通过六个阶段。他们逐渐顺着阶梯向上移动，一个阶段接着一个阶段。其次，不存在道德水平持续发展的保障，一个人的道德发展可能会停止在任何一

水平	阶段描述
原则	6.遵循自己选择的道德原则,即使他们违背了法律 5.尊重他人的权利,支持不相关的价值观和权利,不管其知否符合大多数人的
习俗	4.通过履行你所赞同的义务来维护传统秩序 3.做你周围的人所期望的事情
前习俗	2.仅当符合其直接利益时遵守规则 1.严格遵守规则以避免物质惩罚

图 3-2 道德发展阶段

（资料来源：Based on L. Kohlberg. "Moral Stages and Moralization：The Cognitive-Development Approach,"in T. Lickona(ed.)Moral Development and Behavior：Theory,Research,and Social Issues(New Yoky：Rinehart & Winson,1976),pp. 34-35.)

个阶段上。再次,大部分的成年人处于阶段 4 上,他们局限于遵守社会准则和法律。其行为往往是符合道德的。例如,处于阶段 3 的管理者可能会制定将得到他周围的人支持的决策;处于阶段 4 的管理者,将寻求制定尊重组织规则和程序的决策,以成为一名"模范的公司公民";而阶段 5 的管理者更有可能对其认为是错误的公司惯例提出挑战。许多大学试图提高学生的道德意识和道德标准,它们的努力集中于帮助学生达到原则水平—道德发展的最高水平。

2.个人特征

进入组织的每一个人都有一套相对稳定的价值观(values)。我们的价值观——在个人早年从父母、老师、朋友或其他人那里发展起来的——是关于什么是正确的、什么是错误的基本信条。放同一组织中的管理者常常有着明显不同的个人价值观。虽然价值观和道德发展阶段可能看起来相似,但它们是不一样的。价值观的范围广,覆盖的问题领域宽;而道德发展阶段是专门衡量在外界影响下的独立性的一个尺度。

研究发现,有两种个性变量影响着人们的行为,这些行为的依据是个人的是非观念。这两种个性变量是自我强度和控制中心。自我强度是衡量个人自信心强度的一种个性尺度。自我强度得分高的人往往能够克制不道德行为的冲动,并遵循自己的信条。换言之,自我强度高的人更可能做他们认为是正确的事。我们可以预料自我强度高的管理者比自我强度低的管理者将在其道德判断和道德行为之间表现出更强的一致性。控制点是衡量人们相信自己掌握自己命运程度的个性特征。内控的人,认为他们控制着自己的命运;而外控的人则认为他们一生中会发生什么事全凭运气或机遇。这将如何影响一个人采取道德或非道德行为的决策呢？外控的人不大可能对他们行为的后果负个人责任,他们更可能依赖外部力量。相反,内控的人更可能对其行为后果承担责任,并依据自己的内在是非标准来指导自己的行为。内控的管理者将比那些外控的管理者在道德判断和道德行为之间表现出更强的一致性。

3. 组织结构设计

组织的结构设计有助于形成管理者的道德行为。有些结构提供了强有力的指导,而另一些结构却只是给管理者制造困惑。结构设计如果能够使模糊性和不确定性最小,并不断提醒管理者什么是道德的,就更有可能促进道德行为。正式的规章制度可以减少模糊性。职务说明和明文规定的道德准则这类正式的指导可以促进行为的一致性。研究不断表明,上级的行为对个人在道德或不道德行为的抉择上具有最强有力的影响。人们注视着管理当局在做什么,并以此作为什么是可接受的和期望于他们的行为的标准。有些绩效评估系统仅集中于成果,但也有一些评估系统既评价结果,也是评价手段。如果仅以成果评价管理者,他们就可能迫于压力而"不择手段"地追求成果指标。与评价系统密切相关的是报酬的分配方式。奖赏或惩罚越是依赖于具体的目标成果,管理者实现那些目标并在道德标准上妥协的压力就越大。此外,不同的结构在时间、竞争、成本及施加给雇员的类似压力上也是不同的。压力越大,管理者就越有可能在道德标准上妥协。

4. 组织文化

组织文化的内容和力量也会影响道德行为。最有可能形成高道德标准的组织文化,是一种高风险承受力、高度控制,并对冲突高度宽容的文化。处在这种文化中的管理者,将被鼓励进取和创新,将意识到不道德的行为会被揭露,并对他们认为不现实的或不理想的期望自由地提出公开挑战。

强文化比弱文化对管理者的影响更大。如果文化的力量很强并且支持高道德标准,它会对管理者在道德和非道德行为之间的决策产生非常强烈和积极的影响。例如,波音公司有一种长期强调与顾客、雇员、社区和股东建立合乎道德的商业往来关系的强文化。为了灌输道德的重要性,该公司设计了一系列启发思想的海报。设计这些海报是为了让员工认识到他们个人的决策和行动对公司的形象具有举足轻重的意义。而在一种弱的文化环境中,管理者更可能依赖于工作群体和部门准则作为行为指南。

5. 道德问题强度

一个从未想过闯入老师的办公室偷看一份会计学考试试卷的学生,也不会去向上学期参加了同一位老师的同一会计学课程考试的朋友打听上学期的考题是什么。类似的,一个管理者如果认为拿一些办公用品回家不算什么的话,他很可能会牵连进贪污公司公款的事件中去。

这些例子描述了影响一个管理者道德行为的最后一个因素：道德问题本身的强度。与决定问题强度有关的六个特征是：危害的严重性、对不道德的舆论、危害的可能性、后果的直接性、与受害者的接近程度以及影响的集中性。这些因素决定了道德问题对个人的重要程度。根据这些原则，受到伤害的人越多，认为该行为是不可取的舆论越强，该行为将要造成危害的可能性越大，人们越是能够直接地感到行为后果，观察者感觉与受害者越接近，该行为对受害者的影响越集中，问题强度就越大。当一个道德问题很重要时——也就是说，问题的强度比较大——我们就更有理由期望管理者采取道德的行为。

3.2.5 提高管理伦理水平的方法

很多组织的管理者都致力于改善伦理环境和提高社会责任感。帮助组织提高道德伦理水平的方法很多，如领导的表率作用、完善伦理准则、建立具有伦理特征的组织和支持那些敢于同组织不良行为斗争的员工。

1.明确伦理准则

伦理准则是组织对于伦理问题和社会事务的正式说明，它向员工明确表明组织在伦理问题上的立场和观点。在组织中，伦理准则通常表现为以原则为基准和以政策为基准两种形式，前者的作用是影响组织文化，它们确定了组织基本的价值观和用一般性的语言说明组织的社会责任、产品质量和员工的待遇。通常，原则地说被称为组织信条。如强生公司的"信条"（The Credo）和惠普公司的"惠普行为方式"（The HP Way）。

以政策为基准的伦理准则从总体上说明了在处理伦理问题时的方法，如在营销活动、利益冲突、守法、专利信息和机会均等一系列问题上具体的处理方法。如波音公司的"经营活动伦理方针"。

伦理准则明确了哪些价值观和行为时公司所期望和鼓励的，哪些是公司所不能容忍和反对的。由企业伦理研究中心所做的一项研究表明，《财富》杂志500强榜上有名的90％的企业和50％的其他企业，都制定了企业的伦理准则。通过对违背伦理准则行为的惩罚和对遵守伦理准则行为的奖赏，组织的道德形象得益提升。但必须明确，如果组织高层领导不支持制定伦理准则，这些准则将毫无价值，只是一堆废纸。

2.建设伦理型组织

伦理型组织是组织为强化伦理行为所设计的各种体制、职位和方案。道德委员会是专门用来监督组织伦理行为的机构。这个委员会有权纠正不道德行为,这个机构的存在对正面引导员工伦理行为是非常重要的。如摩托罗拉就有一个"道德服从委员会"(Ethics Compliance Committee),其职责是解释、明确和向员工传达公司的道德准则,纠正不道德行为。道德监督员负责听取和调查员工对组织道德方面的意见,并及时地将有可能出现的道德问题向高层管理人员汇报。

今天很多组织都设立了由专职人员担纲的道德管理部门。这些部门与警察局不同,它们更具有劝告和仲裁的色彩。道德部还负责依据组织制定的伦理准则对员工进行培训,以使这些准则能在员工的日常工作中真正地体现出来。如星巴克咖啡公司利用对新员工培训的机会,向员工灌输企业的道德准则,如勇于承担责任、尊敬他人和即使别人反对也要追求真理的精神。

强有力的伦理规划是非常重要的,但它并不能让所有的员工行为不出现偏差,必须将这种计划渗透到日常经营工作之中,使整个组织能够在这些伦理准则的指导下做出理性的决策。

3. 发扬领导的表率作用

一项对在伦理方面取得成功的企业的调查表明,企业领导人对于提高企业的伦理水平起着至为关键的作用。高层领导通过自己的行为为组织伦理定下基调,他们坚定的信仰、良好的价值观、帮助组织内外人员在行为中自觉维护和反映特定的伦理准则。高层管理人员必须通过公开的和坚定的行为来证明自己的信仰、价值准则,通过连续的行为来逐步更新组织伦理准则和价值观。

4. 发挥员工的监督作用

单纯地依赖伦理组织或者一些规定难以有效地规范组织领导和员工的伦理行为。因此,需要依赖于一些富有正义感的员工,当他们发现非法、危险或者不道德行为时,会大声疾呼,使那些违法者或者是不讲道德的人能够悬崖勒马,及时回头。组织应当将发挥员工的监督作用,要想方设法鼓励和保护他们,避免这些员工因其不太合群的行为而有可能陷入极其不利的局面。

3.3 企业社会责任

企业是否要承担社会责任?企业又该承担怎样的社会责任?我们先来看一个案例:

➯【案例讨论】

捐款门事件

(1)2008 年 5.12 汶川地震发生后,万科向灾区捐款 200 万,但此举受到广泛质疑与批评:这家年销售额 400 亿的全球最大房地产企业,只捐区区 200 万,是否太吝啬?万科董事长王石一番关于企业为何只捐款 200 万的不当言论引发舆论怒火,在全国媒体几乎一边倒的批评之中,万科企业声誉受到前所未有的挑战。万科董事长在博客中对于捐款进行了回应:地震发生当天,万科集团总部捐款人民币 200 万。一些网友对这个数字很不以为然,大呼和万科形象不相称,呼吁万科再多捐点。对捐出的款项超过 1000 万的企业,我当然表示敬佩。但作为董事长,我认为:万科捐出的 200 万是合适的。中国是个灾害频发的国家,赈灾慈善活动是个常态,企业的捐赠活动应该可持续,而不是成为负担。万科对集团内部慈善的募捐活动中,有条提示:每次募捐,普通员工的捐款以 10 元为限。其意就是不要慈善成为负担。

王石的言论在网民中引起了广泛的回应,万科公司陷入巨大的舆论危机中。为了平息危机,在事件发生一个星期后,王石紧急宣布向灾区追加捐款 1 亿。

(2)2008 年汶川 5 月 18 日晚 央视一号演播大厅举办的"爱的奉献——抗震救灾募捐晚会"现场,民营企业的后起之秀——"王老吉"品牌持有者加多宝集团以一亿元人民币的国内单笔最高捐款感动了每一个中国人。随后"王老吉"遭到全国网民的集体"封杀"——国内知名的网站社区天涯上出现了一篇《封杀王老吉》的帖子,倡议只要看到"王老吉",见一罐买一罐,从货架上"封杀""王老吉"……网友纷纷跟帖转帖响应,"中国人,只喝王老吉","患难见真情,真爱王老吉"等等,一时间网坛"封"语交加,"害得"王老吉只能是开足马力生产"抵制封杀"。而 2010 年 4 月 20 日在我国青海省玉树县发生 7.1 级地震后王老吉在央视赈灾晚会再次捐出 1.1 亿元,但是,同样的善举,却出现了完全不同的社会效应。这次并没有像上次那样取得良好的社会反响。而且有员工爆出王老吉对外大方捐款赚形象分,对员工却异常残酷,甚至大举裁员。很多人认为王老吉是拿地震来炒作自身和宣传企业和品牌形象不过。加多宝公司也因此被外界评价为"要面子不要里子"。

(案例出处:中国金融网)

【思考】 企业应该承当的社会责任是什么？

借助于 MP3 这样的数字格式和百度等网站的音乐下载网络服务,互联网技术使得全世界的音乐爱好者只要极少的花费就可以获得和分享他们喜爱的乐曲录音。大型的全球性公司为了降低成本增强竞争力而进入那些人权不受重视的国家,它们辩称这会带来就业并有助于促进当地的经济增长。汽车制造商生产庞大而耗油的运动型车辆,因为有顾客希望得到这类车辆并愿意为之付出高价,但这类车辆有可能会对那些使用较小的节能型汽车的人们造成严重的危害。这些公司具有社会责任感吗？在这种情况下影响管理者决策的因素有哪些？当今的管理者时常面对着需要考虑社会责任的决策。如雇员关系、慈善事业、定价问题、资源保护、产品质量与安全、在侵犯人权的国家开展业务等,这都是一些极为明显的社会责任问题。管理者应当如何进行这些决策呢？首先,让我们考察一下有关社会责任的两种不同观点。

3.3.1 有关社会责任的两种相反的观点

没有多少术语会像社会责任这样有着如此之多的不同定义,如"只图盈利"、"超越盈利"、"自愿性活动"、"对更大的社会系统的关心"以及"社会响应"等。大多数观点都偏于极端。一端是古典的或纯粹经济学的观点,认为管理当局惟一的社会责任便是利润最大化；另一端则是社会经济学的立场,主张管理当局的责任远不止于创造利润,还包括保护和增进社会福利。

1.古典观点

古典观点(classical view)主张企业惟一的社会责任就是利润最大化。这一观点的最直率的支持者是经济学家和诺贝尔殊荣的获得者米尔顿·弗里德曼(Milton Friedman)。他认为管理者的主要责任就是从股东(公司真正的所有者)的最佳利益出发来从事经营活动。这些利益是什么呢？弗里德曼认为股东只关心一件事,这就是财务方面的回报。他还主张不管何时当管理者自作主张将组织资源用于"社会利益"时,都是在增加经营成本。这些成本只能要么通过高价转嫁给消费者,要么降低股息回报由股东所吸收。必须指出,弗里德曼并不是说组织不应当承担社会责任,他支持组织承担社会责任,但这种责任仅限于为股东实现组织利润的最大化。

2.社会经济学观点

社会经济学观点(socioeconomic view)认为企业的社会责任不只是创造利

润,还包括保护和增进社会福利。这一立场是基于社会对企业的期望已经发生了变化这样一种信念。企业并非只是对股东负责的独立实体。它们还要对社会负责,社会通过各种法律法规认可了企业的建立,并通过购买产品和服务对其提供支持。因此企业组织不仅仅是经济机构。社会期望企业承当更多的社会责任。例如,他们认为雅芳公司是具有社会责任感的。该公司发起了乳腺癌防治运动(Breast Cancer Awarencss Crusade),让妇女,尤其是那些难以获得医疗护理和治疗的妇女,接受更多的乳腺癌教育并为她们提供早期检查服务。他们也会认为巴西的化妆品制造商娜透拉化妆品公司(Natura Cosmeticos SA)在圣保罗的公立小学推行改善儿童读写和判断技能的教育计划,也是在承担社会责任。为什么呢?因为管理者们通过这些计划保护和增进了社会福利。世界上越来越多的组织开始重视它们的社会责任。实际上,对企业所有者的一项调查表明,即使开展社会责任方面的活动会减少利润,有68%的回答者表示他们仍会继续这些活动。

赞成和反对企业承担社会责任的具体争论有哪些呢?表 3-1 列出了已提出的一些主要观点。

表 3-1

赞成的观点	反对的观点
公众期望: 公众的意见现在支持企业同时追逐经济的和社会的目标	违反利润最大化原则: 企业只有在追求其经济利益时,才是在承担社会责任
长期利润: 具有社会责任感的公司趋向于取得更稳固的长期利润	淡化使命: 追求社会目标淡化了企业的基本使命,即经济的生产率
道德义务: 企业应当承担社会责任,因为负责任的行为才是所要做的正确的事情	成本: 许多社会责任活动都不能够补偿其成本,必须有人为此买单
公众形象: 公司通过追求社会目标可以树立良好的公众形象	责任过大: 企业已经拥有了大量的责任,追逐社会目标将会使它们的责任更大
更好的环境: 企业的参与有助于解决社会难题减少政府管制; 企业社会责任感的加强会导致较少的政府管制; 企业拥有大企业拥有大量的权力,这就要求相应的责任来加以平衡量	缺乏技能: 企业领导者缺乏处理社会问题的必要技能缺乏明确的责任; 企业与社会性行动之间没有直接的联系责任与权力的平衡

续表

赞成的观点	反对的观点
股东利益： 从长期来看。具有社会责任感将提高企业的股票价格	
资源占有： 企业拥有支持慈善事业的大量资源	
预防胜于治疗： 企业应在社会问题严重之前采取措施以免付出更大的补救代价	

3.3.2　社会责任的定义

我国《公司法》经过再次修订，第五条规定，"公司从事经营活动，必须遵守法律、行政法规，遵守社会公德、商业道德，诚实守信，接受政府和社会公众的监督，承担社会责任。"正式在法律条款中规定了"公司社会责任"的概念。

关于企业社会责任（corporate social responsibility，CSR）的内涵，迄今为止学者们主要从两个角度进行了探讨。一是从宏观上界定企业社会责任的范围，主张企业社会责任包括其对社会应承担的一切责任的总和，既包括经济责任，又包括非经济责任；既包括对直接相关者的责任，又包括对间接相关者的责任；既包括法律责任，又包括道德责任；既包括对内的责任，又包括对外的责任。二是从微观上界定企业社会责任的范围，主张企业社会责任主要是指企业对企业以外的社会环境层面上应负的责任，如社会风气、慈善事业、环境保护、公共服务等领域。这主要是相对传统企业的绝对经济责任而言的。在现代社会中，全球化战略迫使企业必须考虑东道国政府与社会的需求，必须对整个产业链进行战略思考，必须适应国家产业结构的调整，必须将顾客的功能需求与情感需求全盘考虑。因此，微观层面上的企业社会责任更关注非经济领域的责任。

我们认为，所谓企业的社会责任，是指企业在追求利润最大化的同时或在经营过程中，对社会应承担的责任或对社会应尽的义务，最终实现企业的可持续发展。具体表现为，企业在经营过程中，特别是在进行决策时，除了要考虑投资人的利益或企业本身的利益之外，还应适当考虑与企业行为有密切关系的其他利益群体及社会的利益，除了要考虑其行为对自身是否有利外，还应考虑对他人是否有不利的影响，如是否造成公害、环境污染、浪费资源等。企业在进行决策时，对这些问题进行考虑并采取适当的措施加以避免，其行为本身就是在承担社会责任。

3.3.3　企业社会责任(CSR)的发展历程

企业社会责任发展历程可以分为三个阶段。

第一阶段,20 世纪 50 年代至 70 年代形成的营利至上的古典观。1970 年 9 月 13 日,诺贝尔奖获得者、经济学家米尔顿·弗里德曼(M 比 on FriedMn)的观点彰显营利至上的特色,他在《纽约时报》刊登题为《商业的社会责任是增加利润》的文章,指出"极少趋势,比公司主管人员除了为股东尽量赚钱之外应承担社会责任,更能彻底破坏自由社会本身的基础","企业的一项、也是惟一的社会责任是在比赛规则范围内增加利润"。社会经济观认为,利润最大化是企业的第二目标,企业的第一目标是保证自己的生存。为了实现这一点,他们必须承担社会义务以及由此产生的社会成本。他们必须以不污染、不歧视、不从事欺骗性的广告宣传等方式来保护社会福利,他们必须融入自己所在的社区及资助慈善组织,从而在改善社会中扮演积极的角色。但社会经济观没有摆脱盈利至上的根本原则。

基于营利至上的基本思维方式,1976 年世界经济合作与发展组织制定了《跨国公司行为准则》,这是迄今为止惟一由政府签署并承诺执行的多边、综合性跨国公司行为准则。这些准则虽然对任何国家或公司没有约束力,但要求更加保护利益相关人士和股东的权利,提高透明度,并加强问责制。2000 年该准则重新修订,更加强调了签署国政府在促进和执行准则方面的责任。

第二阶段,20 世纪 80 年代至 90 年代开始关注环境运动。20 世纪 80 年代,企业社会责任运动开始在欧美发达国家逐渐兴起,它包括环保、劳工和人权等方面的内容,由此导致消费者的关注点由单方面关心产品质量,转向关心产品质量、环境、职业健康和劳动保障等多个方面。一些涉及绿色和平、环保、社会责任和人权等的非政府组织以及舆论也不断呼吁,要求社会责任与贸易挂钩。迫于日益增大的压力和自身的发展需要,很多欧美跨国公司纷纷制定对社会作出必要承诺的责任守则(包括社会责任),或通过环境、职业健康、社会责任认证应对不同利益团体的需要。

第三阶段,20 世纪 90 年代至今开展的蓬勃的社会责任运动。20 世纪 90 年代初期,美国劳工及人权组织针对成农业和制鞋业发动"反血汗工厂运动"。因利用"血汗工厂"制度生产产品的美国服装制造商 Levi-Strauss 被新闻媒体曝光后,为挽救其公众形象制定了第一份公司生产守则。在劳工和人权组织等压力下许多知名品牌公司也都相继建立了自己的生产守则,后来演变为"企业生产守则运动",又称"企业行动规范运动"或"工厂守则运动",企业生产守则运动的直接目的是促使企业履行自己的社会责任。但是,这种跨国公司自己制定的生产守则有着明显的商业目的,而且其实施状况也无法得到社会的监督。在劳工组织、人权组织等推动下,生产守则运动由跨国公司"自我约束"的"内部生产守则"逐步转变为"社会约束"的"外部生产守则"。

《全球契约》联合国前任秘书长安南于 1999 年 1 月在世界经济论坛上首次提出,次年正式成立。该契约旨在鼓励企业与联合国机构、劳工组织和民间团体一起,共同寻找克服全球化负面影响的有效途径,同时促使企业承担社会责任,重视人权和环保等方面的问题。目前已有 130 多个国家的 7000 多家企业加入了《全球契约》。在建立全球化市场的同时,要以《全球契约》为框架,改善工人工作环境、提高环保水平。

下面是全球契约的内容。

1. 人权方面

(1)企业应该尊重和维护国际公认的各项人权;

(2)绝不参与任何漠视与践踏人权的行为。

2. 劳工标准方面

(3)企业应该维护结社自由,承认劳资集体谈判的权利;

(4)彻底消除各种形式的强制性劳动;

(5)消除童工;

(6)杜绝任何在用工与行业方面的歧视行为。

3. 环境方面

(7)企业应对环境挑战未雨绸缪;

(8)主动增加对环保所承担的责任;

(9)鼓励无害环境技术的发展与推广。

4. 反贪污

(10)企业应反对各种形式的贪污,包括敲诈、勒索和行贿受贿。

3.3.4　企业应承担的社会责任

在市场经济条件下,企业竞争力的强弱突出表现为其对利润的追逐能力。利润,也是企业存在的理由和发展的根本动力。然而,企业又是社会这个大系统中的有机组件,必然与整个社会的其他组织和个人发生大量互动。这就要求企业承担一定的社会责任,用以实现企业与社会系统的良性互动。我们依据 2006年 10 月中国企业联合会可持续发展工商委员会推出的《中国企业社会责任推荐标准和实践范例》,并参考 SAI(social Accountability Intenational)执行的

SA8000(Social Accountability 8000)标准,把我国企业的社会责任的主要方面进行如下归类。

1. 对环境的责任

环境是企业生存和发展的前提条件。一个企业必须认真地对待生存环境。企业生产过程中会产生外部性问题,所谓外部性,是指企业的生产经营活动所产生的成本和收益超出了企业自身的边界而向外部"溢出"。外部性既有负面的,也有正面的。当企业本来应该是由自己承担的成本向外部转嫁的时候,就产生了负的外部性,比如企业排污问题。企业本应自行解决生产过程中产生的污染,当然这会增加企业的成本,它若不愿意承担,就会任意向外界排放,就等于把应自己负担的成本转移给了社会。企业对环境的责任主要体现在:

(1)产品实现绿色设计。

绿色设计也称为生态设计,是指在产品及其寿命周期全过程的设计中,要充分考虑对资源和环境的影响,在充分考虑产品的功能、质量、开发周期和成本的同时,更要优化各种相关因素,使产品及其制造过程中对环境的总体负影响减到最小,使产品的各项指标符合绿色环保的要求。绿色产品设计包括:绿色材料选择设计;绿色制造过程设计;产品可回收性设计;产品的可拆卸性设计;绿色包装设计;绿色物流设计;绿色服务设计;绿色回收利用设计等。在绿色设计中要从产品材料的选择、生产和加工流程的确定,产品包装材料的选定,直到运输等都要考虑资源的消耗和对环境的影响,以寻找和采用尽可能合理和优化的结构和方案,使得资源消耗和环境负影响降到最低。

(2)保护与治理环境并重。

地球是我们惟一的家园,企业有责任和义务保护环境。企业在生产过程中应采取生态环保技术,防止造成环境污染。企业必须建设循环经济,把企业生产中所产生的"二废"资源化。企业要积极投入环境污染的治理中,对历史上造成的环境污染进行积极治理,特别是本企业历史上造成的环境污染更应该承担治理责任。

2. 对员工的责任

员工是指企业(单位)中各种用工形式的人员,包括固定工、合同工、临时工以及代训和实习生。员工是企业的宝贵的财富,企业对职工要承担按时足额发放薪金,根据发展逐步提高收入水平;改善劳动条件,确保安全、卫生;为职工投保社会保险;加强员工培训,提高职工自身素质和能力;支持工会工作;培育良好的企业文化的责任。企业对员工的社会责任主要体现在以下四个方面。

(1)工作时间。通过合理的工作时间保证员工的休息权利法规规定的报酬。

（2）薪酬待遇。向员工支付的工资、福利待遇应该满足员工基本生活的要求，薪酬应以货币的形式通过便于员工取得的方式支付给劳动者本人。应在员工开始工作前为其提供书面的、易于理解的工资待遇信息，另外在每次支付工资时为员工提供详细的当期工资信息。不应克扣和拖欠员工工资。员工工资应不低于企业所在地最低工资标准，其中不包括加班工资、特殊工作环境的津贴、法律法规和国家规定的劳动者福利待遇等。不应采取非法的学徒工及试用工制度等来规避劳动法规和社会保障法规所规定的企业对员工应尽的义务。

（3）营造一个安全舒适的工作环境。应从产品或服务的规划设计环节开始，并在生产和销售的全过程给员工提供一个"安全和健康"的工作环境。应针对行业中普遍认知的和其他危险采取适当的措施，在可能的条件下最大限度地降低工作环境中的危害隐患，以避免由于工作引起的、与工作有关的或在工作中发生的各种事故及损害健康事件的发生。企业应安排高级管理代表来负责实施有关健康和安全的规定。应建立安全管理系统来识别、防范或应对可能危害员工健康与安全的潜在威胁。应保证员工对工作中可能影响其身心健康因素的知情权。工作环境中应具备必需的急救措施，并定期检查。定期对员工进行使康和安全培训，并对新聘用的和调动职位的员工重新进行培训。

（4）定期或不定期培训员工。应为员工的职业发展创造必要的条件，并建立系统的培训计划。对新员工进行必要的职业培训，确保拥有从事其工作所必需的信息和技能、对因非正常原因而被解聘的员工应酌情考虑培训其重新就业的基本技能。

3.企业对消费者的责任

企业提供的产品和服务对其消费者应该是公平、安全和可靠的。不断提高产品或服务的质量。应向消费者提供任何关乎其自身利益的、与产品或服务有关的信息。应尽可能培训引导消费者如何安全地利用其产品或服务，对其产品或服务的正确使用做出充分的说明，对可能存在的安全健康隐患做出明显而且充分的提议，采用新材料、新技术和新的防范措施来不断提高产品或服务的安全性，对化学品进行系统的和严格的评估，制订产品安全监管计划，以确保其产品在获得预期利益时也能够保护公众健康和环境。当新的研究结果表明产品或服务对消费者的健康安全存在确实的威胁时，企业应该停止提供该类产品或服务，并作出公开声明，呼吁消费者停止使用有健康安全隐患的产品，并尽可能召回已售出产品。对已造成损害的，应给予适当的赔偿。

尊重消费者的消费心理和消费习惯，禁止强买强卖的行为，禁止对消费者进行精神或肉体上的伤害。以公平合理的价格产品或服务提供给有需求的消费者,反对各种形式的歧视行为。不应以强迫或欺骗的方式获得任何有关消费者个人隐私的信息。除非根据法律或政府的强制性规定,企业在未得到客户及消费者的许可之前,不得把已获得的客户及消费者私人信息提供给第三方(包括企业或个人)。应建立与客户及消费者沟通的便利渠道,对客户的问题和投诉予以及时答复和解决。产品设计、生产、销售及售后服务过程中应积极采纳客户及消费者的合理意见或建议,以提供更好地满足其需求的产品和服务。

4.企业对竞争者的责任

应遵守所属行业中体现社会责任导向的行业规范,自觉维护市场秩序;防止串谋。在市场准入、原材料采购和价格制定等方面应遵循公平竞争原则。反对垄断和低成本倾销等不正当的竞争手段。禁止商业贿赂、企业应本着合作发展的原则与其供应链上、下游企业建立平等、互利、互惠的合作关系。不应凭借在合作中的优势地位要挟供应商或变相削弱供应商的发展能力。企业与商业伙伴进行交易时,应遵循平等、自愿、公平、诚信的原则,充分尊重对方所提供产品或服务的价值。应坚持公平合理、公开规范、合同管理的原则,不得滥用优势地位。发挥格式条款的积极作用,格式条款的提供方应充分考虑相对方正当权益,明示所有条款;对于免除或限制责任的条款应特别注意提请对方注意,并按其要求对该条款予以说明。企业与商业伙伴进行交易时,应全面考虑对方的社会责任绩效,实行绿色采购或责任采购政策。应通过其在产业价值链中的合理影响力鼓励和督促上、下游企业积极承担社会责任。适宜条件下,应争取与商业伙伴共享必要信息,积极发掘有利于合作改进社会责任绩效的商业机会。应通过发展互信互利的企业间合作关系来改善商业环境,提高效率,减少社会资源和环境资源的浪费。应积极发挥企业在促进可持续发展方面的示范作用,分享和推广良好的实践经验。企业应积极发掘社会责任议题中的创新机会和商业增长点,如发展生态产业、可持续生计项目等,建立社会责任导向的创新激励体系。企业应重视保护具有社会责任导向的创新成果,积极申请注册知识产权予以保护。应尊重和维护其他企业在承担社会责任方面的创新成果和知识产权。

【本章小结】

1.企业是从事生产、流通、服务等经济活动,为满足社会需要和获取赢利,依照法定程序成立的具有法人资格,自主经营、自负盈亏,独立享有民事权利和承担民事义务的经济组织。

2.公司的类型主要有:独资企业,合伙企业和公司制企业。

3.管理伦理是指一个人或组织在判断是非时所依据的道德和价值观准则。

4.伦理决策依据的准则：功利主义原则、个人主义原则、道德－权利原则、公正原则。

5.影响管理伦理的因素：道德发展阶段，个人特质，组织结构设计，组织文化，道德问题强度。

6.提高管理伦理水平的方法：明确伦理准则，建设伦理型组织，发扬领导的表率作用，发挥员工的监督作用。

7. 企业的社会责任，是指企业在追求利润最大化的同时或在经营过程中，对社会应承担的责任或对社会应尽的义务，最终实现企业的可持续发展。

8.企业应承当的社会责任主要有四个：对环境的责任，对员工的责任，企业对消费者的责任和企业对竞争者的责任。

⇨【复习思考题】

1. 简述现代企业制度的特征。
2. 试析管理与伦理的关系。
3. 简述企业伦理建设的主要内容。
4. 企业社会责任的必要性和意义。
5. 利润最大化的企业目的观是否符合经济伦理原则？为什么？
6. 有些人认为，厂商利润最大化是经济学的一个基本原则，现实中经商的人也没有不谈利润的，所以某些企业家所谓企业的目的是"顾客满意最大化"、"为社会作贡献"等，不过是一种手段，其最终目的还是追求利润。你赞同这种看法吗？为什么？

⇨【案例讨论】

广告欺诈

面对大量积压的葵花籽，食品厂厂长心急如焚。在一次厂长办公会议上，集思广益，最终得出一条"妙计"。此后的一段时间里，当地报刊、电视、电台、街头巷尾的小广告中，都有一则内容相同的"紧急启事"：

"我厂一名与香港××富商订婚的女工，在包装葵花籽时，因不慎将一枚价值2万元的钻石戒指混入袋中。由于该钻石戒指意义非同寻常，关系到该女工的一生。其再三表示，凡归还该钻石戒指者，愿奖励人民币4万元。本着对消费者负责之精神，本厂郑重声明，愿对该女工作出的奖励承诺负连带责任。"

启事出台后,确实在一定程度上带动了葵花籽的销售。久而久之,也引起了有关部门的怀疑。经查证,厂方不得不承认"紧急启事"中的内容纯属虚构。同时,厂方又再三辩解,所发"紧急启事"并没有与葵花籽的销售挂钩,消费者可以买也可以不买,因此不构成广告欺诈。

(案例出处:邢以群《管理学》,高等教育出版社 2007 年版)

【思考】 对此,你如何判断和定论?

三鹿奶粉三聚氰胺事件

2008 年 6 月 28 日,位于甘肃省兰州市的中国人民解放军第一医院泌尿科收到第一例婴儿患有"双肾多发性结石"和"输尿管结石"的病例。至 9 月 8 日,该院两个多月来共收治 14 名患有同样疾病的婴儿。目前,甘肃省共上报病例 59 人,死亡 1 例。南京市儿童医院泌尿外科也接诊了 20 名因吃同一品牌奶粉患上肾病的患儿,病情严重的已转至上海治疗。发现的数十名患儿涉及湖北、湖南、山东、安徽、江西、江苏、陕西、甘肃、宁夏、河南等 10 个省份。事情变得复杂起来。"疑喝同一品牌奶粉而导致宝宝患肾结石"的消息开始像乌云一样笼罩在那些年轻妈妈的心头。不少人开始联想起 2004 年安徽阜阳劣质奶粉导致的"大头娃娃"事件。同时,也有专家表示,这一疾病与 4 年前安徽阜阳劣质奶粉导致的"大头娃娃"事件相比后果更严重,"因为它容易导致患儿的急性肾衰竭,若抢救不当,会导致婴儿死亡"。称公司经自检发现 2008 年 8 月 6 日前出厂的部分批次"三鹿"婴幼儿奶粉受到三聚氰胺污染,市场上大约有 700 吨。三鹿集团公司决定立即全部召回 2008 年 8 月 6 日以前生产的"三鹿"婴幼儿奶粉。此前卫生部宣布,近期甘肃等地报告多例婴幼儿泌尿系统结石病例,调查发现患儿多有食用"三鹿"牌婴幼儿配方奶粉的历史。经相关部门调查,高度怀疑石家庄三鹿集团股份有限公司生产的"三鹿"牌婴幼儿配方奶粉受到三聚氰胺污染。三聚氰胺是一种化工原料,可导致人体泌尿系统产生结石。到目前为止,对于婴儿患病的原因还没有彻底调查清楚,但是这些家长反映孩子出生后一直都在吃"三鹿"牌奶粉。据医院方面介绍,从前患肾结石的多为成人,儿童尤其是婴儿患此病的较少。事件经媒体曝光后,该公司董事长田文华接受法律制裁。河北省有关领导接受严重处罚。卫生部部长被免职。原先实行多年的国家免检制度被废除。

（案例出处：根据新浪新闻改编）

【思考】 从企业社会责任和企业伦理的角度来看，这一现象对现代企业和社会有哪些警示？

第 4 章

管理环境

≫ ≫ ≫   ≫

学习目标

通过学习本章的内容,学生能够:

1. 了解管理环境的含义及其分类,能区分某一因素是否环境因素,是何环境因素;

2. 能分析某一特定组织的任务环境;

3. 解释环境的不确定性;

4. 了解管理者管理环境的基本方法。

引　例

迪斯尼败走巴黎

1984 年美国沃特・迪斯尼集团提出跨国经营的战略目标,首选开设东京迪斯尼乐园。由于是第一次在国外开设迪斯尼乐园,经验少、风险高,因此决定采用不投资、不参股,只向日方转让技术的方式,收取技术转让费和管理服务费,由日方的东方地产公司投资建造和经营,结果是意想不到的成功。当年游客达 1000 万人次,突破了预计指标,到 1990 年游客已经达到每年 1400 万人次,超过美国加州的迪斯尼游客人数。

东京迪斯尼乐园的成功,增强了沃特・迪斯尼集团的信心。但技术转让方式风险低,利润却有限。除去开办时的咨询费外,仅限门票收入的 10％和国内商品销售额的 5％。于是 1992 年开办第二个巴黎迪斯尼乐园时采取了股份合资的方式,投资 18 亿美元在巴黎郊外开办了占地 4500 公顷的大型游乐场。奇怪的是,巴黎迪斯尼乐园第一年的游客人数大大低于预计指标,当年亏损 9 亿美元,迫使巴黎迪斯尼关闭了一所附设旅馆,解雇了 950 名雇员,全面推迟了二期工程的开发。巴黎迪斯尼的股票价格从 164 法郎跌到 68 法郎,欧洲舆论界戏称巴黎迪斯尼是"欧洲倒霉地"。

(赵涛:《管理学习题库》,天津大学出版社 2005 年版)

4.1 管理环境及其分类

4.1.1 管理环境的概念

任何组织都存在于一定的环境中,环境一方面为组织活动提供了必要的条件,另一方面又对组织活动起制约作用。管理环境是指存在于一个组织内部和外部的影响组织业绩的各种力量和条件因素的总和。在这里,环境不仅包括组织的外部环境,还包括组织的内部环境。对于管理者来说,要提高管理效率,达到其管理目标,不仅要了解政治、经济、文化等外部环境因素,而且还要掌握组织的资源、员工的价值观等内部环境因素,据此才有可能做出正确的决策。

因此,了解组织所处的环境,把握环境的现状和将来的发展变化趋势,利用环境提供的有利于组织发展的机会,避开环境存在的不利于组织发展的威胁,是组织谋求生存和发展的首要问题。

4.1.2 管理环境的分类

根据各种因素对组织业绩影响程度的不同,组织外部环境又可分为一般环境因素和任务环境因素。一般环境因素也称宏观环境因素是指可能对这个组织的活动产生影响、但其影响的相关性却不清楚的各种因素,一般包括政治、经济、法律、社会文化等等。这些因素一般都不是只涉及某一个具体的组织,因此这些因素对某一特定的组织会有什么样的影响、会有多大的影响都不会清楚。但是一般环境因素虽然对某一组织的影响不是直接的,可还是有可能对组织产生很大的影响,所以管理者必须认真分析和研究自己组织所处的一般环境因素。

相对于一般环境而言,管理者一般更注重对任务环境的研究与分析。任务环境也称微观环境,是指对某一具体组织的组织目标的实现有直接影响的那些外部因素。一个组织比较典型的任务因素一般包括资源的供应者、竞争者、服务对象(顾客)、政府管理部门及社会上的各种利益代表组织等。对一个特定的组织而言,任务环境是特定的。

对一个组织而言,组织外部哪些是环境因素,是一般环境因素还是任务环境因素,取决于组织的目标定位。同样是服装企业,由于各自的产品市场定位不同,其环境影响因素也不同。比如一个童装企业和一个女装企业,除国家相关的如对服装企业的有关规定、银行利率等等以外,童装企业还要考虑国家的计划生育政策、儿童的社会地位等一般环境因素和儿童的数量和年龄结构、童装市场的竞争情况等任务环境因素;而对女装企业则要考虑女性的收入等一般环境因素和女性的年龄结构、女装市场的竞争情况等任务环境因素。由此可见,对于一个组织的发展有重大影响的环境因素,对另一个组织可能根本不重要。

管理环境除了一般环境和任务环境以外,还包括组织内部环境。组织内部环境一般包括组织文化和组织经营条件两大部分。组织文化是在一定经济社会文化背景下的组织在长期的实践活动中所形成的,并且为组织成员普遍认可和遵循的具有本组织特色的价值观念、团体意识、工作作风,行为规范和思维方式的总和。组织的经营条件是组织拥有的各种资源的数量和质量情况,包括人员、资金、设备等等。这些因素不仅与外部环境因素一样,影响一个组织目标的制度和实现,而且还直接影响该组织管理者的管理行为。

综上所述,要区别一个因素是否是环境因素,是什么环境因素,关键取决于该因素对这一组织业绩是否有影响,以及影响是直接的还是间接的。若有影响,这一因素就是组织的环境因素之一;若没有影响,则这一因素对这一组织而言就不是环境影响因素。

4.2 外部环境因素

4.2.1 一般环境因素

通常而言,一般环境因素主要包括政治、经济、社会、技术及自然等方面,这些环境因素对一个组织运作的影响虽然不那么直接,但各个组织的管理者仍必须充分考虑这些因素。

(一)政治和法律因素

政治因素指社会政治形势和各种政治事件所构成的对组织的影响因素,如国家政局的总体稳定性、国际关系、重大国际事件的发生和发展等。政治因素对各种组织的管理活动都会产生影响,主要表现在地区政局的稳定性和政府对各类组织或活动的态度上。比如一个国家的政局稳定,有利于组织长期计划的制定,也是吸引国际投资的必要条件;在国际关系上两国关系的融洽,常会促进跨国公司的投资和合资企业的建立。对管理者而言,在投资决策中考虑政治风险是一项重要的任务。

法律与政治密切相关,但更细致、具体。在各个国家,许多公司都必须应付法律方面的问题。在欧洲部分地区,可口可乐公司受到了政府管制性的监督,因为据说它的某些瓶装厂的生产条件不卫生。通用电气公司试图斥资410亿美元收购霍尼韦尔国际公司,该方案在美国获得了受规章限制的批准,但是却遭到了欧洲联盟领导人的压制,理由是这样做会严重削弱竞争并提高商品的价格。

中国加入世贸组织之后,经济全球化进程加快,法律环境对中国企业越来越重要。企业在进行经营战略选择时,要注意拟投资企业所在国家和地区法律体系的完备性、法律仲裁的公正性和法制的稳定性等。对从事国际化经营的企业来说,在遵守不同东道国法律法规的同时,还要遵守世界范围内共同的行为准则。当然,企业在某些国家和地区也会遇到一些执法机构有法不依、执法不严、违法不纠的现象,这会严重制约企业的发展。随着国际间相互投资的增加,为了给投资者提供充分的法制保护,坚定其投资信心,国家和地方政府必须不断健全法制,完善投资规范,形成一个宜于国际资本流动的良好的法律环境。

【思考】 举例说明政治因素对组织的影响。

(二)经济因素

外部经济因素是指社会整体的经济发展形势和景气状况对组织的影响因素,如经济发展趋势、物价水平、财政金融政策等等。经济因素一般从资金来源、人员供给、市场需求等方面影响组织的投入和产出,从而对组织的管理活动有制约作用。就企业而言,一般来说,如果经济形势良好,企业会处于有利地位;如果经济萧条,则企业会面临各种困难。通常,一般经济因素主要是通过对各类组织所需要的各种资源的获得方式、价格水准的不同和对市场需求结构的作用来影响各类组织的生存和发展的。

现在,由于组织是在全球化的环境中开展经营活动,所以经济因素已经变得极度复杂,同时也给管理者带来了更大的不确定性。世界各国的经济比以往任何时候都更加紧密地联系在一起。例如,美国"9·11"恐怖袭击事件发生之后的经济衰退和消费者信心削弱也影响了世界各国的经济和组织。同样,亚洲和欧洲的经济危机也给美国的公司和股票市场造成了重大的影响。

近年来,经济环境的一大趋势是频繁发生企业合并和收购事件,这正在改变企业的经济前景。与此同时,中小企业在经济发展中充满了活力。

【思考】 目前我国的总体经济形势如何?

(三)社会文化因素

社会因素指一个社会中形成的传统风俗、道德观念、价值取向和知识水平等因素的总和。任何组织都是由人所构成的,组织及其人员都处在一定的社会环境之中,要受到社会因素的影响和渗透,从而反映在组织行为和人的行为之中。管理者要考虑到社会因素对组织和员工的影响,根据社会环境的不同特点,采取不同的管理方法和手段。文化因素也是重要的环境因素,其内容十分丰富。比如国民的受教育程度等。

社会文化因素对于一个组织的行为也有很大的影响。例如,就风俗习惯而言,有的国家或地区,把服装式样如何看成是显示自己社会地位的一种象征,因此他们很讲究服装的式样并很愿意为此花钱。而有的国家或地区,人们对服装式样并不讲究,只要经济实用就行了。那么作为从事国际贸易的服装企业就必须关注不同国家或地区在风俗习惯上的这些差异。

【思考】 传统风俗对哪些组织会产生影响?

(四)技术因素

技术因素是指科技水平的提高、新工艺和新技术的发明和应用等所构成的因素。技术环境领域的变化是十分迅速的,一个组织要保持和提高自己的竞争力,必须随时关注世界范围技术发展的趋势。任何组织,欲求经营有效而与技术和技术发展无关,几乎是不可能的。不同的技术和技术过程,要求有不同的管理方式和方法,技术的发展也改变着管理活动的进行。

近年来,技术因素为各行各业的组织都带来了大规模的、意义深远的变革。

15 年以前,许多组织甚至还没有使用台式计算机。而今天,计算机网络、因特网接入、视频会议系统、蜂窝电话、传真机、传呼机和笔记本电脑事实上都可以想当然的认为是做生意的最基本的设备。技术进步使得几乎每个人都可以接触因特网,这就改变了竞争的性质,也改变了组织与其顾客的关系与性质。许多公司都在采用技术领先的电子商务方法,利用私人网络或者因特网来处理所有的业务。其他的技术进步同样会影响到组织及其管理者。

（五）自然因素

自然因素包括组织所在地区的位置、气候条件、资源状况等。对于企业来说,自然因素是影响生产经营活动至关重要的因素。在"天时、地利、人和"中,"地利"指的主要就是自然因素。

组织所处的地理位置决定可能获得的交通运输条件、通信条件、人力资源条件、政策优惠条件等,从而影响到组织的生产经营成本或运行成本、人员素质、信息获取、社会负担等;气候条件对那些受气候影响较大的组织(如旅游企业、空调生产企业等)尤其重要,良好的气候条件可以为这些组织提供机会,恶劣的气候条件则可能带来破坏性的影响;而这里所说的资源主要是自然资源,如矿藏、水资源等的数量和质量。这些都是所有组织生存和发展的必要条件。

▷【案例讨论】

对系统的一次打击

2001 年 9 月 11 日星期二,对世贸中心和美国国防部的恐怖袭击通过全球经济系统,迅速将冲击波扩散开来,吞没了世界各国大批公司和行业。危机最直接、最明显的表现可见于航空业,主要航空线路运营者突然发现,人们不愿意坐飞机。他们的市场因竞争加剧和经济衰退,本来就处于困境中,此时更是雪上加霜。在美国,联合航空、三角航空和大陆航空公司宣布数以万计的裁员,英国航空、维珍航空和加拿大航空公司也紧追其后。欧洲的瑞士航空和比利时国家航空公司进入破产接管,其他运营商也发出信号进入紧缩开支时期。

航空业缩减的间接结果也冲击了两个相关行业:飞机制造业和旅游业。同样表现出需求下降和不可避免的失业。空中客车、波音、麦道纷纷裁员,像劳斯莱斯等供应商们、旅游及相关行业如饭店、饮食、出租等都出现了更多的失业。例如,迪斯尼公司立即感到美洲和欧洲主题公园参观人数减少所带来的冲击。无数其他的组织和度假地很快经历了恐怖袭击余波后海外游客减少的恶果。

一些观察家当时暗示了有些企业一定借机削减劳动力,但很少有人怀疑这次袭击会显著冲击经济、人道和心理。幸运的是,对系统的类似打击数量少、间隔长,即使发生了,也有一些公司会发现它们提供了出人意料的商机。

(本案例选自伊恩·沃辛顿著:《企业环境》,第 10—11 页)

【思考】 你能想到在你的国家发生的无法预测的对经济产生严重的负面影响的大事件有哪些? 你能想到任何从 9·11 事件中获得商业利益的企业吗?

4.2.2　任务环境因素

不同的组织有不同的任务环境,与一般环境因素相比,任务环境对组织的影响更为直接和具体,因此绝大多数组织的管理者也都更为重视其任务环境因素。任务环境指的是直接影响企、事业单位经营的具体环境因素,对大多数组织而言,其任务环境主要包括如竞争对手、顾客、资源供应者、政府机构以及利益集团等。

(一)竞争对手

能够提供相同或可以替代产品的组织相互成为竞争对手。竞争是多方面的,不仅限于争顾客,在取得原材料、贷款上也有竞争,在技术发展、改进商品上更是竞争激烈,这是市场经济的特点。总的来说,竞争主要表现在市场和资源方面的竞争。由于竞争对组织的市场条件和资源条件会造成直接影响,因此组织的管理者必须正确估计自己和竞争对手的实力,根据竞争环境的特点制定有效的组织发展战略,以期在激烈的竞争条件下立于不败之地。

1. 直接竞争对手

直接竞争对手主要是同行业中现有的企业。多家企业生产相同或相似的产品,必然会想方设法争夺市场,从而形成竞争关系。对直接竞争对手的研究一般从以下几个方面进行。

(1)基本情况研究

基本情况研究包括有哪些直接竞争对手和它们的地区分布、规模、资金实力、技术实力、经营特色、主要产品、市场占有情况等等。在进行基本情况研究时,要注意分析下面三个指标:

一是销售增长率,即当年销售额与上年相比的增长幅度。销售增长率为正,则企业的生产经营规模在扩大,一般地说,企业的实力也在增强。但这个指标要与行业发展速度和国民经济的发展速度进行对比研究才有意义。

二是市场占有率,即企业产品的销售量与市场上同类产品的销售量的比率。该指标反映了企业产品在市场上的相对竞争能力。

三是产品获利能力,这是反映企业竞争能力能否持续的支持性指标,可以用销售利润率即企业利润总额占销售总额的比率表示。显然销售利润率高,产品的获利能力就强。

（2）主要竞争对手研究

主要竞争对手研究是在直接竞争对手中找出主要竞争对手,对其进行更为具体的分析。特别是要分析其对本企业产生威胁的主要原因,从而制定相应的竞争对策。企业不可能也没必要对付所有的竞争对手,所以主要竞争对手的研究就非常有意义了。

（3）竞争对手的发展方向

竞争对手的发展方向包括竞争对手的市场发展与产品发展动向。这种动向往往会对本企业构成威胁,企业若能掌握竞争对手的发展方向,就可以捷足先登,抢得主动。

在分析竞争对手的发展方向时,要注意了解企业所在行业的退出障碍,所谓退出障碍,即企业退出某个行业要付出的代价。

2. 潜在竞争对手

潜在竞争对手主要指那些可能进入本行业的新进入者。新进入者在给行业带来新生产能力、新资源的同时,将希望在已被现有企业瓜分完毕的市场上赢得一席之地,这就有可能会与现有企业发生原材料和市场份额的竞争,最终导致行业中现有企业盈利水平降低,严重的话还有可能危及这些企业的生存。竞争性进入威胁的严重程度取决于两方面因素,即进入新领域的障碍和预期现有企业对于新进入者的反应情况。

影响行业进入障碍的因素主要有:规模经济、产品差别化、转移成本(泛指买主从使用一个卖主的产品转而使用另一个卖主的产品所引起的职工重新培训、购买附加设备等时间、货币及心理成本总和)、资本需求、在位优势、政府行为与政策、自然资源、地理环境等等。

预期现有企业对于新进入者的反应情况,其实主要就是现有企业采取报复行动的可能性的大小,它取决于相关企业的实力、行业所处的发展阶段、行业的退出障碍等等。

3. 替代品生产者

替代品是指那些具有相同或相似功能的产品。两个处于不同行业中的企业，可能会由于所生产的产品是互为替代品，从而在它们之间产生相互竞争行为。这种源自于替代品的竞争会以各种形式影响行业中现有企业的竞争战略。首先现有企业产品售价以及获利潜力的提高，将由于存在能被用户方便接受的替代品而受到限制；其次由于替代品生产者的进入，现有企业就必须通过提高产品质量、降低成本以降低售价、增加产品特色等来达到其销量与利润的增长目标；最后产品买主的转移成本越低，源自替代品生产者的竞争强度就越大。

替代品生产者的分析主要包括两个内容：第一，判断哪些产品是替代品？第二，判断哪些替代品可能对本企业经营构成威胁？在判断威胁最大的替代品时，应特别重视以下两类替代品研究：那些容易导致价格（总成本）改善的替代品，那些现行盈利率很高的替代品。

【思考】 你所在组织的竞争对手有哪些？

（二）顾客

顾客是组织要满足其某种需要的服务对象。企业能否成功，关键在于是否能满足顾客的需要，使顾客满意。因此组织的管理工作重要方面就是要正确分析市场需求及其变化趋势，及时开发出满足顾客需要的产品和服务，形成广泛而稳定的顾客群体。顾客对企业的影响主要表现在两个方面：顾客的需求水平决定企业的市场状况，顾客的价格谈判能力影响企业的获利。

1. 顾客的需求

顾客的需求包括总需求量、需求结构、顾客的购买力三方面。

2. 顾客的价格谈判能力

用户总是要求企业的产品价格更低廉、质量更好、能提供更多更好的售后服务。企业的盈利水平与用户的价格谈判能力有直接关系，一般来说，顾客的价格谈判能力主要取决于以下因素：顾客是否大批量或集中购买；顾客这一业务在其购买额中的份额大小；产品或服务是否具有价格合理的替代品；顾客面临的购买转移成本大小；本企业的产品、服务是否是顾客在生产经营过程中的一项重要投入；顾客是否采取"后向一体化"的威胁；顾客行业获利状况；顾客对产品是否具有充分信息？

争取顾客可采取多种措施。其一是提高产品质量并做好售后服务，以包修、包换、包退为号召；其二是可使产品多用途化，为自己的产品开辟新用途；其三是采用上门服务的办法。

【思考】　你认为大学这一组织是否有顾客？有的话是哪些？

（三）供应者

任何组织的正常运营必须拥有一定的人力、物力、财力和信息资源。供应者是指向组织提供资源的单位，如对企业而言，原材料供应商、银行、学校都是它的供应者，分别为其提供原材料、资金和人员。组织在资源供应方面得不到充分保证，就无法完成组织任务、实现组织目标。组织的管理者应寻求尽可能低的成本保证所需投入的持续和稳定的供应。

供应者对企业的影响主要表现在两个方面：一是供应者能否按照企业的要求按时、按质、按量提供各种要素，这决定了生产经营活动能否正常运行。二是供应者的价格谈判能力，这决定了企业的生产经营成本并进一步影响企业的利润水平。影响供应者价格谈判能力的因素主要有：要素供应方行业的集中化程度；要素替代品行业的发展状况；本行业是否是供方集团的主要客户；要素是否是该企业的主要投入资源；要素是否存在差别化或转移成本是否低；要素供应者是否有"前向一体化"的威胁。

【思考】　怎样才能使学校所需生源保质、保量、稳定供应？

（四）政府机构

政府机构主要是指国务院、各部委及地方政府的相应机构，如工商管理行政局、技术监督局、烟草专卖局、物价局、财税局等。作为行政管理部门，其制定的各种政策和法规在很大程度上制约着组织能做什么和不能做什么，因而对组织目标的实现有直接的影响。一切组织都应该在政府政策的指导下，在法律允许的范围内进行活动；而一旦政府的政策和法规发生了变化，组织的战略也要随之进行调整。有的组织由于组织目标的特殊性，更是直接受制于某些政府部门，例如我国的电信业、军工企业、医药业，就各自受到信息产业部、国防科工委、医药管理局的直接管理或监督。

组织耗费大量的时间和资金来满足政府法规的要求。但是这些规定的影响不仅限于时间和金钱，它们缩小了管理者可斟酌决定的范围，限制了可供经理选择的可行方案。

【思考】　政府部门的某些工作人员以权谋私、故意习难，你该怎么办？

（五）利益集团

利益集团是指社会上代表某一部分人的特殊利益的群众组织,如工会、消费者协会、环境保护组织等。利益集团虽然没有政府机构那样的权力,但同样可以对各类组织施加相当大的影响。他们可以通过直接向政府部门反映情况,以各种宣传工具制造舆论,从而影响组织的管理活动。事实上,政府所制定的某些政策和法规,正是对某些利益集团要求的反应。例如绿色和平组织经过不懈的努力,不仅在捕鲸业、金枪鱼捕捞业及海豹皮制品业方面做出了显著的改变,而且提高了公众对环境问题的关注。管理者应当意识到这些集团影响他们决策的力量。

【思考】 有哪些社会利益集团会对学校的工作产生影响?

由上可见,任何组织都不是孤立的。组织把环境作为自己输入的来源和输出的接受者,因此环境因素可以对某个组织施加压力,而管理者也必须对这些环境因素的影响作出适当的反应。

4.3 内部环境因素

管理环境除了外部环境外,还包括组织内部环境。其中对管理影响较大的内部环境是组织文化和经营条件。

4.3.1 组织文化

就像部落和民族有图腾和禁忌以指导每一个成员如何与其同伴及外部人员交往一样,组织也有指导其成员应该如何行动的文化。在一个组织中能取得杰出业绩的管理者,之所以在另一个组织中不一定能取得杰出的业绩,在很大程度上与不同的组织具有不同的组织文化有关。

（一）组织文化的概念与特征

1.组织文化的形成

组织文化主要探讨企业文化,这一概念最早是美国学者于 20 世纪 70 年代末至 80 年代初提出的,是通过对日本经济飞速发展的实证分析,以及与美国经济发展的比较所提出来的一个崭新的概念。

众所周知,日本的资源几乎等于零,"二战"后千疮百孔,但为什么发展如此之快?美国企业界人士、管理学界的学者纷纷涌向日本,学习、考察和探索日本经济腾飞的奥秘。尽管美国人对日本经济迅猛发展的看法不尽一致,但他们都认为日本的成功得益于自己独特的管理模式。日本人的高明之处就在于重视人的管理,重视人的价值观念及其作用,能够把"硬性"管理与"软性"管理有机地统一起来。因此,文化的本质是人的问题,是人的价值观念问题。"企业文化"的概念就这样被美国人提出来了。可见,企业文化是探索企业管理的本质,是属于管理领域的新问题。

2.组织文化的基本概念

正确地理解组织文化,首先应认识什么是文化。文化有广义和狭义两种理解。广义的文化指人类在社会历史发展过程中所创造的物质文明和精神文明的总和,即包括了物质文化和精神文化两个方面。狭义的文化可以是一种群体意识形态的文化,即精神文化,指群体的意识、思维活动和心理状态。文化不仅作用于人类改造自然和社会的实践活动,推动社会历史的发展,同时,人类文化又随着社会历史的发展,形成了各种门类、各种形式、各具特色的文化模式。

组织是按照一定的目的和形式而建构起来的社会集合体,由于每个组织都有自己特殊的环境条件和历史传统,也就形成自己独特的哲学信仰、意识形态、价值取向和行为方式,于是每一种组织也都形成了自己特定的组织文化。组织文化的任务就是努力创造这些共同的价值观念体系和共同的行为准则。从这个意义上来说,组织文化是组织在长期的实践活动中所形成的并且为组织成员普遍认可和遵循的具有本组织特色的价值观念、团体意识、工作作风、行为规范和思维方式的总和。

3.组织文化的主要特征

任何组织的组织文化,都具有以下一些共同特征。

(1)客观性

组织文化是组织在其所处的一定的经济、社会、文化合力作用下,在长期的发展过程中逐步生成和发展起来的。在组织文化的形成过程中,组织创始人起了关键性的作用。一个组织的文化反映了组织创始人的使命和价值观。创始人通过组织应该是怎么样的规划或设想导致了早期组织文化的形成。尽管如此,从总体上说,组织文化的产生和存在是不以人的意志为转移的。只要是一个组织,在组织中就必然会形成组织文化。

(2)社会性

企业作为进行生产技术经济活动的社会细胞,它需要直接或间接地依赖其他企业和单位的协作配合,企业文化也正是通过社会生产技术经济协作,得以继承和发展。

（3）个异性

每个组织由于其使命不同,所拥有的资源和所处的环境不同,相应的组织文化也不同,即任何组织的组织文化都有其鲜明的个性。不仅如此,组织文化还有强弱之分。所有的组织都有其特定的组织文化,但其文化对管理的影响程度是不同的。

（4）民族性

每一个民族都有其独特的民族文化,任何组织都是存在于某一区域内的,它们必然要受到所在地的民族文化的影响,相应地,其组织文化也必然带有地域性、民族性和时代性。

【思考】 在国际性公司中,不同国家的组织成员一起工作,常常会出现什么问题?

（5）继承性

每个组织都需要注意本组织优良文化的积累,通过文化的继承性,把自己的过去、现在和将来联结起来,把组织精神灌输给一代又一代,并且在继承过程中,要加以选择。

（6）融合性

每一个组织都是在特定的文化背景之下形成的,必然会接受和继承这个国家和民族的文化传统和价值体系。组织文化的融合性除了表现为每个组织过去优良文化与现代新文化的融合,还表现为本匤与国外新文化的发展融合。

（7）稳定性

组织文化需要经过较长的时间才能形成,但一旦形成后,就具有稳定性,就像人的个性较难随时间而变化一样,组织文化的改变也是比较困难的。

【思考】 对管理者而言,组织文化是强好还是弱好?

（二）组织文化的结构与内容

1.组织文化的结构

根据文化就是"反映人类创造的物质财富和精神财富的总和"这样一个基本定义,组织文化应包括从物质文化层到行为文化层、制度文化层,最后再到精神文化层的完整体系。

（1）物质文化层

物质文化是组织文化的表层文化，是指组织如企业的物质基础、物质条件和物质手段等方面的总和。物质文化的特点就是看得见、摸得着、很直观。那么，为什么要把这些属于物质实体的东西作为文化来看待呢？这是因为，不仅仪器设备、技术装备、工艺流程、操作手段等这些与企业生产直接相关的物质现象要体现企业的文化素质，而且厂区布局、建筑形态、工作环境等也要体现企业的文化素质。这就是我们之所以讲物质现象的本质是反映和体现文化内涵的原因。

（2）行为文化层

从层次看，行为文化是企业文化的浅层部分，这是相对于表层的物质文化而言的。从内容看，行为文化既包括企业的生产行为、分配行为、交换行为和消费行为所反映的文化内涵与意义，同时，也包括企业形象、企业风尚和企业礼仪等行为文化因素。对企业来说，生产行为文化的建设是企业文化建设的最重要最基础的文化建设，生产行为的合理化、有效性直接影响分配行为、交换行为和消费行为的有效性。比如，可口可乐公司的"永远的 coca-cola"、丰田公司的"以生产大众喜爱的汽车"、惠普公司的"以世界第一流的高精度而自豪"、中国一汽的"永葆第一"等，都是体现行为文化的重要内容与形式。

（3）制度文化层

制度文化是企业文化建设的中层结构部分，它又是相对于表层的物质文化、浅层的行为文化建设而言的。制度文化层主要内容有组织与领导制度、工艺与工作管理制度、职工管理制度、分配管理制度等方面。应该说，不同的文化意识，就会有不同的制度建设思想。

（4）精神文化层

精神文化层是组织文化结构中的核心层次，作为深层文化它是相对于中层的制度文化、浅层的行为文化和表层的物质文化而言的。可以看出，这四个层面构成了组织文化建设的一个完整系统，比较好地把物质文明建设和精神文明建设有机地统一起来，形成了一个由内向外发散、再从外向内深入的开放网络，从而促进组织的不断创新与发展。精神文化是指组织文化中的核心和主体，是广大员工共同而潜在的意识形态，包括管理哲学、敬业精神、人本主义的价值观念、道德观念等。

如企业有什么样的经营思想，必然要影响到它的价值观念。比如，若认为"质量第一"是生产经营之本，那就必然会有"用户至上"的价值观念。所以，价值观就是企业对经营管理目的的基本看法和判断。而企业精神则是在企业价值观念的基础上所形成的一种群体意识和精神状态。

综上所述,精神文化是企业文化建设的核心层次,它直接决定和影响制度文化层的建设;制度文化层又影响和决定行为文化层的建设;而行为文化层最终要影响和决定物质文化的建设。当然,从本质上看物质决定精神,经济基础决定上层建筑;但从发展过程看,精神的反作用不可低估,企业精神文化的建设同样不可低估。

【思考】 组织的口号是哪一层次的组织文化?

2.组织文化的内容

从最能体现组织文化特征的内容来看,组织文化包括组织价值观、组织精神、伦理规范以及组织素养等。

(1)组织的价值观

组织的价值观就是组织内部管理层和全体员工对该组织的生产、经营、服务等活动以及指导这些活动的一般看法或基本观点。它包括组织存在的意义和目的、组织中各项规章制度的必要性与作用、组织中各层级和各部门的各种不同岗位上的人们的行为与组织利益之间的关系等。

(2)组织精神

组织精神反映了一个组织的基本素养和精神风貌,成为凝聚组织成员共同奋斗的精神源泉。组织精神是指组织经过共同努力奋斗和长期培养所逐步形成的,认识和看待事物的共同心理趋势、价值取向和主导意识、组织精神是一个组织的精神支柱,是组织文化的核心,它反映了组织成员对组织的特征、形象、地位等的理解和认同,也包含了对组织未来发展和命运所抱有的理想和希望。

(3)伦理规范

伦理规范是指从道德意义上考虑的、由社会向人们提出并应当遵守的行为准则;它通过社会公众舆论规范人们的行为。组织文化内容结构中的伦理规范既体现组织自下而上环境中社会文化的一般性要求,又体现着本组织各项管理的特殊需求。由此可见,以道德规范为内容与基础的员工伦理行为准则是传统的组织管理规章制度的补充、完善和发展。正是这种补充、完善和发展,使组织的价值观融入了新的文化力量。

(4)组织素养

组织的素养包括组织中各层级员工的基本思想素养、科技和文化教育水平、工作能力、精力以及身体状况等。

（三）组织文化的功能与作用

1. 组织文化的功能

组织文化作为一种自组织系统具有很多特定的功能。主要功能有以下几点。

（1）整合功能

组织文化通过培育组织成员的认同感和归属感,建立起成员与组织之间的相互信任和依存关系,使个人的行为、思想、感情、信念、习惯以及沟通方式与整个组织有机地整合在一起,形成相对稳固的文化氛围,凝聚成一种无形的合力,以此激发出组织成员的主观能动性,并为组织的共同目标而努力。

（2）适应功能

组织文化能从根本上改变员工的旧有价值观念,建立起新的价值观念,使之适应组织外部环境的变化要求。一旦组织文化所提倡的价值观念和行为规范被成员接受和认同,成员就会自觉不自觉地做出符合组织要求的行为选择,倘若违反,则会感到内疚、不安或自责,从而自动修正自己的行为。因此,组织文化具有某种程度的强制性和改造性,其效用是帮助组织指导员工的日常活动,使其能快速地适应外部环境因素的变化。

（3）导向功能

组织文化作为团体共同价值观,与组织成员必须强行遵守的、以文字形式表述的明文规定不同,它只是一种软性的理智约束,通过组织的共同价值观不断地向个人价值观渗透和内化,使组织自动生成一套自我调控机制,以一种指应性文化引导着组织的行为和活动。

（4）发展功能

组织在不断的发展过程中所形成的文化沉淀,通过无数次的辐射、反馈和强化,会随着实践的发展而不断地更新和优化,推动组织文化从一个高度向另一个高度迈进。

（5）持续功能

组织文化的形成是一个复杂的过程,往往会受到政治的、社会的、人文的和自然环境等诸多因素的影响,因此,它的形成需要经过长期的倡导和培育。正如任何文化都有历史继承性一样,组织文化一经形成,便会具有持续性,并不会因为组织战略或领导层的人事变动而立即消失。

2. 组织文化的作用

组织要实行有效的管理,关键在于它的内聚力、向心力和持久力,而组织文化对此正有着不容忽视的重要影响,具体说来,组织文化在组织管理中的作用主要有以下方面。

（1）激励作用

以"组织精神"为中心的组织文化体现了管理要以人为中心的思想,培育组织文化对调动广大职工的积极性有着重要的激励作用。组织文化的激励功能是综合发挥目标激励、领导行为激励、竞争激励、奖惩激励等多种激励手段的作用,从而激发出组织内各部门和所有劳动者的积极性,这种积极性,同时也成为组织发展的无穷力量。

（2）导向作用

组织文化在很大程度上决定着成员的价值取向,确定着成员的共同目标。为了增强组织活力,要冲破那些陈腐过时的封建文化和传统观念的束缚,在改革开放的实践中形成现代的心理、价值观、思想和行为方式。

（3）规范作用

组织文化的一个重要特征就是根据组织整体利益的需要,提供一整套行为准则,通过一系列的形式来规范组织全体成员的行为,使之心往一处想,劲往一处使,自觉地维护共同的整体利益。这是组织利益共同体存在的可靠保证。每个组织,为了保证其经济目标的实现和生产、经营活动的一致性,需要一定的行为准则来统一成员的信念、价值和行为,并以此作为价值取舍的标准,它起着调节职工活动关系的作用。组织的生存,离不开这种行为规范的约束。

（4）凝聚作用

组织文化能够培育职工的组织共同体意识,组织文化告诉成员,组织的利益、形象和前途,与职工有着密切的联系。这种对组织共同体的同一性的认识,是组织凝聚力的来源,它能在组织共同体内部造成一种和谐公平、友好的气氛,促进全体职工的团结、信任、理解和相互支持,使之形成群体的向心力。

（5）稳定作用

组织文化具有相对稳定性。组织文化一旦形成模式化后,就具有很强的稳定作用,可以成为深层心理结构中的基本部分,在较长时间内对成员的思想感情和行为发生作用,这种稳定性,往往能部分地替代或强化经济、行政手段的控制功能,综合发挥各种控制手段的作用。

（四）组织文化的塑造

1. 组织文化塑造的基本原则

（1）组织文化建设要坚持目标原则。即组织文化建设要有一个方向和目标。坚持目标原则是一个涉及把职工的思想与行为朝什么方向和目标去凝聚、去激励和去校正的大问题。组织必须根据自己的实际,确定文化建设的方向和目标,并细化为阶段性目标,以便有计划地实施。

(2)组织文化建设要坚持主体原则。所谓坚持主体原则,就是指:一要体现组织作为生产经营主体的原则,也就是要坚持市场主体的原则,以有利于组织主体意识的培育和形成。二要体现国情与民族特点的主体性,即体现我国民族文化传统的主体性和体现中国特色社会主义的主体意识。否则,组织文化建设就没有根基。

(3)组织文化建设要坚持价值原则。所谓坚持价值原则,就是指组织文化建设要坚持组织的价值观念和价值取向标准。组织的价值观是组织文化建设的核心问题。

(4)组织文化建设要坚持创新原则。组织必须紧密结合自己的个性和特点,以及面临的具体内外环境及其特点来创新。只有这样,组织文化的建设才具有生命力,体现的才是自己组织的组织文化,也才真正是活着的组织文化。

(5)组织文化建设要坚持职工参与原则。

(6)组织文化建设要坚持点面结合的原则。即要在组织文化建设中,注意抓典型的示范和推动作用,包括典型事例、典型人物、典型集体等。

2.组织文化的塑造途径

组织文化的塑造是个长期的过程,同时也是组织发展过程中的一项艰巨、细致的系统工程。

(1)诊断

即总结现有企业文化状况。掌握了现有企业文化状况的翔实资料之后,接下来便可以进行诊断,可以对企业中已有的企业价值观、企业精神、道德风尚、企业制度等等因素进行评价,判断出哪些是恰当的,哪些是不恰当的,哪些是符合时代要求的,哪些是将为时代所淘汰的,等等。

(2)定格

即确立企业价值观及整个企业文化体系。通过诊断,可以确立未来的企业价值观,并围绕所确立的价值观建立相应的企业目标、企业制度、企业道德、企业文化礼仪等,从而将企业文化的整个体系构建出来。为了便于广大职工记忆、流传和推广,我们还应该把企业价值观及企业精神用简明扼要、精练确切的语言表述出来。

(3)强化

即大力推进企业文化建设。企业文化定格后,应马上进入企业文化建设的强化阶段。在这一阶段,企业应通过各种途径、利用各种方式宣传和强化员工的企业文化意识,力求使企业新文化、新观念家喻户晓、深入人心。

（4）调整

即积极完善企业文化体系。企业文化建设到达该阶段,应有计划、有针对性地对企业文化进行评价,看看它起了哪些作用,尚存在哪些不足,然后结合实际对其进行调整、丰富和补充,以便使企业文化体系日趋成熟,日渐完善。

（5）发展

即实现企业生产、经营的突破。企业发展的最终目的是要在经营上获胜,在市场、发行中争雄。企业文化建设在不断经历调整、完善后,至此迈入了正轨,并渐渐步入发展的良性循环,从而推动企业生产经营顺利发展。

（五）知识经济时代组织文化所面临的变革

组织文化在我国的实践,使一部分组织逐步形成了能够参与国际竞争的核心竞争力,但大部分企业尚处在探索和完善之中。然而竞争在一天天加剧,机遇和挑战也一天天向我们逼近,纵观世界形势,组织文化创新面临的挑战主要有以下方面。

1.知识经济的兴起对组织文化的挑战

知识经济问题是中国乃至世界经济发展面临的新课题。展望21世纪,科技进步将比20世纪更为显著,信息技术的革命性变革将会给人类经济和社会的发展带来巨大的挑战。例如在对产业结构的影响方面预计将会使今后20年的工业结构受到前所未有的冲击,某些企业将会被彻底改头换面（如出版印刷业）,有些行业可能会爆炸性地增长（如软件业）。随着全球性的产业结构重组,数以万计的职业将会消亡,同时,数以万计的新职业会应运而生。生物技术也将迅速崛起,生物革命的浪潮必将带来一场产品形态和思想观念的重大革命,这种态势带给组织文化的挑战将是十分严峻的。

2.世界经济一体化对组织文化的挑战

近年来,世界各国经济相互依存、相互渗透不断加深,经济区域化和全球化成为一股不可阻挡的潮流,这股潮流也使得企业风险更趋于国际化。随着外商投资规模的扩大、投资领域的拓宽,以及投资方式的多样化,使得中国企业在"家门口"就将面临极其残酷的国际市场竞争,文化的冲撞已在所难免,如果没有强有力的文化支撑,必然会被外来文化的潮水吞没。

3.经济市场化的加速推进对组织文化的挑战

随着我国改革开放的深入,社会主义市场经济的建立也明显加快了进程,国有企业市场化、政府行为市场化的力度将加大,难度也将加大。改革将更加注重综合配套性,既包括经济领域,也会触及政治体制,尤其是与传统体制密切相连的既得利益集团的阻力和数以千万计的职工下岗造成的阻力会使改革的风险更大。企业如何克服这种阻力和风险,如何形成强而有力的组织文化去应对这种挑战已成为一个迫在眉睫的新课题。

4.3.2 经营条件

经营条件的分析主要是分析企业内部各类资源的拥有和利用情况,它是影响管理活动的直接的内部环境因素。

组织的经营条件我们可以把它划分为两大类:基本活动和辅助活动,它们的构成和关系如下图所示。

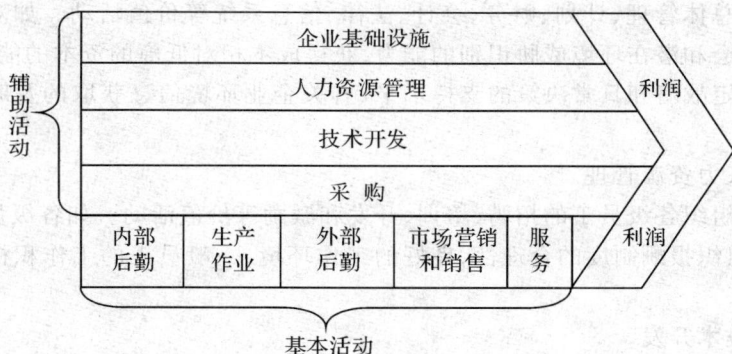

图 4-1 组织的经营条件

1.基本活动

按价值活动的工艺顺序,基本活动由五个部分构成。

(1)内部后勤

与接收、存储和分配相关联的各种活动。主要有物资和库存控制系统的健全性、原材料入库工作的效率。

(2)生产作业

与将投入转化为最终产品形式相关的各种活动。主要有与主要竞争对手相比设备的生产效率;生产过程中的自动化程度;用以提高质量和降低成本的生产控制系统的效果;工厂、车间设计和工作流动设计的效率。

(3)外部后勤

与集中、存储和将产品发送给买方有关的各种活动。主要有产成品交货和服务的及时性和效率、产成品入库工作的效率。

(4)市场营销和销售

与传递信息、引导和巩固行购买有关的各种活动。主要有用以识别目标顾客和顾客需求的市场研究的效果、在销售促进和广告方面的创新、对可供选择的分销渠道的评价、销售队伍的能力及其激励、顾客对品牌的忠诚度等。

（5）服务

与提供服务以增加或保持产品价值有关的各种活动。主要有对顾客意见反应的及时性、企业提供零部件和维修服务的能力等。

2. 辅助活动

辅助活动主要包括四方面。

（1）企业基础设施

包括总体管理、计划、财务、会计、法律、信息系统等价值活动。如对新产品市场的机会和潜在环境威胁识别的能力、获得成本相对低廉的资本的能力、信息系统对制定战略和日常决策的支持水平、有关企业环境信息获取的及时性和准确性等。

（2）人力资源管理

包括组织各级员工的招聘、培训、开发和激励等价值活动。如各级员工的招聘培训、组织报酬制度的合理性、良好的工作环境、一般员工的工作积极性和满意度等。

（3）技术开发

包括基础研究、产品设计、媒介研究、工艺与装备设计等价值活动；如技术开发的及时性、实验室和其他设施的质量、激励创造性和创新性的工作环境等。

（4）采购

指购买用于企业价值链各种投入的活动，包括原材料采购，以及诸如机器、设备、建筑设施等直接用于生产过程的投入品采购等价值活动。如开发多采购渠道以降低对单一供应商倚赖的能力、保质保量及时采购原材料的能力、与供应商保持良好关系的能力等。

由于不同的组织其经营条件的具体内容有很大的不同，在此不再作详细的介绍。

4.4 环境的管理

从以上对管理环境的论述中，我们已经清楚地认识到了环境对于管理的重要性。外部环境决定了一个组织可以做什么和不可以做什么，它一方面为组织活动提供条件,同时也必然因此而对组织的活动起制约作用;组织的内部环境决定了该组织中的管理者能够做什么以及可以怎么做、做到何种程度。只有在内外部环境允许的范围内,管理者才能有所作为。因此,管理者的工作成效通常取决于他们对环境的了解、认识和掌握程度,取决于他们能否正确、及时地作出反应。为此,任何一个组织的管理者都必须学会如何有效管理其环境。

4.4.1　组织环境的定位

要管理环境,首先必须要了解组织所处的环境。那么怎样衡量环境的不同呢?可采用著名组织理论家汤姆森所提出的方法,即用环境的变化程度和环境的复杂程度来衡量。

根据环境的变化程度,可将组织环境分为动态环境和稳定环境两类。动态环境中形成环境的各种因素变化大,而稳定环境中形成环境的各种因素变化小。稳定的环境可能是一个没有新的竞争者,现有的竞争对手也没有技术上的创新,没有什么公众对组织施加压力的环境。显然,管理人员更关注的是动态环境。

根据环境的复杂程度,组织环境可分为复杂环境和简单环境。环境的复杂程度与组织环境的组成因素多少及组织已拥有的对其环境影响因素的了解程度有关。一个组织需要接触的顾客、供应商、竞争对手、政府机构越少,其环境越简单。反之就复杂。

由环境的变化程度和环境的复杂程度,可形成四种典型的组织环境,如表4-1 所示。

表 4-1　四种典型的组织环境

环境变化程度　　　　　环境复杂程度	稳　定	动　态
简　单	状态 1:稳定、简单的环境: ①环境影响因素较少; ②环境因素变化不大; ③环境因素容易了解。	状态 2:动荡、简单的环境: ①环境影响因素较少; ②但在不断变化之中; ③环境因素较容易掌握。
复　杂	状态 3:稳定、复杂的环境: ①环境影响因素多; ②且基本保持不变; ③掌握环境因素较难。	状态 4:动荡、复杂的环境: ①环境影响因素多; ②且处于不断变化之中; ③掌握环境因素较难。

状态 1:相对稳定和简单的环境。在这种环境下,管理者对内部可采用强有力的组织结构形式,通过计划、纪律、规章制度和标准化等来管理。一般的日用品生产企业大都处于此种环境。

状态 2:动荡而简单的环境。在这种环境下,组织一般采用调整内部组织管理的方法来适应变化中的环境。纪律和规章制度仍占主要地位,但也可能在其他方面需要采取强有力的措施,以对付快速变化中的市场形势。一般音像制品公司就处于这种环境。

状态 3:相对稳定但极为复杂的环境。在这种环境下,组织一般都采用分权的形式,强调根据不同的资源条件来组织各自的活动。像汽车制造企业基本上处于此种环境之中。

状态 4:动荡且复杂的环境。在这种环境下,管理者就必须更强调组织内部各方面及时有效的相互联络,并采用权力分散下放和各自相对独立决策的经营方式。一般而言,家电企业、高新技术企业面临的主要是这种环境。

4.4.2 组织环境的管理步骤

正如我们所看到的,组织并不能自给自足,它们同环境发生相互作用,并受环境的影响。组织依赖其环境作为投入的来源和产出的接受者,组织还必须遵守国家的法律并对向组织行为挑战的集团作出反应。

一般而言,除了某些实力雄厚的特大型组织,能够对改变其环境施加一定的影响外,大多数组织对于改变其外部环境是无能为力的,因而常常是环境主宰着组织。但这并不是说管理者对外部环境的影响就无能为力,管理环境是困难的,但又是可能的。说困难是因为环境的组成因素的多样性、复杂性、多变性,说可能是因为环境的规律性。组织环境管理的步骤一般有以下几步:

1.了解环境因素及变化情况。由于环境的多变性、复杂性,管理者首先要随时随地利用各种渠道与方法去认识、了解、掌握环境,认真地研究其变化的规律,预测环境变化的趋势及其可能对组织产生的影响。

2.分析环境因素。在了解和掌握了各种环境因素的基础上,对其进行分析研究,确定各环境因素对组织有什么影响,有多大的影响等。

3.采取应对措施。管理者在对环境因素进行了一定的分析之后,要对各种环境因素的影响做出相应的反应。充分利用环境对组织有利的方面,并努力使其继续朝着这个方向发展;对于环境中不利于组织发展的因素,组织一方面可以通过内部改革使组织与环境相适应,另一方面可努力通过组织的行为去影响环境,使其朝有利于组织的方向发展。

【思考】 管理者怎样及时了解环境的变化?

4.4.3　组织环境的管理方法

外部环境因素根据其对组织影响的直接程度,分为一般环境因素和任务环境因素,相应地在管理上也采用不同的方法。一般环境因素不是管理者可以影响的,也不是管理者所能改变的,对于一般环境因素,管理者主要是想方设法去适应它。

对于任务环境,管理者是可以而且应该通过努力加以管理的。比如我们可以通过与供应商建立联盟的方式保证供应等。

对于组织内部的微观环境,管理者更可以主动地改变自己,变被动为主动的。

从以上可以看出,在多数情况下,环境是可以管理的。关键是管理者对环境要保持高度的重视和灵敏的嗅觉。对于已经形成的环境,管理者要认识、了解、掌握环境,并努力使组织适应环境的限制与变化,在特定的环境下求生存与发展。同时,积极寻找其中的突破口,通过组织行为作用于环境,影响环境,使之朝着有利于组织的方向发展。

▷【本章小结】

研究管理环境有助于我们了解环境给组织提供的机会和带来的威胁,组织自己的长处和短处以便于组织更好地作出决策。

1.管理环境是指存在于一个组织内部和外部的影响组织业绩的各种力量和条件因素的总和。在这里,环境不仅包括组织的外部环境,还包括组织的内部环境。

2.根据各种因素对组织业绩影响程度的不同,组织外部环境又可分为一般环境因素和任务环境因素。一般环境因素一般包括政治、经济、法律、社会文化等等。一个组织比较典型的任务环境因素一般包括资源的供应者、竞争者、服务对象(顾客)、政府管理部门及社会上的各种利益代表组织等。对一个特定的组织而言,任务环境是特定的。对于一个组织而言,哪些是环境因素、是什么环境因素取决于组织的定位。

3.管理环境除了一般环境和任务环境以外,还包括组织内部环境。组织内部环境一般包括组织文化和组织经营条件两大部分。

4.组织文化是组织在长期的实践活动中所形成的并且为组织成员普遍认可和遵循的具有本组织特色的价值观念、团体意识、工作作风,行为规范和思维方式的总和。组织的经营条件是组织拥有的各种资源的数量和质量情况,包括人员、资金、设备等。这些因素不仅与外部环境因素一样,影响一个组织目标的制度和实现,而且还直接影响该组织管理者的管理行为。

5. 根据环境的变化程度和环境的复杂程度,可形成四种典型的组织环境:稳定而简单的环境、动荡而简单的环境、稳定而复杂的环境和动荡而复杂的环境。对不同的环境应采用不同的管理方法。

6. 环境管理的一般步骤是:了解环境因素及变化情况、分析环境因素、采取应对措施。

▷【复习思考题】

1. 管理环境由哪几部分组成?
2. 对一个组织而言,一般环境和任务环境哪一个更重要?为什么?
3. 常见的组织外部环境因素有哪些?它们是如何影响组织业绩的?
4. 一个组织怎样才能对自身的环境作出正确的评估?
5. 组织应当如何塑造自己的文化?
6. 如何实行跨文化管理?
7. 为什么说文化管理是管理发展的更高阶段?

▷【案例讨论】

索尼公司进入欧洲与美国市场的成功经验

索尼公司前总经理盛田昭夫在总结索尼公司进入海外市场的经验时,着重说明了下面几点体会。

一、适应各国的习惯与法律

如盛田昭夫部经全家移居美国,参加美国人的社会生活,把自己融入美国人的生活圈子里。

二、让优秀的年轻人富有创造性地去干

盛田昭夫回忆道,对于索尼来说,打入欧洲市场并不是一件容易的事情。他派了公司里最优秀和、富有创造精神的年轻人去。虽然他们没享有特殊的待遇或丰厚的薪金,但公司不用那些繁琐的条条框框去约束他们,而是放手让他们工作。结果,他们干得非常出色。

三、好产品加扎根国外市场的打算

盛田昭夫说,只要你手头有适合外国市场的优质产品,又有努力"扎根"国外市场的打算,就一定能在海外出售你的产品,当然,要实现这一目标,还会遇到重重困难,还需要经过艰苦奋斗。盛田昭夫回忆道,60 年代在西德(按当时称呼,下同)销售索尼公司的产品,索尼公司面临着一个巨大挑战。西德是电子工业的鼻祖,西德人当然认为在电子产品方面自己是世界第一,因为西德一些电子企业如格兰迪赫、诺德门迪、特列劳肯等著名大企业往往使人们望而生畏。

索尼公司有一位叫水歧康雅的青年职员,进索尼公司之前曾在某贸易公司的海外办事处供职,在纽约工作过两年半时间。盛田昭夫将水歧康雅召回东京,命令他在四周内学会德语,然后立即着手创建索尼公司驻西德的办事处。水歧康雅二话不说,立即买了一套四周内速成德语的教科书,开始学习起来。由于工作需要,盛田昭夫不得不命令他立即出发,上飞前,一再吩咐他在飞机上将教科书中没有学完的部分学完。

西德的消费者并不轻易购买日本货。索尼经销店的生意开始不好。但水歧却干劲十足,自己掏钱,晚上跟老师学德语。他向盛田昭夫提议,应该在西德开办一个分公司。盛田昭夫欣赏他的热情,也很依赖他的才干,完全委托他制定创办索尼西德销售公司的计划,并让他负责去做说服总公司的工作。他一切都按盛田昭夫的要求去做了。

在新公司雇佣的 17 名职员中,应聘前就已经知道索尼这个名称的只有一人,在索尼公司工作的西德职员长年累月辛勤劳动,工作极有成效,几乎都被委以重任。如就他们的资历和学历而论,在一般的德国公司中是绝对享受不到这种"殊荣"的。

四、选择适当的经销店

五、做好市场调查管理工作

要向各国市场提供适销产品,就必须很好地了解这些市场。盛田昭夫认为,一味模仿欧洲款式,充其量也只不过是出色的仿制品,还不如坚持索尼公司自己原有的款式更容易取得好的效果,盛田昭夫最终下决心选择了后者。没多久,索尼公司的产品果然以其独特的款式引起了消费者的注意和兴趣,大受欢迎。很快,精巧秀丽的日本款式又给传统的欧洲款式带来了更大的冲击。

六、从寻找代理经销商发展到建立自己的销售公司

七、从建立自己的销售公司发展到直接投资建厂

在英国开办工厂时,盛田昭夫最担心的事情就是英国工人罢工,特别是害怕交通部门的罢工会给生产带来巨大损失。为此,盛田昭夫决定每天早晚都用公司的班车接送职员上下班,这样做,就可以不受交通

部门罢工风潮影响了。另外,按日本的规矩,在工厂里,不论职务和地位的高低,一视同仁,没有任何待遇上的差别,既不为干部或厂长设专用食堂,也不给他们准备特殊的停车场。厂里还向全体职工发放索尼制服。刚开始,维修部门的工程师们不接受,因为按照英国的传统,他们一般是穿那种又长又大的工作服。索尼公司并不强迫所有的人都穿索尼制服,但过没多久,大部分职员都怀着自豪的心情开始穿上它,连那些维修服务部门的工程师也毫不例外。就这样,英国人当中的等级观念开始一步一步地消失了。

八、用日本方式进行经营管理

盛田昭夫很快发现不少新职员并没有按照流水线的顺序进行工作,而是采用跳跃性方式从事生产。在日本,如果有谁在组装流水线上漏掉哪道工序,后面的人发现后会立即补上。但是要想指望圣迭戈的美国新工人也能准确无误地发现前一道工序的错误或疏忽,则是不现实的。为此,索尼公司决定设立质量检查制度,严密把关,防止出现以上的错误。当然,这样做的目的并不在于对谁进行惩罚,而在于防止这些错误"若无其事"的进入别的生产工序,最终酿成大错。要完全避免这种问题的出现,大约需要三四个月的时间。

索尼公司还要注意日本工人的工作态度与美国工人的工作态度的区别。盛田昭夫发现一个有趣的现象;在日本的工厂里,一件产品,如果要求误差率不得超过正负百分之五的话,那么工人们总会设法将这一误差率缩小到零,并为之努力。在一种无意识的工作习惯中,目标不知不觉就像一个旋转的罗盘一样,自动朝着这一方向旋转。可是在美国的工厂里,工人们就不会这么做。规定产品误差率不超过百分之五,那好,他们就不超过百分之五,至于是否在这一基础上再加把油,将误差率缩小至零呢,对不起!甚至还会冲你来一句,不是规定不超过百分之五就行了吗,为什么非要降到零呢?索尼公司刚开始在美国设一条对策,即把美国工人的误差率降至正负百分之二,结果十分奏效,误差率真的就被严格控制在百分之二内。而且盛田昭夫相信,即使再苛刻一点,将产品误差率降至零,美国工人们一定会按这一要求去尽力的。当然,这样也许会降低生产效率。盛田昭夫并不怀疑外国工人也和日本工人一样,都具有很高的技能和本事,但他们的国情、习惯和思维方式都与日本迥然不同。记得索尼公司开始在美国圣迭戈的工厂组装单枪三射彩色电视机的时候,盛田昭夫心里感到十分紧张。因为工人中的一大半都没有这方面的经验。当然，索尼公司已经三番五次地向美国工人说明，要求他们从事什么工作，其道理何在，等等。对于生产过程中将会遇到什么挫折，索尼公司都周密考虑过，盛田昭夫并和担任生产现场负责人的吏蒂夫·小寺、麦克森·本、伦·迪肖尼等人商议了应急措施。同时，采取开现场会的方式，将按照生产标准程序组装出来的电视机放在全体职工面前，让他们解剖，并查明电视机报废的原因，从中看到因自己所生产的机架、抽塞不合格而造成电视机报废的情景，认清自己的职责，增强责任感。经过努力，该工厂产品质量很快就达到了日本生产的产品质量要求。

通过实践，盛田昭夫开始知道，只要经过训练，美国人也和日本人一样，都能成为出色的生产能手。不过，圣迭戈的经营管理方式也存在着一些毛病。比如说，根据工作的难易程度来划分不同的工资等级便是一例。等级不同，工资也不同，这当然就引起了工人们对高级劳动的拼命追求，以增加自己的工资。在日本，工人在变换工作或改变工种时都不吵闹。因为他们所实行的年功序列型工资制，工资判别只体现在工龄、年龄上而不体现在工种上，所以不会出现像美国那样的问题。在圣迭戈，组装作业的工人全部都是刚掌握这项技术的新手，当然避免不了工作中的一些疏忽和漏洞，因此，也不可能达到将产品返修率控制在一定程度之内的技术要求。针对这种情况，索尼公司决心修改圣迭戈的经营管理制度，考虑试行一种即使从事同一工作也可以提薪的办法，制止那股整天闹着要调换工作或工种谋求高工资的势头。索尼公司没有解雇过任何一位职员，即使在 1973 年受到石油危机袭击的困难时代。

如前所述，要使美国工人（英国工人也如此）按照索尼公司的愿望从事工作，就必须采取这么一种方式，即将操作内容及其顺序进行详细说明，并且要求他们一定要严格遵循这些规定，听凭个人判断或自由处理的工作要尽可能减少。另外，与日本妇女不同，美国妇女当中，不同的人，手指的灵活性差异很大，因此，在安排组装作业人选时充分考虑这一点。尽量扬长避短，各尽所能。工厂刚投产时，盛时昭夫经常到那里去，利用午饭时间向职员发表 10 分钟左右的简短讲话，谈谈索尼公司的企业哲学，以及其他一些即兴想起的观点和看法等。但是，盛田昭夫这样做的根本目的，还在于让职员们更好地了解他是一个什么样的人，让职员们理解，索尼公司绝不是那种没血没肉非人道的公司。让职员们产生一种自己就是索尼大家族中一员的意识与情感。事实上，他们也确确实实是索尼公司家庭中的重要成员。

（选自"浙江大学 MBA 课程案例集"）

【思考】 1. 索尼公司进入欧洲与美国市场的成功经验是什么？

2. 索尼公司在美国的企业里采用日本的经营管理方式遇到什么问题？它是如何解决这些问题的？

第 5 章

管理决策

≫ ≫ ≫　　≫

学习目标

通过学习本章的内容,学生能够:

1. 理解决策的含义、特点与作用,掌握决策的分类;
2. 理解决策的前提,掌握决策的过程和影响因素;
3. 熟悉各种定性决策方法;
4. 掌握盈亏平衡点法、决策树法等定量决策方法。

引　例

决策分析过程

王华是一位五年还没有得到晋升的中层管理人员。最近,另一个比他晚几年进入该公司的中层管理人员却得到提拔。这件事使他很不安,他开始搜集该公司有关晋升的政策信息。他发现公司管理人员晋升的平均时间为三年。既然自己五年还未能晋升,这表明确实存在着问题。进一步搜集信息,归纳出自己得不到晋升的可能原因有:

(1)人际关系没搞好,群众对自己意见较多;

(2)直接上司对自己无好感;

(3)这家公司中已没有适合于提拔他去担任的职位了。

根据所掌握的情况,他最后确认,同直接上司的关系没搞好是问题的原因所在,可以肯定,这位上司一定提出过反对他晋升的意见。怎么办？他提出了解决问题的各种备选方案：

（1）马上辞职，到其他地方谋职；

（2）在找到另一个工作前继续留在该公司里；

（3）同直接上司及上层管理人员好好讨论一下自己的问题；

（4）告知直接上司和上层管理人员，如近期内仍得不到晋升，他就辞职。

对各方案进行分析后，王华排除了第四种方案，因为进行这种威胁可能会使上司更倾向于解雇他，现在找工作也比较困难，万一在其他地方找不到工作，就会陷入很为难的境地。因此，王华决定采用与上司交换意见的方式。为此，王华进行了一番计划，确定了谈话的时间、方式等，并据此与领导进行了交谈。经谈话，王华得知，他根本不要指望在这里能得到重用。根据反馈，王华制订了一个权变计划，着手在其他地方找工作，在没有找到工作前仍留在原单位继续工作。

（引自邢以群：《管理学（第二版）》，浙江大学出版社 2005 年版）

5.1 决策及其类型

5.1.1 决策的含义与特点

科学决策理论认为，决策是为了达到某一特定目的而从若干个可行方案中选择一个满意方案的分析判断过程。对决策的含义加以深入的分析，可以理解决策的几方面特点。

1. 决策要求有明确而具体的决策目标

决策就是选择方案，如果决策的目标是模糊的，甚至是模棱两可的，那就无法以目标为标准评价方案，更无从选择方案了。

2. 决策要求以了解和掌握信息为基础

一个合理的决策是以充分了解和掌握各种信息为前提的，即通过组织外部环境和组织内部条件的调查分析，根据实际需要与可能选择切实可行的方案。千万不要在问题不明、条件不清、要求模糊的状态下，匆匆忙忙做出选择。要坚决反对"情况不明决心大，心中无数办法多"的错误做法。

3. 决策要求有两个以上的备选方案,以便比较选择

决策说必须要有可供选择的方案,否则决策可能就是错误的。人们总结出这样两条规则,一是在没有不同意见前,不要作出决策;二是如果只有一种行事方法,那么这种方法很可能就是错误的。

4. 决策要求对控制的方案进行综合分析和评估

每个实现目标的可行方案都会对目标的实现发挥某种积极作用和影响,也会产生消极作用和影响,因此必须对每个可行方案进行综合分析和评价,即进行可行性研究。可行性研究是决策的重要环节。决策方案不但必须在技术上可行,而且应当考虑社会、政治、道德等各方面的因素,还要使决策结果的副作用(例如环境污染)缩小到允许的范围。应通过可行性分析确定出每个方案的经济效果和所能带来的潜在问题,以便比较各个可行方案的优劣。

5. 决策追求的是最可能的优化效应

任何事情都不可能做到完美无缺。对于决策者来说,同样不能以最理想方案作为目标,而只能以足够好地达到组织目标的方案作为准则。即在若干备选方案中选择一个合理的方案。合理方案只能在决策时能够提出来的若干可行方案中进行比较和优选。决策的可行方案是在人们现有的认识能力条件下提出来的。由于组织水平以及对决策人员能力训练方式的不同,可行方案的多寡和质量都是不同的。而且,由于人们对客观事物的认识是一个不断深化的过程,明天的认识比起今天的认识往往深刻得多。所以对于任何目标,都很难提出完全可行的方案,决策者只能得到一个适宜或满意的方案,而不可能得到最优方案。

5.1.2　决策的类型

决策根据它所要解决的问题的性质和内容,可分成许多不同的类型。管理者在进行决策之前,首先要了解所要解决的问题的特征,以便按照不同的决策类型,采取不同的决策方法。一般而言,决策可以分为以下几种类型。

1. 按照决策的性质不同,分为战略决策和战术决策

战略决策是与企业经营战略目标有关的总体决策。战略决策一般对企业全局性、长期性经营目标和战略计划等方面的问题进行决策,也可以是对企业个别问题远期规划作出的决策。战术决策一般指为实现战略目标作的分阶段决策,或是对实现战略决策或解决决策过程中所面临的其他问题的决策。战略决策决定了企业的效益,战术决策决定了企业的效率。

2. 按照决策内容不同,分为经营决策、生产经营过程决策和管理决策

经营决策是对企业经营发展所面临的重大问题以及具体问题进行决策。包

括对企业的经营方针、经营目标、经营方式、经营战略和策略等问题的决策。企业生产经营过程决策包括产品开发与整顿决策、生产制造决策、市场营销决策、技术更新与企业改造决策、财务决策。管理决策是对所面临的组织与管理方面的问题的决策。它包括资源配置与组织管理决策、人事安排决策、劳动组织决策、有关管理职能的决策。

3. **按照决策事件自然状态的可控程度不同，分为确定型决策、风险型决策和非确定型决策**

确定型决策：指可供选择的方案只有一种自然状态时的决策，此时各备择方案所需的条件已知，并能预先准确了解各方案的必然后果，如常用的盈亏平衡分析方法。风险型决策：指可供选择的方案中存在着两种以上的自然状态，哪种状态可能发生是不确定的，但可估计其发生的客观概率。如买彩票的决策就属于风险型决策。不确定性决策：指各备择方案中存在着两种以上的可能出现的后果，这些后果出现的概率是不知道的。有的时候可以凭主观推测得出概率。如企业开发新产品的决策。这类问题无规律可循，一般依靠决策者的经验和直觉进行决策。对同样的问题决策者可以给出不同的答案。

一般来说，越是组织的高层主管，其所作出的决策越倾向于战略型的、非常规的、科学的、非确定型的；而越是组织的下层主管，其所做出的决策越倾向于战术型的、常规的、经验的、确定型的。

4. **按照决策问题的重复程度不同，分为程序化决策和非程序化决策**

这是赫伯特·西蒙提出的分类法。程序化决策又称为常规决策，是指经常发生、能按照规定程序和标准进行的决策，多指对例行公事所作的决策。非程序化决策又称非常规决策，它所要解决的事不易确定、错综复杂且目前没有遇到过的。一般来讲，非程序化决策由企业的高层领导来决定，而程序化决策由基层管理者处理，或者以组织规定的有关规章制度和政策处理。

一家年销售额达几十亿美元的美国公司，在全国设有 40 多家工厂，每家工厂中都设有一个主计员（总会计师），每位主计员有 3～6 个监督员向他汇报，并管理 25～50 个职员。至 1994 年，公司已成功地把主计员的几乎全部决策高度程序化了。大多数的主计员仅受过高中教育，然而，他们能遵从指导。公司制定了一份 4000 页的会计手册，并不断更新。它告诉每一位主计员他遇到的绝大多数问题应如何处理。在这家公司中，高代价的人才集中在总部制定所有的非程序化会计决策。

5. **按决策主体，分为群体决策（组织决策）和个体决策**

个体决策指决策者是单个人，群体决策指决策者是两个或两个以上的人。

群体决策和个体决策可以说各有优缺点。群体决策的优点是：能提供更完整的信息，产生更多的方案，增加对某项解决方案的接受性，提高合法性。群体决策的缺点是：消耗时间，少数人统治，屈从压力，责任不清。究竟采用何种决策方法，要看采取群体决策的效果是否足以抵消效率的损失。

【思考】 在解决某一个专业技术问题时，应采用哪种决策方法？为什么？

5.1.3 决策的意义与作用

决策是管理者从事管理工作的基础，在管理活动中具有重要的地位与作用。决策在管理中的重要性主要体现在以下几方面。

1.决策是普遍性的管理工作

西蒙提出了"管理就是决策"的观点；罗宾斯·斯蒂芬在《管理学》中也说，"决策对管理者每一方面工作的重要性是怎么强调也不过分的"。如表 5-1 所示，决策渗透于管理的所有四个职能中，实际上，这解释了为什么管理者（当他们计划、组织、领导和控制时）常被称为决策者，也说明了决策与管理同义是不正确的。

表 5-1　管理职能中的决策

计算	领导
组织的长远目标是什么？	我应当如何对待缺乏积极性的雇员？
什么战略能够最好地实现这些目标？	在特定的环境中，哪一种领导方式最有效？
组织的短期目标应该是什么？	一个具体的变化将如何影响工人的生产力？
每个目标的困难程度有多大？	何时是激发冲突的最恰当时机？
组织	**控制**
直接向我报告的下属是多少人？	组织中的哪些活动需要控制？
组织中的集中程度应多大？	如何控制这些活动？
职务如何设计？	绩效偏差达到什么程度才算严重？
组织何时应实行改组？	组织应建立哪种类型的管理信息系统？

一个管理者在决策制定中所做的一切，几乎都不是拖得很长的、复杂的，或对外界观察者而言是显而易见的。许多管理者的决策制定活动具有例常性。管理者每天要制定许多例常性决策。不过，即使一个决策很容易作出，或管理者以前已经遇上过许多次，它仍然是一个决策。

2.决策影响组织的生存与发展

决策不仅仅是上层主管人员的事。上至国家最高领导人，下到基层班组长，均要做出决策,只是决策的重要程度和影响范围不同而已。在实际管理工作中,决策作为主管人员的首要工作已得到普遍验证。国外曾有人做过调查,他向组织的主管人员提出如下三个问题:"每天花时间最多在哪些方面?""每天最重要的事情是什么?""在履行职责时感到最困难的是什么?"绝大多数主管人员回答就是两个字——决策。可见决策确实是各级各类主管人员的首要工作。

决策是行为的选择,行为是决策的执行,正确的行为来源于正确的决策。因此,对于每个主管人员来说,并不是是否需要做出决策的问题,而是如何使决策做得更好、更合理、更有效的问题。不同层次的决策,可以有不同的影响,小则影响管理工作的效率和事业的成败,大则关系到部门、地区乃至全国的兴衰。因此,改进管理决策、提高决策水平,应当成为各级主管人员经常注意的重要问题之一。

【思考】 如何理解西蒙的"管理就是决策"的观点?

3.决策能力是衡量管理者水平高低的重要标志

要求决策正确,光有主观愿望是不够的。决策是一项创造性的思维活动,体现了高度的科学性和艺术性。有效的决策取决于三个方面:一是具有有关决策原理、概念和方法的坚实知识;二是具有收集、分析、评价信息和选择方案的娴熟技能;三是具备经受风险和承担决策中某些不确定因素的心理素质。由于管理者所面临的问题常常涉及众多的因素,错综复杂,因此需要管理者具有多方面的才能方可做出正确的决策,加上决策在管理中的重要作用,决策能力便成为衡量管理者水平高低的重要标志。

5.2 决策过程

5.2.1 决策的前提

决策的成功与否对于组织发展具有异常重要的作用。著名管理学家西蒙强调:成功的决策依赖于对有效信息和决策前提、目标及态度的准确把握。决策的过程实际上是一个克服信息不对称现象的过程,当决策信息严重偏离决策者的时候便做出决策,这种决策往往是不必要的决策,必将导致失败;只有当信息在决策者和被决策问题间处于一种相对平衡的状态时,才是做出必要决策的最佳时机。由此可见信息对决策的重要意义,获取必要的信息是决策的前提条件。

但在基于信息决策的实践中,越来越多的决策者认为他们所处的信息环境带给他们的是恐慌、焦虑。波特将其称之为"决策中的信息恐慌"。它主要体现在以下四个方面。

1. 信息泛滥的困惑

快速膨胀的信息空间在不断淡化决策信息的含量,网络信息的非结构化、无组织性,网络信息搜索机制的不力,总是让决策者在寻找相关决策信息(比如企业外部信息)时无所适从,再加上伪劣信息的误导作用,使许多决策者对依靠信息决策失去了信心。

2. 信息不畅的苦恼

信息有显性和隐性之分,显性信息是指存在于各种媒体之中的有形信息,而隐性信息则是指存在于人大脑中的知识和经验。决策中,组织或团体中员工的想法和知识都属于隐性信息的范畴,对决策的成功起着非常重要的作用。但在实践中将隐性信息显性化是非常困难的,这往往成为获取决策信息的瓶颈,导致信息流通的不畅。

3. 难觅有效的信息分析手段

有时决策者通过各种努力能够获取所需的信息。但是,这些原始信息往往是无序、无组织的,透过这些信息根本看不出什么规律,因而难以为其决策提供可靠的依据。同时,就目前的信息环境来说,人们一般将更多的注意力集中到信息获取的手段上,而忽略了有效的信息分析手段。

4. 信息成本和效益难统一

成本和效益是一柄双刃剑,对于决策中的信息也是如此。为解决决策中的信息不对称问题,需要寻求更多的支持信息,但这在无形中却增加了成本(包括机会成本和时间成本)。我们在防备仓促决策的同时,也不能忽略了决策的时效,不能过于保守,为追求信息的充分性而延误决策。

要保证决策的正确必须克服"决策中的信息恐慌",获取必要的信息。获得有效性的决策信息需要以下途径。

1. 有效的信息获取手段

"工欲善其事,必先利其器。"面对浩瀚的信息海洋,需要有效的信息获取手段。SWOT分析所涉及的信息包括企业的财务信息、人事信息、技术信息、产品信息、市场信息、竞争对手信息和客户信息。为获取这些信息,公司要有收集、整理、存储信息的意识。当然,对于其中有些实在难以获取的信息,可以求助于专业信息机构,甚至展开实地调查。

2.有效的信息内容

信息重在其效度和信度。过时信息或虚假信息不仅对决策无任何帮助,甚至会误导决策者。

3.有效的信息分析

透过数据看规律、透过信息看趋势就是信息分析的作用。有效的信息分析注重从全局出发,综合利用定性和定量的分析方法。既有分析,又有综合;既有对比,又有类比。分析的结果可以使决策者全面认识组织或团体的强势、弱势、机遇和威胁,从而找出问题症结之所在。

4.有效的信息沟通

决策是一个从下至上,再从上到下的倒"V"字结构,缺乏交流的决策是武断的决策,也是不必要的决策。著名的信息学家 John E. Pricecott 认为,有效的信息沟通比分析更重要,而有效的信息沟通是许多决策团体所欠缺的。通过信息沟通,决策者能够听取员工的意见或建议,从而避免冲突性的错误决策。此外,有效的信息沟通能启发决策者的思维,使决策更富有创造性。

5.2.2 决策的过程

决策过程是指从问题提出到定案所经历的过程。科学的决策程序是保证决策正确的重要因素。罗宾斯·斯蒂芬提出如下的决策过程,如图 5-1 所示。

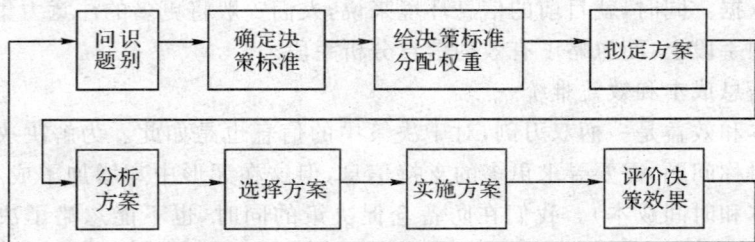

图 5-1 罗宾斯·斯蒂芬的决策过程

我们可以将决策的过程归纳为五个步骤。

1.识别问题

问题可以理解为在现有条件下,应该可以达到的理想状况和现实状态之间的差距。没有问题就无所谓决策,决策首先必须明确提出所要解决的问题。在很多情况下,决策不力往往是因为没有真正清楚地认识问题,或者把决策的焦点聚集到错误的或者并非重要的问题上去。所以说,正确地定义问题通常是决策成功的前提。否则可能导向错误的决策方向,不仅无法解决问题,还可能产生新的问题。

"定义问题是为了设定范围、厘清细节","最好的方式就是将目前的问题切割成数个更小的问题,这样才能看清楚问题的原貌"。定义问题主要分成四个方面:问题是何时发生的? 问题是如何发生的? 问题为何会发生? 已经造成哪些影响? 问题的厘清需要花费时间,在决策的过程中,有可能因为新资料的发现而有了不一样的看法,因此问题的定义是一个持续的过程,经过不断调整、重新解释,一次比一次更为完整、更为清楚。在此过程中还要进一步搞清楚究竟发生了什么事情,哪些因素与此问题相关。为了正确而全面地定义问题,惟一的办法就是:对照观察到的所有情况,不断对已有的定义进行检验,一旦发现该定义未能涵盖全部情况,就立即摒弃。

据说美国华盛顿广场有名的杰弗逊纪念大厦,因年深日久,墙面出现裂纹。为保护好这幢大厦,有关专家进行了专门研讨。最初大家认为损害建筑物表面的元凶是酸雨的侵蚀。专家们的进一步研究却发现对墙体侵蚀最直接的原因,是每天冲洗墙壁所含的清洁剂。而每天为什么要冲洗墙壁呢? 是因为墙壁上每天都有大量的鸟粪。为什么会有那么多鸟粪呢? 因为大厦周围聚集了很多燕子。为什么会有那么多燕子呢? 因为墙上有很多燕子爱吃的蜘蛛。为什么会有那么多蜘蛛呢? 因为大厦四周有蜘蛛喜欢吃的飞虫。为什么有这么多飞虫? 因为飞虫在这里繁殖特别快。而飞虫在这里繁殖特别快的原因,是这里的尘埃最适宜飞虫繁殖。为什么这里最适宜飞虫繁殖? 因为开着的窗阳光充足,大量飞虫聚集在此,超常繁殖……由此发现解决的办法很简单,只要拉上整幢大厦的窗帘。此前专家们设计的一套套复杂而又详尽的维护方案也就成了纸上谈兵。

因此,确定问题时要注意:①首先确定是否存在需要解决的问题;②确定问题出在何处;③明确真正的问题及其可能的原因。

2.确定决策标准

管理者一旦确定了需要注意的问题,则对于解决问题中起重要作用的决策标准也必须加以确定。这就是说,管理者必须确定什么因素与决策相关。

例如,在购房时,购房者必须评价什么因素与其决策相关。这些标准可能是地段、面积、户型、建筑年代、价格等,这些标准反映出购房者的想法。这些与决策方案选择都是相关的。无论明确表述与否,每一位决策者都有指引他决策的标准。在决策制定过程的这一步,不确认什么和确认什么是同等重要的。假如购房者认为是否已装修不是一个标准的话,那么它将不会影响他(她)对于房子的最终选择。

【思考】 购置一辆小汽车的决策标准应包括哪些?

3.方案的拟订

决策也可以说是对解决问题的种种行动方案进行选择的过程。但如果不能将各种可行方案找到,选择的余地就很少了,也难以保证决策的质量。

备选方案不可能是一个,但也不可能太多。因此,备选方案是带有概括性、典型性和代表性的几个可能的方案。概括性是指所拟定的备选方案包括了所有可能的方案,典型性和代表性是指各方案之间互相排斥。在拟订备选方案的过程中,一个很重要的方面就是尽量找出限制性因素,遵循限定因素原理,对一些抉择方案进行排除。

【思考】 在拟订决策方案时,应采用何种决策方法?

4.方案的评价与选择

每个实现目标的可行方案,都会对目标的实现发挥某种积极作用和影响,也会产生消极作用和影响。必须对每个可行方案进行可行性研究。可行性研究是决策的重要环节。决策方案不但必须在技术上可行,而且应当考虑社会、政治、道德等各方面的因素,还要使决策结果的副作用缩小到可以接受的范围内。

方案的评价首先需要建立一套有助于指导和检验判断正确性的决策准则。决策标准应充分考虑各种可能的限制因素和条件。特别应重视各种方案可能带来的后果。在对方案进行评价时,尽可能将各个方案量化打分,以科学的方法对方案进行评价。

在对方案进行评价以后,即需要对决策方案进行选择。方案选择时应当注意:①任何方案均有风险;②不要一味追求最佳方案,只要相对满意就可以作为决策方案;③在最终选择时,允许不做任何选择。不选择也是一种方案。

应当注意的是:按照西蒙的观点,决策只能做到有限理性,不可能达到最优,因此,决策时不能以最理想方案作为目标,而只能以足够好地达到组织目标的方案作为准则,即在若干备选方案中选择一个合理的方案。合理方案只能在决策时能够提出来的若干可行方案中,进行比较和优选。而决策的可行方案,是在人们现有的认识能力制约下提出来的。由于组织水平以及对决策人员能力训练方式的不同,加上人们对客观事物的认识是一个不断深化的过程,所以,对于任何目标,都很难提出全部的可行方案。决策者只能得到一个适宜或满意的方案。

【思考】　评价与选择决策方案时,应如何兼顾组织和社会双重目标?

5.方案的执行与反馈

决策在执行过程中首先应当制订一个实施的方案,包括宣布决策、解释决策、分配实施决策所涉及的资源和任务等。决策固然重要,但决策的最后目的是切实可行的执行与落实。

在决策执行过程中必须进行有效的控制和监督,对决策执行过程中的结果必须进行及时的反馈,这样才能发现问题,及时地纠正偏差。这一步骤对决策最终的结果影响很大,也是西蒙所强调的。

【思考】　如何促使决策方案得到有效执行?

5.2.3　决策的影响因素

决策过程会受到众多因素的影响,主要包括以下几方面。

1.决策目标

决策目标是指在一定的环境和条件下,根据预测所能希望得到的结果。决策要求有明确而具体的决策目标。若决策的目标是模糊的,甚至是模棱两可的,则无法以目标为标准评价方案,更无从选择方案。问题提出后必须明确问题能否解决,解决的程度、结果要达到什么要求。这是以后判定和选择方案的依据和标准。

决策不可能同时达成所有的目标,很多情况下鱼与熊掌不可兼得,管理者必须设定优先顺序,有所取舍。也就是说,要明确列出决策所要实现的目标,并对目标进行优先排序和取舍。这一步最容易犯的错误是设定了几个本身就相互矛盾的目标,如果是这样,那么这种决策比赌博还没有理性。另外,决策虽然一开始是正确的,但是后续过程中前提条件发生了改变,如果不随之调整的话,就必然导致失败。因此,决策者必须一直牢记决策所要实现的限定条件。一旦现实情况发生大的变化,就应该马上寻找新的办法。

2.环境

环境包括内部环境和外部环境,都会对组织绩效产生影响,是组织决策时必须考虑的因素。外部环境对组织决策的影响表现在:①环境的特点影响着组织决策的频率和内容以及组织的活动选择;②环境中的其他行动者及其决策也会对组织决策产生影响。对环境的习惯反应模式影响着组织的活动选择。

3. 过去决策

过去决策的经验对现在决策会产生影响。过去的决策对目前决策的制约程度主要受它们与现任决策者的关系的影响。

4. 组织文化

从决策方面来说,组织文化会对决策的制定和执行产生重大影响:①组织文化制约着包括决策制定者在内的所有组织成员的思想和行为;②组织文化通过影响人们对改变的态度而对决策起影响和限制作用。组织文化是构成组织内部环境的主要因素。

5. 决策者对风险的态度

任何决策都带有一定程度的风险性。愿意承担风险的决策者,通常会未雨绸缪,在被迫对环境做出反应以前就采取进攻性的行动,并会经常进行新的探索。不愿意承担风险的决策者,通常只会对环境做出被动的反应,事后应变,他们对变革、变动表现出谨小慎微。其活动往往受到过去决策的严重制约。

6. 决策的时间紧迫性

美国学者威廉·金和大卫·克里兰把决策划分为时间敏感型和知识敏感型。时间敏感型决策是指那些必须迅速而尽量准确做出的决策(战争中经常出现);知识敏感型讲究决策的效果,它取决于决策质量。

5.3 决策的方法

决策的方法总的来说可以分为两大类:定性决策方法和定量决策方法。但很多情况下需要将这两种方法结合运用。特别对于一些重要的决策更是如此。

5.3.1 定性决策方法

定性决策方法指决策者根据已知的情况和资料,直接利用个人的知识、经验和组织规章制度进行决策。这一类决策包括程序性决策方法、经验性决策方法、创造性决策方法等。

定性决策方法灵活,通用性大,容易被一般管理者所接受,而且特别适合于非常规决策,同时还有利于调动专家的积极性,提高他们的工作能力。其局限性表现为:由于它是建立在专家个人主观的基础上,缺乏严格论证,易产生主观性,而且还容易受决策组织者个人倾向的影响。常用的定性决策方法主要有以下几种。

1. 程序性决策方法

程序性决策方法主要是用来处理例行的决策问题。例行性问题主要是组织中反复出现的问题,如公文传递、设备使用等。程序性决策一般需要依据组织中已制定好的政策、规章制度、业务常规规定等。

(1)政策。政策是处理各种组织活动的普遍适用的原则。如企业退货原则、引进高层次人才政策等。

(2)规章制度。组织的规章制度规定了在某种情况下必须遵守的一系列行为准则。如上下班制度、接待顾客的制度等。

(3)业务常规。这也可以说是业务程序,规定了执行某项任务如何一步步去做。

程序性决策可以帮助管理者更快地处理日常事务,节省时间和精力处理其他问题。其缺点是:可能会减少发现处理问题更好的方法的机会,而且政策、规章制度、程序一旦建立,人们就必须照章执行,即使有更好的方法,因此显得有些僵化。

2. 经验型决策方法

经验型决策就是决策者凭自己的经验进行决策。凭个人的经验来进行决策有时会出现重大的失误。但在一些情况下,如信息资料不完整、问题复杂、涉及大量不可预知的因素等,为了避免出现重大的失误,导致严重的后果,利用经验进行预测时可以采用渐近式决策方法。

渐近式决策方法是指在众多途径中先选择一条,慢慢向目标靠近。也就是我们常说的摸着石头过河。这种方法虽然缺少力度和直接性,但由于根据每一步的结果做出下一步的行动,因此可以避免犯严重的错误,导致重大的损失。这种方法适合于重大的决策。

在一些日常生活中进行的简单决策,有时我们常会借助于一系列的经验总结来指导决策。如足球运动员在"形势危急时,将球踢出场",领导者"把员工当成熟人来看待"等。

3. 创造性决策方法

创造性决策是指发现新的、富有想象力的解决问题的方案的方法。思维科学对此作了很多的研究,提出了很多能够激发人们想象力的方法。

(1)头脑风暴法:指一群人通过相互启发,形成多种方案的方法。一般由5～9人组成一个小组,要求每个人提出自己的方案,别的人可以在对此修正的基础上提出更好的方案,但不允许指责批评别人的方案。

(2)发散思维的方法:促使人们通过发散思维的方式从全新的角度来提出解决问题的方案的方法。这种方法主要鼓励人们摆脱传统的思维模式,从不同角度去看待问题。

5.3.2 定量决策方法

定量决策方法是建立在数学工具基础上的决策方法。它的核心是把决策的变量与常量以及变量与目标之间的关系,用数学模型表示出来,然后根据决策的条件,通过计算工具运算,求得决策答案。

定量决策方法的优点是:第一,提高了决策的准确性、最优性和可靠性;第二,可使领导者、决策者从常规的决策中解脱出来,把注意力专门集中在关键性、全局性的重大复杂的战略决策方面,这又帮助了领导者提高重大战略决策的正确性和可靠性。其局限性表现为:第一,对于许多复杂的决策来说,仍未见可以运用的简便可行的数学手段,在许多决策问题中,有些变量是根本无法确定的;第二,数学手段本身深奥难懂,很多决策人员并不熟悉,掌握起来也不容易;第三,采用数学手段或计算机,花钱多,一般只用在重大项目或具有全局意义的决策问题上,而不直接用于一般决策问题。下面就不同的决策环境介绍几种常用的定量决策方法。

1.确定型决策的方法

确定型决策必须具备的条件:存在着决策人要达到的一个明确的决策目标,如最大利润、最少成本等;有可供选择的两个以上的可行方案;肯定出现不以决策人主观意志为转移的一种自然状态,其概率为1。在这些条件下,损益值可以计算出来。

确定型决策问题指只存在一种确定的自然状态,决策者可依据科学的方法作出决策。确定型决策的方法有以下几类:

(1)线性规划、库存论、排队论、网络技术等数学模型法。这些都是运筹学课程中的重点内容。这里简单介绍一下线性规划的决策方法。

线性规划是在一些线性等式或不等式的约束条件下,求解线性目标函数的最大值或最小值的方法。线性规划方法主要用于解决两类问题:①资源一定的条件下,力求完成更多的任务,取得更好的经济效益;②任务一定的条件下,力求节省资源。

运用线性规划建立数学模型的步骤是:首先,确定影响目标大小的变量;其次,列出目标函数方程;再次,找出实现目标的约束条件;最后,找出使目标函数达到最优的可行解,即为该线性规划的最优解。

【例 5-1】 某企业生产两种产品——桌子和椅子,它们都要经过制造和装配两道工序,有关资料如表 5-2 所示。假设市场状况良好,企业生产出来的产品都能卖出去,试问何种组合的产品可使企业利润最大?

第一步,确定影响目标大小的变量。在本例中,目标是利润,影响利润的变量是桌子数量 T 和椅子数量 C。

第二步,列出目标函数方程:$L = 8T + 6C$

第三步,找出约束条件。在本例中,两种产品在一道工序上的总时间不能超过该道工序的可利用时间,即

制造工序:$2T + 4C \leqslant 48$

装配工序:$4T + 2C \leqslant 60$

除此之外,还有两个约束条件,即非负约束:

$$T \geqslant 0$$
$$C \geqslant 0$$

从而线性规划问题成为,如何选取 T 和 C,使 L 在上述四个约束条件下达到最大。

第四步,求出最优解——最优产品组合。求出上述线性规划问题的解为 $T' = 12$ 和 $C' = 6$,即生产 12 张桌子和 6 把椅子使企业的利润最大。

$$L_{max} = 12 \times 8 + 6 \times 6 = 132(元)$$

表 5-2　产品生产的可供时间、需要时间和单位产品利润

生产程序	每件产品所需时间(小时)		每天可供时间 (小时)
	桌子	椅子	
制造	2	4	48
装配	4	2	60
单位产品利润(元)	8	6	

(2)盈亏平衡分析法。盈亏平衡分析是研究生产、经营一种产品达到不盈不亏时的产量或收入的一种分析模型(见图 5-2)。

盈亏平衡点产量(销量)法。这是以盈亏平衡点产量或销量作为依据进行分析的方法。其基本公式为:

$$Q = \frac{C}{P - V}$$

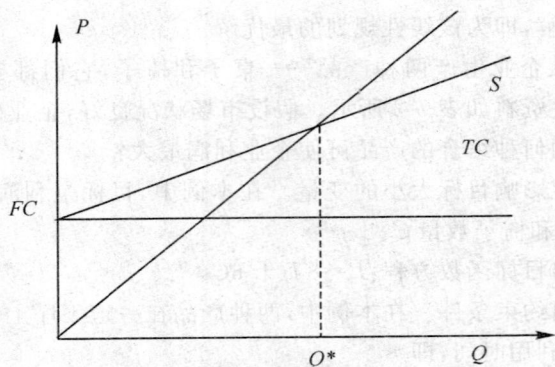

图 5-2　盈亏平衡分析基本模型

式中:Q 为盈亏平衡点产量(销量);

$\quad$ C 为总固定成本;

$\quad$ P 为产品价格;

$\quad$ V 为单位变动成本。

当要获得一定的目标利润时,其公式为:

$$Q=\frac{C+B}{P-V}$$

式中:B 为预期的目标利润额;

$\quad$ Q 为实现目标利润 B 时的产量或销量。

盈亏平衡点销售额法是以盈亏平衡点销售额作为依据进行分析的方法。其基本公式为:

$$R=\frac{C}{1-\dfrac{V}{P}}$$

式中:R 为盈亏平衡点销售额;

$\quad$ 其余变量同前式。

当要获得一定目标利润时,公式为:

$$R=\frac{C+B}{1-\dfrac{V}{P}}$$

式中:B 为预期的目标利润额;

$\quad$ R 为获得目标利润 B 时的销售额;

$\quad$ 其余变量同前式。

【例 5-2】　某企业的年生产能力为 3000 台机器,已接受订货 2400 台,每台价格为 100 元,单台成本为 85 元。现在一个单位要求订货 600 台,只愿意每台定价 80 元。经计算,此时 3000 台产量的成本为每台 81 元,比 600 台订货的销售价还要高出 1 元。所以大多数人反对接受后来的订货,但厂长同意接受,为什么? 接受后来的订货能增加获利多少?

可以按照盈亏平衡分析法的公式计算得出,接受订单可以增加利润 9000 元,所以该厂长同意接受订货。

2.风险型决策的方法

风险型决策具备的条件:存在着决策人要达到的一个明确的决策目标;有两个以上可供选择的可行方案;存在着不以决策人意志为转移的两种以上的自然状态,各种自然状态可观的概率可以预测出来,各种自然状态下的损益可以计算出来。

(1)决策损益表法。决策损益表法是指以决策收益表为基础,分别计算各个方案在不同自然状态下的损益值,然后按客观概率的大小,加权计算出各方案的期望收益值,进行比较,从中选择一个最佳的方案。

【例 5-3】 某三个可行方案:扩建、新建、合同转包。据市场预测和分析,三种方案在实施过程中均可能遇到以下四种情况,现将有关资料估算如下表(见表 5-3)。

表 5-3 三个可行方案在不同情况下的损益值 （单位:万元)

方 案	自然状态 概率	销路好 0.5	销路一般 0.3	销路差 0.1	销路极差 0.1	期望 损益值
扩 建		50	25	−25	−45	25.5
新 建		70	30	−40	−80	32
转 包		30	15	−5	−10	18

由以上计算结果,可以看出应选择新建方案。

(2)决策树法:决策树的基本原理仍然以决策损益表为依据,通过计算和比较各个方案的损益值,借助于树枝图形,利用修剪树枝方法寻找出最优方案。它一般用于分析较为复杂的多级决策,用树状图来描述各种方案在不同状态下的收益,计算每种方案的期望收益,据此作出决策的方法。其优点是:①决策树法有利于决策人员把决策问题形象化;②把各种方案、可能出现的状态、可能性大小及产生的后果等,简单地绘制在一张图上,便于计算、研究与分析;③可以随时补充和修正。

下面通过一例题说明使用决策树法的决策过程。

【例 5-4】 某企业为了扩大产能,现有两个方案可供选择:一种是对生产线扩建,另一种是新建一条生产线。两个方案的经营年限均为十年,每个方案的投资和收益情况如表 5-4 所示。

表 5-4

收益额 方案	投资额(万元)	销路好 P=0.7	销路差 P=0.3
新建	300	100	20
扩建	200	80	50

决策树法步骤:

(1)画出决策树图。

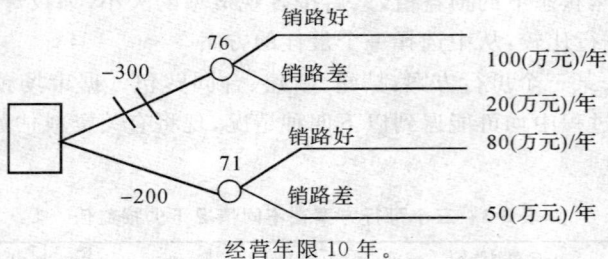

经营年限 10 年。

图 5-3　决策树图

(2)计算各方案的收益及净收益。

第一方案的期望收益$=100 \times 0.7 + 20 \times 0.3 = 76$(万元)

第二方案的期望收益$=80 \times 0.7 + 50 \times 0.3 = 71$(万元)

第一方案的净收益$=76 \times 10 - 300 = 460$(万元)

第二方案的净收益$=71 \times 10 - 200 = 510$(万元)

(3)比较净收益,选择方案。

因为第二方案的净收益>第一方案的净收益,所以应选择第二方案。

(4)剪枝,即用双线划去第一方案。

3.不确定型决策的方法

不确定型决策是指对未来事件不仅无法估计在各种特定情况下的肯定结果,而且无法确定各种结果发生的概率。这时,决策在不确定情况下进行方案的选择,主要取决于决策者的经验和主观判断。

　　不确定型决策选择哪种方案,在很大程度上取决于决策者的风险价值观。根据决策者对待风险的态度和看法,决策者可分成三种类型,相应的就有三种不同的选择标准:

　　(1)小中取大法。也称为悲观原则,这类决策者对于利益的反映比较迟钝,而对损失的反映比较敏感,不求大利,唯求无险,不求有功,但求无过。

　　这种方法先计算出各方案的期望之后,找出各方案的最小损益值,再从中选择损益值最大的方案作为决策方案。

　　(2)大中取大法。也称为乐观原则,这类决策者对于损失的反映比较迟钝,而对利益的反映比较敏感,他们往往谋求大利,不怕风险,敢于进取,以求突破。

　　与悲观原则相反,他们从损益值中挑选收益最大的方案作为决策方案,也就是极大损益值。

　　【例5-5】　某企业有三种新产品待选,估计销路和损益情况如表5-5所示。试分别用乐观原则、悲观原则选择最优产品方案。

表 5-5　损益表　　　　　　　　　　(单位:万元)

状　　态	甲产品	乙产品	丙产品
销　路　好	40	90	30
销路一般	20	40	20
销　路　差	−10	−50	−4
最大利润	40	90	30
最小利润	−10	−50	−4

　　按照乐观原则,应选乙产品;按照悲观原则,应选丙产品。

　　(3)最大最小后悔值法。也称后悔值原则,这类决策者既不愿冒大的风险,也不愿循规蹈矩,在决策时往往依据最小后悔值原则。

　　最小后悔值原则,即以各个方案的机会损失的大小作为判别方案优劣的依据。

　　机会损失也就是后悔值,是就由于没有采取与实际状态相符的决策方案所造成的收益差额来衡量的。

　　【例5-6】　A、B两家企业为互相竞争的对手,A、B博弈后,A的收益情况如矩阵所示,请用最大最小后悔值法决策。

表 5-6　A、B 博弈矩阵

| B企业的可能反应 | B1 | B2 | B3 | 后悔值 | | | 最大后悔值 |
				24-B1	21-B2	28-B3	
A1	13	14	11	11	7	17	17
A2	9	15	18	15	6	10	15
A3	24	21	15	0	0	13	13
A4	19	14	28	5	7	0	7
相对收益最大值	24	21	28				
最大最小后悔值及选取的方案							7 第 4 方案

根据最大最小后悔值法,A 应选择 A4 方案,因为此方案给 A 带来的最大的后悔值只有 7,A 选择 A4 的后悔值不会超过 7,可将机会损失控制在最低限度内。

🖙【本章小结】

决策是管理者最重要的任务之一,决策遍布于一切管理职能之中。决策就是作出判断,进行抉择,是行动之前选择一个合理行动方案的活动过程。

1. 决策的类型:①按照决策的性质划分,分为战略决策和战术决策;②按照决策内容不同,可以分为经营决策、生产经营过程决策和管理决策;③按照决策事件自然状态的可控程度划分,可以分为确定型决策、风险型决策和完全未确定型决策;④按照决策问题的重复程度,可以分为程序化决策和非程序化决策;⑤按决策主体分类,可以分为群体决策(组织决策)和个体决策。

2. 决策的特点:①决策要求有明确而具体的决策目标;②决策要求以了解和掌握信息为基础;③决策要求有两个以上的备选方案,以便比较选择,就是说必须要有可供选择的方案,否则决策可能就是错误的;④决策要求对控制的方案进行综合分析和评估;⑤决策追求的是最可能的优化效应。

3. 决策在管理工作中具有重要的地位与作用:①决策是普遍性的管理工作;②决策影响组织的生存与发展。

4. 决策的前提条件。决策的成功与否对于组织发展具有异常重要的影响作用。成功的决策依赖于对有效信息和决策前提、目标及态度的准确把握。

5. 决策的过程归纳为五个步骤:识别问题、确定决策标准、方案的拟订、方案的评价与选择和方案的执行与反馈。

6.决策的影响因素:决策目标、环境、过去决策、组织文化、决策者对风险的态度、决策的时间紧迫性。

7.定性决策方法。决策者根据已知的情况和资料,直接利用个人的知识、经验和组织规章进行决策。这一类决策包括程序化决策方法、经验型决策方法、创造性决策方法等。

8.定量决策方法。定量决策方法是建立在数学工具基础上的决策方法。它的核心是把决策的变量与常量,以及变量与目标之间的关系,用数学模型表示出来,然后根据决策的条件,通过计算工具运算,求得决策答案。确定型决策的方法有以下几类:线性规划、库存论、排队论、网络技术、盈亏平衡分析法。风险型决策的方法有:决策损益表法、决策树法。不确定型决策的方法有:小中取大法、大中取大法、最大最小后悔值法。

➩【复习思考题】

1.什么是管理学上的决策?决策有什么特点及意义?

2.决策有哪些类型?

3.简述决策的过程。

4.决策会受到哪些因素影响?

5.什么是头脑风暴法?

6.某工厂为推销甲产品,预计单位产品售价为 1200 元,单位产品可变成本为 700 元,年需固定费用为 1800 万元。

(1)盈亏平衡时的产量是多少?

(2)当企业现有生产能力为 5 万台时,每年可获利多少?

(3)为扩大生产规模,需添置一些设备,每年需增加固定成本 400 万元,同时每台可节约成本 100 元,为扩大销路,计划降低售价 10%。问:在 5 万台的生产能力时,此方案是否可行?

7.某企业为扩大某产品的生产,拟建设新厂,有新建大型厂、中型厂、小型厂 3 个方案,据市场预测产品销路好的概率为 0.3,销路一般的概率为 0.5,销路差的概率为 0.2,各个方案的投资及不同状态下的损益值如表 5-7。3 个方案的服务期均为 10 年,试用决策树法进行决策。

表 5-7 （单位：万元）

损益值 有关状态 产 生	销路好	销路一般	销路差	投资额
	0.3	0.5	0.2	
方案 1：新建大型厂	100	60	—20	300
方案 2：新建中型厂	70	40	10	200
方案 3：新建小型厂	50	30	20	100

⇨【案例讨论】

巨人集团衰落

　　1997 年初，以桌面中文电脑软件 M-6401 起家的中国著名民营企业巨人集团，伴随着巨人大厦项目的失败，公司几近破产。导致巨人集团衰落的因素很多，既有主观上的，也有客观上的，但主观上的诸多因素是导致巨人集团衰落的主要原因。

　　从主观因素上笼统地看，巨人集团总裁史玉柱承认两点：

　　一是决策失误，摊子铺得太大。我们不妨来仔细分析一下：可以说，巨人大厦是史玉柱有生以来第一个重大的投资决策失误，他根本没有实力盖一座全国最高的大厦。更让人瞠目结舌的是，大厦从 1994 年 2 月动工到 1996 年 7 月，史玉柱竟未申请过一分钱的银行贷款，全凭自有资金和卖楼花的钱支持。稍微懂得经济学的人都知道，房地产必须有金融资本作后盾，可史玉柱竟将银行搁置一边。巨人集团的第二大败笔是进军生物工程，这也是酿成集团危机的另一决定因素。生物工程对史玉柱来说，是一个完全陌生的领域。巨人集团不仅是一步跨进，而且陷得很深。史玉柱进军生物工程只是因为他一方面朦胧地意识到生物工程是一个利润很高的产业，另一方面是 1993 年下半年王安电脑公司的破产。从 1994 年到 1996 年，巨人集团在保健品方面虽然异军突起，但整个生物工程却出现全国亏损，债权与债务相抵后净亏 5000 万元。虽然史玉柱也在 1995 年请人做了一个企业发展战略，但做得比较粗糙，对巨人集团的产业结构也并未详细论证。在进军房地产和生物工程时，并没有考虑到与巨人集团的电脑产业是否相关，是否熟悉，而是头脑一热，拍脑袋就上，巨人集团今天面临的经济危机在很大程度上是因为投资决策的失误。巨人集团就那么多资金，要在两条战线上作战，当然顾此失彼，疲于奔命。到1996年下半年,当需要外援时,宏观调控已影响至深,各处资金吃紧,"巨人"只好涸泽而渔,拆东墙补西墙。

另一个主观因素就是管理不善,经营失控。决策失误是急症,管理上的跑冒滴漏却是慢性病,两者都是构成巨人危机的致命伤。巨人大厦是巨人集团的全资子公司,因此,它陷入危机就把整个巨人集团拖进了泥潭。康元公司原来也是巨人集团的全资公司,后来改造为有限责任公司。按说,康元公司可按正规的法律程序进入破产程序,但由于在改造为有限公司时,没有及时进行债权债务清盘,而是顺延了财务关系,这就使得财务管理陷入了混乱。因此,当康元公司进入破产程序时便说不清哪些债务会牵连集团,最后只好决定拿卖楼花的钱来冲抵康元的债务。而且康元在改造为有限公司后,不仅生产经营没有好转,反而产品大量积压,财务更是混乱不堪。康元公司的亏损,明显暴露出巨人集团管理人才准备不足,管理不善是巨人集团的一个致命内伤。1995年4月,"巨不肥会战"取得了成绩,销售大幅回升。营销形势开始好转,但这并不意味着整体状况好转,更不意味着良好机制的形成。相反,集团内部一些人开始侵吞私分巨人集团利益。1996年7月,监事会主席周良正在一份报告中认为,巨人集团出现各类违规、违纪、违法案件,截留、坐支、挪用公款,搞虚假广告、冲货的人屡见不鲜。几万、十几万、几十万甚至上百万资产在阳光照不到的地方流失了。到了1996年下半年,巨人集团财务运作日益窘迫,营销状况衰势尽现,员工士气不振。在整体状态疲弱下,公司财务管理陷于混乱。9月21日,巨人财务会议举行,监审总裁李敏指出,总公司对子公司不同程序地失控,子公司私自坐支贷款,财务丢失严重,财务账不能及时反映公司经营状况,特别是低价抛售货物,应收账款已结账但仍在挂账上反映。管理不善不仅表现在财务方面,对人员的管理同样也存在诸多问题。巨人集团急剧的外延式扩张使原有干部动力不足,惰性尽显,新的骨干队伍又难以补充,人员管理破绽百出。例如,参与6405软件开发的一位人员,在离职后将技术私卖给另一家公司,给巨人集团造成了巨大损失。在经营方面,营销总公司总裁杨军就指出:"迅速扩张的子公司只有少数情况良好,大多数子公司没有带来效益,反成危害。目前营销必须收缩战线,不能再盲目扩大,盲目上项目,盲目冒进,集团当务之急要进行战略上的选择。"经营方面的另一失当之处就是当巨人大厦缺少建设资金时,本应停止。但集团领导人对大厦却考虑过重,从生物工程上抽调资金来继续建设大厦。结果是因为抽血过度,一下子把生物工程搞得半死不活,使这一新产业逐渐萎缩,到最后,生物工程不能造血,使得整个巨人集团流动资金也因此枯竭。

（根据中国人民大学金融证券研究所网站 http://www.fsi.com.cn/case500/view504/5040111/view11.htm《巨人集团衰落》改编而成）

【思考】　1. 分析巨人集团失败的原因。

　　　　　2. 管理决策应该如何进行?

第6章

计 划

≫ ≫ ≫　　≫

通过学习本章的内容,学生能够:

1. 掌握计划的含义和内容;
2. 理解计划的特点和作用;
3. 区分计划各种类型;
4. 熟悉计划的制订过程;
5. 掌握常用的计划制订方法;
6. 明确计划的概念与作用;
7. 理解目标和目标管理,掌握目标管理的本质及过程。

引　例

怎样赢得竞争优势

亚星电子是一家从事电子产品开发、生产、销售的企业,在计划经济时代,这家企业受国家的扶植,理所当然地得到了发展。但现在,这家企业强烈地意识到了来自国外同行的竞争。这家公司的总经理认识到,在这个行业里,取得成功的关键之一是企业要成为高技术的创新者。为此,他聘请了某高校的一位管理学教授,来分析该企业能成为一家成功的高技术企业的内部适应性。

该教授经过调查,提出了以下看法。企业的目标大多数是为期一年的,而且主要是一些经济指标;对于一些从事从长远看可能是有利的开发或经营活动的部门和人员,并没有给予相应的奖励;奖金根据季度或年度目标实现情况而定的;一般地,各主管人员是好的"消防战士",但他们只注重"救火",而不太注意事先防止问题的发生;没有什么集体的努力,每一个主管人员都集中精力于自己的任务;主管人员大都关心内部的经营活动,而不关心外界的环境变化。

总经理认真地听取了这位教授的报告。实际上,他也看到了这些情况,教授的调查只不过加深了他对这个组织的印象,重要的问题是:现在应该怎么办才能解决这些问题,从而增强企业的竞争能力。

请问:当总经理征求你的意见时,你将如何回答?

(引自 http://zhidao.baidu.com/question/361087357.html)

6.1 计划概述

6.1.1 计划的含义与特点

计划是管理的基本职能之一,是对未来行动的预先安排,是组织与外部环境联系的桥梁,也是连接可能与现实、今天与明天、现在与未来的桥梁。因此,计划工作质量集中体现了组织管理水平的高低,并直接影响甚至决定着组织未来的前途和命运。计划包括明确组织的目标和考核指标,选择实现目标的手段,制定战略及安排进度等,作为一项基本的、先导性的管理活动,它先于组织、领导和控制工作(见图6-1),因此,计划是管理的首要职能。计划工作有如下特点:

1. 它与组织的未来有关。它既不是对过去成绩和教训的简单总结,也不是对现状的描绘,而是在预测未来趋势的基础上对组织发展的一种前景规划,计划能使组织在一定程度上成功地应对未来。

2. 它与人们的行动有关。它不是空泛的说教,而是制订一条切实可行的应该遵循的行动路线。

3. 它与管理的其他职能相关。它影响并贯穿于组织工作、领导工作、控制工作中,根据计划的编制情况,合理有效地组织有限的人、财、物资源,在领导的带领、指导、协调、控制下,确保高效率地完成计划,即计划是要通过其他职能活动去执行的。

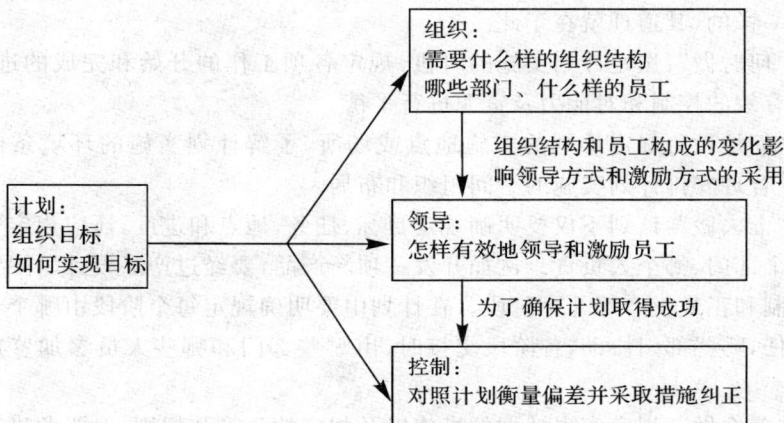

图6-1　计划与其他职能间的关系[①]

　　计划的概念有广义和狭义之分。狭义的计划就是关于组织未来的蓝图,是对组织未来一段时间内的目标和实现目标途径的策划与安排。而广义的计划则是指计划工作,包括调查研究、预测未来、设置目标、制订计划、贯彻落实、监督检查和修正等内容。

6.1.2　计划的内容

　　计划工作的内容可以概括为六个方面,即做什么(what)、为什么做(why)、何时做(when)、何地做(where)、谁去做(who)、怎么做(how),简称为"5w1how"。这六个方面的具体含义如下:

　　1."做什么":要明确组织的使命、宗旨、战略、目标,以及行动计划的具体任务和要求,明确一个时期的中心任务和工作重点。例如,企业在未来5年内要达到什么样的战略目标;企业年度生产计划的任务主要是确定生产哪些产品、生产多少,合理安排产品投入和产出的数量和进度,在保证按期、按质、按量完成订货合同的前提下,使生产能力得到尽可能充分的利用。

　　2."为什么做":要论证组织的使命、宗旨、战略、目标,以及行动计划的可能性和可行性,也就是说要提供计划制定的依据。实践表明,计划工作人员对组织和企业的宗旨、目标和战略了解得越清楚,认识得越深刻,就越有助于他们在计

　　① 杨文士,张雁:《管理学》,中国人民大学出版社1994年版。

划工作中发挥主动性和创造性。正如通常所说的"要我做"和"我要做"的结果是完全不一样的,其道理就在于此。

3."何时做":选定计划实施的时机,规定各项工作的开始和完成的进度,以便进行有效的控制和对能力及资源进行平衡。

4."何地做":规定计划的实施地点或场所,了解计划实施的环境条件和限制,以便合理安排计划实施的空间组织和布局。

5."谁去做":计划不仅要明确规定目标、任务、地点和进度,还应规定每个阶段由哪个部门、哪个人负责。例如开发一项新产品,要经过产品设计、样品试制、小批试制和正式投产等几个阶段。在计划中要明确规定每个阶段由哪个部门负主要责任,哪些部门协助,各阶段交接时,由哪些部门和哪些人员参加鉴定和审核等。

6."怎么做":规定实现计划的措施以及相应的政策和规则,对资源进行合理分配和集中使用,对人力、生产能力进行平衡,对各种派生计划进行综合平衡等。

实际上,一个完整的计划还应该包括控制标准和考核标准的制定,使组织中所有部门与成员不但知道组织的使命、宗旨、战略、目标和行动计划,而且还要明确本职工作的内容,知道如何去做,以及要达到什么样的标准。

【例6-1】 一家企业因为要上一个新的项目,急需筹措资金。他们想到了向银行贷款。厂长找到财务科长,向他做了这样的布置:"张科长,企业要上新的项目,需要资金,你也知道我们企业目前缺乏资金。请你想办法从银行申请到贷款。"

【思考】 对于该企业厂长的指示,你觉得张科长能否执行?为什么?

6.1.3 计划类型

任何一种未来的行动方案,都属于计划。计划的种类很多,可以按不同的标准进行分类。常见的分类标准有:按影响程度、时间跨度、对象、计划内容的详尽程度和计划的表现形式。了解各种计划类型有助于我们在编制计划的实际工作中避免遗漏或忽略某些重要的因素,提高计划的先导性和有效性。

（一）按影响程度:战略计划和行动计划

计划按其影响程度（主要是范围广度和时间跨度）可分为战略计划和行动计划。战略计划一般是指应用于整个组织的,为组织设立总体目标和寻求组织在环境中的地位以及实施途径的计划。战略计划具有长远性、全局性和指导性,它决定在相当长时期内组织资源的运动方向,并将在较长时间内发挥指导作用。而行动计划是在战略计划所规定的方向、方针、政策框架内,确保战略目标的落实和实现,确保资源的取得与有效运作的具体计划,它主要描述如何实现组织的总体目标,是战略计划的具体化或战略实施计划。战略计划与行动计划之间的比较如表 6-1 所示。

表 6-1　战略计划与行动计划的比较

比较项目	战略计划	行动计划
时间跨度	三年或三年以上	三年以内(周、月、季、年)
范　　围	涉及整个组织	限于特定的部门或活动
侧　重　点	确定组织宗旨、目标,明确战略和重大措施	明确实现目标和贯彻落实战略、措施的各种方法
目　　的	提高效益	提高效率
特　　点	全局性、指导性、长远性	局部性、指令性、一次性

　　(二)按时间跨度:长期计划、中期计划和短期计划

　　人们习惯于把时间跨度在 5 年以上的计划称为长期计划,时间跨度在 1~5 年的计划称为中期计划,时间跨度在 1 年以内的计划称为短期计划。长期计划主要围绕两个方面的问题制订:一是组织的长远目标和发展方向,二是怎样达到组织的长远目标。例如,一个企业的长期计划要指出该企业的经营目标、经营方针和经营策略等,一般包括企业的发展方向,企业的发展规模、科研方向和技术水平、主要的技术经济指标等;中期计划来自长期计划,比长期计划具体、详细,主要是协调长期计划和短期计划之间的关系,长期计划以问题、目标为中心,中期计划则以时间为中心,具体说明各年应达到的目标和应开展的工作。短期计划比中期计划更为具体和详尽,它主要说明计划期内必须达到的目标,以及具体的工作要求,要求能够直接指导各项活动的开展,如企业中的年度利润计划、销售计划、生产计划等。在一个组织中,长期计划和短期计划之间应是"长计划,短安排"的关系,即为了实现长期计划中提出的各项目标,组织必须制定相应的一系列中、短期计划,而中、短期计划的制订则必须围绕着长期计划中所提出的各项目标而展开。

　　(三)按计划的对象和应用范围:综合计划、部门计划和项目计划

　　综合计划涉及的内容是多方面的,部门计划只涉及某一特定的部门,项目计划则是为某项特定的活动而制订的计划。综合计划一般是指具有多个目标和多

方面内容的计划,就其所涉及的对象而言,它关联整个组织和组织中的许多方面。习惯上人们把预算年度的计划称为综合计划,在企业中它是指年度的生产经营计划。部门计划是在综合计划的基础上制订的,它的内容比较专一,局限于某一特定部门或职能,一般是综合计划的子计划,是为了达到组织的分目标而制订的,某企业销售部门的年度销售计划,生产部门的生产计划等,都是属于这一类型的计划。项目计划是针对组织的特定活动所做的计划,例如某项产品的开发计划、职工俱乐部建设计划等都属于项目计划。

(四)按计划内容的详尽程度:具体计划与指导计划

具体计划有明确规定的目标,不存在模棱两可或其他容易引起误解的问题。例如,一位经理打算使他的企业利润在未来的 6 个月内增加 10%,他或许需要制订一些特定的程序或方案,再比如成本降低 5% 的成本控制计划,销售额增加 12% 的销售计划,产量提高一倍的生产组织计划等,都是具体计划。

具体计划适用于比较稳定的环境,当周围环境变化较快、不太稳定时,具体计划所要求的明确的指标和条件不一定全部满足,此时具体计划的缺点就出现了。如上述例子中,在计划期的 6 个月内,企业突然资金短缺,没有足够的财力去实施销售计划中的广告、人员促销措施或者市场销售不旺等环境因素均会造成销售计划失效。这种情况下采用指导计划就更可取一些。

指导计划只规定一些一般的方针,它指出重点,但不把管理者限定在具体的目标上和特定的行动方案上。比如,上例中指导性计划也许只提出未来的 6 个月中使利润增加 5%～10%。显然,指导性计划在具有灵活性的同时丧失了具体计划的明确性。

因此,制订计划时,要根据未来的不确定性因素在灵活性和明确性之间权衡,不确定性越大时,计划越应具有指导性。换句话说,环境越不稳定,变化越快,计划就越应具有弹性,管理工作也就越具有灵活性。

【例 6-2】 在 1984 年,原油价格为每桶 30 美元,包括壳牌公司在内的绝大多数分析人员和管理人员都认为到 1990 年将涨到每桶 50 美元。但是壳牌公司进行了一项情境计划的练习。在这项练习中,他们假定原油价格下降到每桶 15 美元,然后要求管理人员提出在这种情况下作出何种对策。最后,管理人员提出了一系列的计划方案,包括采用新的技术降低开采成本、提高低成本的炼油设备的投资、卖掉不盈利的加油站等。

通过审议这些建议,公司高层管理人员得出结论:即便原油价格继续上涨,上述措施同样可使公司利润增加。所以,公司全心全意将这些计划付诸实施。20 世纪 80 年代末,原油价格果然下跌到每桶 15 美元。与其他竞争对手不同,壳牌公司早已采用了在低价原油市场上获取利润的一系列措施。结果,到1990年,壳牌公司的盈利水平是其竞争对手的两倍。

【思考】 1. 讨论情境计划的作用。

2. 设定一个你认为重要的项目,个人项目或组织项目均可,进行情境计划。

6.1.4 计划的作用

计划工作的作用主要体现在以下四个方面。

(一)明确组织成员行动的方向和方式

计划是一种协调过程,它给管理者和非管理者指明方向。当所有有关人员了解了组织的目标和为达到目标他们必须作出什么贡献时,计划就能开始协调他们的活动,互相合作,结成团队。而缺乏计划则会走许多弯路,从而使实现目标的过程失去效率。

(二)预测变化,减少冲击,为组织的稳定发展提供保证

严密科学的计划必定是建立在科学预测的基础上的,所以管理者在制订计划之前,必须要预见未来的可能变化,考虑各种变化可能带来的冲击,并采取各种积极的应对措施。也就是说,计划已经把未来一段时间内的一些事件以某种清晰度表示出来了,人们通过计划可以预测未来可能变化的情况,因而可以认为计划减小了未来的不确定性,从而在一定程度上为组织的发展提供了保证。

(三)为组织资源的筹措和整合提供依据

计划不仅提出了组织的目标,而且从众多的实现目标的手段、方法、途径中选择了最优(更为准确地称为"满意的")方案,且这种方案是经过了科学论证的。因此,在计划的实施过程中,可以避免无计划时的重复性、浪费性活动,使组织的目标通过经济、高效、优质的工作予以实现。

(四)为检查与控制组织活动奠定基础

在计划的制订和编制过程中,人们必须设立工作需要达到的目标以及考核需要参考的指标,而在管理工作的控制职能中,重要的工作是将实际的绩效与计划中的目标、指标进行比较,从而能发现偏差并采取措施进行校正、补救。因此,没有计划,也就谈不上控制职能的实施。

6.2 计划制订过程

6.2.1 计划的编制

虽然计划的表现形式和类型多种多样,但科学地编制计划的工作却具有普遍性。任何完整的计划,一般都要经过下面的过程。

(一)确定目标或任务

制订任何一项计划的首要工作是明确目标或任务。明确目标是为了指明计划的方向,同时要注意计划中的目标应该是具体的、可衡量的,并且要尽可能地简明扼要、易懂易记,符合本章中所述的目标描述要求。

目标和任务的明确作为一项计划的核心,每一项计划最好只针对一个目标,即浓缩目标,使计划易于制订和有效实施,否则一项计划可能因为设立的目标太多,造成行动时发生不知如何决定优先次序或协调达成各目标的情形。计划书中有两个以上的目标时,一定要列出各目标优先顺序或重要程度,以集中资源保证重要目标的实现,防止因小失大。

例如,当你给一次目标为"交流学习经验,增强相互间的感情,娱乐身心"的集体活动制订相应计划时,为了达到上述方面的目标,就要安排学术交流、交友活动、娱乐活动等项目,导致的结果可能是由于时间有限而内容繁多,不仅学术交流、感情交流泛泛而行,而且每一个人都被搞得筋疲力尽。所以,还不如以"交流学习经验"为主题更直接和简捷。

(二)明确计划的前提条件

计划是为了指导行动,而行动要以组织现有的资源为基础。因此,在明确目标以后,要积极与各方面沟通,收集各方面的信息,明确计划的各种可能条件和限制条件。

例如,在我们制订海外旅游计划时,不仅要收集有关目的地的气候、货币使用情况、当地的食宿情况等信息,而且要清楚可使用的时间、能够承受的费用额度等条件,只有将这些情况调查清楚,才能够计划行程、路线等。

【思考】 如果在制订计划时忽视了其中的某些信息或限制条件,会导致什么后果?

（三）制订战略或行动方案

确定目标、明确前提条件后，就要从现实出发分析实现目标所需解决的问题或需要开展的工作，即首先分解目标，确定所要进行的各项工作。其次，分析各项工作之间的相互关系和先后次序，确定行动路线图。

值得一提的是在制定行动方案时，应反复考虑和评价各种方法和程序，因为一个好的计划，不仅应该程序、方法清楚可行，而且所需要的人力和资金等各种资源支出越少越好，即要以最少的投入来保证目标的实现。

（四）落实人选、明确责权利

在所要进行的各项工作任务明确以后，就要落实每项工作由谁负责、由谁执行、由谁协调、由谁检查。同时，要明确规定工作标准、检验标准，制定相应的奖惩措施，使计划中的每一项工作落实到部门和个人，并有清楚的标准和切实的保障措施。

【思考】　若在计划中没有明确各项工作的检验标准或奖惩方法，在计划实施过程中会出现什么情况？

（五）制定进度表

各项活动所需时间的多少，取决于该项活动所需的客观持续时间、所涉及的资源的供应情况及其可以花费的资金的多少。

活动的客观持续时间是指在正常情况下完成此项工作所需的最少时间，例如，酿酒需要一定的发酵时间，从原材料投入到生产出成品需要一定的生产时间等。在一般情况下，工作计划时间不能少于客观持续时间。实际工作时间的多少还受工作所需资源的供应情况的影响，若所需资源能从市场上随时获得，则工作计划时间约为客观持续时间加上一个余量；若所需资源的获得需要经过一段时间，则计划时间也要在客观持续时间上再加一个获得资源所需的时间。另外，同样的一项工作，如不计成本，则可通过采用先进的技术、增加人力等缩短工作时间；资金不足，也会影响工作进展，所以在一定条件下计划时间与工作成本呈反比。

根据以上几方面的情况，即可决定每项工作所需的时间，前后相连的各项工作时间之和即为完成此项任务或实现此项目标所需的总时间。

（六）分配资源

资源分配涉及需要哪些资源、各需要多少及何时需要等问题。一项计划所需要的资源及资源多少可根据该项计划所涉及的工作要求确定,不同的工作需要不同性质和数量不等的资源。根据各项工作对资源的需求、各项工作的轻重缓急和组织可提供资源的多少就可确定资源分配给哪些工作和各分配多少。同时结合该项工作的行动路线和进度表,确定每一项工作所需资源何时投入、各投入多少。

在配置资源时,计划工作人员要注意不能留有缺口,但要留有一定的余地,即在保证工作所需的各项资源的基础上,视环境的不确定程度留有一定的余量,以保证计划的顺利实施。

【思考】 为什么在分配资源时,不能留有缺口,但要留有余量?

(七)制定应变措施

"人算不如天算"强调的就是制订计划时,最好事先备妥替代方案。制订多个方案的目的,一是因为在一个组织中,计划必须经过各方面的审议才能获得批准,制订多个计划有助于早日获得各方面的认可;二是因为尽管我们按未来最有可能发生的情境制订 2～3 个计划,但未来的不确定性始终存在,为了应对未来可能的其他变化,保证在任何情况下都不会失控,就有必要在按最有可能的情况制订正式计划的同时,按最坏情况制订应急计划。

需要说明的是,应急措施可以是一个完整的应对最有可能发生的最坏情况的计划,也可以只是简单说明一旦出现最坏情况该如何做。如当我们按天气晴朗制订郊游计划时,最后要明确一下,一旦下雨该如何,这时可以制订一个具体的应急计划,也可以就是简单的一句"风雨无阻"。

制订计划的实际过程未必都要按上述顺序进行,不过需要强调的是:只要是完备的计划,上述计划过程的每一个环节都是必不可少的。

6.2.2 计划的审定

在完成计划初步编制后,还要进行计划的审定。计划审定主要是评价所制订计划的完整性和可行性。计划的完整性审定主要是看该项计划要素是否齐全,也可称之为计划形式审查;计划的可行性审查也叫内容审查,主要是评价计划中所列各事项的可行性。如果在计划的审定过程中,发现缺少某一部分或某一部分不合适,就要立即进行修改,以使计划更加行之有效。

计划的审定可以由上级审定、同事审定,也可由群众讨论评价。若经常从事计划审定工作,可根据计划评审的要求将一些问题列成一张清单,作为检核表据此审定。检核表中的问题可根据形式审查和内容审查的要求，包括诸如以下一些问题：

  (1)计划目标与该组织的目标一致吗？

  (2)该计划符合政府的规定吗？

  (3)计划的前提假设能现实吗？

  (4)具体的预算投入同计划预计的收益是否平衡？

  (5)能及时取得计划中所需的资源吗？

  (6)计划中的完成日期现实吗？

  (7)计划中的各项工作的负责人能否胜任？

  (8)如有需要，应变计划行得通吗？

  ·············

  计划审定通过后，该项计划就可作为正式计划实施。

【思考】 计划经过审定和不经过审定这一环节有何不同？

6.3 计划制订方法

  计划工作效率的高低和质量的好坏取决于所采用的计划方法。现代计划方法为制订这种切实可行的计划提供了手段。在质量方面，现代计划方法可以确定各种复杂的经济关系，提高综合平衡的准确性，能够在众多的方案中选择最优方案，还能够进行因果分析，科学地进行预测；在效率方面，由于采用了现代数学工具并以计算机技术作为基础，大大加快了计划工作的速度，这就使得管理者从繁杂的计划工作中解脱出来，能够集中精力考虑更重要的问题。总之，现代计划方法具有许多优点，已经逐渐为更多的计划工作所采用。其中主要的计划方法有以下三种：滚动计划法、网络计划技术和时间管理。

6.3.1 滚动计划法

  滚动计划法是一种定期修订未来计划的方法。这种方法根据计划的执行情况和环境变化情况定期修订未来的计划，并逐期向前推移，将短期计划、中期计划和长期计划有机地结合起来。由于在计划工作中很难准确地预测影响未来发展的各种因素的变化,计划期越长,这种不确定性就越大,若硬性地按几年前制订的计划实施,可能会造成重大的损失。滚动计划法则可避免这种不确定性可能带来的不良后果。

滚动计划法的具体做法是,在计划制订时,同时制订未来若干期的计划,但计划内容采用近细远粗的办法,即近期计划尽可能地详尽,远期计划的内容则较粗;在计划期的第一阶段结束时,根据该阶段计划执行情况和内外部环境变化情况,对原计划进行修订,并将整个计划向前滚动一个阶段,以后根据同样的原则逐期滚动。如图 6-2 就是一个 5 年的滚动计划制订方法。

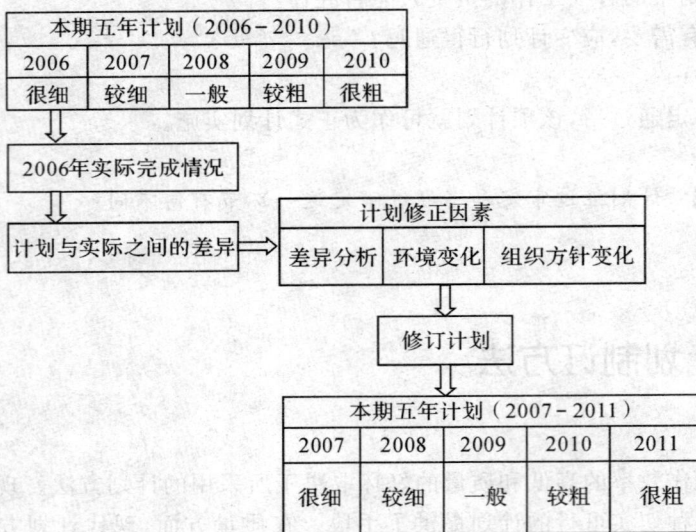

本期五年计划（2006－2010）				
2006	2007	2008	2009	2010
很细	较细	一般	较粗	很粗

2006年实际完成情况

计划与实际之间的差异 ⇒

计划修正因素		
差异分析	环境变化	组织方针变化

修订计划

本期五年计划（2007－2011）				
2007	2008	2009	2010	2011
很细	较细	一般	较粗	很粗

图 6-2　滚动计划法示意图

滚动计划法适用于任何类型的计划,其优点是:

1.使计划更加切合实际。由于滚动计划相对缩短了计划时期,加大了对未来估计的准确性,能更好地保证计划的指导作用,从而提高了计划的质量。

2.使长期计划、中期计划、短期计划相互衔接,短期计划内部各阶段相互衔接。这就保证了组织能根据环境的变化及时地进行调节,并使各期计划基本保持一致。

3.大大增加了计划的弹性。这对环境剧烈变化的时代尤为重要,它可以提高组织的应变能力。

滚动计划法作为一种动态计划方法,具有长短结合、近细远粗、逐期滚动的特点,适用于各种计划。但其编制工作量大,近细远粗的尺度难以把握,尤其是滚动间隔期的选择,要适应企业的具体情况,如果滚动间隔期偏短,则计划调整较频繁。滚动计划法的优点是有利于使计划符合实际,缺点是降低了计划的严肃性。一般情况是,生产比较稳定的大批量企业宜采用较长的滚动间隔期,生产不太稳定的单件小批生产企业则可考虑采用较短的间隔期。

但是,有些单项性计划如品种发展计划、技术发行计划等,其变化因素及对计划的影响不是表现在产量、销售额或利润,而是涉及项目、方针等。对此滚动计划就不适用了。此时,可以采用编制备用计划的办法来对原计划进行调整。其关键是要正确及时地把握调整的时机,而判断的依据主要是计划内容的前提因素和先行指标状况,备用计划是事先准备好的,一旦时机成熟就立即启用。

6.3.2　网络计划技术

(一)网络计划技术的原理

网络计划技术(Program Evaluation and Review Technique,通常称为PERT 或 PERT 网络分析技术)最初是在 20 世纪 50 年代末开发北极星潜艇协调中,为协调三千多个承包商和研究机构而开发的。这个项目具有难以想象的复杂性,要协调几万种活动,据报道,由于 PERT 的应用,北极星潜艇项目提前两年完成。

网络技术的基本原理简单来说就是把一项工作或项目分成各种作业,然后根据作业顺序进行排列,通过网络图对整个工作或项目进行统筹规划和控制,以便用最少的人力、物力、财力和最快速度在最短的时间内完成工作。其原理如图 6-3 所示。

(二)PERT 网络图的绘制

从图 6-3 中可以看出,构造 PERT 网络是其核心工作。要构造 PERT 网络,首先需要明确相关的四个概念:事件、活动、虚箭线和关键路线;其次,要了解网络图的基本绘制规则,以及明确构造 PERT 网络的步骤;最后还需借助PERT 网络图通过计算找出关键路线。

1. 网络图中的基本概念

(1)活动(Activities)。也称工作、作业、工序或箭线,表示从一个事件到另一个事件的过程,箭线由箭头和箭尾组成,箭尾表示活动的开始,箭头表示活动的结束。组成整个任务的各个局部任务,都需要一定的时间和资源。活动时间一般写在箭线下方,活动的名称除用文字或代号表示外,还可以用箭线的起始节点的编号(i)和结束节点的编号(j)来表示,一般写在箭线上方。箭线的长短与

```
                    ┌─────────────────────┐
                    │  确定目标进行线性规划  │
                    └──────────┬──────────┘
                               ▽
                    ┌─────────────────────┐
                    │  工程分析列出作业明细表  │
                    └────┬───────────┬────┘
                         ▽           ▽
        ┌──────────────────────┐  ┌──────────────────────┐
        │   确定各项作业相互关系   │  │  估算各作业所需作业时间  │
        └──────────────────────┘  └──────────────────────┘
              △         ▽                        △
              │    ┌─────────────────────┐        │
              │    │     绘制网络草图       │        │
              │    └──────────┬──────────┘        │
              │               ▽                   │
              │    ┌─────────────────────┐        │
              │    │  计算各作业最早开始    │        │
              │    │  时间和最迟结束时间    │        │
              │    └──────────┬──────────┘        │
              │               ▽                   │
    ┌──────────────┐  ┌───────────┐  ┌──────────────┐
    │ 重新考虑各作   │◁─│  综合平衡  │─▷│ 根据平衡结果   │
    │ 业之间的关系   │  └─────┬─────┘  │ 修改作业时间   │
    └──────────────┘        ▽        └──────────────┘
                    ┌─────────────────────┐
                    │    绘制正式网络图      │
                    └─────────────────────┘
```

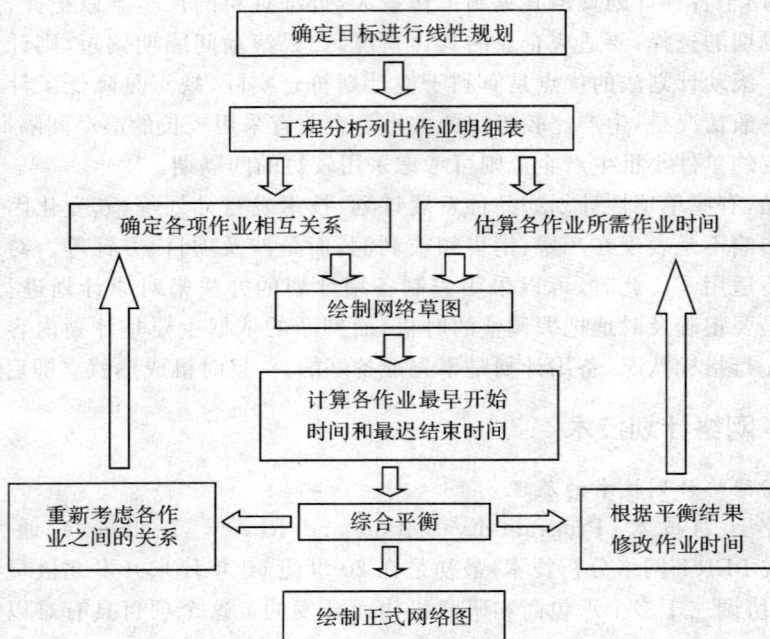

图 6-3　网络计划绘图与平衡步骤示意图

活动或作业所需的时间多少无关,它不是矢量,可长可短可弯折,但不能中断。在网络图中,箭线把各个节点连接起来,以表明各项作业或各道工序之间的先后顺序和相互关系。

(2)事件(Events)。也叫节点或事项,用圆圈表示,代表若干个工作的开始与结束。节点不占用时间,也不消耗资源,只是表示某项活动开始或结束的符号。网络图中的第一个节点称为始点,表示整个计划最初作业的开始;网络图中的最后一个节点,称为终点,表示整个计划最终作业的结束;介于始点和终点之间的节点称为中间节点,表示中间各项作业的结束和开始。在绘制网络图时,对各个节点要按其先后次序进行统一编号,始点编号一般都从"1"开始。值得注意的是一个网络图中只有一个起点事项和一个终点事项。

(3)虚箭线。用带箭头的虚线表示,只是一个符号标志,代表一项并不存在的作业,不占用时间也不消耗任何资源。在网络图中使用虚箭线的作用是把两个节点之间的多个平行作业分开,以明确各项作业或各道工序之间的逻辑关系,并便于计算机识别。因为网络图中两个节点之间只允许有一条箭线,因此,当两个节点之间存在多道工序时,须借助虚箭线来理顺工序之间的逻辑关系。

（4）路线。路线是指网络图中从始点事项开始,沿着箭头方向到达终点事项为止,中间由一系列首尾相连的节点和箭线所组成的一条通道。在一个网络图中,往往有多条路线,各条路线的时间长短不同,其中,在路线上的各项作业时间之和为最大的路线,称为关键路线（Critical Path）。关键路线是 PERT 网络里面所有路线中花费时间最长的事件和活动的序列或网络图上总时差为零的各项活动的连线。它直接影响整个作业计划完成的时间期限。除关键路线外,网络图中的其他路线称为非关键路线。关键路线在网络图中一般以双箭线、粗线或红线加以表示。

2.绘制网络图的基本规则

（1）一张网络图中只能有一个起点事项和一个终点事项。如果一张网络图中有两个或两个以上的起点事项或终点事项,就要检查网络图的绘制是否正确。

（2）两个节点之间只能有一条箭线。如果在两个节点之间存在多个平行活动的作业,则除保留一项作业活动的节点外,其余活动要通过增加节点,用虚箭线来连接。如图 6-4 所示。

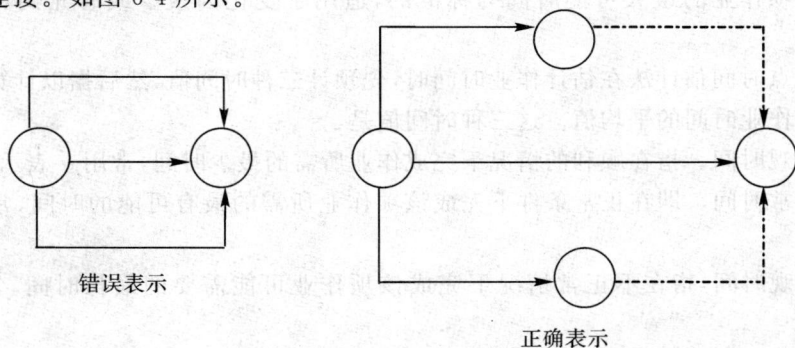

错误表示

正确表示

图 6-4　用虚箭线表示作业间的逻辑关系

（3）网络图中不允许有封闭的循环路线。网络图中不允许有回路,否则在运用计算机运算时会出现死循环而无法得出结果。网络图中箭线的方向只能从左到右,以垂直 90°为限,不能反方向,以免形成回路,如图 6-5 所示。

错误表示

正确表示

图 6-5　网络图中不允许出现回路

(4)网络图中的所有节点均须按从小到大的原则进行统一编号,以便于识别、检查和计算。编号顺序遵循从左到右,从上到下的原则,箭头节点的编号要大于箭尾节点的编号,同时结合工序之间的前后关系的规则来进行,不允许有重复编号出现。号码数字写在节点的圆圈之内,以与工序作业时间区分。

3.网络图的绘制及关键路线的确定

在绘制出网络图后,为了能用网络图进行计划安排和控制,还必须计算网络时间,并找出关键线路。

(1)作业时间的确定

网络图中各项作业的时间值是编制计划和安排活动的基础。作业时间是指完成某项作业、某道工序所需的时间,常用符号 T 表示。作业时间的单位视具体情况确定,一般用周或日,也有采用小时或月的。网络计划技术中确定作业时间值,一般是采用单一时间估计法和三点时间估计法。

单一时间估计法就是在估计某项作业时间时,只确定一个时间值。它是以完成该项作业的最大可能时间为标准的,适用于变化因素少或有先例可循的活动。

三点时间估计法在估计作业时间时,先预计三种时间值,然后据以计算出完成该项作业时间的平均值。这三种时间值是:

乐观时间。指在顺利的情况下完成作业所需的最少时间,常用 a 表示。

正常时间。即在正常条件下完成该项作业所需的最有可能的时间,常用 m 表示。

悲观时间,指在不正常情况下完成该项作业可能需要的最长时间,常用 b 表示。

根据上述 a、m、b 三种时间估计值,按下列公式计算出作业时间平均值 T:

$$T=(a+4m+b)/6$$

【思考】　三点时间估计法适用于哪些情况?

(2)作业最早开始时间和结束时间的计算

在网络图上,每一项作业都存在一个最早可能在什么时间开始和最早可能在什么时间结束的问题。作业最早可能开始时间称为活动的最早开始时间,作业最早可能结束时间称为活动的最早结束时间。活动的最早开始时间和最早结束时间有密切关系。最早结束时间等于最早开始时间加上作业时间,即:

$$EF_{(i,j)}=ES_{(i,j)}+T_{(i,j)}$$

式中：i 表示一项作业的箭尾结点的编号；

j 表示一项作业的箭头结点的编号；

$i \rightarrow j$ 表示从结点 i 开始到结点 j 结束的作业；

$T_{(i,j)}$ 表示作业 $i \rightarrow j$ 的作业时间；

$ES_{(i,j)}$ 表示作业 $i \rightarrow j$ 的最早开始时间；

$EF_{(i,j)}$ 表示作业 $i \rightarrow j$ 的最早结束时间。

在简单的网络图中，前一项作业的最早结束时间即为后一项作业的最早开始时间。即：

$$EF_{(i,j)} = ES_{(i,j+1)}$$

但在实际网络图中，有时有好几项作业汇集到一个结点，或有好几项作业同时从一个结点出发，这时就要计算从该结点开始的各项作业最早可能开始的时间。网络图中结点的最早开始时间的计算公式为：

$$ES_{(i,j)} = \max\{ES_{(i-1)} + T_{(i-1,i)}\}$$

式中：max 表示取最大值；

$ES_{(i)}$ 代表箭头结点的最早开始时间；

$ES_{(i-1)}$ 代表箭尾结点的最早开始时间；

$T_{(i-1,i)}$ 表示活动的作业时间。

因此，当从某一结点开始的作业有好几项时，这几项作业的最早开始时间是相同的，都等于这个结点的开始时间。计算网络图上各结点的最早开始时间，应从始点开始，自左至右，逐个推算，直到终点。始点的最早开始时间为零，终点因无后继活动，所以它们的最早开始时间和最早结束时间是相同的。

（3）作业最迟开始时间和结束时间的计算

在网络图中，每一项作业为保证下一项作业的按时开工，又都有一个最迟必须在什么时候开始和最迟必须在什么时候结束的问题。这就要求计算出各项作业的最迟开始时间和最迟结束时间。

设：$LS_{(i,j)}$ 表示作业的最迟开始时间；

$LF_{(i,j)}$ 表示作业的最迟结束时间。

则： $LS_{(i,j)} = LF_{(i,j)} - T_{(i,j)}$

即某项作业的最迟开始时间等于其最迟结束时间减去作业时间。

在简单的情况下，下一项作业的最迟开始时间等于前项工作的最迟结束时间。但当若干项作业从同一个结点出发时，则应分别计算从该结点出发的每一项作业的最迟开始时间，然后选择其最小值，作为前项工作的最迟结束时间。这样，若进入某一结点 j 的作业有好几项时，这几项作业的最迟结束时间是相同

的,我们把这个时间称为结点 j 的最迟结束时间。节点 j 的最迟结束时间的计算公式为:

$$LF_{(j)} = \min\{LS_{(j,j+k)}\} = min\{LF_{(j+k)} - T_{(j,j+k)}\}$$

式中:min 表示取最小值,$k \geq 1$;

$j+k$ 表示从结点 j 开始的各项作业箭头接点的编号;

$LF_{(j)}$ 表示箭尾结点 j 的最迟结束时间;

$LS_{(j,j+k)}$ 表示作业 $j \rightarrow j+k$ 的最迟开始时间;

$LF_{(j+k)}$ 表示箭头结点 $j+k$ 的最迟结束时间;

$T_{(j,j+k)}$ 表示作业 $j \rightarrow j+k$ 的作业时间。

利用上述公式,就可以计算各结点的最迟结束时间,其方法、程序与计算最早开始时间相反。它是从终点开始,自右至左,逐个用减法进行逆算,直至始点。结点的最迟结束时间等于最迟开始时间,等于整个计划的总工期。

(4)总时差的计算

所谓总时差是指在不影响后续活动最迟开始时间的条件下,完成某项作业可供机动的总时间。总时差又称机动时间,一般而言,机动时间越多,生产潜力越大,越应采取措施加以利用,以充分发挥人力、物力的作用。

总时差的计算公式为:

某作业的总时差＝该作业最迟开始时间－该作业最早开始时间

＝该作业最迟结束时间－该作业最早结束时间

即: $TF_{(i,j)} = LS_{(i,j)} - ES_{(i,j)} = LF_{(i,j)} - EF_{(i,j)}$

(5)关键路线的确定

在网络图中,若某项作业的总时差为零,即没有机动时间,我们就把它称为关键作业,由关键作业或工序连接而成的路线即为关键路线。关键路线是网络图中费时最长的路线,它决定了项目的最早完工时间或最迟结束时间。凡是在关键路线上的作业,其时差均为零。关键路线一般只有一条,但有时也可能同时出现几条。

绘制出网络图,估计了各种作业时间,并计算出最早开始时间和结束时间、最迟开始时间和结束时间,找出关键路线之后,管理人员就可以据此对该项活动进行计划优化和控制了。

【思考】 区分关键路线和非关键路线有何意义?

4. 绘制网络图的实例

为了说明 PERT 网络绘制的机理,请看下面的简单例子:假定你是一家建筑公司的施工经理,你被分派监督一座办公楼的施工过程,你必须决定建这座办公楼需要多长时间。你仔细地将整个项目分解为活动和事件,表 6-2 概括了主要事件和你对完成每项活动所需时间的估计,图 6-6 画出了基于表 6-2 的数据的 PERT 网络。

表 6-2　办公楼建设的主要事件及其时间估计

事件	描述	期望时间(天)	预备事件(紧前工序)
A	审查设计和批准施工	4	—
B	挖基地	5	—
C	立屋架和砌墙	5	A
D	建造楼板	8	B
E	安装窗户	5	B
F	搭屋顶、室内布线	7	C、D
G	铺地板和嵌墙板	5	C、D
H	安装门和内部装饰	4	E、F
I	验收和交接	5	G

从上表中的工序之间的关系,借助网络图的绘制规则,我们可以绘制网络图,见图 6-6。

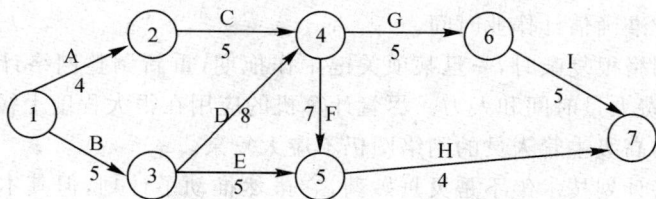

图 6-6

从网络图中经过计算其最早开始时间和最迟结束时间可知,线路 B、D、F、H 为关键路线,所需时间即工期为 24 天。

（三）网络计划技术的优点和局限性

1.网络计划技术的优点

网络计划技术适用于各行各业,特别是包含较多作业、需要多家单位配合完成的大型工程项目。因为网络计划技术具有以下几个特点:

（1）系统性。通过箭线关系,能将整个计划中的各项工作之间的内在联系和制约关系清晰地表示出来,使管理者对他们在计划中所处的地位和作用一目了然,易于对一项复杂的任务有条不紊地进行全面考虑和安排,并可促使相关人员之间的相互了解、协调和配合,有利于发挥各自的作用,处理好局部与整体之间的关系,从而实现系统整体效益的最优化。

（2）动态性。利用网络技术编制的计划是一种灵活性很强的弹性计划,它把计划执行过程看成是一个动态过程,可不断根据实际情况调整资源,调动非关键路线上的人力、物力、财力加强关键作业,确保最终目标的实现。

（3）可控性。由于网络图提供了明确的活动分工以及相应的期限要求,为管理人员提供了控制标准;关键路线及关键工序为管理人员指明了控制重点。管理人员可事先评价达到目标的可能性,指出实施中可能发生的困难点和这些困难点对整个任务产生的影响,以便准备好相应的措施,减少任务难以完成的风险。

（4）易掌握。网络计划技术把图示和数学方法结合起来,计算简便,直观性强,容易掌握运用,有利于普及推广。由于网络图可以通过计算机进行运算,所以采用网络计划技术还有利于实行计算机管理,从而提高管理效率。

2.网络计划技术的局限性

网络计划技术尽管有许多优点,但也有一定的局限性。主要的问题表现在:

（1）很难准确估计作业时间。

（2）当网络很复杂时,一旦某项关键工作拖期,重新调整网络计划和寻找关键路线要花费大量时间和人力。尽管计算机的应用在很大程度上缓解了这个矛盾,但提供给高级主管人员的网络图仍不应太复杂。

（3）网络计划技术绝不是灵丹妙药,它虽然推动了计划,但其本身并不是计划。虽然它建立了一种重视和正确利用控制原则的环境,但并不能自动地进行控制。它的作用都取决于主管人员对其掌握和运用的程度,以及认识和重视的程度。

【思考】　网络计划技术要发挥其作用,必须具备什么前提条件?

虽然通过网络图可以了解计划全貌和各项活动之间的依存制约关系,进而掌握关键路线并进行有效的计划和控制,但网络计划技术也不是万能的。如果计划本身模糊不清,并对时间进度作出不合理的"瞎估计",那么网络计划技术也许毫无用处。因此,网络计划技术的有效性取决于组织成员对该项技术的正确运用。

6.3.3 时间管理

对于管理者而言,时间也许是最为宝贵的资源,这从企业老总每天的日程表和许多组织中的问题受制于高层管理者的关注中可见一斑。

(一)时间是一种稀缺的资源

时间管理实际上是一种个人的作业计划,能有效利用时间的管理者,知道他们打算从事什么活动,这些活动的最佳次序是什么,以及应该在什么时候完成这些活动。这主要是因为时间具有以下两个特点:不可再生性,指时间一旦被浪费就无法恢复,时间既无法被节省下来也不能被贮存起来备用;平等性,指时间作为一种资源对任何人都是一样的,每一个管理者的时间每天都是 24 小时,每周 7 天,而其他资源的分布常常是不均等的,使得某些管理者处于相对有利的地位。

(二)管理者要专注于可支配的时间

管理者不能控制他们的全部时间,他们的日程总是被日常工作打断,或不得不处理那些意外的事件。因此,区分被动时间和可支配时间对管理者而言是十分必要的。

管理者花在应付下属的请求、顾客的需求和种种因别人引发的问题上的时间,我们称之为被动时间(Response Time),它是管理者不可控的时间。能够由管理者控制的时间称之为可支配时间(Discretionary Time),大多数有关改进时间管理的建议实际上只适用于可支配时间,因为只有这部分时间是可管理的。

不幸的是,绝大多数管理者,特别是基层和中层的管理者,其可支配时间仅占他们工作时间的 25％ 左右,不仅如此,可支配时间趋向于一些零碎时间——这里 5 分钟,那里 6 分钟,要有效地利用它们非常困难。在这里,管理者面临的挑战是明确什么时间是可支配的,然后对活动进行适当的组织,以便将零散的可支配时间积累成大块的时间,从而能够更有效地利用这些时间。凡是善于识别和组织其可支配时间的管理者,往往更有成效,而他们用可支配时间完成的事情往往是更重要的事情。

（三）有效的时间管理的七个步骤

时间管理的实质是有效地利用时间，它要求你很清楚要实现的目标和实现目标要进行哪些活动，以及每种活动的重要性和紧急性。有效的时间管理过程包括 7 个步骤：

1. 列出目标清单。你为自己和你所管理的部门设定的目标是什么？如果你采用目标管理 MBO 方法[①]，这些目标应该已经设定好了。

2. 按照重要性排出目标的次序。并非所有的目标都是同等重要的，给定你的时间限制，确保给最重要的目标以最高的优先级。

3. 列出实现你的目标所必须进行的活动。未来实现你的目标需要哪些具体的行动？同样，如果你采用的是 MBO 方法，这些行动计划应该已经制订好了。

4. 对于每一个目标，给实现目标所需进行的各种活动区分优先级。这一步又加上了第二组优先级。这里，你既需要强调重要性，也需要强调紧急性。如果某项活动是不重要的，你应当授权给下级去做；如果某项活动是不紧急的，你通常可以先把它放一放。在这一步上，你应识别出哪些活动是你必须做的；哪些是你应当做的；哪些是当你有空时做的；哪些是应当授权别人去做的。

5. 按照给出的优先级安排活动的日程。最后一步是制订日计划，每天早晨或前一天下班以前，列出 5 件你认为是最重要的、必须在当日或第二天做的事情。如果列出的事情超过了 10 件，那该日的工作就会十分累赘和缺乏效率。然后，按重要性和紧急性确定列出的各项活动的优先次序。

6. 按照工作时间表开展工作。在工作中，要严格按照时间表进行，每做完一件事都要看一看下一件事是什么，可以有多少时间来处理这件事。尽可能按时完成，若不能及时完成，则要重新评价其重要性和紧迫性，并据此确定将此事推后或修改工作时间表。

7. 不断总结调整。每天工作结束后，回顾一下当天的时间利用状况，并安排第二天的活动。

管理者不但要重视对时间的管理，而且要不断总结经验教训，在实践中形成一套有自己特色的高效利用时间的方法，从而实现合理而有效的利用时间的目的。

【思考】 按此程序做就一定能提高时间利用率吗？若能，你会照此做吗？

---

① 目录管理 MBO 详见 6.4.2 目标管理。

6.4　目标管理

　　任何社会活动都有自己的目标,目标是活动的最终结果。计划工作的首要任务就是要为组织确立合理的目标,没有目标,组织也就失去了存在的意义。组织的工作只有围绕着目标展开才能取得预想的成果。长期以来,人们一直在实践中探索着运用目标进行管理的方法。

6.4.1　目标概述

　　（一）目标的作用

　　目标是根据组织的宗旨而提出的组织在一定时期内所要达到的预期成果,目标是宗旨的具体化。如 2001 年获得国家质量奖的青岛啤酒股份有限公司,为了实现成为"世界驰名品牌,建国际化大公司"的宗旨,提出了"2005 年销售量 500 万吨,进入世界啤酒十强;2010 年销售量 800 万吨,进入世界啤酒三强"的目标。

　　一般而言,目标的作用主要有以下几个方面。

　　1.指明组织的方向

　　目标指期望的成果,一个在未来某一时间内要实现的成果。这些成果是个人、小组或整个组织努力要达到的结果,它是一定时间内管理的方向,使组织的所有活动、可获得的资源都用于目标的实现。

　　2.激励和凝聚组织中的成员

　　组织目标是组织一定时期的目的,组织成员的个人目标是组织成员希望通过个人在组织中的努力所要达到的目的,管理者如果能使组织目标和组织成员个人目标相结合,则组织成员无需管理者的监督就会努力地去完成组织要求的工作,组织目标就成为激励组织成员的因素。由于组织成员的工作都是以实现组织目标为基础的,共同的目的使组织成员之间存在相互协调和配合的基础,存在相互沟通的条件,因此组织目标有凝聚组织成员的作用。

　　3.促进合理决策

　　管理者经常面临各种管理问题,在解决这些问题的过程中,管理者根据组织目标,来明确组织应完成的任务,明确应选择什么方案达到组织所希望的合理结果。

4.衡量组织绩效

组织绩效及组织成员绩效的高低是对组织成员的行为是否符合组织目标及对目标实现程度的估价，因此组织目标可以作为衡量实际绩效的标准。

(二)目标的基本特性

1.目标的多样性

一个组织的目标具有多样性，即使是组织的主要目标，一般也是多种多样的。例如，工商企业通常在 8 个主要方面设立目标，它们是：市场地位、创新和技术进步、生产率、物质和财力资源、利润率、主管人员的绩效和发展、员工的工作质量和劳动态度、社会责任。每一个方面都还有更具体更细化的目标。例如利润率方面，就至少应该有销售利润率、资金利润率、投资报酬率等。尽管组织的目标是多种多样的，然而，除了主要目标之外，还有一些次要的目标，但并非目标越多越好，相反，应当尽量减少目标的数量，尽量突出主要目标。

了解目标的多样性，有助于主管人员正确地确定目标和充分发挥目标的作用。

2.目标的层次性和网络性

目标是分层次的体系和网络，就组织而言，整个组织有一个总目标，组织内的每个部门、每一层次又有自己的相应目标。例如，市场部有关于扩大销售量以及分享市场的目标；生产部有关于降低成本、提高产品数量和质量以及市场占有率的目标。而个人也有根据自己所在单位的有关目标而确定的一系列目标，例如提高薪酬、提升能力和个人发展等目标。从层次上分析，组织的目标可以分为环境层目标、战略层目标、操作层目标等。环境层目标是社会加于组织的目标；战略层目标是作为一个利益共同体和一个系统的组织的整体目标，即取得组织资源的和谐一致；操作层目标是组织对组织成员的目标。组织中各级各类目标构成一个目标网络，各目标彼此协调、互相支援、互相连接，成为一个组织目标的有机体，如图 6-7 所示。

3.目标的明确性和可衡量性

在可能的情况下，目标应该用数量来表示，如增加 2％的利润、减少 1％左右的废品率等。对不能用数字表示的目标应尽可能明确表述。确立明确且可考核的目标，便于提高管理活动的效果和效率。

4.目标的挑战性和可达性

目标应具有一定的挑战性，但不是不可及的。如果目标高不可及，将导致工作效率低下和士气低落；如果目标太容易，则不能对员工产生任何激励。管理者必须知道，目标应建立在时间期限、设备和资金、人力资源状况等现有自由资源

```
                    ┌──────────────┐
                    │   组织宗旨    │
                    └──────┬───────┘
                           ↓
              ┌────────────────────────────┐
              │  组织总体目标（某一时期）    │
              └────────────────────────────┘
    细化          ↓          ↓          ↓       分解
  ┌────────┐   ┌────────┐   ┌────────┐
  │ 战略目标 │   │ 中期目标 │   │ 部门目标 │
  └───┬────┘   └───┬────┘   └───┬────┘
      ↓            ↓            ↓
  ┌────────┐   ┌────────┐   ┌────────┐
  │ 行动目标 │   │ 短期目标 │   │ 岗位目标 │
  └───┬────┘   └───┬────┘   └───┬────┘
      ↓            ↓            ↓
  ┌──────────────────────────────────────┐
  │   行为        时间        人选        │
  ├──────────────────────────────────────┤
  │        每一个组织成员的具体行动指南     │
  └──────────────────────────────────────┘
```

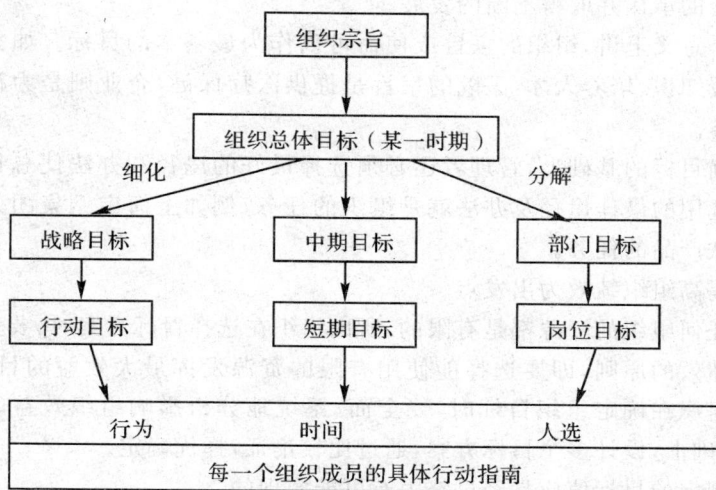

图 6-7　组织目标的分解细化

的基础上。

5.目标的时间期限

目标必须确定实现的时间期限以便于检查。一般而言,组织内的各种目标的时间跨度也是不一样的。例如,组织的总目标战略最抽象,时间跨度也最长;中层的目标比较抽象,其时间跨度也比较长。也就是说,组织的层次越低,其目标越具体,时间跨度也越短。

6.目标与奖惩相联系

对终极目标产生影响的是基于目标实现程度的薪酬的增长速度及奖惩的情况。实现目标的员工应予以适当奖励。

（三）目标制定的基本原则

组织通过履行一定的社会职责,来换取组织生存和发展所需要的各种资源和实现组织目标。要确保制定的目标对组织有效,就应该遵循一定的制定目标的基本原则,并满足目标的基本特性,一般来讲,确定组织目标时,应遵循下述基本原则。

1.以满足社会或市场需求为前提

组织要生存,就必须对社会作出贡献,能满足一定的社会需求。在此前提下,才可能进一步考虑组织发展的需要和实现可持续发展的可能性。因此,要把分析社会需求、满足社会需求作为制定组织目标的基础,只有这样,组织才有可能得到社会的承认并取得不断的发展。

从这个意义上讲,组织的宗旨或使命可以作为最基本的目标。如大学的宗旨就是传授知识、培养人才,医院的宗旨是提供医疗保健,企业则是为社会提供产品或服务。

在明确目标的基础上,管理者还必须选择最好的途径和办法使总目标付诸实施。被选用的最佳途径及办法就是组织的任务,例如上海宝钢集团公司就选择生产钢铁产品的任务。

2.以提高组织绩效为出发点

由于任何组织的资源都是有限的,所以组织在选择目标方案时,要充分体现获取最大绩效的原则,即要选择能使用有限的资源发挥最大效益的目标方案。这就要求组织在确定组织目标时,要全面、系统地分析影响组织效益的一切因素,在此基础上,设计多个目标方案,通过比较论证,择优确定。

3.所制定的目标值应是经过努力有可能实现的

订立目标是为了实现目标,组织目标值的确定必须切实可行。在制定目标时,要全面分析组织各种资源条件和主观努力能够达到的程度,既不能脱离实际,凭主观愿望把目标定得过高,从而使组织成员的努力无法实现,也不能将目标定得过低,失去目标应有的激励作用,并使社会对组织的需求无法实现。

4.要适当考虑组织的社会责任

组织是社会的基本单位,都要承担一定的社会责任和义务。因此,每个组织在考虑自身的组织目标时,都要考虑其应尽的社会责任。例如要合法经营、注意环境保护等。

（四）目标制定的基本过程

制定目标是一项复杂的工作,依据上述基本原则和目标的特点,目标制定一般包括以下几个步骤。

1.分析组织环境和组织愿景

目标的确定首先要进行内外部环境分析,即全面收集、调查、分析、掌握外部环境和内部条件的有关资料,在大量调研的基础上,对组织内外环境的现状、发展趋势及其对组织的影响程度作出客观的分析和判断,以此作为确立组织目标的依据。

（1）外部环境分析。通过对影响组织目标制定和组织生存发展的外部环境因素,如有关国家政治、经济政策和法规、社会消费倾向的变化等在过去若干年中的发展情况和未来可能发生的变化的分析,明确组织在未来若干年中可以为社会做什么,可以利用哪些社会资源以及不可以做什么,即明确组织在未来生存发展可能面对的机会和威胁以及可利用的社会资源。

（2）内部实力分析。在分析以往组织目标执行和完成情况的基础上,对组织所拥有的物质、资金、人员、技术、管理水平等和未来可能发生的变化的分析,明确按照拥有的资源情况,组织能够做什么、不能做什么,通过创新还能做什么,即确定自身的实力。

（3）愿景分析。通过对组织成员,特别是领导层价值观和志向的分析,明确组织成员愿意做什么、不愿意做什么,以及希望做到何种程度,即从总体上明确组织成员的群体价值观。

2.拟订总体目标方案

在对上述各方面进行系统分析的基础上,可明确总体方案可行域,即所提出的方案必须是在外部环境允许(可以做)、内部条件具备(能够做),而且符合组织成员价值观(愿意做且认为值得做)的范围之内,从而保证组织目标的切实可行性。外部环境不允许(不可以做),组织力量难以实现(不能做)或组织成员不愿意做(认为不值得或不喜欢做)的都不能列为可行目标方案。

在制订每一个可行的总体目标方案时,都要明确服务方向(做什么)和服务对象(为谁做),以及贡献率(做到何种程度)。例如,对于企业来说,就是要明确经营方向、目标市场、财务指标,对于行政或事业部门来讲就是要明确其功能、服务对象及职责。

3.评估各总体目标的可行方案并优选方案

依据科学决策过程要素对提出的各可行目标方案进行分析论证,从中选出一个满意的目标方案。评估主要从以下几方面进行:

（1）限制因素分析:分析哪些因素会影响目标的实现程度,有多大影响。特别要对比分析组织与竞争者之间的实力,看组织是否有可能在竞争中取得一定的竞争优势。

（2）综合效益分析:综合分析每一个目标方案所带来的种种效益,包括社会的和本组织的效益,看是否是组织能够取得最大效益的方案。

（3）潜在问题分析:对实施每一个目标方案时可能遇到的问题、困难和障碍进行预测分析,看组织是否有能力解决。

通过评估,进一步明确组织的优势与劣势,最后根据发扬优势、避开劣势的原则,确定组织的总体目标(应该做什么、为谁做、做到何种程度)。

4.总体目标具体化

由于组织目标最终要由组织的各级部门和单位执行,因此,拟订出组织的总体目标以后,还需要将目标进行细化和分解——分层、分等级,以形成一个完整的目标体系。

总体目标的具体化，一是要根据组织总体目标制定出相应的战略目标和行动目标，即为了实现总体目标必须要做些什么、怎么做、做到何种程度等。例如，一个企业为了获取更多的利润（总体目标），决定要在某一市场投放新产品（战略目标），为此就要制定出生产该新产品的有关资金筹备、生产规模、营销方式等方面更具体的行动目标。只有通过这一系列的行动目标，组织总体目标和战略目标才能付诸实施。二是要将总体目标分解成部门目标和岗位目标，使组织中不同层次和岗位的成员了解，他们应当做些什么才有助于组织总体目标的实现，确认各级成员在组织总体目标实现中应承担的责任和拥有的权利，并规定相应的评价与奖惩制度，使组织目标落实到人，使之成为组织中一切成员的行动指南。

5. 优化目标体系

通过总体目标具体化后形成的多层次、多部门的目标体系一般是按一个网络的方式相互连接的，因此如何保证这些目标相互之间的协调，便成为目标制定过程中必须解决的问题。如果目标体系中的各目标互不支援、互不协调，就会在目标的制定及实施中出现对本部门有利而对其他部门不利或有害的现象。例如生产部门希望以大批量、长周期、重复生产为目标，而销售部门则希望以小批量、短周期、多品种为目标，两者之间若不加以协调，就会影响相互间的合作与配合。

组织目标的协调主要通过以下三方面的工作来实现：

（1）一是横向协调，即对组织中处于同一层次的不同目标之间进行相互协调，如扩大生产和提高福利，生产、营销、财务各部门之间的目标要有机联系，相互支持。管理的作用就在于力求以有限的资源实现尽可能多或高的目标，因此，在制定目标时要尽可能将表面上似乎是矛盾的不同性质的目标有机地加以协调。

（2）二是纵向协调，即组织中不同层次的目标之间要上下保证，如岗位目标与部门目标之间、部门目标与总体目标之间要保持一致。上一层次抽象的目标要分解细化为下一层次的具体目标，下一层次的具体目标必须能够保证上一层次目标的实现。

（3）三是进行综合平衡，明确各目标的优先顺序和重要程度，以突出重点，避免因小失大。因为尽管进行了横向和纵向协调，在实际协调过程中仍有可能出现目标之间相互冲突的情况。为此，必须事先明确各目标的优先顺序，以便在目标冲突时不会忙中出错，因小失大。

通过上述三方面的协调，最终将形成一个"相互支持的目标矩阵"。我们通过一个实例来了解目标的体系。某厂某年的部分目标体系如图 6-8 所示。其中,分解到各厂的中功率船用齿轮箱年度生产目标还可以进一步分解为季度、月度生产目标,直至各工序每天的生产目标。

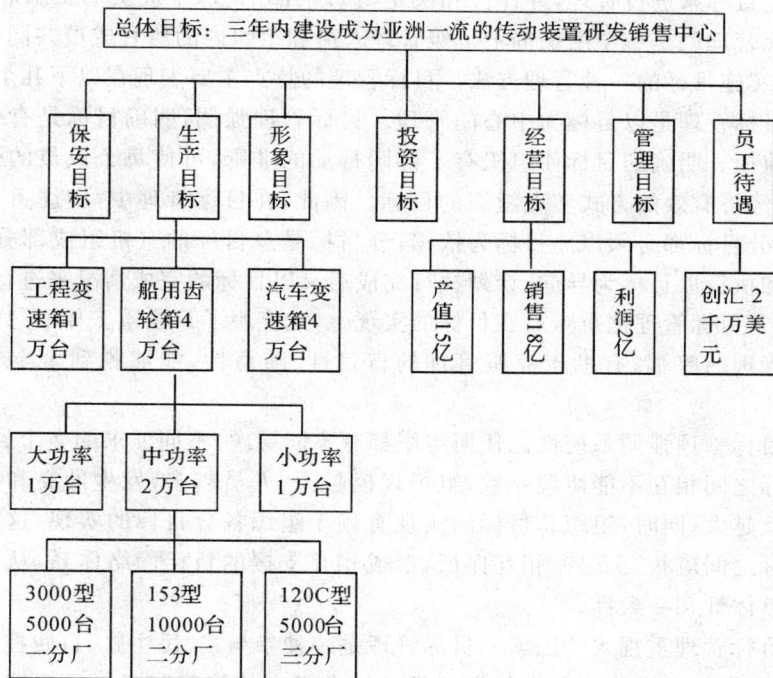

图 6-8　某厂某年某一生产目标分解示例

6.4.2　目标管理

当一个组织确定了组织宗旨和组织目标以后,如何将组织的目标转换为各个部门以及各个员工的岗位目标呢?解决此问题的最好办法就是目标管理。

目标管理 MBO（Management by Objectives)是由美国著名的管理学家杜拉克在 1954 年出版的《管理实践》一书中提出的。这种方法提出后,被许多西方国家组织广泛采用的一种系统地制定目标,并据此进行管理的有效方法。

实践证明,目标管理是一种很实用的管理方法,在美国最大的 500 家工业公司中大约有 40%的公司采用了目标管理,日本企业运用目标管理的比例则更高。

（一)目标管理的概念和特点

目标管理是一种综合的、以工作为中心和以人为中心的管理方法。它首先由一个组织中上级管理人员同下级管理人员,以及员工共同制定组织目标,并由此形成组织内每一位成员的责任和分目标。明确规定每个人的职责范围,最后又用这些目标来进行管理,并评价和决定对每个部门、每个成员的贡献和奖惩。因此目标管理就是一个组织的上下级管理人员和组织内的所有成员共同制定目标、共同实施目标的一种管理方法。目标管理的特点主要表现在以下几个方面:

1. 目标管理是以目标为中心的管理。目标管理强调,明确目标是有效管理的首要前提。明确的目标使组织有了协同行动的准则,可使每个成员的行动一致,以最经济有效的方式实现组织的目标。因此,在目标管理中,应注重目标的制订,各分目标都必须以总目标为依据,分目标是总目标的有机组成部分,计划的制定和执行以目标为导向,计划执行完成后又以目标的完成情况来进行考核。同时,由于目标管理把重点放在目标的实现上,这克服了只注重工作而忽略目标的旧式管理的弊端,有助于克服管理的盲目性、随意性,能够收到事半功倍的效果。

2. 目标管理强调系统性。任何组织都有不同层次、不同要求的多个目标,如果各目标之间相互不能协调一致,组织规模越大、人员越多,发生冲突和浪费的可能性就越大;同时,组织总目标的实现有赖于组织各分目标的实现,这要求组织各目标之间应相互支持、相互保证,形成相互支援的目标网络体系,从而保证目标的整体性和一致性。

3. 目标管理重视人的因素。目标管理是一种参与式、民主式、自我控制的管理制度,也是一种把个人需求与组织目标结合起来的管理制度。目标管理强调以人为中心,通过目的性、自我控制式、个人创造性的目标进行管理。目标管理强调由管理者和下属共同确定目标和建立目标体系,下属不再只是工作、执行命令,他们本身就是制定目标的参与者;目标是上下级人员共同协商研究的结晶,这不仅能使组织目标更符合实际、更具有可行性,而且能激发各级人员在实现目标过程中的积极性和创造性,能使员工发现工作的兴趣和价值,享受工作的满足感和成就感。在这种制度下,上下级之间是平等、尊重、信赖和支持的关系,下级在承诺目标和被授权后是自觉、自主和自治的。

(二)目标管理的程序

一般而言,目标管理可以分为以下三个步骤。

1. 建立一套完整的目标体系。实行目标管理,首先要建立一套完整的目标体系。这项工作总是从企业的最高主管部门开始,然后由上而下逐级确定目标。上下级的目标之间通常是一种"目的—手段"的关系;某一级的目标,需要用一定的手段来实现,这些手段就成为下一级的次目标,按级顺推下去,直到作业层的作业目标,从而构成一种链式的目标体系。

　　这个过程比较复杂,实际操作中应该把握几个要点:一是目标管理必须被全体员工所理解,并真正得到上级领导的全力支持。因此,理想的目标管理应开始于组织的最高层。高层领导者在初始阶段要向下属解释什么是目标管理,为什么要进行目标管理,在评价业绩时它能起什么作用。这项工作可以起到动员和宣传的作用,有利于形成一个实行目标管理的良好组织氛围。二是上下级共同参与制定目标,并对如何实现目标达成一致意见。下级参与目标的制定和执行是目标管理中一个非常重要的问题,它反映了目标管理的实质,有助于调动员工实现目标的主动性和积极性。三是目标的制定是一个反复的过程。由高层设置的目标是初步的,由下级拟订出整个可考核的目标系列时,根据它来进行修改。上级对下级的目标也有一个大体的设想,这个设想随着与下级一起制定目标的进程而改变。管理人员应反复与他的上级一起审查所有下级的工作目标和他自己的目标,直到给部门中的每项工作都制定合适的目标。这样,目标的制定不仅是一个连续的过程,也是一个反复循环、相互作用的过程。四是最终形成的目标体系应既有自上而下的目标分解体系,又有自下而上的目标保证体系,从而保证总目标的实现。

　　2. 目标的实施。通过各级实施,使每个人都明确在实现总目标的过程中自己应承担的责任,实行职责范围内的自主管理、自我监督、自我调整,以保证全面实现预定的绩效目标。

　　在此过程中要把握以下几个要点:一是实行充分授权。根据权责一致原则,若承担某一任务,必须拥有完成这一任务所需要的权力。组织的总目标落实到个人后,管理者要实行充分授权,完善个人自由完成目标所需要的目标责任,使其在实施目标中进行自我管理。自我管理的最大成效就是使员工感到工作是出自内心愿望,从而能够最大地发挥员工积极性。二是要保持定期或经常的成果反馈或检查。目标在实施过程中一般来说主要靠员工自我管理和自我控制,但是,上级也必须定期地检查各项任务的进展情况。下级定期地向上级讨论实施目标的进展情况,上级则不断地将衡量的结果反馈给下级,以便他们能够调整自己的行动,与组织的整体目标保持一致。例如,如果一个目标和任务要在一年内完成,那么,管理人员和有关的下属人员最好每一季度检查讨论一次这项任务的进展情况,以便及时发现问题,采取相应的措施。

　　3. 对成果进行检查和评价。当目标管理一个周期结束时,领导必须与有关的下级或个人逐个地检查目标任务完成的情况,并与原订的目标进行比较。完成好的,要充分肯定成绩,并根据各人完成任务的情况给予相应的报酬和各种奖励;对未能完成任务的,要分析和找出原因,由非个人原因造成的问题,一般不宜采用惩罚措施,重要的在于共同总结经验教训,以便为以下一周期的目标管理提供宝贵的经验,把以后的工作做好。

(三)目标管理的推行

1. 目标管理的优点

目标管理是一种很实用的管理方法,国内外不少企业都采用目标方法。目标管理的优点如下:

(1)通过目标管理,可使各项工作都有明确的目标和方向,从而避免工作的盲目性、随意性,避免形式主义和做无用功,并可使管理者摆脱被动局面。

(2)通过目标的系统分解,可提高组织整体工作的一致性,有助于增强各级人员的进取心、责任感,充分发挥每一位组织成员的内在潜力和积极性。

(3)目标管理有助于实现有效控制。目标管理解决了控制工作中的两个难点:控制标准和控制手段问题,使控制工作落到了实处。

(4)目标管理强调参与,有助于增强全体组织成员的团结合作精神和内部凝聚力。

2. 目标管理的推行过程中常见的一些问题

应用目标管理也会出现一些问题,认识这些问题有助于我们提高工作质量。在实践中经常出现的问题有:

(1)对目标管理的本质缺乏认识。对目标管理的认识往往需要一个过程,缺乏对目标管理基本思想的正确认识,常常会使目标管理走样,蜕变成为一种管理上的时髦或骗人的手段。例如,有的管理者认为目标管理就是目标的制定和分解,只注重对目标的制定和分解,而不注重发挥下属的积极性和在执行过程中对下属的指导及帮助。

(2)在目标制定过程中草率从事。目标是目标管理的核心,没有目标不行,目标不正确后果更严重。影响目标的因素往往很多,而多个目标之间也难以平衡,加上目标的确定需要上下级反复讨论协商,需要耗费大量时间和精力,因而有的组织刚开始还比较认真,到后来就草率从事,把目标管理变成了数字游戏,或强迫下属接受不认同的目标,从而使目标管理失去了本身的意义。

(3)管理人员难以转换角色。目标管理强调目标的实现,主要依靠下级人员的自我控制和自我调节,管理人员的职责是及时进行监督检查,提供帮助和指导,而不是直接指挥下属的工作,但有的管理人员常常难以适应这种角色的转换,在具体行动过程中不时地插手下属的工作,指令下属应该怎么做,使下属左右为难,从而使目标管理的思想得不到落实。

（4）不按协议兑现奖惩。目标管理强调考核目标的完成情况，并按事先商定的协议予以奖惩。而在实际操作中，当下属完成任务后，若管理人员不按事先商定的协议兑现奖惩而是以各种原因转换考核标准，则目标管理就会流于形式。

因此，目标管理的推行，一要有思想基础，让大家对目标管理的基本思想有共同的理解；二要得到管理人员，特别是高层管理人员的支持；三是贵在坚持，只有坚持原则，按协议兑现奖惩，才能使目标成为每一个组织成员的行动指南，达到目标管理应有的效果。

【思考】 你认为目标管理除在企业适用外，是否还适用于其他组织，如学校、机关、研究所甚至是个人？举例说明。

〔➲〕【本章小结】

1.计划作为管理的一项基本职能，具有明确组织成员行动的方向和方式；预测变化，减少冲击，为组织的稳定发展提供保证；为组织资源的筹措和整合提供依据；为检查与控制组织活动奠定基础等作用。

2.计划工作的内容可以概括为六个方面，即做什么（what）、为什么做（why）、何时做（when）、何地做（where）、谁去做（who）、怎么做（how），简称为"5w1how"。

3.了解各种计划类型有助于我们在实际编制计划的工作中避免漏掉或忽视某些重要的因素，提高计划的先导性和有效性。计划按影响程度：可分为战略计划和行动计划；按时间跨度，可分为长期计划、中期计划和短期计划；按对象和应用范围可分为综合计划、部门计划、项目计划；按内容的详尽程度可分为具体计划与指导计划。

4.任何完整的计划，一般都要经过这样一个工作过程：确定目标或任务、明确前提条件、制订战略或行动方案、落实人选并明确责权利、分配资源和制定应变措施。

5.影响计划的权变因素有组织的层次、组织的生命周期、环境的不确定性程度和未来许诺的期限。

6.计划的首要工作就是明确目标。目标具有多样性、层次性和网络性、明确性和可衡量性、挑战性和可达性、时间期限、与奖惩相联系等特征。

7.目标制定一般遵循以下基本原则：以满足社会或市场需求为前提，以提高组织绩效为出发点，所制定的目标值应是经过努力有可能实现的，要适当考虑组织的社会责任。目标制定过程包括分析组织环境和组织愿景、拟订总体目标方案、评估各总体目标可行方案并选择决策方案、具体化总体目标、优化目标体系。

8.目标管理是一种综合的、以工作为中心和以人为中心的管理方法。具有以下特点:以目标为中心,强调系统性,强调人的因素。

9.现代计划方法包括滚动计划法、网络分析技术、时间管理。滚动计划法是一种定期修订未来计划的方法。网络分析技术的关键是 PERT 图的构造。时间管理强调时间作为一种特殊的资源,管理者应该有效区分被动时间和可支配时间,并按所提供的七个步骤有效地利用自己的可支配时间。

☞【复习思考题】

1. 计划职能与管理的其他职能有什么联系?

2. 有人说:"计划总是赶不上变化,因此制订长期计划是无用的。"你认为呢?

3. 选定目标时应注意哪些问题?

4. 实施目标管理应该具备哪些条件?

5. 滚动计划法的特点。

6. 请结合自己的生活实际说明时间管理的重要性。

7. 利用网络分析技术和下表中的数据绘制网络图,计算节点的最早开始时间和最迟结束时间,并确定关键路线。

工序名称	紧前工序	工序作业时间(天)
A	—	2
B	A	2
C	B	3
D	A	2
E	C	5
F	C	3
G	C	8
H	F,G	3
I	E,H	4
J	D,I	4

8. 请根据本章知识,对你自身能力、追求和所处环境进行分析,明确你的各方面目标,在此基础上,与其他同学交流讨论目标制定工程中的经验教训。

⑤【案例讨论】

邯郸钢铁厂目标成本管理法——模拟市场核算,实行成本否决

20 世纪 80 年代末,由于国家宏观经济的影响,国民经济进行治理整顿,压缩基本建设,钢材市场疲软,售价一跌再跌,使邯钢这个全省知名的利税大户,1990 年竟连续 5 个月出现亏损。在严峻的形势面前,他们没有"等、靠、要",而是大胆冲破计划经济体制的束缚,主动地走向市场,在企业内部建立起"模拟市场核算,实行成本否决"经营机制,即用模拟的办法,把市场机制引入企业内部管理,在保持现代工业企业专业化、科学分工协作、高度集中统一管理(即企业内部统一计划,统一采购,统一销售,银行只设一个账号,二级厂不独立对外,不具备法人资格)优势的前提下,抓住成本这个关键,依据客观价值规律,用"倒推"的办法,即从产品在市场上被消费者接受的价格开始,从后向前,通过和先进对比挖掘潜力,测算出逐道工序的目标成本,然后层层分解落实,直到每一位职工,通过成本这个市场信息的传递,把市场价格信息内伸化,把市场对企业的压力变成对内部各个环节和每个职工的压力,促使他们按市场导向决定厂内生产的资源配置,使职工直接感受到市场经济的潮涨潮落,从而增强市场观念,关心市场,主动参与市场竞争。

这个机制的核心是企业真正把提高经济效益放在第一位,通过成本指标的层层分解,将国有资产的管理、使用落实到每一位职工身上,让广大职工人人有家可当,有财可理,有责可负,有利可得,贡献大的可以先富起来。这一机制可概括为 8 个字:市场、倒推、否决、全员。市场——企业主动走向市场,将内部成本核算的原料、能源、备品备件、半成品等的价格一律改为市场价,生产出的产品也以当时市场能接受的价格为依据,以产品成本降低多少作为衡量各生产单位生产经营成果的标准。倒推——对长期计划经济体制下从前到后逐道工序核定成本的顺序结转法,改为倒推法,按照"亏损产品不亏损,盈利产品多盈利"的原则,从产品在市场上被承认能接受的价格开始,逐个工序,从后往前,直到原材料采购,通过与先进单位对比,找出差距,挖掘潜力,重新枋定其目标成本。否决——将目标成本指标列入二级厂(单位)承包,按月考核,完不成成本指标,百分之百否决全部奖金。全员——上至厂

长下至每一位职工都得承担成本或费用指标,形成全员全过程的成本管理。公司将1000多个综合指标分解到二级厂和处室,然后再细化成10万个小指标,层层分解落实到每一位职工。让职工参与市场竞争,并不是让每个人都去做买卖,而是以完成分解给自己市场机制下的目标成本为依据。

近年来他们不断深化和完善这一机制。

一是将模拟市场核算机制由主要生产厂拓宽到辅助厂、生活后勤等所有单位。

二是模拟市场核算机制由生产领域引入基建工程管理。他们精确计算投入产出,使投入的资源得到充分利用。

三是在加强企业管理、挖掘现有装备潜力的同时,以提高经济效益,降低成本为主线,进行技术创新,在生产的各个环节推进技术进步。

四是改革分配制度,建立"按效分配"激励机制,在保证职工基本收入的前提下,拉开奖金分配差距,将奖金占工资总额的比例调整到40%～50%。

五是在全公司开展"邯钢学全国,指标上台阶,创一流"活动,努力克服指标到顶、潜力挖尽的畏难情绪,找差距、挖潜力,使邯钢70%的指标进入冶金行业前三名。

六是把提高产品实物质量作为企业求生存、求发展的重要措施来抓。

8年来,通过推行和不断完善市场核算机制,取得了显著的经济效益和社会效益。从1990年到1998年,邯钢钢产量由110万吨增加到344万吨,实现销售收入由10.2亿元提高到80.1亿元(含税),实现利润利税由2.1亿元增加到10亿元,其中利润由100万元增加到7亿元,走出了一条主要靠内涵挖潜,内部积累,实现国有资产迅速增值的良性发展道路。

(摘自 http:education. 163. com)

【思考】 1. 邯郸钢铁为什么要推行目标管理?推行目标管理有哪些作用?

2. 从管理角度分析,目标管理有何特色?

3. 你认为目标管理除在企业适用外,是否还适用于其他组织,如学校、机关、研究所甚至是个人?举实例加以说明。

第 7 章

组 织

>>>   >

学习目标

通过学习本章的内容,学生能够:

1. 明确组织的概念,组织设计的任务、程序和基本原则;
2. 了解组织结构的概念及部门化的种类;
3. 掌握各种组织结构的基本形式及发展趋势;
4. 明确人员配备的任务、内容和原则,熟悉选聘、考核、培训等各项工作;
5. 掌握组织整合的基本概念及基本内容。

引 例

戈尔联合有限公司

什么样的组织设计才是有效的? 这个问题可能只能有一个权变的答案。当杰克·多尔蒂开始在戈尔联合有限公司工作的第一天,他来到公司创始人比尔·戈尔的办公室等待分配给自己的第一份工作。戈尔对他说:"你为什么不自己找些愿意做的事情做呢?"多尔蒂被这种非常规的做法震惊了。但是,他又很快恢复了平静,开始自己询问各位经理有关他们的工作活动。他被一种称为"戈尔织物"的新产品所吸引。第二天早上,他穿着牛仔裤来上班,开始帮助将织物投进巨大的碾压机中。5年后,多尔蒂成为这家纺织品公司的市场营销的广告推广的负责人。

比尔·戈尔去世后,公司仍按照他的设计运作着,没有职务头衔,也没有命令或上司。公司希望人们能给自己找到一个合适的位置作出贡献并管理自己。公司在 29 个工厂里有大约 4200 个合作人(而非员工)。这些工厂都保持很小的规模,最多只有 200 人,以保持一种家庭式氛围。比尔·戈尔说:"用友谊和爱远比用奴隶制和鞭子要好。"公司的价值观念是融合的人际关系比追求内部效率更重要,这就产生了效果,只要公司能筹集到资金,新工厂几乎马上就可以被士气高昂地建起来。

作为对比,沃尔玛则是以效率为目标,凭借员工的忠诚和内部的成本效率而取得竞争优势。沃尔玛按照标准的形式建设每家分店,各店都有着同一的陈列,并销售相同的产品。创始人山姆·沃尔顿要求员工:在 3 米以内遇到一位顾客时,要看着他的眼睛和他打招呼,同时询问能为他做些什么,就连微笑的方式都要事先规定好(露出 8 颗牙齿)。连锁店由公司总部控制,但商店经理们也被赋予一些自主权以适应当地的情况。公司的绩效很好,员工也很满足,这不仅因为工资令人满意,而且有一半以上的员工能分享公司的利润。

(资料来源:理查德·L.达夫特,《组织理论与设计》,清华大学出版社 2008 年版)

7.1 组织设计

7.1.1 组织的概念

"组织"一词的原始意义是纺织,即将丝麻织成布帛。从词性上来分析,它既可以是名词,也可以是动词。

作为名词的组织是指人们为了实现某一特定的目的而形成的系统集合,即有一个特定的目的,由一群人所组成,有一个系统化的结构。如政府行政机关、工商企业、学校、医院等。它代表某一实体本身,必须具备三个共同的特征:①组织都具有各自明确的目的,共同目标是组织存在的前提;②每个组织都由一定的人群组成,内部必然要进行分工与合作;③每个组织要有不同层次的权力与责任制度,即有相应的系统性结构用以控制和规范组织内成员的行为。

作为动词的组织指的是组织工作,也就是管理的组织职能,即为了有效实现组织目标建立组织结构,配备人员,制定规章制度,分工授权并进行协调的活动过程。它包含的主要工作内容有:①设计并建立组织结构,包括内部分工和相互关系的组织模式;②建立组织制度规范体系与信息沟通模式,保证组织的有效运行;③人员配备与人力资源开发;④组织协调与变革。

组织就是围绕一项共同目标建立组织机构并对组织机构中的全体人员指定职位,明确职责,交流信息,并协调其工作,在实现既定目标中获得最大的效率。

以上定义中包括了组织的五大要素:人员、职位、职责、关系和信息。

【思考】　如果某高校要在异地建一个分校,试问要进行哪些组织工作?

7.1.2　组织设计的任务

组织设计是指进行专业分工和建立使各部分之间有机地协调配合的系统的过程,就是对组织开展工作、实现目标所必需的各种资源进行安排,以在适当的时间、适当的地点把工作所需的各方面力量有效地组合到一起的管理活动过程。组织设计的任务,具体地说就是建立组织结构和明确组织内部的相互关系,提供组织结构图、部门职能说明书、岗位结构图和岗位职责说明书等。

组织结构图是描述组织的所有部门以及部门之间关系的结构框架图。它可以明确表明组织中的部门设置情况和层次结构,直观地反映出组织的内部分工和上下级隶属关系。

岗位结构图是反映各部门内部的分工情况,表明了组织中的各种岗位及岗位之间的权力关系,它是与岗位职责密切相联系的。如一个组织的财务部门可以设计划、会计核算、审核、出纳等多个岗位,而岗位如何设置是由组织的性质、目标、任务、规模等因素所决定的。

明确组织内部的相互关系,则通过编制职务说明书来实现。具体来说有部门职能说明书和岗位职责说明书。

部门是指具有独立职能的工作单元的组合。部门职能说明书一般包括部门名称、上下级隶属关系、主要职能、责任、权力、与有关部门的协作关系,以及岗位调协等内容。通过它可以清楚了解该组织中各部门之间的职能分工情况。

岗位职责说明书一般包括岗位名称、上下级关系、岗位职责、主要工作、直接责任、岗位权力、岗位的素质要求(如学力、经历)等内容。

【思考】 从"三个和尚没水吃"与"三个臭皮匠,顶个诸葛亮"两个典故中,分析是什么导致了这两种截然不同的组合效果。

7.1.3 组织设计的程序

虽然每一个组织的目标不同,其组织结构形式也不相同,但每个组织的基本设计过程是相同的。一般来说组织设计包括以下三个步骤。

(一)职务分析与设计

职务分析与设计是组织设计最基础的工作。它是明确完成组织目标所须进行的各种活动,也就是在将组织目标活动逐级分解的基础上,设计与确定组织内开展各项工作和管理活动所须设置的职务类别和数量,以及每个职务所拥有的职责权限和任职人员所应具备的素质要求。

(二)进行部门划分

部门划分就是根据各个职务所从事的工作性质以及职务之间的相互联系,按某种逻辑合并成一些组织单元,如部门、处室等,这就是部门化过程。其目的是为了明确责任和权力,并有利于不同的部门根据其工作性质的不同采取不同的政策和加强各个部门内部的沟通和交流。部门划分要注意:

1. 部门与部门之间的职能避免重复;

2. 组织中所有的管理工作在进行部门划分之后不能有遗漏,即所有的工作都归属有关部门;

3. 部门之间的工作量应当基本相等,部门岗位设置与人员配备要与工作量相匹配。

【思考】 你就读的学校有哪些职能部门?

(三)平衡形成结构

在职务设计与部门划分基础上,设计组织结构框架,即设计承担这些管理职能和业务的各个管理层次、部门、岗位及其权责。要根据组织现有的资源对初步设计的职务和部门进行调整。同时设计联系方式,即设计纵向管理层次之间,横向管理层次之间的协调方式和控制手段;设计管理规范,即确定各项管理任务的管理工作程序,管理工作应达到的要求和管理人员应采用的管理方法等。经过各方面的综合平衡,最后形成合理的组织结构。

上述三个步骤完成之后的文件就是组织结构系统图和职务说明书。

7.1.4 组织设计的原则

组织结构有多种形式,而每一种结构形式都有其特定的优缺点。对于某一特定的组织,可以采用不同的组织结构形式,但管理者必须遵循组织设计的基本原则,它是对各种结构形式的组织设计都普遍适用的要求,也是评价组织结构合理与否的标准。归纳起来,组织设计有以下几条基本原则。

(一)有效性原则

这是指管理组织在实现组织目标过程中的活动是富有成效的,而且是有效率的。任何组织都有特定的目标,组织结构只是实现组织目标的手段,必须根据组织目标来考虑组织结构的总体框架,所以本原则也可称为目标原则,即从组织目标来看必须执行的原则。

管理者在进行组织设计工作时,无论是决定选取何种形式的组织结构,还是配置哪些职位、部门与层次,都必须从服从并服务于组织目标实现的需要出发来加以考虑和选择。首先要明确该组织的发展方向、经营战略、目标要求,这是组织设计的前提。同时要认真分析,为了保证组织目标的实现,必须做哪些事,怎样才能做好等,然后以事为中心,设计职务,建立机构,配备人员,即组织结构要因事设职,因职设人。最后要从组织运行的实际出发,及时调整结构以适应形势变化和组织目标的发展变化。

(二)管理幅度原则

这是从组织起因观察所得的原则。因为任何管理人员能够直接有效地指挥和监督的下属数量总是有限的。这个所能有效管辖的直接下属的数量界限就被称作管理幅度。

组织设计中的管理幅度原则就是指正确处理有效管理幅度和管理层次的关系问题。

管理层次是指一个组织中为了实行有效管理,从组织的最高层领导有效管理到基层员工而建立起来的管理层次数。在一般情况下,管理层次和管理幅度成反比例关系,如一个部门中的操作人员数一定,每个管理人员能直接管理的下属数越多,那么该部门内的组织层次也就越少,所需的管理人员就越少;反之,每个管理人员能直接管理的员工越少,所需的管理人员就越多,相应地组织层次也就越多。

由此可见,管理幅度的大小,在很大程度上制约了组织层次的多少。而影响管理幅度的因素有:工作能力,包括管理者的能力和下属的成熟程度;工作内容和性质,包括工作的标准化程度;工作条件,如助手配备情况,信息手段的配备情况,工作地点相近性等;工作环境,主要是指组织的外部环境等。

管理幅度过大,会造成领导监督不力,使组织陷入失控状态。管理幅度过小,又会造成管理人员配备增多,管理效率降低。所以保持合理的管理幅度是组织设计的一条重要原则。

【思考】 信息技术发展和办公自动化程度的提高对管理幅度影响如何?

(三)统一指挥原则

这是早期管理学家提出的处理上下级关系的原则,是从组织职权关系上得出的原则。统一指挥,是指组织中的每一个下属应当而且只能向一个上级直接汇报工作。统一指挥原则使每个组织上下级之间形成一条等级链,各级组织在行政业务上都应当实行行政领导人负责制,而执行具体管理职能的业务部门其内部也实行领导人负责制。组织内部的分工越是细致、深入,统一指挥原则对于保证组织目标实现的作用就越重要。政出多门、命令不统一,一方面会使真正想做事的下属产生无所适从的感觉,另一方面,也会给一些不想做事的下属以利用矛盾,逃避责任的机会。

(四)权责对等原则

这是指在组织等级链上的每一个环节都应该无一例外地贯彻职权与职责相对应的原则,也是从组织的职权关系上得出的原则。职权是人们在一定职位上拥有的权力,职责则是完成任务的义务,职权与职责相对应是逻辑的必然结果。所以在进行组织设计时,既要明确各部门或职务的职责范围,又要赋予其完成职责所必需的权力,使职权和职责两者保持一致,这是组织有效运行的前提,也是组织设计中必须遵循的基本原则之一。只有责任义务,没有职权或权限很小,会使管理者的积极性和主动性受到严重束缚;相反,只有职权而无责任,或者责任程度小于职权,则会导致组织中出现权力滥用和无人负责并存的局面。

【思考】 请举出一个权责不对等的案例。

(五)协调原则

这是从组织工作本身得出的原则。它是指组织中的各个部门、各个层次既要有合理的分工,又要注重相互的协作和配合,即在分工协作的基础上加强纵向和横向协调。

根据这一原则,首先要搞好分工,解决各人干什么的问题。分工时,应注意分工的粗细要适当,要根据需要和可能合理确定分工。

同时,要避免分工过细而增加不必要的组织界线,影响信息沟通;要明确各部门之间的协作关系及各项跨部门工作的流程,防止接口不清,而导致责任不明。

纵向协调因为有上下级隶属关系相对而言比较容易些。

而横向协调需要在组织设计时使每项职能业务标准化,并明确横向流程,通过工作保证体系来进行横向协调。

也可以把职务相近的部门合并,组成若干系统,每个系统有一名主管领导,或者通过设立系统管理机构进行横向协调,如企业的"全面质量管理办公室"和学校的"办学水平评估办公室"等。

7.1.5 组织设计的影响因素

组织设计的影响因素也就是组织设计的依据,主要包括以下方面。

(一)战略

战略是实现组织目标的各种行动方案、方针和政策选择的总称。而组织结构是帮助实现组织目标的手段,两者是一个相互影响、相互作用的关系。我们进行组织设计时就必须考虑组织的战略,组织在发展过程中需要不断地对其战略的形式和内容作出调整,新的战略一旦形成,组织结构就应该进行调整,以适应新战略实施的需要。而在制定战略时,也必须考虑一定组织结构的影响,所以我们将战略作为组织设计最重要的影响因素。

这里的战略指的是组织重大发展决策、规划,它可以在两个层次上影响组织结构设计:一是不同的战略对组织开展的业务和管理活动有不同的要求,这会影响到组织设计中的职务设计和部门划分;二是组织战略重点的改变会引起组织业务活动重心的转移和核心职能的改变,从而使各部门各岗位在组织中的相对位置发生变化,因此就要求对组织结构作必要的调整,如对管理职务以及部门之间、岗位之间的关系作出调整。

(二)规模

这里的规模指的是组织的人数。组织的规模越大,工作就越专门化。标准化操作程序和规章制度越多,组织结构就会越趋于复杂和规范化。这表现在:一是随着规模的扩大,由于受管理者管理幅度的影响不可避免地需要分层次;二是组织关系更加复杂,协作也就更加困难,需要对员工进行部门划分,形成多部门结构。

组织的规模,往往与组织发展的阶段相联系,伴随着组织的发展,组织活动的内容会日趋复杂,人数逐渐增多,活动的规模和范围会越来越大,组织结构也就需要随之进行调整。组织发展的不同阶段要求有不同的组织结构模式与之相适应。例如,创业阶段,新的组织面临许多未知的挑战,组织结构常常是简单、灵活而集权的。随着员工的增多和组织规模的扩大,当组织取得经验和自信后便进入职能发展阶段,组织结构由松散转变为正规、集权,其通常的表现形态就是职能型结构。而当组织的业务活动进入多元化和跨地区市场以后就进入了分权阶段,此时事业部制结构可能更为适宜,如许多企业在内部划小经营单位,使各部门按创业阶段的特点来进行管理,而这样做的结果使各部门本位主义严重,高层管理者会有"失控"之感。于是,在组织内部增设了许多参谋和高级助手以加强对各部门的控制,从而进入参谋激增阶段。而参谋激增又导致了直线与参谋之间的矛盾,为了解决分权和高度职能化带来的问题,使高层管理者再度高度集中决策权力,这就是所谓的再集权阶段。

总之,不同的组织规模和组织不同的成长阶段必须有不同的组织结构与之相适应。

(三)技术

这里的技术是指为了完成组织目标而进行的各种活动所需要的仪器、设备、控制方法等。组织的活动需要利用一定的技术和反映一定技术水平的物质手段来进行。技术水平的高低不仅影响组织活动的效果和效率,而且会对组织的职务设置、部门划分、部门间的关系以及人员素质要求产生相当程度的影响。比如信息处理的计算机化必将改变组织中会计、文书、档案等部门的工作性质和形式。

随着工艺技术复杂程度的提高,组织内的管理层次和参谋人员数也增加,中层以上管理人员的管理幅度也就增加。在常规技术下,组织结构可以高度的规范化。反之,在采用非常规技术下,由于问题具有较大的不确定性,而且要处理的例外问题多,对组织的灵活性要求就高,组织结构应当是高度分权化的,并要保持较低程度的正规化。信息技术的普及和计算机手段在生产作业活动中的更广泛更深入的应用,促使生产技术向非常规范化演进,相应地也促进了管理组织结构发生变化,变得更具柔性和有机性特征。

(四)环境

这里主要指的是外部环境因素。外部环境之所以会对组织结构产生重大影响,是因为任何组织或多或少都是个开放系统,组织作为整个社会大系统的一个组成部分,它与外部的其他社会小系统之间存在着各种各样的联系,而任何一个组织的运作都不可脱离一定的外部环境,有效的组织结构是那些与外部环境相适应的结构。外部环境对组织结构设计的影响主要表现在三个不同的层次上:一是对职务和部门设计的影响;二是对各部门关系设计的影响;三是对组织结构总体特征的影响。

一般的环境可分为相对稳定环境和不稳定环境。与此相适应,有两种不同的组织结构:机械结构和有机结构。处于相对稳定环境中的组织宜采用机械结构,而处于不稳定环境中的组织多采用有机结构。

外部环境的内容在第四章已经作了介绍,这里再指出一点,组织结构必须与它的环境相适应,包括应当与其所在地的文化价值观相适应。如在一个权力距离较大的社会,建立分权协商式的组织结构,其运行效率就不会太高。

7.2 组织结构

7.2.1 组织结构的概念

组织结构是组织设计的结果之一,也是描述组织的框架体系,即由于分工与授权形成的行为规范纵横交错的框架体系。它的本质是成员之间的分工协作关系,其内涵是人们的职、责、权关系。因此,组织结构又可称为权责结构,一般可以用结构图来表示。

组织结构具体包括以下内容:

1. 职能结构。即完成组织目标所需的各项业务工作及其比例和关系。如一个企业有经营、生产、技术、销售、行政等不同任务职能,但都为实现企业总目标服务。

2. 层次结构。即各管理层次的构成,又称组织的纵向结构。如公司结构层次一般是董事会→总经理→各职能部门→基层。

3. 部门结构。即各管理或业务部门的构成,又称组织的横向结构。如一个高校设置教务、财务、人事、设备、科研等职能部门。

4. 职权结构。即各层次、各部门在权力和责任方面的分工及相互关系。如董事会负责决策,经理负责执行与指挥等等。

组织结构可以被分解为三种成分:

1. 复杂化。指的是组织分化的程度。一个组织越是进行细致的劳动分工,具有越多的纵向管理层次,组织单位地理分布越是广泛,则协调人员及时活动就越是困难,即复杂化程度高。

2. 正规化。指的是组织依靠规则和程序引导员工作为的程度。一个组织使用的规章条例,制度越多,其结构越正规化。

3. 集权化。指的是考虑决策制定权力的分布状况。决策高度集中称为集权化,而决策制定权力授予下层人员称作分权化。

【思考】 复杂化、正规化、集权化之间有什么联系?

7.2.2 部门化

部门化是将组织整个管理系统分解,然后再按某种原则合并成若干基本管理单元,如部门、处室等的过程。它是在管理劳动横向分工基础上进行的。不同的管理或业务部门,是使整个管理系统有机运转起来的细胞和基础。所以说,划分部门的实质,是对管理劳动的分工,即将不同的管理人员安排在不同的管理岗位和部门中,通过他们在特定环境、特定相互关系中的管理工作来使整个管理系统有机地运转起来。

(一)职能部门化

即按业务活动的相似性来设置管理部门(见图7-1),这是一种传统的、普遍的组织形式。它的优点有:一是因为职能是划分类型,从而设立部门的最自然、最方便、最符合逻辑的标准,据此进行的分工和设计的组织结构可以带来专业化

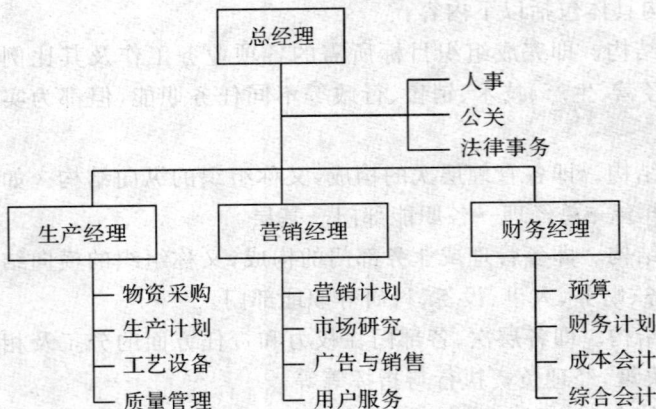

图 7-1 职能部门化组织结构

分工的种种好处,有利于强化各项管理职能;二是由于各部门只负责一种类型的业务活动,有利于工作人员的培训,相互交流以提高技术水平;三是有利于维护最高行政指挥的权威,有利于维护组织的统一性,并提高工作效率。其弊端是由于各部门管理人员长期在一个专业部门工作,形成了自己的行为模式,会不注意协调配合,从而影响整个组织目标的实现;同时容易出现部门主义,并且导致整体管理较弱即整个组织对于外界环境变化的反应较慢。

（二）产品部门化

随着企业的成长和产品品种多样化,按不同的产品来划分部门设置管理单位的做法(见图7-2)。高层管理者授予部门管理者在某一产品或产品系列的制造、销售和服务等方面广泛的权力。产品部门化的优点:一是能使企业将多元化经营和专业化经营结合起来;二是有利于企业加强对外部环境的适应性,以市场为主导,及时调整生产方向;三是有利于促进企业的内部竞争;四是可提高决策的效率,易于保证产品质量和进行核算并有利于全面管理人才的培养。其局限性一是需要较多的像总经理那样的全面管理人才去管理各个产品部;二是各产品部门容易产生本位倾向,从而影响企业的统一指挥;三是产品部某些职能管理机构与总部的重叠会导致管理费用增加,从而影响整个企业的竞争力。

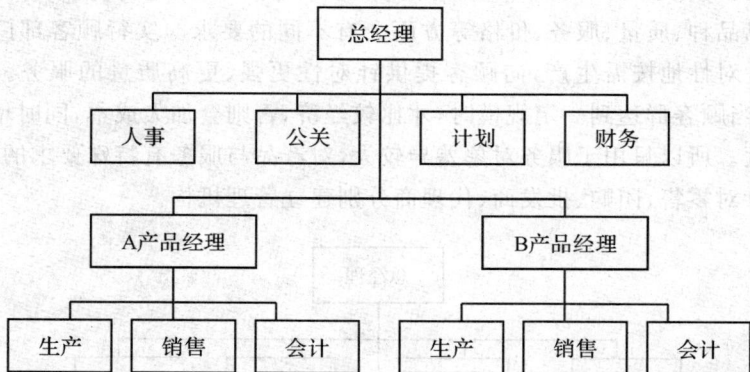

图7-2　产品部门化组织结构

（三）区域部门化

这是根据地理区域因素来设立管理部门,把不同地区的经营业务和职责划分给不同部门的经理(图7-3)。这种形式不像职能和产品部门化那样普遍,但许多全国性或国际性的大组织常采用此种方式。其优点:一是能对本地区环境的变化作出迅速的反映;二是在当地组织业务活动如生产可以减少运费和运送时间,降低成本;三是可以调动各地区管理者参与决策的积极性,有利于改善地

```
                          总经理
        ┌──────────┬────────┴──────┬──────────┐
      人事        计划           公关        财务
        └──────────┬───────────────┘
      ┌────────────┼────────────┐
   A地区经理    B地区经理      C地区经理
              ┌─────┼─────┐
            生产    销售    会计
```

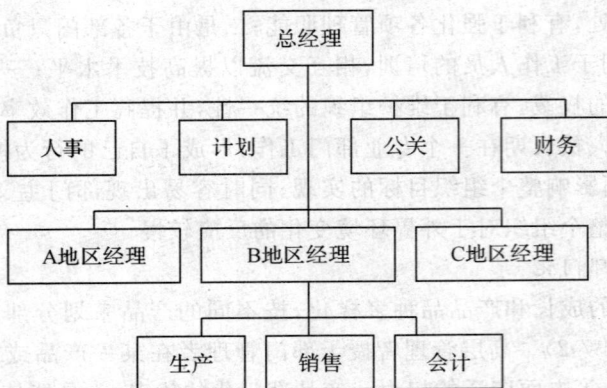

图 7-3　地区部门化组织结构

区内各种活动的协调。其缺点与产品部门化类似：一是需要很多具有全面管理能力的人才；二是与总部之间的职责划分比较困难，某些管理机构重叠，使管理费用增加；三是增加了总部对其控制的难度。

（四）顾客部门化

这是根据顾客的需要和顾客群设立相应的部门（见图7-4）。不同类型的顾客在产品品种、质量、服务、价格等方面会有不同的要求。实行顾客部门化可以更加有针对性地按需生产，向顾客提供针对性更强、更高质量的服务。其缺点是，只有当顾客群达到一定规模时，才比较经济，否则会加大成本，同时增加了协调的难度。所以只用于服务对象差异较大，对产品与服务有特殊要求的组织，如大超市针对零售、团购、批发商、代理商分别建立管理机构。

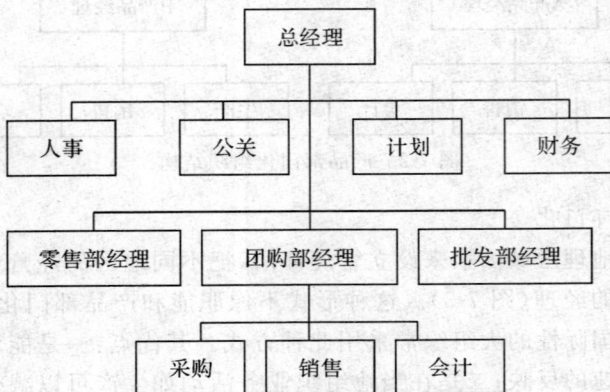

```
                          总经理
        ┌──────────┬────────┴──────┬──────────┐
      人事        公关           计划        财务
        └──────────┬───────────────┘
      ┌────────────┼────────────┐
   零售部经理    团购部经理      批发部经理
              ┌─────┼─────┐
            采购    销售    会计
```

图 7-4　顾客部门化组织结构

7.2.3 组织结构的基本形式

组织结构形式是管理组织结构设置的具体模式,它包括纵向结构设计和横向结构设计两个方面。横向设计解决部门划分问题,建立分工协作关系;纵向设计,解决层次划分问题,建立领导隶属关系。由于每一个组织的目标、所处的环境、拥有的资源是不同的,其组织结构也必然会有所区别。但各种组织结构之间会有很大的相似性,现将基本的组织结构形式归纳如下。

（一）直线制

直线制组织结构形式（见图 7-5）,是一种最早和最简单的组织形式,最初在军事系统中得到广泛应用后推广到企业管理中,如手工业作坊。其突出特点是组织的一切活动均由组织的主管人员直接进行指挥和管理,不设专门的参谋人员和职能机构,最多只有几名助理协助工作,由最高管理层到最低层实现直线垂直领导。

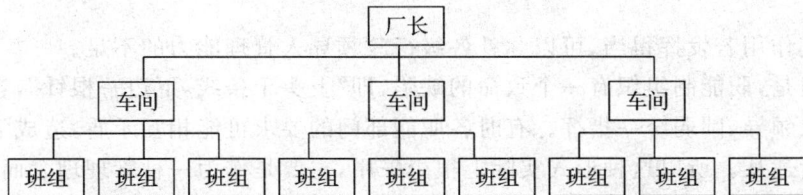

图 7-5 直线制组织结构

直线制的优点是:管理结构简单,管理费用低,权力集中,指挥统一,沟通迅速,责任明确,反应灵活,纪律和秩序的维护较为容易。其缺点是由于没有职能机构,对各级管理者要求精明能干,具有多种管理专业知识和业务技能知识,实际上每个管理人员的精力和能力毕竟有限,而且组织内部的横向联系比较差,所以只适合于小型组织,如小企业和现场作业工地等。

（二）职能制

职能制组织结构形式（见图 7-6）,是泰勒提出的一种组织结构形式。其主要特点是采用专业分工的职能管理者来代替直线制的全能管理者。这就是在组织内部设置各专业领域的职能部门及其主管,由他们在各自负责的业务范围内向直线系统直接下达命令和指示。各级单位负责人除了要服从上级行政领导的指挥外,还要服从上级职能部门在其专业领域内的指挥。

职能制的优点是:每个部门的管理者只负责一方面的工作,有利于充分发挥专业人才的作用;专业管理工作可以做得细致、深入,对下级工作的指导比较具

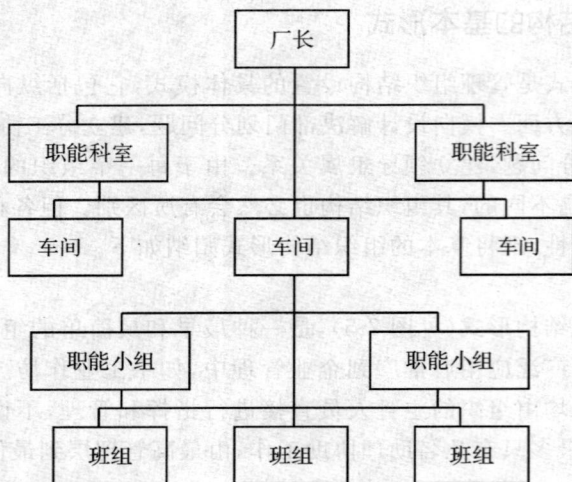

图 7-6　职能制组织结构

体。其作用若发挥得当,可以弥补各级行政领导人管理能力的不足。

但是,职能制组织有一个致命的缺陷,即"上头千条线,下边一根针",容易形成多头领导,削弱统一指挥。有时各职能部门的要求可能相互矛盾,造成下级人员无所适从。所以这种形式实际上很少采用,主要是作为一种管理理念而存在。

(三)直线职能制

直线职能制组织结构形式(见图 7-7),是对职能制的一种改进。它是以直线制为基础,在各级行政领导之下,设置相应的职能部门,如人事、财务等从事专业管理。其特点是各级直线部门担负着实现组织目标的直接责任,即只有各级行政负责人才具有对下级进行指挥和下达命令的权力;而各级职能部门只是作为行政负责人的参谋与助手,主要负责提供建议、信息,对下级只起业务指导作用,不能对下级直线管理人员发号施令,只有当行政负责人授予他们某种职能权力时才有一定程度的指挥命令权。如企业生产部门受领导委托召开生产调度会,指挥日常生产活动。

直线职能制的优点是既保持了直线制集中统一指挥的优点,又吸取了职能制发挥专业管理职能作用的长处,即指挥集中、决策迅速,分工细致、职责分明。既可减轻直线管理人员负担,又能充分发挥专家的特长,容易维持组织纪律,确保组织秩序,特别是在外部环境变化不大的情况下,组织的效率较高。

它的缺点是:各职能单位自成体系,不同的直线部门和职能部门之间的目标不易统一,相互之间容易产生不协调,从而增加了高层管理人员的协调工作量;

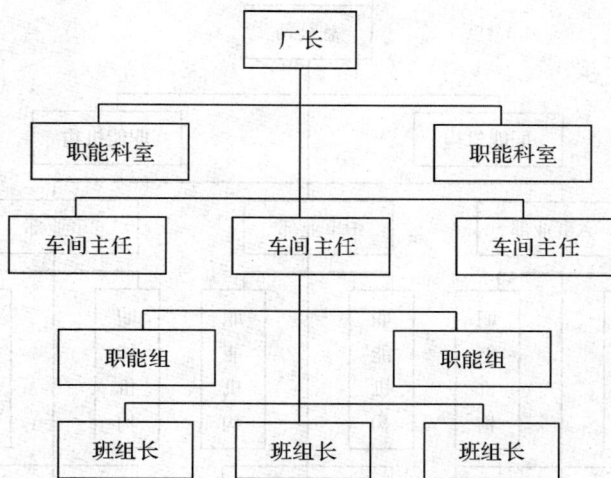

图 7-7　直线职能制组织结构

由于分工细、规章多、组织弹性不足，对环境变化的反应较慢，不易适应新情况；由于职能部门的管理人员只重视与其有关的专业领域，因而不利于在组织内部培养综合型管理人才。虽然直线职能制有这些潜在的缺点，但目前它在我国绝大多数组织尤其是面临环境比较稳定的中小型组织中得到了广泛的采用。

（四）事业部制

事业部制组织结构形式（见图 7-8），是一种实行分权管理的内部组织形式。它最早是由美国通用汽车公司总裁斯隆于 1924 年提出来的，目前已成为国际上各大型企业跨国公司普遍采用的典型的组织结构形式。

它的特点是按产品或市场（地区）设立事业部，而这些事业部均是独立的利润中心，在总公司领导下，实行独立经济核算，自负盈亏地经营。企业的最高管理层（总公司）是企业的决策机构，它的主要职责是研究和制定公司的总目标、总方针、总计划以及各项政策。各事业部在不违背总目标、总方针和公司政策的前提下充分发挥其主观能动性，自主管理其日常经营活动。

事业部制的优点是：能把多种经营的专门化管理和公司总部的集中统一领导更好地结合起来，总公司和各事业部间形成比较明确的责、权、利关系；可使总公司和最高管理层从繁重的日常事务中解放出来，得以从事重大问题的研究和决策；事业部制以利润责任为核心，既能保证公司有稳定的收益，也有利于调动事业部经营的主动性和积极性；各事业部能相对自主独立地开展经营活动，从而有助于培养高层管理人才。

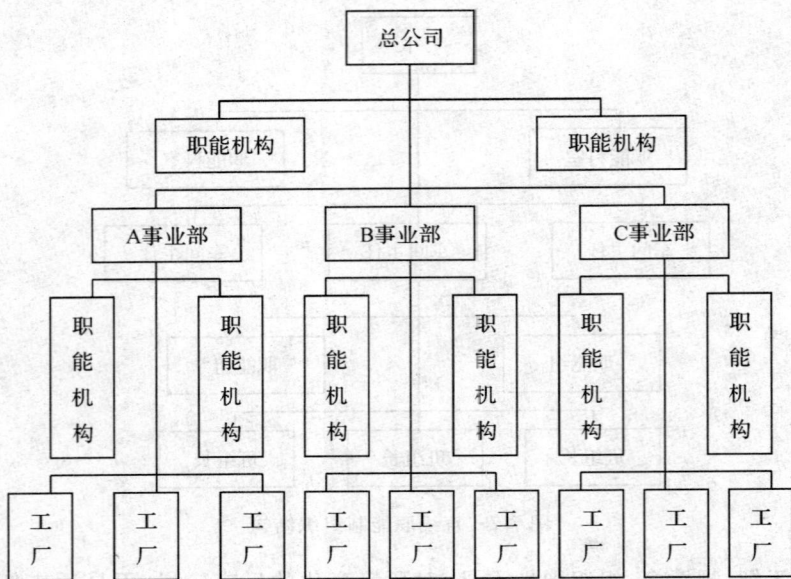

图 7-8 事业部制组织结构

它的缺点是:管理部门重叠设置,增加了管理人员和管理费用;各事业部容易产生本位主义,调度和反应不够灵活,不能有效地利用公司的全部资源;由于各事业部相当于一个独立的企业,对事业部的管理人员素质水平要求较高;集权与分权关系处理难度较大,分权过大会削弱公司的整体领导力,分权不足则会影响事业部的经营自主性和积极性。

事业部制主要运用于组织规模很大且有不同市场面的多产品的现代大企业。

(五)矩阵制

矩阵制组织结构形式(见图 7-9),是一种非长期固定性组织结构形式。它是在项目组形式上发展起来的。

项目组是指为了完成某个特定的任务,而把一批不同背景、不同技能和来自不同部门的人组织在一起的一种组织形式。例如,企业中的技术革新小组,高校里的课题组,研究所里的攻关组等。一个组织里同时存在着几个常设的项目组,那么应变成了一种新的组织形式,即矩阵制。

矩阵制的特点是:既有按管理职能设置的纵向组织系统,又有按项目、产品、任务等划分的横向组织系统。横向系统的项目组所需的人员从各职能部门抽

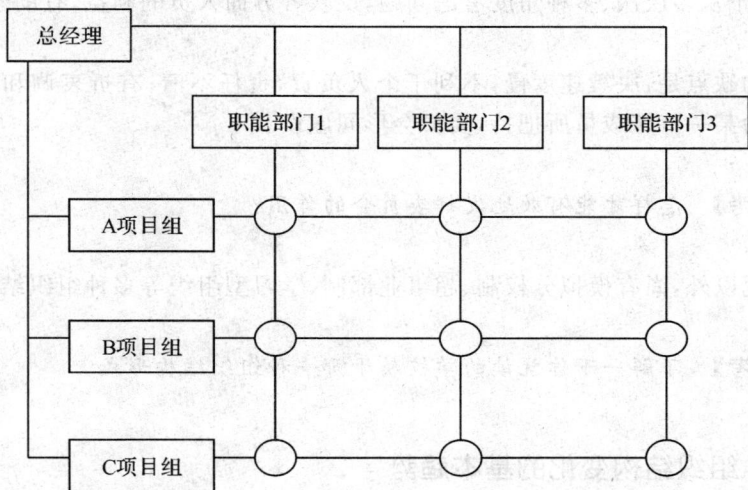

图 7-9　矩阵制组织结构

调,他们既接受本职能部门的领导,又接受项目组的领导,一旦某一项目完成,该项目组即撤销,人员回原部门工作。

　　矩阵制的优点是:加强了横向联系,使集权分权实现了有效的结合,便于集中各种专门的知识和技能,提高了组织的灵活性和应变能力;各种专业人员在一段时间内为完成同一项任务而一起工作,易于培养他们的合作精神和全局观念,且不同思想互相激发,容易取得创新性成果。

　　它的缺点是:由于成员工作位置不固定,容易产生临时观念;组织中存在着双重职权关系,出了问题往往难以分清责任。

　　因此,矩阵制结构只有在项目负责人与职能负责人能密切配合时,才能顺利地开展工作。

　　(六)委员会

　　委员会是执行某方面管理职能并实行集体决策、集体领导的管理者群体。委员会也是一种常见的组织形式,在实践中被广泛采用,如董事会、职工委员会、职称评定委员会等。委员会的特点是集体决策、集体行动。各个成员的权力是平等的,并依据少数服从多数的原则处理问题。

　　委员会按时间长短分为常设的委员会和临时委员会,按职权分有直线式的和参谋式的。

　　委员会的优点是:集体领导和决策,能避免个人水平能力有限造成的各种失误,有利于从多层次、多种角度考虑问题,反映各方面人员的利益,有助于沟通和协调。

它的缺点是:决策速度慢,不利于个人负责,责任不清;有折衷调和的危险;有可能为某一特殊成员所把持,委员会形同虚设。

【思考】 怎样才能有效地发挥委员会的作用?

除此以外,尚有模拟分权制、超事业部制、学习型组织等多种组织结构形式。

【思考】 了解一下你就读的学校属于哪一种组织结构形式。

7.2.4 组织结构变化的基本趋势

随着经济全球化和知识经济时代的到来,各类组织的结构形式也在发生深刻的变化,特别是对于企业。在发达的市场经济国家企业的变化趋势如下。

(一)重心两极化

随着买方市场的形成和竞争加剧,企业的重点部门由过去的生产转向研究开发和市场销售。从企业的经营过程来看,企业组织结构的特征正在形象地由"橄榄型"转变为"哑铃型"。

这种转变最主要的原因是市场环境的变化。在欧美等市场经济发达国家,有些企业的组织结构基本就是由产品研究开发和市场研究、开发部门组成,而生产部门很少甚至没有。如美国的耐克公司就是典型的例子。

【思考】 在国内能否找到类似耐克公司的例子?

(二)外形扁平化

随着计算机和互联网在企业生产经营中的应用,企业的信息收集、整理、传递和经营控制手段的现代化,使管理幅度普遍增加。金字塔式的传统层级结构正向少层次扁平式的组织结构演进。

有的跨国公司从十几个层次精简到5~6个层次,大大提高了管理效率,降低了管理费用。有人甚至悲观地预言,未来的时代是不需要中层管理者的时代。

(三)运作柔性化

指的是组织结构的可调整性,以及对环境变化、战略调整的适应能力。在知识经济时代,外部环境的变化已大大高于工业经济时代的变化数量级的速率变化,企业的战略调整和组织结构的调整必须及时,因此柔性化的组织结构应运而生,使得组织结构的运作带有柔性化的特征。

（四）团队组织

团队是指有明确目标与个人角色定位,强调自主管理、自我控制、沟通良好、合作协调的一种扁平式组织形式。

团队组织与传统的垂直式、功能化的组织模式相比,其本质差别与显著特征有:在组织形态上,团队属扁平型组织,取消许多中间管理层次,以保证员工可以直接面对顾客与组织的总目标;在目标定位上,团队有明确的目标,每个成员有明确的角色定位与分工。团队成员角色有以工作为导向、以关系为导向和以自我为导向等三种角色;在控制上,强调自主管理、自我控制,没有拥有制度化权力的管理者,只有组织者,团队成员充分发挥主动性、创造性,为实现组织的总目标而自觉奋斗;在功能上,团队可以跨部门建立,来自不同部门的成员,淡化原有界限实现功能交叉与融合,成员以多种技能实现互补,实现一种高度融合的协同作战;在相互关系上,团队成员有共同的价值观与理念,建立良好的沟通渠道,相互之间高度信任、团结合作、整体协调,形成强大的凝聚力与战斗力。

（五）整体形态创新

指的是组织形态的创新,必然在内部组织结构上发生重大的变化。创建学习型组织和虚拟组织的产生是两个典型的例子。

学习型组织是指由于组织成员都积极参与和工作有关问题的识别与解决,从而使组织形成了持续发展能力的这样一种组织。在学习型组织中,员工们通过不断求取和共享新知识,参与组织的知识管理,并有意愿将其知识用于制定决策或做好他们的工作。

虚拟组织就是指那种以计算机信息网络系统为联系工具,以知识共享、信息共享为基础而组建的动态的组织群体。有时也称为网络型结构。

与传统的组织相比,虚拟组织具有非实体性、计算机信息网络联接、反应迅速与组成广泛等特点。

虚拟组织运行的基础和条件是:建立起知识和信息共享的理念,有紧密合作的愿望和较高的管理控制水平。

7.3　人员配备

　　人员配备是组织设计的逻辑延续。在设计合理的组织结构中,若不能根据各岗位的职务要求选配到合适的人员,就无法有效地发挥作用。所以,人员配备是组织职能的重要内容。其主要任务是:通过分析人与事的特点,谋求人与事的最佳组合,从而实现员工的不断成长和组织的持续发展。

7.3.1　人员配备的任务和原则

　　(一)人员配备的任务

　　人员配备是指组织通过对工作要求和人员素质的分析,为每一个岗位配备合适的人员以完成组织目标所需开展的各项工作的过程。人员配备的目的是谋求人与事的最佳组合。所以,人员配备的任务是既能满足组织的需要,又能考虑到组织成员的需要。

　　从组织需要角度去考虑:通过人员配备使组织系统得以运转;为组织发展准备干部力量;努力维持组织成员对组织的忠诚,稳定人心,留住人才。

　　从组织成员需要角度去考虑:通过人员配备,使每个人的知识和能力得到公正的评价、承认和运用;并使每个人的知识和能力不断发展、不断提高。

　　(二)人员配备的工作内容

　　确定人员需要种类和数量,这是以组织设计中的岗位类型和岗位定编数为依据的。

　　选配合适人员,这是从组织内外的候选人中进行筛选,为此必须进行招聘与甄选。

　　进行培训与考核,使员工能适应发展需要,始终保持人与事的动态最佳组合,以达到组织发展和员工成长的双重目的。

　　(三)人员配备的基本原则

　　1. 因事择人原则

　　这是人员配备的首要原则。即根据岗位工作需要配备具有相应知识和能力的人员。

　　2. 因材器用原则

　　这就是要根据每个人的特长和兴趣爱好来分配不同的工作,以最大限度地发挥出其才能和调动其积极性。只要条件允许,尽可能地把一个人所从事的工作与其兴趣爱好、能力特长结合起来。

3. 客观公正原则

这就是在人员配备过程中,组织要明确表明用人理念,为人们提供平等的就业、上岗和培训机会,对素质能力和工作绩效进行客观的评价,以最大限度地获得社会和员工的理解与支持。

4. 动态平衡原则

组织在不断发展变化,工作中人的能力和知识的适应性以及组织对其成员素质的认识也在不断地发展变化。因此组织人事部门要根据组织和员工的变化,对人与事的匹配进行动态调整。

【思考】 人员配备的四项基本原则有什么联系?如何在实际中贯彻这些原则?

7.3.2 人员选聘

人员选聘是指组织通过招聘、选拔、安置和提升等来配备所需的管理者与员工。要依据职位或岗位本身的要求和受聘者应具备的素质和能力进行选聘。这是因为组织中不同层次、不同职能机构、不同岗位需要各类人员具有不同的知识和技能。

(一)选聘的途径

人员选聘有外部选聘和内部选聘两大途径。

1. 外部选聘

组织通过广告、职业介绍所、劳动力市场或到大专院校公开招聘等途径,从组织外部众多候选人中选拔符合空缺岗位工作要求的各类人员。

外部选聘的优点是:一是能为组织带来新鲜空气和新的管理方法或专业技能。二是被聘人员具有"外来优势",既没有太多的框框,又没有与其他人员之间复杂的个人恩怨关系,如果他确有能力,便可迅速打开局面。三是有利于平息和缓和内部竞争者之间的紧张关系,并可摆脱组织关系网的约束。

外部选聘的缺点是:一是组织对应聘者的情况难以深入了解,有可能会选错人。二是外聘者不熟悉组织内部情况,也缺乏一定的人事基础,因此需要一段时间的适应才能进行有效的工作。三是外聘会影响组织内部成员的积极性,如较高层次的岗位若聘用外来人员就会堵死内部人员的升迁之路。四是选聘费用较高,如广告测评费用等。

2. 内部选聘

组织通过内部公开招聘,或通过考察选拔调整,把某些人员晋升配置或调任到一些空缺岗位上。

内部选聘的优点是:一是有利于鼓舞内部人员的士气,调动员工积极性,更好地维持组织成员对组织的忠诚。二是因为情况熟悉,有利于迅速开展工作。三是因为组织了解情况,有利于保证选聘的正确性。四是手续简单,费用较低,并有利于吸引外部人才。

内部选聘的缺点是:一是可能造成"近亲繁殖"的现象,不利于开拓创新。二是在若干个内部候选人中提升一个,可能会使落选者产生不满情绪,从而不利于被选聘者开展工作。三是工作容易受到内部关系网的制约,有时内部可选择面较小。

如何确定选聘途径应根据组织的具体情况而定。

如组织缺岗较多则从外部选聘为宜,组织规模较大,备选人才众多,产生缺岗则多从内部选聘;有的重要岗位空缺,可以先内部选聘,在内部选聘不能获得合适人员的情况下,再从组织外部招聘。

【思考】 学校缺某一学科带头人,应该如何进行选聘,为什么?

(二)选聘的程序

选聘的程序就是指组织对各类人员选聘的过程,我们把招聘过程所涉及的诸多环节归结为三个阶段加以叙述。

1. 制订选聘方案

这是选聘的准备阶段:首先要确定负责筹划并实施选聘活动的责任机构,是由人事部门负责还是成立专门的选聘小组;然后分析各种选聘信息,如组织现有的人力资源使用情况,组织所需人员能否从组织内部调剂,外部劳动力市场供求状况包括各类人员在市场上稀缺程度,本次选聘所需的各项费用等,在此基础上制定选聘方案。选聘方案是指导各实施阶段和环节的依据,必须精心设计。其内容一般包括:需选聘的岗位、数量,各岗位人员的录用条件,选聘的区域范围和起讫时间,选聘的程序安排及各阶段的时间安排,招选聘测试评价方法及内容,各项工作责任人以及选聘的费用预算等。

2. 发布选聘信息

根据选聘方案确定的选聘途径发布各种选聘信息,如对外可以发布招聘广告。对内可以在本单位的布告栏（现在更多是内部网）中张贴招聘启事，选聘信息要明确岗位职责、数量、应聘条件、岗位待遇、应聘报名截止时间、接受应聘机构、地点，必要时还要公布选聘程序和时间安排。然后由专门的机构或人员在规定时间内接受应聘者报名。

【思考】 为什么有的组织在招聘人员时只接受书面报名形式？

3. 评价和选择应聘者

组织依据岗位上岗素质要求对应聘者进行评价和选择，从中选出能够胜任该岗位的人员。常用的手段与方法包括：应聘者申请表分析、资格审查、笔试与面试（包括实际能力考核）、体格检查等。

（三）选聘的具体方法

选聘的具体方法体现在选聘工作的程序中，主要是指组织在接受应聘者报名后如何进行评价和选择。不论是内部招聘还是外部招聘，为了保证上岗人员符合岗位要求，往往引入竞争机制，贯彻公开、公平、公正的原则，筛选出最合适的上岗人员。一般包括以下内容。

1. 初选

指招聘小组对应聘者进行初步筛选，一般采用申请表分析和资格审查的方法。申请表是应聘者填写的各种信息资料，是组织根据不同岗位要求而设计的。资格审查则是对申请资料中所填写的"事实"的分析和核实。必要时也可通过与应聘者的简短会面交谈，淘汰那些不能达到岗位任职基本条件的应聘者，以减少选聘工作量和成本。

2. 笔试

在初选的基础上，对相对有限的应聘者进行书面测试。内容包括智力和知识测试，个性和兴趣测试。智力测试是评价个人基本行为能力的常用方法，知识测试则侧重于了解应聘者掌握应聘岗位所需的基本知识和专业知识的程度、知识广博程度和深度。个性测试主要是通过各种量表测试一个人的心理和行为特征、兴趣方向以及对工作和特征的价值取向等。通过对应聘者上述各方面的测评，可对应聘者适合岗位要求的程度作进一步的客观评价。

3. 面试

通过面对面的接触进一步了解应聘者各方面的情况。面试可以有各种不同的技术和方法，可以是个别面试，也可以是集体面试，有情景模拟、无领导小组讨论、案例分析等，也常采用竞聘演讲与答辩等方式，进一步对应聘者的智力水平、知识面、能力结构、个性特征等进行考核与评价。

4. 体检

根据以上几方面的评价结果，招聘小组可以确定符合岗位上岗素质要求者为初步录用人员，并发出体检通知书，组织体检。对于未录用者，也应以书面形式告知结果，并对应聘者表示谢意。

5. 试用

根据体检结果最终确定录用人员名单，并与录用人员签订聘用合同。聘用合同中一般应规定一个试用期，以便在试用期内对录用者是否符合录用条件和能否胜任岗位作出实际鉴定。试用期满，若录用者在试用期中表现不符合录用条件，聘用单位可以解除聘用合同，辞退录用者。对于合格者，则予以转正，正式上岗。

【思考】 竞聘上岗属于哪一种选聘方法？

7.3.3 人员考核

人员考核是指相关部门或人员按照一定的标准，采用科学的方法和程序，对组织中各部门、各岗位人员在一定时期内完成岗位职责任务所表现出来的工作绩效和能力素质所作的衡量与评定。

（一）考核的目的和作用

进行人员考核的目的和作用主要表现在以下几个方面：

1. 促进组织内部的沟通，保证组织目标的实现。通过考核，可分解落实实现目标必须开展的各项工作，并及时了解各项工作的进展情况，促进组织内部之间的沟通，及时发现工作中的问题并采取纠编措施，确保组织目标的实现。这应该是考核的首要目的。

2. 为促进员工的全面发展创造条件。通过考核既可使员工事先明确工作要求以充分发挥自己的才能；又可及时了解员工的工作情况，发现长处，改进不足。这种为个人认识自我进行的考核，可以为促进员工的全面发展创造条件。

3. 为人事调整、确定工作报酬和员工培训提供客观的依据。通过科学的考核，可对员工的工作绩效，履行工作岗位职责的情况作出客观的评价，从而有助于给员工以公平的工作报酬；为人事调整提供客观的依据，从而有助于保持人事配备的动态平衡和队伍优化；通过考核可以了解员工在工作中存在的普遍问题，从而为开展培训工作提供依据。

（二）考核的内容

对员工的考核，主要涉及德、能、勤、绩四个方面。

1. 德：即考核员工思想政治表现与职业道德。

2. 能：即考核员工所从事的业务技术工作而相应具备的专业理论水平与实际能力。

3. 勤：即考核员工主观上的工作积极性和工作态度，包括在工作中表现出来的热情与干劲，考核工作态度，主要包括积极性、责任感、纪律性、协调性等。

4. 绩：即考核员工在工作过程中的实际成绩与效果。这是最重要的考核内容。考核绩效，主要包括员工所完成工作成果的数量、质量及时效。

也可以把人员考核内容分为绩效考核和素质评价两大类。绩效考核注重于评价考核对象在考核期内履行岗位职责的情况，而素质评价侧重于评价考核对象在考核期内所表现出来的符合岗位要求的程度和进一步发展的潜力。在实际工作中，我们往往是在上岗前或换岗时进行素质评价，以确定考核对象是否符合岗位条件，在上岗后则主要是通过绩效考核来了解其符合岗位要求的程度。绩效考核是确定对其评价、奖酬、使用的最基本依据。我们所说的考核一般是指绩效考核。

（三）考核的要求

1. 必须坚持客观公正的原则，这是考核最基本的要求。因为考核最基本的目的就是对员工给予公正的评价与对待。如果考核不能客观公正，考核就会失去意义，不但起不到激励作用，反而会起消极作用。

2. 要建立由正确的考核标准、科学的考核方法和公正的考核主体组成的考核体系。建立科学的考核体系是实现有效考核的前提、基础与必要条件。

3. 要注意考核结果的挂钩使用。考核不是目的，而是一种手段，考核的结果必须与本人见面，并与纠正偏差、解决问题、培训员工以及激励奖惩相挂钩。根据考核结果，来确定需要重点解决的问题，决定对员工采用何种培训，决定员工的工资报酬和奖惩、晋升或降职。否则考核就会毫无意义。

【思考】 如何在实际中对员工考核做到客观公正？

（四）考核的程序

一般的，考核包括考核准备阶段，考核实施阶段和考核结果处理阶段，每一个阶段中又包括若干基本步骤，现简述如下。

1. 考核准备阶段。这一阶段包括组建考核机构，制定考核计划，确定考核标准,设计考核方法和培训考核人员等工作。

考核机构主要负责落实考核程序规定的各项工作,一般由组织中考核日常管理部门如人事处或人力资源部负责。

考核计划是根据组织的基本要求和具体的考核目的,确定本次考核的目标、对象、程序、实施时间与日程、考核主体。

考核标准主要有职务标准与职能条件两者,前者是组织所期望或要求做的工作内容与水平;后者是组织期望与要求个人应具备的能力内容与水平。

考核方法是根据考核对象的工作性质和特点,考核标准的要求以及组织实际情况,灵活选择考核方法,并根据不同的考核方法编制相应的考核表。

培训考核人员是在考核前对考核人员进行培训,使他们掌握考核的目的与要求、程序与方法,包括进行必要的客观公正教育等。也包括对全体人员的考核动员。

2. 考核实施阶段。这一阶段包括收集了解被考核者工作情况的各种信息和根据考评标准对考评者进行衡量评价两部分内容。考核的具体实施阶段是考核过程的主体。要深入实际,深入群众获得当事人的积极配合,要用事先设计的科学的考核方法客观公正地进行衡量,搜集的信息要真实准确,并尽可能实行量化。

3. 考核结果处理阶段。这一阶段包括汇总考评结果、进行综合评价、反馈考核结果和运用考核结果等工作。

汇总考核结果是根据搜集到的信息经过筛选、审核与提炼,并且汇总考评人员对被考评者的评价,进行全面综合、系统分析,正确地作出考核结论。

反馈考核结果是考核机构向被考评者反馈考核结果,以便促进其改进工作,同时也检验考核是否客观公正。反馈方式可以面谈,也可采用书面形式,被考评者若对考核结果有异议,可在规定期限内向考核机构申诉,由考核机构调查核实并提出处理意见。

运用考评结果是当被考评者对结果无异议或考核机构对申诉意见作出最终裁决后,就要按考核方案规定,将考核结果与被考核者的报酬、岗位调整、奖惩、培训等挂钩,并存入组织人事档案信息系统以作为今后人事处理的依据之一。

【思考】 深入实际了解一个组织年终考评的情况。

(五)考核的方法

不同的组织对不同人员采用各种考核方法,归纳起来由定量考核与定性考

核两大类,常用的有以下几种:

1. 实际测定法。即通过对各种项目实际测量进行考核的办法。如对员工进行生产技术技能的考核,常采用由员工现场作业,通过对其实际测量进行技术测定能力考核。

2. 成绩记录法。即将取得的各项成绩记录下来,以最后累计的结果进行评价的方法。这种方法主要适应于能实行日常连续记录的业务活动或其他职能工作,如记录生产的数量、质量、进度等。

3. 民主测评法。即由组织的成员集体打分评估的考核方法,一般采用问卷进行。由考核机构设计问卷,按考核项目设计问题,再由相关人员以书面的方式回答,最后由考核机构进行统计整理。如对领导者的考核通常按德、能、勤、绩等四个方面设计项目,并按优秀、良好、合格、不合格分等作出评价。

考核人员有职工代表、中层干部等,也可以领导间互考。对其他员工也可采用全员评价法,即通过征询被考核人的上级、同级、下级和服务对象等各方面的意见来对他的工作进行评价。

4. 因素评分法。即分别评估各项考核因素,为其评分,然后汇总,确定考核结果的一种考核方法。主要是适用于对一些本身没有可度量的产品、不好直接计量工作的考核。其基本做法是先将考核的有关项目具体分成评定要素、分类排列,再规定每一个项目的分数,然后根据实际情况,对照标准分别给项目打分;最后以各项目累计分的方式综合表示出对考核者的评价。此法又可划分为加减法、扣减法、扣除法、累计法等多种具体形式。

7.3.4 人员培训

培训是组织为了实现组织目标和员工个人的发展目标而有计划地对全体员工进行训练和辅导,使之提高与工作相关的知识、技能、态度等素质,以适应并胜任岗位工作的活动。培训是组织人力资源管理中的一项重要工作。

(一)培训的目标

人员培训的最终目标是为了实现组织和员工的共同成长,具体在组织发展和人力资源管理中有以下几方面的作用:

1. 传递信息。这是培训的基本要求。如通过培训使企业管理人员了解本企业一定时期内的生产特定产品性能、工艺流程、市场状况等,以熟悉其生产经营业务。

2. 改变态度。通过对员工的培训有助于统一思想、强化组织成员对组织价值观的认同。

3. 更新知识。培训可促进员工知识与技能的提高，以更好地适应岗位工作的要求，随着现代技术迅猛发展，要不断对员工进行持续培训、更新知识。

4. 发展能力。对管理人员而言，就是要根据管理工作的要求，努力提高他们在决策、用人、计划、激励、沟通以及创新等方面的管理能力。

【思考】 培训的作用有哪些？

（二）培训的内容与种类

组织中，各级、各类人员的素质、能力要求不同，故其具体培训内容也不同。但培训基本内容不外乎三部分：思想与职业道德教育，包括组织文化培训、技术与业务理论知识培训和技术与业务能力培训。

本节讨论人员配备的目的是使人与事实现最佳结合，所以在此主要介绍岗前培训、在岗培训、转岗培训和晋升培训。

1. 岗前培训。是指对新录用人员在正式上岗之前的培训。内容主要包括：组织的历史、现状和发展目标、组织文化、职业道德和规章制度教育、岗位知识和技能。目的是使其尽快融入组织并胜任岗位。培训时间根据难易程度而定，从几天到几个月不等。

2. 在岗培训。是指为使现职人员适应工作要求而进行的培训。内容主要包括按岗位职责和任职要求进行知识和技能培训，使行为和素质不符合工作要求者能胜任工作；给员工补充新知识新技能以适应岗位的新要求，并为今后发展充实基础，时间方式视实际需要和可能而定。

3. 转岗培训。是对需要转换岗位、工种或职业的人员所进行的定向培训。内容是以新的工作岗位所需要的要求和技能为主，目的是使员工能尽快适应新岗位的要求。培训可采用"跟岗培训"或"脱产培训"方式。

4. 晋升培训。是指对计划晋升职务的人员进行的专项培训。内容根据其所晋升的职务高低及所需素质分层次设计。目的是使晋升者提高工作能力，转换角色以适应新职务的要求。

【思考】 新教师在报到后，非师范类毕业生要参加学校组织的教育学、心理学培训属何种类型的培训？

（三）培训的方式

人员培训包括在职培训与离职培训两大类。而具体培训方式主要包括以下几种：

1. 轮换工作。其目的是为了扩大受培训人员的知识面,除了解不同岗位的职能外,可以培养他们的协作精神和系统思想。如企业管理者不固定地轮换到生产、销售、计划等不同部门、不同岗位上锻炼。

2. 设置助理职务。是让受培训者与有经验的管理者一起工作,而有经验的管理者可以对受培训者给予特别培养和考查。这种方法能使受培训者逐步接触高层次管理实务,并积累经验直至能胜任领导岗位工作。

3. 临时性晋升。当正式管理人员由于某种原因导致职位空缺时,指派受培训者担任"代理"管理者,在任职期间要承担完全责任,这种管理经验对受培训者相当宝贵。

4. 学徒制培训。这种方法主要是对第一线操作人员的培训,即用师傅带徒弟的方法进行培训,手把手地传授实际操作经验。

5. 工作指导培训。管理者在执行工作职务的同时,要接受有经验管理者的辅导,亦称"在岗辅导",辅导是每一位部门经理的职责。有效的辅导能调动下属积极性,发挥其潜在的能力,并帮助他们克服缺点。

6. 离职培训。暂时离开工作岗位而进行的集中培训都属于这一类。如派受聘人员去大学、培训中心等专门学校进行培训,可以攻读学位,也包括专题讲习班、研讨会、讲座、外出考察等,主要是通过教学手段以及考察等方式强化学习,有助于较快地提高受训者的理论知识水平和扩大知识面。

选择培训方式应综合考虑各方面的因素,从中选择合适的方式方法实施培训活动。

【思考】　选派教师到基层担任科技副县长是否为某种培训方式?

7.4　组织整合

组织是通过分工协作来发挥其整体功能的。组织结构的设计和人员的配备仅仅是明确了组织中的每一个人的具体职责和分工。组织功能的发挥则要通过组织整合来实现。

组织整合就是要求组织的全体成员能和谐一致地进行工作。具体地说就是协调组织中的各种力量,建立高效的信息沟通网络处理好组织的不同成员之间,直线主管与参谋之间的各种关系,使分散在不同层次、不同部门、不同岗位的组织成员能和谐一致地进行工作,朝着同一目标努力。

7.4.1　正式组织和非正式组织

正式组织是组织设计的结果,它是由组织结构图和职务明书的文件加以正规确定的。有明确的目标、任务、结构、职能及由此而决定的成员间的责权关系,对成员的行为具有某种程度的强制性。

正式组织的活动以成本和效率为主要标准。维系正式组织的因素主要是理性的原则。例如,公司里的车间,学校里的系(部)都是正式组织。伴随着正式组织的运转会产生主要以感情和融洽关系为标准的非正式组织。非正式组织是未经正式筹划而是人们在交往中由于工作性质相近、社会地位相当,对一些具体问题观点基本相同,或者性格、业余爱好和感情比较相投而自发形成的一种个人关系和社会关系的网络,主要是追求成员之间的亲密感情、友好相处。

非正式组织的存在及其活动,既可对正式组织目标的实现起到积极促进的作用,也可能产生消极的影响。这主要表现在对正式组织内部关系和组织目标的影响上。非正式组织作为一个有共同情感、亲密关系的群体,可以促进正式组织成员之间关系融洽、友好、亲密,创造一种更加和谐的人际关系,提高员工之间的协作精神。但如果协调不好,会给内部关系带来危害,甚至肢解这个组织。如果非正式组织与正式组织目标一致,非正式组织的群体规范,内聚力会激励其成员努力工作,促进目标的实现;反之,如果两者目标相冲突,则可能会对正式组织的工作产生极为不利的影响,直接影响正式组织目标的实现。

由于非正式组织的存在是一个客观、自然的现象。也由于非正式组织对正式组织具有正负两方面的作用。所以,管理者不能采取简单的禁止甚至取缔的做法,而应该因势利导,以便最大限度地发挥非正式组织的积极作用,同时努力克服其消极作用。具体地说,首先要正确分析与对待非正式组织,允许乃至鼓励非正式组织的存在,为非正式组织的形成和发展提供必要的条件,并努力使其与正式组织的目标相吻合,同时要做好非正式组织核心人物的工作。有条件的情况下可以挑选具备条件的非正式组织核心人物担任正式组织的负责人,实现两者在组织上的融合。还可通过建立宣传先进的组织文化,积极引导非正式组织,以影响非正式组织的行为规范,使其对正式组织产生一种高层次的归属感情,从而为正式组织目标的实现发挥积极的作用。

【思考】 家族制企业是否为非正式组织？为什么？学生社团呢？

7.4.2 直线、参谋与职权关系

职权是管理人员在岗位职务范围的管理权限，是其履行管理职能的前提。组织中的管理人员是以直线主管或参谋两类不同身份来从事管理的。如何明确职权类型、协调职权关系是组织整合的重要内容。

（一）职权类型

1. 直线职权是组织中上级指挥下级工作的权力，表现为上下级之间的命令权力关系。这种命令关系自上而下，从组织的最高层、经过中间层、一直延伸到最基层，形成一种等级链。链中每一环节的管理人员都有指挥下级工作的权力，同时又必须接受上级管理人员的指挥，这种与等级链相联系的直线职权是直线管理人员所拥有的一种特殊职权。这种指挥和命令关系越明确，即各管理层次主管人员的权限越清楚，就越能保证整个组织的统一指挥。

2. 参谋职权是组织中作为直线人员的参谋或幕僚所拥有的辅助性职权。主要是建议咨询权。参谋关系是伴随着直线关系而产生的。它是一种服务和协助的关系，包括提供专门服务，进行某些专项研究。组织规模越大，活动越复杂，参谋人员的作用就越重要。参谋职权的正确发挥也就更具有迫切性。

3. 职能职权是组织中的参谋人员或某职能部门人员根据直线主管的授权所拥有的对其他部门或人员直接指挥的权力。如企业的生产部门根据生产经理的授权组织日常的生产活动；学校的教务处根据教学副校长的授权组织开展各项日常教学管理活动等。

【思考】 职能职权的产生是否违背组织内部统一指挥原则？为什么？

（二）直线职权与参谋职权的关系

从直线职权与参谋职权的定义中，我们可以得出它们之间的关系是"参谋建议，直线指挥"。具体来说有两层含义：

一是指直线人员在进行决策特别是重大决策之前要认真征求并尊重参谋人员的意见；二是指这两种职权之间的性质不同。参谋职权是咨询建议权，参谋人员可以向直线人员提出自己的意见和建议，但不能越俎代庖。指挥的权力应由直线人员来行使，并由其承担最后的责任。

但是组织的实际运行过程中，直线人员与参谋人员之间经常会发生冲突，直线人员往往用怀疑的眼光看待参谋人员,认为他们有潜在的削弱直线人员职权的危险;还认为参谋人员不了解实际情况,提出的建议不是不切实际,就是片面偏激;而且参谋人员只负责提建议而不承担责任,工作顺利有成果时就沾沾自喜,想获取荣誉,而决策失误、工作失败时又不承担任何责任。而参谋人员则往往认为直线人员不了解参谋人员的作用,常感到怀才不遇;他们还认为直线人员思想保守、墨守成规、排斥新思想;而且还抱怨直线人员对参谋人员的工作没有提供必要足够的条件。

直线职权和参谋职权关系若处理不好,会给组织带来严重的后果。为了协调好这两者之间关系,必须重视以下几点:

1. 双方都要明确两种职权之间的关系。组织要通过规范化的文件对这种"参谋建议、直线指挥"的关系作出明文规定,以便相应人员各司其职。

2. 直线人员要认真听取参谋人员意见,并随时为参谋人员提供必要的工作条件和信息,不需要参谋的岗位就不设置参谋人员。

3. 参谋人员要努力提高自己的水平,只有这样才能为直线人员提供有效的帮助,体现自己的价值。

4. 加强合作,创造彼此谅解、诚信合作的友好气氛。

【思考】　教务处长具有哪些职权? 请说明理由。

(三)直线职权与职能职权的关系

职能职权是由于直线人员授权而产生的,是由直线职权派生的限于特定职能范围内的直线职权。所以,它们之间的关系是"直线有大权,职能有特权"的关系。其具体含义是:

在一个组织中,直线人员拥有除了其上层直线人员赋予职能部门职能职权以外的大部分直线职权;职能部门人员只拥有上层管理者所赋予的特定职权,可在其职能范围内的对其他部门及其下属部门行使指挥权力,如学校招生办公室代表学校给各学院下达招生计划,就是体现职能职权的例子。但职能权力应限定在规定的职能范围内,这对维护管理职位的完整性是十分重要的。如果职能职权扩展到相当大的程度时,同级或下级直线人员就可能对本部门失去控制而无法开展工作。为了维护组织的统一指挥原则,必须对职能职权限定在组织职能范围和作用层次范围。其原则是上一层次的职能管理部门对下一层次的职能管理部门只有业务指导的权力,而没有直接命令和指挥的权力。上一层次的职能部门对下一层次的直线主管人员的决策有建议参与权,但没有命令指挥权。

职能部门对下一层次直线人员的意见应由本层次的直线主管下达。

7.4.3 授权

（一）授权的定义

所谓授权，就是指上级赋予下级一定的权力和责任，使下属在一定的监督之下，拥有相当的自主权而行动。被授权者对授权者负有汇报情况和完成任务之责，授权者仍拥有指挥监督权。管理者授权属于广义上的分权，是现代管理的一种科学方法与领导艺术。

（二）授权的作用

1. 授权有利于组织目标的实现。通过科学的授权，使基层拥有实现目标所必需的权力，自主运作，可以更好地促进目标的实现。

2. 授权有利于高层管理者从日常事务中超脱出来，专心处理重要决策问题。授权是领导者的分身术，高明的领导者都会恰当地运用授权。

3. 授权有利于激励下属调动其工作积极性，增强其责任心，并增进效率。

4. 授权有利于培养锻炼下属。下属在自主运用权力，独立处理问题的过程中会不断提高管理能力和综合素质。

5. 授权可充分发挥下属的专长以弥补授权者自身才能之不足。即把自己不会或不精的工作委托给有相应专长的下属去做。

（三）授权的原则

1. 依目标需要授权原则。授权是为了更好地实现组织目标，所以必须明确授权目的，即向受权者明确所授事项的任务目标以及权责范围，使其能十分清楚地工作。

2. 适度授权原则。授权的程度要根据实际情况来决定，要考虑到工作任务及下级的情况而灵活决定，既要防止授权不足，又要防止授权过度。

3. 职、责、权、利相当原则。这是指所授予的权力应能保证受权者履行相应职责完成所授任务，做什么事给什么权；而受权者对授权者应负的责任大小应与其所受的权力相当，有多大权力就应该承担多大的责任；给予受权者的利益必须与其所承担的责任大小相当，有多大责任就应该承诺给予多大的利益。这就是说授权必须是有职有权、有权有责且有责有利。

4. 保持命令统一原则。通常要求一个下级只接受一个上级的授权，并仅对一个上级负责。这一原则还包括对组织全局性问题由高层直接决策，不授权给下级；各部门之间分工明确，不交叉授权，不越级授权。领导者将权力授予下级，但必须仍承担实现目标的责任。即职责并不能随授权而推给下级。

5. 有效监控原则。授权是为了更好地实现组织目标,授权之后,领导者必须保留必要的监督控制手段,使所授之权不失控,确保组织目标的实现。

【思考】 如何处理好授权原则之间的关系?

(四)授权的步骤

简单授权没有必要划分步骤,而较为规范的授权可以划分为以下几个步骤:

1. 下达任务。授权的目的是完成任务、实现目标。所以授权首先要下达任务,包括选择好授权对象下达明确的任务,而且尽可能量化,以及提出相关要求和完成时限。

2. 授予权力。在明确任务之后,就要授予其相应的权力,要做到权责对等,并与一定的利益挂钩。必须懂得给予一定的权力是使受权者得以完成下达任务的基本保证。

3. 明确责任。受权人接受任务并拥有了所必需的权力后,就有义务去完成所下达的任务并正确运用所委任的权力。受权人的责任主要表现为向授权者承诺保证完成所分派的任务并及时汇报,授权人可以根据任务完成情况给予受权人奖惩。但对于组织来说,授权者对于受权者的行为负有最终的责任。

4. 监控与考核。授权不同于弃权,因为授权者对组织负有最终的责任,必须对受权者进行必要的监督与控制,以保证权力的正确运用与组织目标的实现,根据检查情况调整授权或收回权力,当工作任务完成后,要对工作业绩进行考核与评价。

(五)授权的艺术

实际授权中出现的问题,大多并不是因为管理人员不了解授权的重要性及其原则,而是因为他们没能或不愿应用这些原则,导致管理人员没能或不愿授权的主要原因有:

1. 管理人员自身能力差,不知给下级授什么权以及如何授权。

2. 对下属不信任。包括对下属能力的不信任,怕其没有能力完成所要做的工作;对下属动机的不信任,怕其"要职要权"或者担心别人比自己干得更好,从而影响自己未来的发展,因此不愿授权。

3. 职业偏好的影响。一个人善于从事某项职业,养成了一定的职业特征,一旦他们走上管理岗位,其职业习惯会影响他们进行授权;而有些管理者本身对权力有特别的偏好,因而不愿意授权,喜欢自己掌握权力。

4. 害怕失去控制。

授权过程涉及授予和接受两方面,下级人员有时也有可能不愿接受上级的授权,其原因一般有:

1. 担心因干得不好而受到上级的训斥或惩罚,因而不愿接受过多的职权,上级说什么就干什么。

2. 害怕承担更多责任。有的下级由于缺乏自信,或者觉得相应的压力太大,因而不愿承担风险,希望一切由上级决策。

3. 有的下属认为即使是多做工作也不会带来更多的报酬,因而不愿承担更多的责任。

如何解决以上问题,克服这些心理障碍,管理者可在实际工作中采取以下一些方法:

1. 上下级之间进行充分的交流。当上级下达任务时,确保下属充分理解授权内容,即所授权力的大小、预期结果以及所要承担的责任,在授权后当下属有困难时,上级要及时予以指导和帮助。

2. 对承担更多责任者予以额外的奖励。当上级对接受更多责任的下属予以可能的额外奖励时,下属将会愿意接受更多的授权。奖励可以是物质的,如奖金,也可以是精神的,如表扬、提供优越的工作条件、职务晋升等。

3. 提高管理者的素质。特别是提高对授权重要性的认识,同时要使上级形成信任下级,愿意放手和允许别人犯错误的心态。

4. 建立一种良好的组织文化。高层管理人员要致力于建立相互信任和鼓励、承担风险的组织文化。在这种文化中上级会允许下属在改正错误的过程中不断提高素质,而下属也愿意承担更多的责任。

5. 建立一定的制度强迫管理者授权。即组织通过一定的政策以规章制度的形式迫使不愿授权的管理者授权。例如,加大管理者的管理幅度,迫使其授权给下属。

7.4.4　集权与分权

（一）集权与分权的含义

集权与分权是用来描述组织中的职权分布状况的一对概念。所谓集权是指较多的权力和较重要的权力集中在组织的高层管理者;所谓分权,是指较多的权力和较重要的权力分散授予组织的基层管理者。也就是说职权在整个组织中的分布可以是集中化的,也可以是分散化的。

分权是授权的一种形式,没有分权,也就没有上下级的组织结构,什么事都由高层管理者来决定,由高层管理者进行直接指挥,也就无法发挥组织分工协作的优越性。

在现实中，既不存在绝对的分权，也不存在绝对的集权，只是各个不同的组织由于自身各种因素形成的职权集中化和分散化的程度。所以集权和分权是两个彼此对立但又互相依存的概念，它们只能存在于一个连续统一体中。

(二)集权与分权的优缺点

集权有利于组织实现统一指挥，协调工作和更为有效的控制。但如果过分集权则会加重高层领导者的负担，从而影响决策的质量和速度，致使高层管理者陷入日常繁琐的管理事务中，难以集中精力处理组织发展中的重大问题；不利于调动下属的积极性与主动性，妨碍后备管理干部队伍的培养；过分集中权力可能使各部门失去自我适应和调整的能力，从而降低整个组织对外部环境的适应能力。

而分权的优缺点正好与集权相反。应该根据组织目标与环境、条件的需要正确决定集权与分权程度，但现代管理中总的趋势是加强职权分权化。分权可以通过两种途径来实现：一是改变组织设计中对管理权限的制度分配；二是促成主管人员在工作中充分授权。

(三)影响集权与分权的主要因素

集权和分权不能简单地用"好"或"坏"来加以判断。在成功的组织中既有许多被认为是相对分权的，也有许多被认为是相对集权的组织。因此，并不存在着一个普遍的标准。确定一个组织中职权集中或分散的合理程度，需要考虑以下因素：

1. 组织因素。包括组织规模及其空间分布广度；职责与决策的重要性；产品结构及生产技术特点；管理控制技术的发展程度。

2. 环境因素。外部环境主要是指组织面临的市场的复杂与变动程度，特别是政府对各类组织的控制程度，包括各种政策规定等。内部环境包括组织的历史传统，组织文化等，这些都将影响集权与分权程度。

3. 管理者与下级因素。包括管理者的管理哲学、性格、爱好、能力，不同领导者的领导观念、领导方式不同，集权分权的程度就会不同。被管理者的素质与对分权的兴趣。如果组织中缺少合格的管理人员、高层管理者就可能倾向于集权，依靠少数高素质的人来管理组织。

【思考】 除以上因素外，还有哪些因素会影响集权与分权的程度？

⬚➔【本章小结】

1. 组织是人们为了实现某一特定的目的而形成的系统集合。组织工作则包括建立机构,配备人员,制定规章制度,分工授权并进行协调的活动过程。组织的定义包括人员、职位、职责、关系、信息五大要素。

2. 组织设计的任务是建立组织结构和明确组织内部的相互关系,具体地说,就是提供组织结构系统图和编制职务说明书。其一般经过职务分析与设计,进行部门划分,平衡形成结构三个步骤。

3. 组织设计的原则有:从组织目的看要贯彻有效性原则,从组织起因看要贯彻管理幅度原则;从组织的职权关系看要贯彻统一指挥和权责对等原则,从组织工作看则要贯彻协调原则。影响组织设计的因素主要有:战略、规模、技术、环境等。

4. 组织结构是组织设计的结果之一,也是描述组织内容的框架体系。包括职能结构、层次结构、部门结构和职权结构。组织结构的基本形式有:直线制、职能制、直线职能制、事业部制、矩阵制和委员会。

5. 人员配备是指组织通过对工作要求和人员素质的分析,为每一个岗位配备合适的人员以完成组织目标所需开展的各项工作的过程。其目的是谋求人和事的最佳组合。人员配备的主要工作内容有:确定人员需要的种类和数量,选配合适人员和进行培训与考核。

6. 人员选聘有外部选聘和内部选聘两大途径,各自具有对应的优缺点。选聘的程序一般包括制订选聘方案,发布选聘信息,评价和选择应聘者三个阶段,具体的选聘方法有初选、笔试、面试、体检和试用。

7. 考核是指相关部门或人员按照一定的标准,采用科学的方法和程序,对组织中各部门、各岗位人员在一定时期内完成岗位职责任务所表现出来的工作绩效和能力素质所作的衡量与评定。其目的是:保证组织目标的实现,促进员工的全面发展,为人事调整、确定报酬和员工培训提供客观的要求。考核内容涉及德、能、勤、绩四个方面。

8. 培训是组织开发现有人力资源和提高员工素质以适应组织发展要求的基本途径,其最终目标是为了实现组织和员工的共同成长。培训分为在职培训和离职培训两大类,其种类有岗前培训、在岗培训、转岗培训和升职培训。

9. 组织整合就是要求组织成员能和谐一致地进行工作。为此,必须处理好正式组织与非正式组织,直线、参谋与职权关系,授权、集权与分权等关系。

⮞【复习思考题】

1. 何谓组织？组织设计的任务是什么？

2. 组织设计的原则有哪些？

3. 什么是管理幅度？如何理解管理幅度与管理层次之间的关系？影响管理幅度的因素有哪些？

4. 常见组织结构形式有哪些？它们各自的优缺点及其适用范围是怎样的？

5. 人员配备的主要任务是什么？它们的工作内容主要有哪些？

6. 人员配备基本原则是什么？

7. 人员选聘的途径、程序和方法怎样？

8. 考核的目的、内容和方法是什么？

9. 培训对组织有什么作用？

10. 如何正确对待非正式组织？

11. 如何处理好直线与参谋关系？

12. 授权的原则与步骤怎样？

13. 集权与分权的优缺点是什么？

⮞【案例讨论】

海尔的洗衣机研发组织管理模式

海尔集团是世界白色家电第一品牌、中国最具有价值品牌。海尔在全球建立了 29 个制造基地,8 个综合研发中心,19 个海外贸易公司,全球员工总数超过 6 万人,海尔集团 2010 年实现全球营业额 1357 亿元,同比增长 9％,其中海尔品牌出口和海外销售额 55 亿美元。2009年,海尔品牌价值高达 812 亿元,自 2002 年以来,海尔品牌价值连续 9年蝉联中国最具有价值品牌榜首。海尔品牌旗下冰箱、空调、洗衣机、电视机、热水器、电脑、手机、家具集成等 19 个产品被评为中国名牌,其中海尔冰箱、洗衣机还被国家质检总局评为首批中国世界名牌。

海尔集团于 1993 年进入洗衣机行业,1995 年 7 月兼并红星电器,进入波轮洗衣机生产领域。海尔于 2001 年年初组建团队进行研究,期待能发明一种集两种洗衣机优点为一体的新产品。海尔的开发人员组合波轮与滚筒的动力驱动,使之产生既不像滚筒又不像波轮的沸腾式抖动水流,"双动力"洗衣机的原始概念遂由此而生。仿生"双动力"开发时的核心团队共 5 人。此外,各关联职能部门人员为产品开发项目提供支持,这些支持人员组成扩展团队。海尔称项目开发团队为MMC(Mini Minic Co)。

2002 年以开发双动力洗衣机为契机,海尔洗衣机进入世界洗衣机行业的前二位。海尔的研发体系分中央研究院、产品开发中心(海尔内部称为商品开发部)、各生产工厂的"生产工艺开发中心"三级。洗衣机事业部的组织结构由商品开发部(也称为海尔洗衣机开发总公司)、市场支持部、顾客服务部、综合办公室等构成。洗衣机商品开发部由商品企划部、3 个产品开发部(滚筒、波轮、搅拌)、技术发展部、技术保障部、综合资源开发部(总务办公室)7 个部门构成,共计 205 人,占洗衣机事业部总人数的 10% 左右。其中产品开发部和技术发展部是两个最重要的产品开发组织部门,产品开发部采用的创新性机制是型号经理制。型号经理是型号产品开发的最高负责人。首先,由商品企划部根据市场信息公布本年度要开发的新产品项目,开发人员针对要求编写新产品开发可行性报告,提交给商品企划部,并参与产品开发的内部竞标。商品企划部组织商品开发总工程师、技术发展部部长、技术开发部部长等审查产品开发方案,从中选择型号经理。技术发展部的创新性机制是模块经理制。模块经理人员分两类:一类人员专心从事模块开发,如构建洗衣机的电器件、塑料件、钣金件等模块库;另一类人员参与到开发项目组中,为双重奴隶关系。模块经理使用企业已有的模具,根据新产品需要增加一些新模块功能,既能节约开发费用,提高开发速度,又能做到企业内部资源共享。型号经理在模块经理的技术支持下,从模块库中选择所需要的模块进行功能组合,类似于积木原理不断开发新产品。

(资料来源:欧阳桃花,蔚剑枫,苟大伟,《组织因素对新产品开发绩效影响的理论与案例研究》,《经济理论与经济管理》,2009(2))

【思考】 1. 试着绘制海尔研发体系的组织结构图与洗衣机事业部的组织结构图。

2. 海尔型号经理制与模块经理制有何不同? 二者是何种关系?

3. 洗衣机事业部是何种组织结构? 这种组织结构有何利弊?

第 8 章

领　导

>>>　>

学习目标

通过学习本章的内容,学生能够:

1. 理解领导的含义、作用及领导者影响力的来源;
2. 掌握各种典型的领导理论的基本内容,了解有效领导的艺术;
3. 理解激励的含义、激励的心理机制和激励的本质;
4. 掌握各种典型的激励理论的基本内容,了解有效激励的方法和工具;
5. 理解沟通的含义及重要性,掌握沟通的过程和分类;
6. 理解沟通的内涵和在管理中的重要性;
7. 掌握沟通中存在的障碍及如何进行有效的沟通。

引　例

如何实施有效领导

根据调令,A 前往 B 公司担任经理。在交接班时,前任经理特意对领导班子中的一位副手的情况做了详细的介绍,说这位副手个性强,不好合作,凡事都要听他的,有时经理决定了的事,如果他不同意,经理的决策就很有可能得不到有效的实施。前任经理还对 A 说,要不是知道自己要调离,那一定会建议上级想办法把这位副手撤掉。前任经理的介绍在 A 的心理上造成了很大的阴影。

后来,A 正式接任工作,在与这位副手的接触中,发现这位副手确实很有个性,如:自尊心很强,人很正直,对工作很有主见,也敢于负责,好胜心强,总希望自己分管的工作做得比别人好。

请问:对于这位副手,应该怎样做才能调动其积极性,又能实现有效的领导,保证组织整体目标的实现?

(引自:http://zhidao.baidu.com/question/80765120.html)

8.1 领导工作

8.1.1 领导概念

什么是领导？领导要发挥哪些作用？领导发挥作用的基础又是什么？本小节对此简要概括。

(一)领导的含义

1. 领导的含义

所谓领导,就是指指挥、带领、引导和鼓励部下为实现目标而努力的过程。领导者就是从事领导工作的人。这个定义包括下列三要素:

(1)领导者必须有部下或追随者,没有部下的领导者谈不上领导;

(2)领导者拥有影响部下的力量,即要有影响力;

(3)领导的目的是通过影响部下来达到组织的目标。

2. 领导和管理的区别

领导和管理是一回事吗？从本质上说,管理是建立在合法的、有报酬的和强制性权力基础上对下属命令的行为,下属必须遵循管理者的指示。在这一过程中,下属可能尽自己最大的努力去完成任务,也可能只尽一部分努力去完成工作。领导则不同,领导作为一种影响别人的能力,可以建立在合法的、有报酬的和强制性的权力基础上,但更多的是建立在个人影响权和专长权以及表率作用的基础之上。因此,一个人可能既是管理者,也是领导者,但是,管理者和领导者两者分离的情况也是有的。一个人可能是领导者但并不是管理者。非正式组织中最具影响力的人就是典型的例子,组织没有赋予他们职位和权力,他们也没有义务去负责企业的计划和组织工作,但他们却能引导和激励、甚至命令自己的成员。一个人也可能是个管理者,但并不是个领导者。领导的本质就是被领导者的追随和服从,它不是由组织赋予的职位和权力所决定的,而是取决于追随者的意愿。因此,那些没有部下追随的管理者,也就不是真正意义上的领导者。

【思考】 管理者如何成为领导者?

(二)领导的作用

领导工作在组织中起着协调个人需求和组织要求的作用。

1. 指挥作用

在人们的集体活动中,需要有头脑清晰、胸怀全局,能高瞻远瞩、运筹帷幄的领导者帮助人们认清所处的环境和形势,指明活动的目标和达到目标的途径。一方面,领导者必须具有广博的知识、深邃的思想、敏捷的反应、良好的判断力,有能力指明组织的战略方向和需达到的目标;另一方面,领导者还必须是个行动者,能率领员工为实现组织的目标而努力。唯其如此,领导者才能真正起到指挥作用。

2. 协调作用

在由许多人协同工作的集体活动中,即使有了明确的目标,也因各人的理解能力、工作态度、进取精神、性格等不同,加上各种外部因素的干扰,人们之间在思想上发生各种分歧、行动上出现偏离组织目标的情况是不可能避免的。因此,就需要领导者来协调人们之间的关系和活动,引领大家朝着共同的目标前进。

3. 激励作用

在组织中,劳动仍是人们谋生的手段。劳动者为了取得更多的报酬,大都具有积极工作的愿望,但这种愿望能否变成现实的行动,取决于劳动者的经历、学识、兴趣及需要的满足程度等。当劳动者的利益在组织的各项制度中得到切实的保障,并与其自身的物质利益紧密联系时,劳动者的积极性、智慧和创造力就会充分发挥出来。因此,需要领导者创造满足劳动者各种需要的条件、激励劳动者的动机来调动劳动者的积极性,激发他们的创造力,鼓舞大家的士气,使组织中的每个人都自觉地融入组织的目标中去,为实现共同的目标而努力工作。

引导员工朝共同的目标努力,协调员工在不同时空的活动,激发员工的工作热情,使其在组织活动中保持高昂的积极性,这便是领导者在组织和率领员工为实现组织目标而努力工作中所必须发挥的具体作用。

【思考】 班级管理中班长如何有效发挥领导的作用?

（三）领导的影响力

领导者重要的任务是"影响"个体或群体的行为，其影响的基础是权力，即指挥下级的权力和促使下级服从的权力。领导者的影响力主要来自以下两个方面。

1. 职位权力

这种权力是由于领导者在组织中所处的位置是由上级和组织赋予的，这样的权力随职务的变动而变动，不在职时就无权。一般出于压力和习惯，人们不得不服从。这种权力又包括三类：

（1）合法权。它是根据个人在组织中所处职位而被正式授予的权力，其内容包括任命、罢免等诸多权力，其形式则具有非人格性、制度性特征。合法权通常具有明确的垂直隶属关系，从而形成组织内部的权力等级体制。

（2）报酬权。指对依照其命令行事的作用对象拥有分配有价值资源的权力。报酬的实施方式包括物质性的和非物质性的，主要有鼓励、表扬、发奖、提薪和升级等。报酬权是巩固和维系权力关系的重要手段之一。

（3）强制权。这是建立在惧怕基础上的，对不服从要求或命令的人进行惩罚的权力。组织中强制权的实施手段主要有批评、训斥、分配不称心工作、降薪、解雇等。

2. 个人权力

这种权力不是由于领导者在组织中的位置，而是由于自身的某些特殊条件才具有的，通常称为威信。这种权力或威信又包括两类：

（1）专家权：这是指由于具有他人承认的知识、技能而产生的权力。下属听从有专家权力的上司意见是因为认为这些意见有助于其更好地完成工作。

（2）典范权：又可称为模范权，是指由于具有他人喜欢、仰慕的人格特征而产生的力量。下属听从有典范权的上司指示是因为对领导者高度认同，愿意学习、模仿他的言行借以投合追随者的各种需要。

专家权和典范权可以使下属产生归属感，这种归属感既非顺从也非抵制，它有助于员工们克服某些对变革的恐惧感。个人权力对下属的影响力要强于职位权力，尤其是典范权。

【思考】　如何理解领导者的人格魅力？

8.1.2 领导理论

领导理论是研究领导有效性的理论。人们对领导有效性的研究主要从三个方面进行,相应地,领导理论也分为三大部分,即领导特性理论、领导行为理论和领导权变理论。三类领导理论的比较见表 8-1。

表 8-1 不同的领导理论之间的比较

领导理论	基本观点	研究基本出发点	研究结果
领导特性理论	领导的有效性取决于领导者个人特性。	好的领导应具备怎样的素质?	各种优秀领导者的图像。
领导行为理论	领导的有效性取决于领导行为和风格。	怎样的领导行为和风格是最好的?	各种最佳的领导行为和风格。
领导权变理论	领导的有效性取决于领导者、被领导者和环境的影响。	在怎样的情境下,哪一种领导方式是最好的?	各种领导行为权变模型。

（一）领导特性理论

特性理论也称伟人理论、特质理论,是研究领导者的心理特性与其影响力及领导效能关系的理论。这种理论阐述的重点是领导者与非领导者的个人特性差别。

特性理论按其对领导特性来源的不同解释,可分为传统特性理论和现代特性理论。传统特性理论认为领导者所具有的特性是天生的,是由遗传所决定的,甚至将人的相貌、体型作为评价领导者是否称职的标准,现在已很少有人赞同这样的观点。现代特性理论则认为领导者的特性和品质是在实践中形成的,是可以通过教育和训练培养的。

不同的研究者对领导者应具有哪些特性说法不一。最有代表性的是美国普林斯顿大学包莫尔提出的企业家应具备的 10 种条件:

(1)合作精神。即愿意与他人一起工作,能赢得人们的合作,对人不是压服而是说服和感动。

(2)决策能力。即依赖事实进行决策,具有高瞻远瞩的能力。

(3)组织能力。即能发掘部属的才能,善于组织人力、财力和物力。

(4)精于授权。即能大权独揽,小权分散。

(5)善于应变。即机动灵活,善于进取,不抱残守缺,墨守成规。

(6)敢于创新。即对新环境、新事物和新观念有敏锐的感受能力。

(7)敢于负责。即对上级、下级、产品及用户抱有高度的责任心。

(8)敢担风险。即敢于承担企业发展不景气的风险,有创造新局面的信心及雄心。

(9)尊重他人。即重视和采纳别人的意见,不盛气凌人。

(10)品德高尚。即品德上为社会人士和企业员工所敬佩。

领导者特性理论是早期领导理论的研究成果,它的初衷是想勾画出领导者在特性方面的共同点。随着研究的深入,研究者纷纷认定,仅仅依靠特性并不能充分解释有效的领导,完全基于特性的解释忽视了领导者与下属的相互关系以及情景的因素。因此,从 20 世纪 40 年代末至 60 年代中叶,有关领导的研究集中在探讨领导者偏好的行为风格上,也就形成了领导行为理论。

【思考】　领导者到底是天生的还是后天培养出来的?

(二)领导行为理论

领导行为理论认为,考察领导好坏的标准是他的领导行为,而非他的内在素质。领导行为理论重点放在研究领导者的行为风格对领导有效性的影响上。比较有代表性的领导行为理论有:勒温理论、四分图理论和管理方格图理论。

1. 勒温理论

美国心理学家勒温(P. Lewin)以权力定位为基本变量,通过各种试验,得出结论,他认为领导工作作风可以分为三种,即专权型、民主型和放任型。

(1)专权型领导。领导者个人决定一切,然后命令下属执行,他要求下属绝对服从,并认为决策是自己一个人的事,下级不能染指。这类领导者很少参加群体的社会活动,与下级保持相当的心理距离。

(2)民主型领导。领导者把决策权力定位于群体,发动下属讨论,共同商量,集思广益,然后决定。主要运用个人权力和威信,而不是靠职位权力和命令使人服从。分配工作时,尽量照顾到个人的能力、兴趣和爱好。积极参加团体活动,与下级没有什么心理上的距离。

(3)放任型领导。领导者很少运用职权,给下属以极大的自由度,下属人员愿意怎么做就怎么做,一切悉听尊便,毫无规章制度。他的职责仅仅是为下属提供信息并与企业外部环境联系,以有利于下属的工作。

勒温根据试验认为放任型领导工作效率最低,只达到社交目标,而完不成工作目标;专权型领导虽然通过严格管理达到了工作目标,但群体成员情绪消极、没有责任感、士气低落、争吵较多。民主型领导工作效率最高,不但完成工作目标,而且群体成员关系融洽,工作主动、积极、有创造性。因此,最佳的领导行为

235

风格是民主型的领导作风。

【思考】 民主型领导方式是否适用于所有管理环境？为什么？

2. 四分图理论

1945 年美国俄亥俄州立大学商业研究所发起了对领导行为研究的热潮。一开始，研究人员设计了一个领导行为描述调查表，列出了 1000 多种刻画领导行为的因素；后来霍尔平（HalPin）和维纳（Winer）将冗长的原始领导行为调查表减少到 130 个项目，并最终将领导行为的内容归结为两个方面，即以人为重和以工作为重。

以人为重，是指注重建立领导者与被领导者之间的友谊、尊重和信任的关系。包括尊重下属的意见，给下属以较多的工作自主权，体察他们的思想感情，注意满足下属的需要，平易近人，平等待人，关心群众，作风民主。

以工作为重，是指领导者注重规定他与工作群体的关系，建立明确的组织模式、意见交流渠道和工作程序。包括设计组织机构，明确职责、权力、相互关系和沟通办法，确定工作目标和要求，制定工作程序、工作方法和制度。

他们依照这两方面的内容设计了领导行为调查问卷，就这两方面各列举 15 个问题，发给企业，由下属来描述领导人的行为如何。调查结果表明，以人为重和以工作为重并不是一个连续带的两个端点，这两方面常常是同时存在的，只是可能强调的侧重不同，领导者的行为可以是这两个方面的任意组合，即可以用两个坐标的平面组合来表示，如图 8-1 所示。由这两方面可形成四种类型的领导行为，这就是所谓的领导行为四分图。

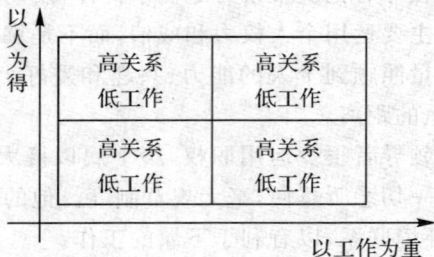

以人为得	高关系 低工作	高关系 低工作
	高关系 低工作	高关系 低工作
		以工作为重

图 8-1 领导行为四分图

该项研究的研究者认为，以人为重和以工作为重，这两种领导方式不应是相互矛盾、相互排斥的，而应是相互联系的。一个领导者只有把这两者相互结合起来,才能进行有效的领导。即最佳的领导行为是既要以人为重,又要以工作为重。

3. 管理方格图理论

在四分图理论基础上,美国心理学家布莱克(R. Blake)和莫顿(S. Mou-ton)提出了管理方格图理论。管理方格是一张方格图,横轴表示领导者对生产的关心程度,纵轴表示领导者对人的关心程度。每根轴划分为 9 小格,第一格代表关心程度最低,第九格表示关心程度最高,整个方格图共有 81 个方格,每一小方格代表对"生产"和"人"关心的不同程度组合形成的领导方式,如布莱克和莫顿在管理方格图中列出了五种典型的领导方式。

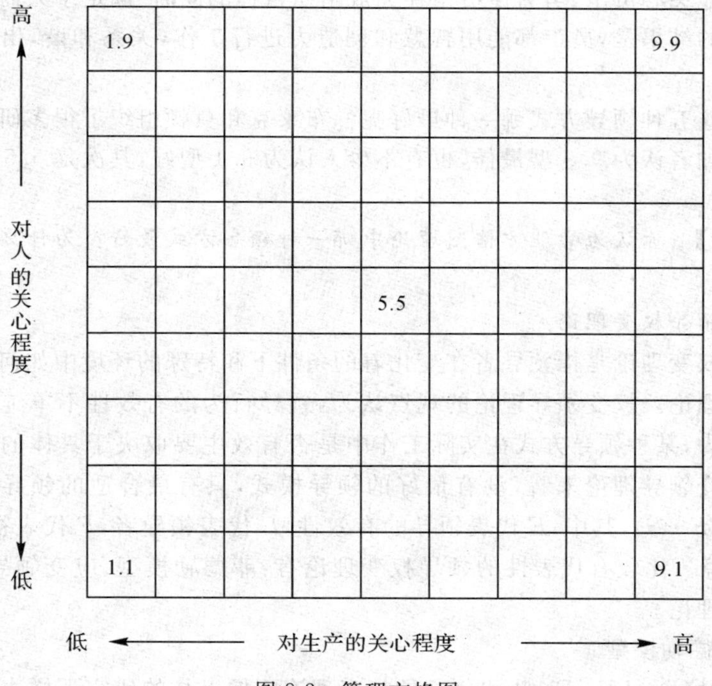

图 8-2 管理方格图

(1)1.1 贫乏型的管理。这种方式对员工的关心和对生产任务的关心都很差。这种方式无疑会使组织失败,但在实践中也很少见到。

(2)9.1 任务型的管理。这种方式只注重生产任务的完成,而不重视人的因素。在这种领导方式下,下属只能奉命行事,员工失去进取精神,不愿用创造性的方法解决各种问题,不能施展所有的本领。

(3)1.9俱乐部型管理。这种领导方式恰与9.1型相反,即特别关心员工。持此方式的领导者认为,只要员工精神愉快,生产自然会好,不管生产好与坏,都首先要重视员工的情绪。这种管理的结果可能很脆弱,一旦和谐的人际关系受到影响,生产任务的完成情况将会大受影响。

(4)5.5中间型管理。这种方式既不过分重视人的因素,也不过分重视生产任务因素,努力保持和谐和妥协,以免顾此失彼。遇到问题总想敷衍了事。此种方式会导致牢守传统习惯,从长远看,会使组织落伍。

(5)9.9团队型管理。这种方式对生产和人的关心都达到了最高点。在这种管理方式下,员工在工作上希望相互协作,共同努力去实现组织目标;领导者诚心诚意地关心员工,努力使员工在完成组织目标的同时,满足个人需要。应用这种方式的结果是,员工都能用智慧和创造力进行工作,关系和谐,出色地完成任务。

以上这五种领导方式哪一种最好呢?布莱克和莫顿组织了很多研讨会。绝大多数参加者认为9.9型最佳,也有不少人认为9.1型好,其次是5.5型。

【思考】 你认为管理方格图理论中哪一种领导方式最好?为什么?

(三)领导权变理论

领导权变理论是指领导者在变化着的条件下和特殊的环境中如何实现领导有效性的理论。权变领导理论的观点认为,领导行为的有效性不单纯是领导者个人的行为,某种领导方式在实际工作中是否有效主要取决于具体的情景和场合。从权变领导理论来看,没有最好的领导模式,只有最合适的领导模式。即 $E = f(L \cdot F \cdot S)$,其中,E 代表领导的有效性,L 代表领导者,F 代表被领导者,S 代表环境。比较有代表性的领导权变理论有:菲德勒模型、应变领导理论、途径—目标理论。

1. 菲德勒模型

菲德勒(Fred E. Fiedler)创立的权变理论不像以往的研究那样去寻找最优领导方式,而是认为领导的成功与否取决于领导风格与环境的要求是否相匹配。他认为领导风格从属于个人性格,因此具有持续性并难以改变。这种理论不是试图训练领导者采用新的领导风格,而是建议他们针对环境变化,在既有的风格中找到最适合的工作方法。

菲德勒先将领导者的领导风格分为关系导向型和工作导向型,通过设计最难共事者问卷LPC(least-preferred co-worker(LPC)questionnaire)来调查界定。

他把对领导者最不喜欢的同事做出的评价定量化为 LPC 值,通过问卷调查来测定 LPC 值的大小,从而判断领导者属于哪一种领导风格。他认为,一个领导者如果最不喜欢他的同事但仍能给以好的评价,即被认为对人宽容、体谅、友好,是关系导向型;如果给最不喜欢他的同事以较低的评价,则被认为是惯于命令和控制下属,是工作导向型的。

对于界定的两种领导风格,究竟哪种更为有效?菲德勒认为不是绝对的,将受到环境因素的影响,他将决定领导风格的环境因素归为以下三类:

领导者和下属的关系。主要指下属人员是否欢迎该领导者,领导者与下属之间是否相互信任。菲德勒认为,这一点对一个领导者来说,是其领导成功与否的最重要的条件。

工作任务结构。具体指下属的工作程序化、明确化的程度。如果工作的性质单纯,工作的任务就会表现为目标明确,下属人员就能明确承担自己的责任,从而领导者就能下达具体命令。但如果工作任务的性质是非常规的,无论领导还是下属都对工作目标不明晰,就会造成工作质量低下。

领导者拥有的职位权力。菲德勒指出,拥有明确职位权力的领导者比没有这种权力的领导者更容易使下属人员追随自己。一般来说,拥有强大权力、受员工爱戴的领导者,带领下属完成结构性很高的工作任务很容易。而在不受下属爱戴又没有权力的领导者面前,下属往往表现一般,工作任务很难完成。

通过大量的调查、观察和收集数据,菲德勒得到了不同环境因素组合下两种领导风格的有效性比较,如图 8-3 所示。

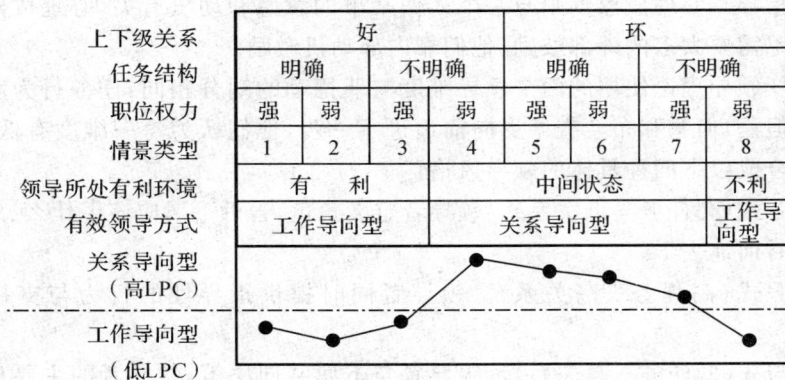

上下级关系	好				环			
任务结构	明确		不明确		明确		不明确	
职位权力	强	弱	强	弱	强	弱	强	弱
情景类型	1	2	3	4	5	6	7	8
领导所处有利环境	有 利				中间状态			不利
有效领导方式	工作导向型				关系导向型			工作导向型

关系导向型(高LPC)

工作导向型(低LPC)

图 8-3 菲德勒模型

菲德勒的研究结果表明:根据群体工作情境,采取适当的领导方式可以把群体绩效提高到最大的限度。当情境非常有利或不利时,采取工作导向型领导方式是合适的;但在各方面因素交织在一起且情境有利程度适中时,以人为重的关系导向型领导方式更为有效。

有大量的研究对菲德勒模型的总体效度进行了考查,并得到了十分积极的结果,也就是说,有相当多的证据支持这一模型。但是,该模型目前也还存在一些欠缺,还需要增加一些变量来加以改进和弥补。另外,在 LPC 量表以及该模型的实际应用力方面也存在着一些问题。比如,LPC 的逻辑本质尚未被很好地认识,一些研究指出作答者的 LPC 分数并不稳定。另外,这些权变变量对于实践者来说也过于复杂和困难,在实践中很难确定领导者—成员关系有多好,任务的结构化有多高,以及领导者拥有的职权有多大。

【思考】 怎样理解和解释菲德勒的研究结果?

2. 应变领导理论

情境领导理论由何塞(Paul Hersey)和布兰查德(Kenneth Blanchard)提出,该理论认为,有效的领导行为要把工作行为、关系行为和下属的成熟程度结合起来综合考虑,要根据下属的成熟程度选择合适的领导方式。何塞和布兰查德将成熟度定义为:个体对自己的直接行为负责任的能力和意愿。它包括两项要素:工作成熟度与心理成熟度。工作成熟度是相对一个人的知识和技能而言的,工作成熟度高的个体拥有足够的知识、能力和经验完成他们的工作任务而不需要他人的指导。心理成熟度则与一个人做某事的意愿和动机有关,心理成熟度高的个体不需要太多的外部鼓励,他们靠内部动机激励。

应变领导理论使用的两个领导维度与菲德勒的划分相同:任务行为和关系行为。但是,何塞和布兰查德更向前迈进了一步,他们认为每一维度有低有高,从而组合成以下四种具体的领导风格:

命令式(高任务—低关系)。领导者定义角色,告诉下属应该干什么、怎么干以及何时何地去干。

说服式(高任务—高关系)。领导者同时提供指导性的行为与支持性的行为。

参与式(低任务—高关系)。领导者与下属共同决策,领导者的主要角色是提供便利条件与沟通。

授权式(低任务—低关系)。领导者提供极少的指导或支持。

何塞—布兰查德理论的最后部分定义了成熟度的四个阶段。根据应变领导理论,随着员工的成长,领导者与员工之间的关系要经历四个阶段,即不成熟、稍成熟、较成熟和成熟,分别用 M_1、M_2、M_3 和 M_4 来表示。领导者要因此而不断改变自己的领导风格,领导生命也随之呈现出周期性的变化,所以应变领导理论也被称为领导生命周期理论。

M_1:下属对于执行某任务既无能力又不情愿,既不胜任工作又不能被信任。

M_2:下属缺乏能力,但却愿意从事必要的工作任务,有积极性,但目前尚缺乏足够的技能。

M_3:下属有能力却不愿意做领导者希望他们做的工作。

M_4:下属既有能力又愿意做领导者让他们做的工作。

随着下属由不成熟逐渐向成熟过度,领导行为应当按高任务低关系—高任务高关系—高关系低任务—低任务低关系逐步推移。如图 8-4 所示。

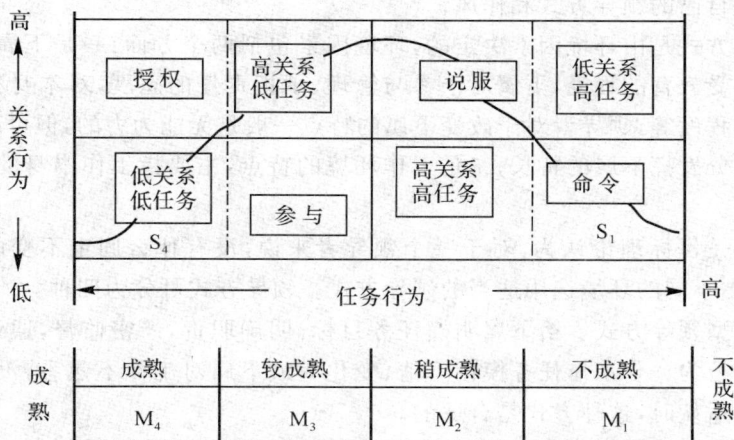

图 8-4 应变领导理论

M_1 阶段:命令式。下属需要得到明确而具体的指导。

M_2 阶段:说服式。领导者需要采取高任务—高关系行为。高任务行为能够弥补下属能力的欠缺;高关系行为则试图使下属在心理上“领会”领导者的意图。

M_3 阶段:参与式。出现的激励问题运用支持性、非指导性的参与风格可获最佳解决。

M_4 阶段:授权式。领导者不需要做太多事,因为下属既愿意又有能力担负责任。

应变领导理论告诉我们,随着下属从不成熟走向成熟,领导者不仅要减少对活动的控制,而且也要减少对下属的帮助,不断调整领导行为才能保持领导的有效性。

【思考】 举例说明在实际工作中如何运用应变领导理论进行管理。

3. 途径—目标理论

加拿大多伦多大学教授罗伯特·豪斯(R. J. House)把激发动机的期望理论和领导行为理论结合起来,提出了途径—目标理论。其基本观点是:领导者的职责在于帮助下属实现个人目标并确保这些个人目标与组织目标相一致。所谓途径—目标,是指有效的领导者要支持组织成员为实现组织目标所做的种种努力,为其完成任务提供各种必要的条件,领导者可以而且应该根据不同的环境因素来调整自己的领导方式和作风。

领导方式是由环境因素决定的,环境因素包括两个方面:一是下属的特点,包括下属受教育的程度,下属对于参与管理、承担责任的态度,对本身独立自主性的要求程度等,领导者对于改变下属的特点一般是无能为力的,但可改变工作环境来充分发挥下属的特长;二是工作环境的特点,主要指工作本身的性质、组织性质等。

途径—目标理论认为,对于一个领导者来说,没有什么固定不变的领导方式,要根据不同的环境选用适当的领导方式。领导方式可分为四种:

指令型领导方式。给下属明确任务目标,明确职责,严密监督,通过奖惩控制下属的行为。当工作任务模糊不清、变化大或下属对工作不熟悉,没有把握,感到无所适从时,这种方式是合适的。

支持型领导方式。对下属友好,平等对待,关心下属的生活福利。这种领导方式特别适用于工作高度程序化,让人感到枯燥乏味的情境。既然工作本身缺乏吸引力,下属就希望上司能成为满意的源泉。

参与型领导方式。鼓励下属参与任务目标决策和解决具体问题。当任务相当复杂需要组织成员间高度的相互协作时,或当下属拥有完成任务的足够能力并希望得到尊重和自我控制时,采用这种方式是合适的。

目标导向型领导方式。这是参与型领导方式的一种特殊类型,它主要强调目标设置的重要性,领导者通过为下属设置富有挑战性的目标和鼓励下属完成这些任务来管理下属。只要下属能完成目标,他们就有权决定怎么做。

途径—目标理论强调领导的有效性取决于领导行为、下属、任务之间的协调配合,如表 8-2 所示。

表 8-2　领导方式和环境

领导方式	领导行为	环境
指令型	确定群体任务目标 明确各自职责 严格管理员工 用正式的权力管理	群体的任务是非程序化的 员工期望得到指点
支持型	友好、平易近人 明白下属的兴趣 用奖励支持下属	任务缺乏刺激性 员工希望得到领导的支持和鼓励
参与型	让下属参与决策 分担职责 鼓励协调一致 用非正式权力领导	任务复杂、需要团体协调 员工希望某种指点 员工有工作所需技能
目标导向型	鼓励下属设置高目标 让下属充分发挥创造性 实行目标管理	员工希望自我控制 员工能自我激励 员工有所需工作技能

【思考】　途径—目标理论与菲德勒模型及应变领导理论有何异同？

8.1.3　有效领导的艺术

领导者的工作效率和效果很大程度上取决于他们的领导艺术。领导艺术是一门博大精深的学问,内涵极其丰富,此处只列举若干来体会。

(一)做好领导的本职工作

领导者有条不紊地办事是一种艺术。在组织中,我们经常看到一些这样的领导者,他们整天忙忙碌碌,工作十小时甚至更多,放弃了娱乐、休息和学习,还总是感到时间不够用。作为一个领导者,当发现自己忙不过来的时候,就应该考虑自己是否已经影响了下属的职权,做了本来应当由下属去做的事情。领导者必须明白,凡是下属可以做的事情,都应授权让他们去做,领导者只应干领导应干的事情。并且,即使对于那些必须由自己亲自处理的事情,也应先问三个能不能:能不能取消它? 能不能与别的工作合并处理? 能不能用更简便的方法处理? 这样就可以把那些可做可不做的事情去掉,把一部分事情合并起来用最简便的方法去做,从而减轻负担,腾出更多时间去思考和筹划,更好地发挥领导的作用。同时,这也使领导能够有更多的业余时间和家庭及朋友相聚，实现工作和生活的平衡。

（二）善于同下属交谈、倾听意见

善于同下级交谈、倾听意见也是一种重要的领导艺术。没有人与人之间的信息交流，就不可能有领导。领导者在行使指挥和协调的职能时，必须把自己的想法、感受和决策等信息传递给被领导者，才能影响被领导者的行为。同时，为了进行有效的领导，领导者也需了解被领导者的反应、感受和困难。这种双向的信息传递十分重要。交流信息可以通过正式的文件、报告、书信、会议、电话、短信、互联网和非正式的面对面会谈等方式进行。其中，面对面的个别交谈是深入了解下属的较好方式，因为通过交谈不仅可以了解到更多、更详细的情况，并且可以通过察言观色来了解对方心灵深处的想法。但也有些领导者在同下属谈话时，往往同时批阅文件，左顾右盼，精力不集中，不耐烦，其结果不仅不能了解对方的思想，反而会伤害对方的自尊，失去下属对自己的尊重和信任，甚至还会造成冲突和隔阂。所以，领导者必须掌握善于同下属交谈、倾听下属意见的艺术。

（三）争取众人的信任和合作

领导者不能只依靠自己手中的权力，还必须取得同事和下属的信任和合作。有些新踏上领导岗位的人，往往只会自己埋头苦干，不善于争取别人的信任和合作；也有个别人只想利用手中的权力来使副手和下属慑服，而较少考虑如何取得他们的支持和友谊。其实，领导者和被领导者之间的关系不应当是一种刻板和冷漠的上下级关系，而应当建立起真诚合作的朋友关系，这就要求领导者在日常工作中要做到平易近人、信任对方、关心他人以及一视同仁，等等。

8.2 激励原理

8.2.1 激励概述

（一）激励的含义和必要性

所谓激励是指激发人的内在动机，使人产生一股内在的动力，朝所期望的目标前进的心理活动和行为过程。实际上就是调动人的积极性的过程。

激励是对人的一种刺激，是促进和改变人的行为的一种有效手段。激励可以激发人的内在潜力，开发人的能力，充分发挥人的积极性和创造性。在管理中，每个人都需要激励，其中包括自我激励以及来自同事、群体、领导和组织方面的激励。作为一个领导者,为了实现既定的组织目标,就更需要激励全体成员。

在一般情况下,激励表现为外界所施加的推动力或吸引力,转化为自身的动力,使得组织目标变为个人的行为目标。具体说,一个人的行为,必须受到外界的推动力或吸引力的影响,这种吸引力和推动力通过个体自身的消化和吸收,产生出一种自动力,使个体由消极的"要我做"转化为积极的"我要做"。要使人们始终处于施展才干的最佳状态,惟一有效的方法,就是表扬和奖励,尤其是在下属情绪低落时,管理者的激励奖赏是非常重要的。

(二)激励的心理机制

心理学的研究表明,人的行为具有目的性,而目的源于一定的动机,动机又产生于需要。由需要引发动机,动机支配行为并指向预定目标,是人类行为的一般模式,也是激励得以发挥作用的心理机制,如图 8-5 所示。

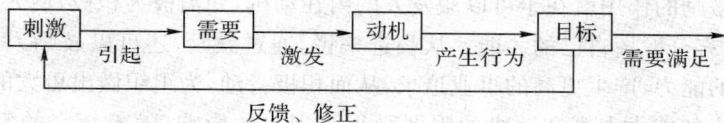

图 8-5　人类行为模式图

需要:人只要存在,就会有各种需要。需要就是个体内部的一种不平衡状态,是指客观刺激作用于人的大脑所引起的个体缺乏某种东西的状态,并成为个体活动积极性的源泉。

动机:动机是在需要的基础上产生的。当人的需要没有得到满足时,人就会去寻找满足需要的对象,从而产生进行活动的动机。动机是鼓励和引导一个人实现某一目标而行动的内在力量。是产生行为的直接原因。需要推动着人们去活动,并把活动引向某个目标。从某种意义上说,需要和动机没有严格的区别。需要体现一种主观感受,动机则是使需要获得满足而支配行为表现的内心活动。

行为:行为是动机直接导致的结果。在组织中,个体的行为是其与工作和生活环境相互作用的产物和表现。任何一种行为的产生,都有其内在的原因的,是在动机的引发与维持下进行的。动机对于行为,有着重要的功能,表现为三个方面:其一,始发功能,即推动行为的原动力;二是选择功能,即它决定个体的行为方向;三是维持和协调功能,行为目标达成时,相应的动机就会获得强化,使行为持续下去或产生更强烈的行为,趋向更高的目标,相反,则降低行为的积极性,或停止行为。

【思考】　举例说明激励的机制。

（三）激励的本质

管理者之所以要研究员工的动机和激励的方法，是因为它们与员工的工作业绩有关。一个人的工作成效首先取决于其能力，但仅有能力还是不够的，因为一个有能力的员工可能很积极地去做，也可能不愿意做，因此，在能力一定的情况下，动机就非常重要了。只有当一个人愿意干而且有能力干好时，其工作业绩才可能比较高。也就是说，在同样的环境条件下，一个人的工作业绩（P）是能力（A）与动机（M）的函数关系：$P = f(A \times M)$。工作业绩随着这两者的提高而提高，随着这两者的降低而降低。

一般而言，一个人能力的提高需要经过比较长的时间，因此，一个人的能力在一定的时期内是恒定的。为了提高工作业绩，管理人员只有从提高员工的动机强度着手。激励的作用就在于可以激发人的内在动机，变消极为积极，使人努力地谋求上进，并充分发挥自己的才能。从长远来说，通过激励，还可以鼓励人们不断地提高自己的能力，产生更高的事业追求，从而积极行动，为组织做出更大的贡献。

一个人的能力大小和动机的强弱受很多因素的影响，随着社会的发展，激励员工已变得越来越困难。现代人越来越趋向于多样化，传统的激励技术——晋升加金钱刺激已变得不那么有吸引力，人们要求从工作中得到更多的满足。为此，管理者必须了解和掌握更多的激发人的动机的理论和方法。

8.2.2 激励理论

在管理中，为了对员工进行有效的激励，很多专家学者展开了如何进行有效激励的研究，形成了不同的激励理论。这些理论大致可以分为三大类，内容型激励理论、过程型激励理论和行为改造型激励理论。三大类理论的比较见表 8-3。

表 8-3　激励理论的比较

激励理论	研究着眼点	研究重点	典型理论
内容型激励理论	人有哪些需要？	着重探讨什么东西能够使一个人采取某种行为，即着重于研究激励的起点和基础。	需要层次理论、ERG 理论、成就激励论、双因素理论。
过程型激励理论	人是如何被打动的？	着重研究行为是如何产生、发展、改变和结束的过程。	期望理论公平理论。
行为改造型激励理论	人如何持续表现出某种行为？	着重探讨如何引导和控制人的行为。	强化理论、归因理论。

本小节主要介绍其中比较有代表性的几种激励理论：需要层次论、双因素理论、期望理论、公平理论和强化理论。

（一）马斯洛的需要层次理论

美国心理学家马斯洛（A. Maslow）在其所著的《人的动机理论》一书中，提出了需要层次理论，其主要观点如下所述。

1. 人的需要归结为五个方面：

（1）生理需要。它是人们生存所必需的最基本需要，包括衣食住行和其他生理机能的需要。生理需要的满足是维持生命的必要条件，它处在需要层次的最低层。人在转向高层次的需要之前，总是集中全力以满足这类需要。

（2）安全需要。随着生理需要的满足，安全需要便作为激励行为的目标而提了出来。安全需要的含义是广泛的，包括对人身安全，生活稳定，免受痛苦、威胁或病痛折磨等方面的需要。在现代组织中，安全需要主要表现为渴望一种安全而稳定的职业，有医疗保险，劳动保护，人身、家庭和处所免遭攻击，避免失业、疾病和其他各种危险，享受退休养老保障等。

（3）社交需要。表现为爱与归属的需要。如渴望爱与被爱、友谊、相互忠诚和信任、和谐的人际关系、归属于某一群体、被接纳、被支持等。

（4）尊重需要：尊重的需要分为内部和外部两部分。内部尊重因素，如自尊、自主和成就；外部尊重因素，如地位、认可和关注。尊重需要得到满足，能使人产生胜任、自信和对自己价值肯定的感情，是人获得成就的一种重要激励因素。若不能满足这类需要，就会使人产生自卑感、软弱无力感，让人感到沮丧。

（5）自我实现需要：一种追求个人能力极限的内驱力，包括自我成长、从事和自己能力相称的工作，发挥自己的潜能，成为自己想要和应该成为的那种人。

2. 人的五个方面的需要是有层次的，由低到高分为生理需要、安全需要、社会的需要、尊重需要和自我实现需要。其结构如图 8-6 所示。

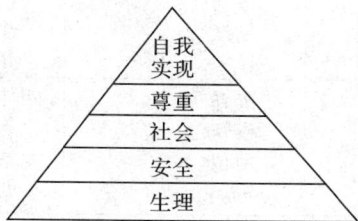

图 8-6　马斯洛的需要层次

3. 需要的实现和满足具有顺序性，即由低到高逐级实现。某一层次的需要相对满足之后,高一层次的需要会变得越来越具体。但不是每个人这五种需要都能得到满足,低层需要比较客观,容易发觉,是从外在的物质方面获得满足的;高层需要难以辨认,不易发觉,是从内在的精神方面寻求满足。越是高层的需要越难得到满足。据马斯洛估计,80%的生理需要和70%的安全需要一般会得到满足;而只有50%的社交需要、40%的尊重需要和10%的自我实现需要能得到满足。从心理学角度来看,难度越大,则激励力量越强。

4. 同一时期内可能同时存在几种需要。人的行为是受多种需要支配的,但每一时期内总有一种需要占支配地位。人的激励状态取决于其主导需要是否满足(主导需要是指在各种需要中占统治地位的需要)。任何一种需要并不因为下一个高层次需要的发展而告消失,各层次的需要相互依赖与重叠,高层次的需要发展后,低层次的需要仍然存在,只是对行为影响的比重减轻而已。

5. 需要满足了就不再是一股激励力量。需要是个人努力争取实现的愿望。已经满足的需要,就不再是激励的因素。一种需要一经满足,另一种需要就会取而代之,所以人们总是在力图满足某种需要。

马斯洛的需求层次理论启示管理者在工作中要了解员工的需要,找出相应的激励因素,采取积极的组织措施来满足不同层次的需要,以引导员工的行为,实现组织的目标。值得注意的是,人们的需要并不是一成不变的,也不是一经满足就再也不会发生变化,这种需要也是不断增长的。因此,领导者的激励措施也必须是灵活多变的。表 8-4 给出了员工的需要层次及相应的激励因素和组织管理措施之间的对应关系。

表 8-4　根据马斯洛需求层次理论提出的激励措施

需要层次	激励因素	组织措施
自我实现需要	成长 成就 参与 创造	挑战性的工作 创造性的组织环境 决策参与制度 个人职业发展计划 培训制度
尊重需要	胜任 承认 地位 赏识	工作职称 内部提升 表彰制度 加大责任
社交需要	同事间友谊 群体的接纳 相互信任	协商制度 团体活动 沟通制度

需要层次	激励因素	组织措施
安全需要	工作保障 工作安全 工作稳定	雇佣保证 退休金制度 健康保险制度 意外保险制度
生理需要	食物 住所	工资报酬 福利待遇 工作环境和条件

马斯洛的需要层次理论提出后得到了普遍认可,特别是在 20 世纪六七十年代很受一线管理者的欢迎,主要原因是该理论简单明了,易于理解,具有内在的逻辑性。其直观性和简易性使其极具吸引力。正因为这一理论是如此普及,人们对这一理论的信度和效度进行了大量的实证研究,但结果并不令人满意。极少证据能够支持人类存在这五种特定需要,并且五种需要是按层次排列的观点。马斯洛本人也曾强调这一模型的试探性和局限性。但无论如何,这一理论对需要所作的分类,对于管理者了解员工的行为动机提供了一个很实用的思路,是激励理论的基石。随后阿德弗的 ERG 理论和麦克利兰的成就激励论都是在马斯洛需要层次论的基础上进行深入研究,都从人的需要入手。

【思考】　查看 ERG 理论和成就激励论,比较它们与需要层次论有何联系和区别?

(二)双因素理论

20 世纪 50 年代末,美国心理学家赫茨伯格(F. Herzberg)对 9 个企业中的 203 名工程师和会计师进行了 1844 人次的调查,发现使受访人员不满意的因素多与他们的工作环境有关,而使他们感到满意的因素通常是由工作本身所产生的。根据调查结果,赫茨伯格提出了别具一格的"双因素理论",其主要观点如下所述。

1. 将影响人的工作动机的种种因素分为保健因素和激励因素两类。赫茨伯格修正了传统的认为满意的对立面就是不满意的观点,提出了双因素理论的前提假设:满意的对立面是没有满意,不满意的对立面则是没有不满意。在此基础上,把影响人的工作动机的种种因素分为两类:会使员工感到不满意的因素叫保健因素,不给予满足员工将会不满意,给予满足只是消除了不满,而不会产生明显的激励作用;能够使员工感到满意的因素叫激励因素,没有给予满足员工没有不满意,给予满足员工将会满意,起到明显激励作用。根据调查,激励因素主要包括成就感、得到认可、工作本身的挑战性和趣味性、责任感、个人的成长与发展等;保健因素大多是属于工作之外的因素,包括组织政策、管理监督方式、工作条件、人际关系、报酬、地位、职业稳定、个人生活需要等。

2. 激励因素是以人对工作本身的要求为核心的。如果工作本身富有吸引力,那么员工在工作时就能得到激励;如果奖励是在完成工作之后,或离开工作场所之后才有价值或意义的,则对员工工作只能提供极少的满足。例如,一个学生之所以潜心学习,是因为他对所学的知识感兴趣;而如果只是为了取得一定的学分,则其学习积极性一定难以持久,一旦取得必要的学分,他就不再努力钻研。也就是说,当工作本身具有激励因素时,人们对外部因素引起的不满足感会具有较大的忍受力;而当他们经常处于没有保健因素的状态时,则常常会对周围事物感到极大的不满意。

3. 只有激励因素的满足,才能激发人的积极性。由上可见,并不是所有的需要的满足都能激励起人的积极性的,只有那些激励因素的满足,才能激发起人的积极性。保健因素的满足只能防止人们产生不满情绪,而难以起到激励作用。因此,激励的确要以满足需要为前提,但并不是满足需要就一定能产生激励作用。

双因素理论就如何针对员工需要来激励员工进行了深入的分析,提出要调动和保持员工的积极性,必须首先具备必要的保健因素,防止员工不满情绪的产生;但仅如此还不够,更重要的是要针对激励因素,努力创造条件,使员工在激励因素方面得到满足。

需要注意的是,对于哪些属于激励因素,哪些属于保健因素,赫茨伯格是根据对美国 20 世纪 50 年代末部分工程师和会计师的调查得出的,并不一定符合各国的实际。并且,对于每一个人来说,不仅需要因人而异,激励因素和保健因素也会各不相同,对于一个人来说是激励因素,对另一个人可能属于保健因素。因此在实际运用时,应区别对待不同人的保健因素和激励因素,才能提高激励效果。

【思考】 年终给职工发的奖金是激励因素还是保健因素?为什么?

(三)期望理论

期望理论是美国心理学家弗洛姆(V. H. Vroom)在其 1964 年出版的《工作与激励》一书中提出的。期望理论的核心是研究需要和目标之间规律。一个人最佳动机的条件是:他认为他的努力极可能导致很好的表现;很好的表现极可能导致一定的成果;这个成果对他有积极的吸引力。其基本含义主要是期望公式和期望模式。

1.期望公式是某一活动对某人的激励力量(M)取决于他所能得到结果的全部预期价值(V)乘以他认为达成该结果的期望值(E)。用公式可以表示为:

$$M=V\times E$$

其中 M 表示激励力量,这是指调动一个人的积极性,激发出人的潜力的强度。V 表示目标效价,指达成目标后对于满足个人需要其价值的大小。E 表示期望值,这是指根据以往的经验进行的主观判断,达成目标并能导致某种结果的概率。

2.针对如何最大化激发人的积极性,弗洛姆提出了期望模式:

个人努力 → 个人绩效 → 组织报酬 → 个人目标
　　　(1)　　　　(2)　　　　(3)

即要调动一个人的积极性,必须同时满足三种关系:

(1)努力与绩效之间的关系。个体感到通过一定程度的努力而达到工作绩效的可能性。

(2)绩效与报酬之间的关系。个体认为达到一定工作绩效有助于获得理想报酬的程度。

(3)报酬与个人目标之间的关系,或称价值或报酬的吸引力。个体对工作可能获得的潜在结果或报酬对个体的重要性程度评估,评估的结果取决于个体的目标和需要。

只有当人们感到设定的绩效是能够通过努力实现的,实现后将会得到理想的报酬,并且该报酬符合个人需要,才会调动起积极性付诸行动。反之,未能满足其中的任一种关系,人们将不会采取行动。

期望理论是深受行为科学家欢迎的理论,因为他们认为这一理论能够被实践验证,并且比较清楚地说明了个体受到激励的原因。从实用的角度讲,期望理论为管理者提高员工的工作业绩指出了一系列可供借鉴的途径。在对员工进行激励的过程中,管理者不要泛泛地采用一般的激励措施,而应当采用多数组织成员认为效价最大的激励措施,而且在设置某一激励目标时请尽可能加大其效价的综合值,适当加大不同人实际所得效价的差值。同时,还要适当控制期望概率和实际概率,加强期望心理的疏导。期望概率过大容易产生挫折,期望概率过小又会减少激励力量;而实际概率应使大多数人受益,最好实际概率大于平均的个人期望效价相适应。

【思考】 讨论分析"期望越大,失望越大"。

(四)公平理论

公平理论是美国心理学家亚当斯(J. Stacy Adams)在其1965年出版的《社会交换中的不公平》一书中提出的。

公平理论的主要观点是:人是社会人,人们的工作动机,不仅受其所得报酬的绝对值影响,而且要受到报酬的相对值的影响。即每个人都把个人的报酬与贡献的比率同他人的比率作比较,如比率相等(个人所得的报酬/贡献=用作比较的另一个人所得的报酬/报酬),则认为公平合理而感到满意,从而心情舒畅努力工作;否则就会感到不公平不合理而影响工作情绪。这种比较过程还包括同本人的历史的贡献报酬比率作比较。(注:亚当斯所说的贡献包括体力和脑力的消耗,包括技术水平、智慧、经验和工作态度,具体则体现为工作数量与质量。他所说的报酬包括物质和精神的奖酬,如工资、奖金、津贴、晋升、名誉地位等。)

公平理论指出,管理者必须对员工的贡献(投入)给予恰如其分的承认,否则员工就会产生不公平的感觉,当员工觉得自己受到了不公平对待时,员工的积极性就会严重受挫,并会采取各种行为消除由此而产生的紧张不安。

应当指出,人们在进行比较时,对贡献与报酬的评价全凭个体的主观感觉,但公平理论提出的基本观点是客观存在的,并直接作用于员工的行为过程,影响员工的积极性。为实现有效激励,管理者必须深入了解员工对其劳动报酬是否感到公平,并通过合理分配奖酬、调节奖励形式,纠正认知偏差,力求使每个员工都得到相应的报酬和待遇,进而增加其满足感,激发员工的积极性。同时也应教育员工正确选择比较对象和认识不公平现象。

【思考】 员工感觉到不公平对待时,会采取哪些行为?

(五)强化理论

强化理论是由美国心理学家斯金纳(B. F. Skinner)首先提出的。强化理论主要研究人的行为同外部因素之间的关系。该理论认为人的行为是对其所获刺激的函数。如果这种刺激对他有利,则这种行为就会重复出现;若对他不利,则这种行为就会减弱直至消失。因此领导者要采取各种强化方式,以使员工的行为符合组织目标。

根据强化的性质和目的,强化可以分为四类:

1.正强化。是一种增强行为的方法。在一个要求的行为出现后,随即加以奖酬或提供正面的结果。美国人类协会所认可的动物行为训练技巧，就是利用行为的正面增强作用来强化，并进而控制动物一部分原本属于自然而随机的行为。

2.负强化。也是增强一种行为的方法。是指预先告知某种不符合要求的行为或不良绩效可能引起的后果，允许员工按要求的方式行事来避免令人不快的后果。如在工厂中，事先以规章制度的建立使员工知道迟到是要扣奖金的，这样员工为避免扣奖金这一不愉快的结果，而被激励要准时上班。

3.惩罚。惩罚是指用某种令人不快的结果，来减弱某种行为。如当有员工工作不认真、不负责任，经常出差错，或影响他人工作，领导者就可以用批评、纪律处分、罚款等措施，以制止该行为再次发生。但是，惩罚也会有副作用，如会激起员工的愤怒、敌意等。因此，领导者最好尽可能采用其他强化手段。

4.不强化。不强化是指对某种行为不采取任何措施，既不奖励也不惩罚。这是一种消除不合理行为的策略，因为倘若一种行为得不到强化，那么这种行为的重复率就会下降。如果一个人老是抱怨分配给他的工作，但却没人理睬他，也不给他调换工作，也许过一段时间他就不再抱怨了。

5.综合策略。综合策略是指对某人的不同行为采取一种以上的策略。如当有两种互补相容的行为，即一种合理另一种不合理时，可采用综合策略强化合理的行为、减少或消除其他不合理的行为。

在上述五种强化类型中，正强化对行为的影响最有力和有效，因为它能增加组织成员有效工作行为的发生。相反，惩罚和消除只能用来减少组织成员无效工作行为的发生。因为惩罚和消除只告诉组织成员不该做什么，但没有指出应该做什么。应用负强化常常很麻烦，有时甚至没有可能，因为它要求建立一种对组织成员来说是不愉快的环境，并持续到所希望的行为发生为止。此外，负强化和惩罚所用的方式令人不愉快，也会产生相反的效果。

管理者在应用强化理论进行激励时，应当以正强化为主，强化的方式也要因人而异。另外强化过程还要有科学的时间安排，以保证强化能实现预期的效果。不管采用什么样的强化方式都必须要让员工明确知道强化的目的，否则就会达不到激励的结果。

【思考】　在实践中如何用好强化激励理论？

8.2.3　激励的方法与工具

（一）激励的方法

根据各种激励理论，管理者激励下属可采用多种方法和手段，其中最基本的方法是：工作激励、成果奖励和培养教育。

1. 工作激励。工作激励是指通过设计合理的工作内容，分配恰当的工作来激发员工内在的工作热情。根据激励理论，一个人的投入产出率取决于其所从事的工作是否与其所拥有的能力、动机相适应。通过合理地设计和分配工作，能极大地激发员工内在的工作热情，提高其工作业绩。这就要求在设计和分配工作时，做到分配给员工的工作与其能力相适应，所设计的工作内容符合员工的兴趣，所提出的工作目标富有挑战性。

2. 成果奖励。成果奖励是指在正确评估员工工作成果的基础上给予其合理的奖惩，以保持员工行为的良性循环。工作本身给员工带来的需求的满足是即时的和直接的，它使人们感受到了成功的喜悦、自我的价值和社会的承认等。同样的，工作以外的奖励，如金钱、就业保障、晋升等也能在一定程度上满足人们的生理和心理需求。管理者要引导员工的行为，使得它向着有利于组织目标的方向行动，就必须把奖励的内容与员工的需求相结合，奖励的多少与工作业绩的高低相挂钩。

3. 培养教育。培养教育是指通过思想、文化教育和技术培训，提高员工的素质，从而增强员工的进取精神和工作能力。员工的工作热情和工作积极性通常与他们的自身素质有极大的关系。一般而言，自身素质好的人，自信心和进取心就强，比较注重高层次的追求，因此，相对来说比较容易自我激励，在工作中表现出高昂的士气和工作热情。所以，通过思想教育和业务知识与能力的培训，提高员工的思想觉悟，增强员工的工作能力，从而增强其自我激励的能力，是管理者激励和引导下属行为的一种重要手段。

（二）激励的工具

自 20 世纪 90 年代以来，西方企业在多种激励理论的基础上，提出了一些形式多样的激励工具，竭力改善企业员工的满意度和绩效，包括绩效工资、分红、员工持股、总奖金、知识工资和灵活的工作日程等。

1. 绩效工资。组织突出绩效工资意味着员工是根据他的绩效贡献而得到奖励的，因此这种工资一般又称为奖励工资。它实际上是激励的期望理论和强化理论的逻辑结果，因为增加工资是和工作行为挂钩的。

2. 分红。分红是员工和管理人员在特定的单位中，当单位绩效打破预先确定的绩效目标时,接受奖金的一项激励计划。这些绩效目标可以是细化了的劳动生产率、成本、质量、顾客服务或者利润。和绩效工资不同的是,分红鼓励协调和团队工作,因为全体员工都为经营单位的利益在作贡献。绝大多数公司都采用了某种精确的指定绩效目标和奖金的核算方法。

3.员工持股计划。员工持股计划给予员工部分企业的股权,允许他们分享改进的利润绩效。相对而言,员工持股计划在小企业的管理中比较流行,但也有像宝洁公司这样的大企业在采用这种激励计划。员工持股计划使得员工们更加努力工作,因为他们是所有者,要分担企业的盈亏。但要使这种激励计划有效进行,管理人员必须向员工提供全面的公司财务资料,赋予他们参加主要决策的权力,以及给予他们包括选举董事会成员在内的投票权。

4.总奖金。总奖金是以绩效为基础的一次性现金支付计划。单独的现金支付旨在提高激励的效价。这种计划在员工感到他们的奖金真正反映了公司的繁荣时才有效,不然,效果适得其反。

5.知识工资。知识工资是指一个员工的工资随着他能够完成任务的数量增加而增加。知识工资增加了公司的灵活性和效率,因为公司需要的工作人员会越来越少。但要贯彻这项计划,公司必须有一套高度发达的员工评估程序,必须明确工作岗位,这样工资才可能随着新工作的增加而增加。

6.灵活的工作日程。灵活的工作日程主要指取消对员工固定的五日上班每日工作八小时工作制的限制。修改的内容包括四日工作制、灵活的时间以及轮流工作。

上述这些激励工具,一个最明显的优势,是组织增强了对熟练员工的组织吸引力,最终有效降低了对这些员工的市场搜寻成本和培训成本。

8.3　沟通方法

8.3.1　沟通概述

(一)沟通的含义及其重要性

沟通是指信息从发送者到接受者的传递和理解过程。它包括了两层含义:

1.沟通是信息的传递过程。如果信息或意义没有被传送给信息的接收者,则意味着沟通没有发生。例如,甲一个人站在屋里说话,没有任何听众,这就不是沟通。又如,乙在很远的地方向他的朋友丙打手势,而没有被丙看到,这也不是沟通。

2.沟通是信息被理解的过程。要使沟通实现,信息不仅要得到传递,还需要被理解。这一点常常被人忽视,所以也更加重要。管理者进行沟通时最好用简单的语言、易懂的言词来传递信息,而且对于说话的对象、时机要有所掌握,有时过分的修饰反而达不到想要完成的目的。完美而有效的沟通,应该是信息经过传递之后,接收者所理解的意思恰好与发送者发出的信息完全一致。

沟通在组织活动中是非常重要的:

1.沟通是正确决策的前提与基础。组织目标的实现与否,一般不在于组织内部的日常管理,而在于组织重大方针的决策。而决策需要以大量的信息为基础,"知己知彼,百战不殆"说的就是这个道理。

2.沟通是明确任务行动一致的工具。当领导机构做出某一决策或制定出某一政策时,由于组织内部成员或部门之间所处的位置不同、利益不同、掌握的信息不同,因而对决策或政策的态度一般是不一样的。为了使组织成员及部门明确今后的任务并且行动一致,就必须进行充分而有效的沟通,以交换意见、统一思想、明确任务并一致行动,从而以最有效的方式完成组织任务。

3.沟通是组织成员之间建立良好人际关系的关键。一个组织内部人际关系如何,一个组织的外部关系如何,都与组织的沟通水平、态度与方式有关。组织成员之间互相交换信息、建立融洽的人际关系、建立实现组织目标的良好气氛,都与沟通的效果密切相关。而良好的人际关系的建立对于实现组织目标是至关重要的。

【思考】 如果管理者在工作中不善于沟通,会有什么样的后果?

(二)沟通的过程

沟通发生之前,必须存在一个意图,即信息。任何一个沟通过程都有信息的发送者和接收者。信息经过发送者的编码后,通过一定的通道传递给接收者,接收者将接收到的信号进行解码,然后反馈给发送者。整个沟通过程由七个要素组成:发送者、编码、信息、渠道、接收者、解码和反馈,如图 8-7 所示。

整个沟通过程还受到噪声的影响。所谓噪声,就是指对信息的传送、接收和反馈造成干扰的因素。如难以辨认的字迹,电话中的静电干扰,接收者接收信息过程中的"走神",以及生产现场中机器设备或人群的背景噪音等都是噪声。噪声可能影响到沟通过程的任何环节,包括发送者、渠道和接收者。

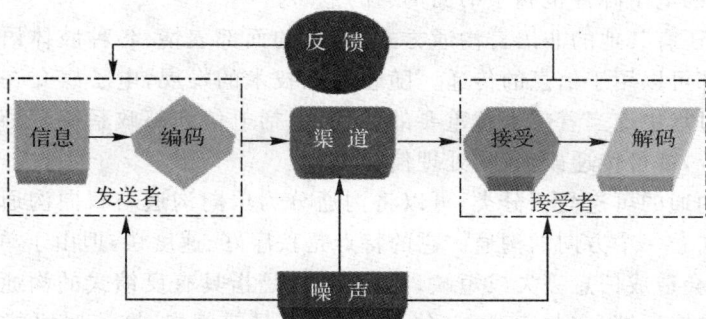

图 8-7　沟通的过程

在沟通过程中,尤其应该注意的是信息的反馈。若无反馈,沟通过程就是单向的;有了反馈,沟通过程就是双向的。反馈是能够增强沟通效果的强有力因素,因为它使得发送者能够判断接收者是否正确理解了信息。

【思考】　如何减少沟通过程中的噪声影响?

(三)沟通的分类

1.按沟通的组织系统分类,沟通可以分为正式沟通与非正式沟通。正式沟通是指按照正式的组织系统与层次进行沟通,这类沟通代表组织,依照正式的程序与方法进行,应当慎重。非正式沟通则是以非组织或私人的形式进行,这类沟通代表个人,比较灵活。在进行沟通时要根据沟通的需要及实际情况,确定沟通类型,进行恰当的沟通。

2.按沟通的流动方向分类,沟通可以分为上行沟通、下行沟通和平行沟通。下行沟通是指自上而下的沟通,是上级将决策、政策、命令、方法等传递给下级的行为。上行沟通是自下而上的沟通,是下级向上级汇报情况、反映问题、提出建议等的行为。平等沟通是指同一级别的组织或个人之间进行的沟通,主要用于通报情况等。

3.按沟通的方法分类,可以将沟通分为口头沟通、书面沟通、非语言沟通和电子媒体沟通。口头沟通是借助于口头语言进行的沟通。例如以谈话、报告、讨论、讲课、电话等方式进行的沟通。它的特点是亲切感强,反馈速度快,但事后难以准确查证。书面沟通是指利用文字进行沟通,它的特点是正式、准确、具有权威性、可以备查。常见的书面沟通的内容有:合同、协议、文件、规定、通知、布告等,新出现的电子邮件也属于书面沟通的范畴。

另外,还有其他的非语言沟通方式,常见的面部表情、各种肢体语言、声调、光、色等,都可以用于信息的传递。随着信息技术的发展,电子媒介在当今世界信息传递过程中充当着越来越重要的角色,包括电信和邮政系统、闭路电视、计算机网络等,都可传递或保存、处理信息。

4.按沟通的可逆与否分类,可以将沟通分为单向沟通与双向沟通。单向沟通是指仅向着一个方向的沟通。它的特点是秩序好、速度快,但由于单向沟通无反馈,有时会造成信息丢失或短缺。双向沟通是指具有反馈式的沟通。双向沟通的特点是有反馈、实收率高、气氛活跃,缺点是速度慢,交流时可能会有心理压力。

沟通还有其他的分类方式,在此不赘述。在进行具体的沟通时,采用什么样的沟通方式要根据具体的情况来确定。

8.3.2　有效沟通的障碍

所谓有效沟通,简单地说就是传递和交流信息的准确性高,它表明组织对内外噪声有很强的抵抗力。在沟通的过程中,由于存在着外界干扰以及其他种种原因,信息往往被丢失或曲解,使得信息沟通不能发挥正常的作用。影响有效沟通的障碍主要包括以下几个方面。

(一)个人因素

个人因素主要包括两大类,一是有选择地接受,另一是沟通技巧的差异。

所谓有选择地接受,是指人们拒绝或片面地接受与他们的期望不一致的信息。研究表明,人们往往听或看他们感情上能够接纳的东西,或他们想听或想看的东西,甚至只愿意接受中听的,拒绝不中听的。

除了人们接受能力的差异外,许多人运用沟通的技巧也很不相同,有的人擅长口头表达,有的人擅长文字描述。所有这些都会影响有效的沟通。

(二)人际因素

人际因素主要包括沟通双方的相互信任、信息来源的可靠度和发送者与接受者之间的相似程度。

沟通是发送者与接受者之间"给"与"受"的过程。信息传递不是单方面的,而是双方面的事情,因此,沟通双方的诚意和相互信任至关重要。上下级间的猜疑只会增加抵触情绪,减少坦率交谈的机会,也就不可能进行有效的沟通。

信息来源的可靠性由下列四个因素所决定:诚实、能力、热情和客观。有时,信息来源可能并不同时具有这四个因素,但只要信息接受者认为具有即可。可以说信息来源的可靠性实际上是由接受者主观决定的。就个人来说,员工对上级是否满意很大程度上取决于他对上级可靠性的评价。就团体而言,可靠性较大的工作单位或部门比较能公开、准确和经常地进行沟通,它们的工作成就也相应地较为出色。

沟通的准确性与沟通双方间的相似性有着直接的关系。沟通双方特征的相似性影响了沟通的难易程度和坦率性。沟通一方如果认为对方与自己很接近,那么他将比较容易接受对方的意见,并且达成共识。相反,如果沟通一方视对方为异己,那么信息的传递将很难进行下去。例如,年龄差距或"代沟"在沟通中就是一个常见的问题。

【思考】　现实生活中你遇见过"代沟"影响沟通的问题吗? 请谈谈你的解决办法。

（三）结构因素

结构因素包括地位差别、信息传递链、团体规模和空间约束四个方面。

研究表明,地位的高低对沟通的方向和频率有很大的影响。地位越悬殊,信息趋向于从地位高的流向地位低的。事实表明,地位是沟通中的一个重要障碍。一般来说,信息通过的等级越多,到达目的地的时间也越长,信息失真则越大。这种信息连续地从一个等级到另一个等级时所发生的变化,称为信息链传递现象。当工作团体规模较大时,人与人之间的沟通也相应变得较为困难。

组织中的工作常常要求员工只能在某一特定地点进行操作。这种空间约束的影响往往在员工单独于某位置工作或在数台机器之间往返运动时尤为突出。空间约束不利于员工之间的交流,限制了他们的沟通。一般来说,两人之间的距离越短,他们交往的频率也越高。

（四）技术因素

技术因素主要包括语言、非语言暗示,媒介的有效性和信息过量。

大多数沟通的准确性依赖于沟通者赋予字和词的含义。由于语言只是一个符号系统,本身没有任何意思,它仅仅是我们描述和表达个人观点的符号或标签。每个人表述的内容常常是由他独特的经历、个人需要、社会背景等决定的。因此,语言和文字极少对发送者和接受者双方都具有相同的含义,更不用说许许多多不同的接受者。语言的不准确性还不仅仅表现在对符号的不同理解上,而且它能激发各种各样的感情,这些感情可能又会进一步歪曲信息的含义。同样的字词对不同的团体来说,会导致完全不同的感情和不同的含义。

　　管理人员十分关心各种不同沟通工具的效率。一般来说,书面和口头沟通各有所长。书面沟通常常用于传递篇幅较长、内容详细的信息,其优点是:为读者提供以适合自己的速度和方式阅读材料的机会,易于远距离传递、储存并在做决策时提取信息,因为经过多人审阅可以做到比较准确。口头沟通适合于需要翻译或精心编制才能使拥有不同观念和语言才能的人理解的信息。其优点是:快速传递信息,并且希望立即得到反馈;可传递敏感的或秘密的信息;可传递不适合书面媒介的信息;适合于传递感情和非语言暗示的信息。总之,选择何种沟通工具,在很大程度上取决于信息的种类和目的,还与外界环境和沟通双方有关。

　　如今的社会是一个信息爆炸的时代,管理人员面临着"信息过量"的问题。例如,管理人员只能利用他们所获得信息的 1/100 到 1/1 000 进行决策。信息过量不仅使主管人员没有时间去处理,而且也使他们难以向同事提供有效的、必要的信息,沟通也随之变得困难重重。

　　【思考】 举例说明信息过量造成的沟通困难。

8.3.3　有效沟通的实现

　　只有采取适当的行动方式来消除沟通的障碍,才能实现管理的有效沟通。

　　(一)有效沟通的原则

　　1.信息沟通的准确性原则。由于信息沟通的目的是确保信息的准确传递,因此信息沟通必须遵循准确性原则。由于信息沟通一般都涉及两个方面,作为信息的发送者与接收者均应创造条件,经过双方的努力使信息准确传递。

　　2.信息沟通的完整性原则。在管理工作中,沟通是手段而不是目的。因此,在沟通过程中,应当注意传递信息的完整性,即在传递信息时将完整的信息传递给对方,以免影响信息传递的质量,影响组织任务的完成。

　　3.信息沟通的及时性原则。在沟通的过程中,还应注意信息传递的及时性。实际工作中,经常会出现因信息传递不及时而造成工作延误的情况,这应当引起高度的重视。

　　(二)克服沟通中存在的障碍

　　1.明确沟通的重要性,正确对待沟通。管理人员十分重视计划、组织、领导和控制,对沟通常有疏忽,认为信息的上传下达有了组织系统就可以了,对非正式沟通中的"小道消息"常常采取压制的态度,这表明企业管理层没有从根本上对沟通给予足够的重视。

【思考】 管理者如何对待组织中的"小道消息"？

2.培养"听"的艺术。对管理人员来说，"听"不是件容易的事。要较好地"听"，也就是要积极倾听。例如美国知名主持人林克莱特有一天访问一名小朋友，问他："你长大后想要当什么呀？"小朋友天真地回答："我要当飞机的驾驶员！"林克莱特接着问："如果有一天，你的飞机飞到太平洋上空所有引擎都熄火了，你会怎么办？"小朋友想了想，说："我会先告诉坐在飞机上的人系好安全带，然后我挂上我的降落伞跳出去。"当现场的观众笑得东倒西歪时，林克莱特继续注视着这孩子，想看他是不是自作聪明的家伙。没想到，孩子的两行热泪接着夺眶而出，这才使得林克莱特发觉这孩子的悲悯之情远非笔墨所能形容。于是林克莱特继续问他为什么要这么做？ 小孩的答案透露出一个孩子真挚的想法："我要去拿燃料，我还要回来！"

沟通过程中你真的听懂别人说的意思吗？ 如果不懂，就请听别人说完，这就是"听的艺术"：听话不要听一半，不要把自己的意思投射到别人所说的话上。一些积极倾听的表现见表 8-5。

表 8-5 "听"的艺术

积极倾听的表现	不应有的表现
表现出兴趣	争辩
全神贯注	打断
该沉默时必须沉默	从事与谈话无关的活动
选择安静的地方	过快地或提前作出判断
留适当的时间用于辩论	草率地给出结论
注意非语言暗示	让别人的情绪直接影响你
当你没有听清楚时，请以疑问的方式重复一遍	
当你发觉遗漏时，直截了当地问	

3.创造一个相互信任、有利于沟通的小环境。组织管理人员不仅要获得下属的信任，而且要得到上级和同僚们的信任。他们必须明白，信任不是人为的或从天上掉下来的，而是诚心诚意争取来的。

4.缩短信息传递链，拓宽沟通渠道，保证信息的畅通无阻和完整性。如减少组织机构重叠，在利用正式沟通的同时，开辟高层管理人员至基层管理人员的非正式的沟通渠道，以便于信息的传递。

5.建立特别委员会，定期加强上下级的沟通。特别委员会由管理人员和第一线的员工组成,定期相互讨论各种问题。

6.非管理工作组。当组织发生重大问题、引起上下关注时,管理人员可以授命组成非管理工作组。该工作组由一部分管理人员和一部分职工自愿参加,利用一定的时间,调查组织的问题,并向最高主管部门汇报。最高管理层也要定期公布他们的报告,就某些重大问题或"热点"问题在全组织范围内进行沟通。

7.加强平行沟通,促进横向交流。通常,组织内部的沟通以与命令链相符的垂直沟通居多,部门之间、工作小组间的横向交流较少,而平行沟通却能加强横向的合作。这一方式对组织间沟通尤为有效。

它的本质是一种影响力。

⇨【本章小结】

1.所谓领导就是指挥、带领、引导和鼓励群体成员为实现组织目标而努力的过程。领导者,就是从事领导工作的人。领导与管理是有区别的。

2.领导要发挥三方面作用:指挥作用、协调作用和激励作用。领导发挥作用的基础是影响力,主要来自下面两个方面:一是职位权力,包括合法权、报酬权和强制权。二是个人权力(威信),包括专家权和典范权。前者作用弱于后者。

3.领导理论是研究领导有效性的理论。人们对领导有效性的研究主要从三个方面进行,相应地,领导理论也分为三大部分,即领导特性理论、领导行为理论和领导权变理论。比较有代表性的领导行为理论有:勒温理论、四分图理论和管理方格理论。代表性的领导权变理论包括:菲德勒模型、应变领导理论、途径—目标理论。

4.激励是指激发人的内在动机,使人产生一股内在的动力,朝所期望的目标前进的心理活动和行为过程。实际上就是调动人的积极性的过程。激励理论大致可以分为三大类,内容型激励理论、过程型激励理论和行为改造型激励理论。经典的激励理论包括马斯洛的需要层次论、赫茨伯格的双因素理论、弗洛姆的期望理论、亚当斯的公平理论和斯金纳的强化理论。

5.沟通是指信息从发送者到接受者的传递过程。它包括了两层含义:第一,它是信息的传递过程;第二,它是信息被理解的过程。沟通在管理中具有非常重要的作用:沟通是正确决策的前提与基础,沟通是明确任务行动一致的工具,沟通是组织成员之间建立良好人际关系的关键。

6.按沟通的组织系统分类,沟通可以分为正式沟通与非正式沟通;按沟通的流动方向分类,沟通可以分为上行沟通、下行沟通和平行沟通;按沟通的方法分类,可以将沟通分为书面沟通与口头沟通;按沟通的可逆与否分类,可以将沟通分为单向沟通与双向沟通。

7.影响有效沟通的障碍主要包括个人因素、人际因素、结构因素和技术因素。遵循有效沟通的原则,努力克服沟通中存在的障碍,才能实现管理的有效沟通。

【复习思考题】

1.领导和管理有何不同?

2.领导者的权力来源是什么? 如何正确地使用这种权力?

3.领导理论包括哪几方面内容? 它们之间有什么区别?

4.简述激励的含义、机制及本质。

5.典型的激励理论有哪些? 其各自的主要观点是什么?

6.简述沟通的作用和类型。

7.有效沟通的障碍有哪些? 如何实现管理的有效沟通?

【案例讨论】

坦丁姆计算机公司的成功管理

坦丁姆计算机公司是詹姆士·特雷比格于 1970 年创建的。人们一直认为该公司的管理是比较成功的。现在,它每年销售额达到 5 亿美元,计划在十年后销售量翻一番。

詹姆士在斯坦福大学获得工程硕士学位后曾在得克萨斯仪器公司工作过几年,有一定的实际工作经验,随后他来到硅谷创建了坦丁姆计算机公司。

该公司一开始就以生产第二计算机继续工作系统而著称。第二计算机继续工作系统就是在一个系统中同时使用两台计算机。在正常的情况下,两台计算机都工作,如果其中一台出了故障的话,另一台就会自动地承担全部工作,使工作不间断地继续下去。同时,对系统中的计算机数据和程序还有各式各样的保护措施。有了这种第二计算机工作系统,工作就可以畅通无阻,避免不必要的损失。如旅馆用的计算机系统出问题,就会因无法给顾客预订房间而受到巨大损失,银行也可能因其计算机系统出故障而倒闭。但是如用了这种第二计算机系统,就可以使工作在任何情况下都能顺利地进行。

坦丁姆计算机公司地处加州硅谷区,受到各方面的有力竞争,由于激烈的竞争环境,也由于詹姆士本人的管理天才,他创造了一套有效而独特的管理方法。

他为员工创造了极为良好的工作环境。在公司总部设有专门的橄榄球场地、游泳池等,还有供员工休息的花园和宁静的散步小道。他规定每周下午免费给员工提供啤酒,公司还定期举办各种酒会、宴会,同时还举办由女职工担任裁判的男职工健美比赛等活动。此外,他还允许职工有选择灵活机动的工作时间的自由。

他也很注意利用经济因素来激励员工。他定期在员工中拍卖本公司的股票,目前,该公司员工已拥有公司的 10 万美元股票了,这样就大大激发了员工为公司努力工作的热情。

詹姆士要求每个员工都要为公司订出一个具体的五年计划。这样,每个人都了解公司,对公司有强烈的感情和责任心,平时用不着别人来监督就能自觉地关心公司利益。因为许多员工手中都有公司的股票,所以他们对公司的利益及其成功是极为关心的。

詹姆士本人又是一个极为随和、喜欢以非正式的身份进行工作的有才能的管理者。由于他在公司内对广大管理干部、技术人员和普通员工都能平等地采用上述一系列措施,公司的绝大多数人员都极为赞成他的领导作风。公司人员都把自己的成长与公司的发展联系起来,并为此而感到满意和自豪。

当然,詹姆士深深地知道,要长期维持住这一批倾心工作的员工确实不是一件容易的事。随着公司的飞速扩大,它的生产增长速度自然会放慢,也会出现一个更为正式而庞大的管理机构。在这种情况下,又应如何更有效地激励员工呢? 这自然是人们所关心的问题。

(张兆响,司千字:《管理学》,清华大学出版社 2004 年版)

【思考】　1. 詹姆士在管理中采用了哪种领导方式?

2. 坦丁姆计算机公司采用了哪些有效的激励方式? 这些方式为何能有效? 随着公司未来规模的扩大,这些激励方式能否维持或确保公司的发展?

第 9 章

控 制 ＞＞＞＞ ＞

学习目标

通过学习本章的内容,学生能够:
1. 理解控制的含义及其目的。
2. 理解基本的控制类型及其适用特点。
3. 掌握控制的基本过程及控制的基本原则。
4. 了解人们反对控制的原因及管理者的管理对策。
5. 掌握常见的经营控制方式。

引 例

戴尔公司的事前控制

戴尔公司是一家以直销方式经销个人电脑的计算机制造商,它是以网络型组织形式来运作的企业,联结有许多为其供应计算机软件和硬件的厂商。其中有一家供应厂商,电脑显示屏做得非常好,戴尔公司先是花很大的力气和投资使这家供应商做到每百万件产品中只能有1000件瑕疵品,并通过绩效评估确信这家供应商达到要求的水准后,就完全放心地让他们的产品直接打上"Dell"商标,并取消了对这种供应品的验收、库存。类似的做法也发生在戴尔其他外购零部件的供应中。

通常情况下，供应商将供应的零部件运送到买方那里，经过开箱、触摸、重新包装，经验收合格后，产品组装商便将其存放在仓库中备用。为确保供货不出现脱节，公司往往要储备未来一段时间内可能需要的各种零部件。这是一般的商业惯例。因此，当戴尔公司对这家电脑显示屏供应商说道："这种显示屏我们今后会购买 400 万到 500 万台左右，贵公司为什么不干脆让我们的人随时需要、随时提货"的时候，商界人士无不感到惊讶。戴尔公司的经理们则这样认为，开箱验货和库存零部件只是传统做法，并不是现代企业运营所必需的步骤，遂将这些"多余的"环节取消了。

戴尔公司的做法就是，当物流部门从电子数据库得知公司将从自己的组装厂提出某型号电脑的台数时，便在早上向这家供应商发出配额多少数量显示屏的指令信息，这样等到当天傍晚时分，一组组电脑便可以打包完毕分送到顾客手中。如此，不但节约了检验和库存成本，也加快了发货速度，提高了服务质量。

（资料来源：王晨宇：《戴尔企业商业管理经验》，《商场现代化》，2010(14)）

9.1 控制基础

控制是管理的重要职能之一。它是保证组织的计划与实际活动动态相适应的管理职能。没有控制就难以保证活动按照计划进行。一个有效的控制系统可以保证各项活动朝着达到组织目标的方向进行，而且控制系统越是完善，组织目标就越易实现。

9.1.1 控制的含义

所谓控制是组织在动态的环境中为了实现既定的目标而进行的检查和纠偏活动或过程。从这个概念可以看出控制有以下几个要点：①组织环境的不确定性。组织必须通过控制来及时了解环境变化的程度和原因，对原计划和目标采取有效的调整和修正；②控制有很强的目的性，即控制是为了保证组织中的各项活动按计划进行；③控制是通过监督和纠偏来实现的；④控制是一个过程。在实践中几乎所有的管理者都必须完成控制的职能，因为要保证组织的活动按照计划进行，控制是必不可少的。

　　控制和计划是密不可分的。一方面,计划为控制提供标准,是控制的前提条件之一;另一方面,控制是计划正确实施的保证。组织的一切活动都应当是有计划的,计划是组织内部一切活动的前提。从这个意义上讲,计划当然也是控制的前提。计划又规定了组织所希望的行为与结果,而控制是对计划执行结果的监测与校正,因而计划对控制工作具有更加重要的意义,即计划为控制工作提供了目标。计划越明确、全面和完整,控制的效果也就越好。另外,控制又是计划正确实施的保证。如果没有控制系统,没有实际情况与计划的比较,就不知道计划是否完成,计划就不可能正确地实施,组织目标也就不可能实现。

　　【思考】　一切管理活动都需要控制吗?

9.1.2　控制的目的

　　控制职能主要有两个目的:一是维持现状;二是打破现状。

　　维持现状是控制工作的基本目的。在变化着的内外环境中,通过控制工作,随时将计划的执行结果与标准进行比较,若发现有超过计划容许范围的偏差时,则及时采取必要的纠正措施,以使系统活动趋于相对稳定,实现组织既定目标。在组织的运行过程中,经常会出现可以迅速地、直接地影响组织日常管理活动的问题。这类问题如不马上解决,必然会直接影响组织目标的实现。对这类问题,应当采取果断的措施,及时解决。

　　管理控制过程中一定要防微杜渐,一些看似极微小的事情却有可能使组织内部分崩离析,造成重大的损失。1979 年 12 月,洛伦兹在华盛顿的美国科学促进会的一次讲演中提出:一只蝴蝶在巴西扇动翅膀,有可能会在美国的德克萨斯引起一场龙卷风。他的演讲和结论给人们留下了极其深刻的印象。这就是著名的"蝴蝶效应"。管理控制过程中也要注意"蝴蝶效应",混沌理论认为,在混沌系统中,初始条件的十分微小的变化经过不断放大,会对其未来状态造成极其巨大的影响。

　　控制工作要达到的第二个目的是打破现状。在某些情况下,变化的内外部环境会对组织提出新的要求,主管人员对现状不满,要革新、要创新,要开拓新局面,这时就势必打破现状,即修改原定的计划,确定新的现实目标和管理控制目标,使之更先进、更合理。需要注意的是,对于组织内部长期存在的影响组织发展的"慢性问题",如影响组织发展的人员整体素质问题,应当采取从长考虑、逐步解决的办法,以确保组织的正常发展。这也是控制工作的第二个目的要解决的问题。

控制的目的往往是与问题联系着的,即发现问题与解决问题。管理控制有时候需扩大问题,才能解决问题。而只处理看得见的部分,并没有实际解决问题。如有一个人发现锅子漏水,于是去找补锅匠修理。补锅匠找到渗水处,一锤敲下去,锅子主人见了大惊失色,骂道,锅子洞越补越大! 补锅匠说:漏洞不够大,就看不到,也修不了! 另有人被箭射中,去见庸医,此庸医锯下外面看得见的箭杆,而将箭头留在体内,就认为治好了。其后果可想而知。从更积极的意义上来说,如果能通过管理人员的积极努力,做到防止问题的发生,即"防患于未然",显然是最好的控制方式。要做到这一点,就要求我们在管理的各个环节上做到尽可能地完善,同时在问题出现之前就能预测到并采取措施来加以防止。

【思考】 控制过程中什么时候该维持现状,什么时候又该打破现状?

9.1.3 控制的类型

控制可以按照不同的标准进行不同的分类。常见的是按照控制时点把控制分为预先控制、事中控制和事后控制。

(一)预先控制

预先控制又称前馈控制。预先控制的控制作用发生在行动之前,关键是在问题发生之前采取管理行动。预先控制是用来防止问题的发生而不是当出现问题时再补救。组织中运用前馈控制的例子是很多的,比如,工厂在需求高峰来临之前,已添置机器,安排人员,加大了生产量,以防供不应求;公司在预计产品需求量将下跌后就开始准备开发新产品,等等。

预先控制的效果是管理者在管理过程中追求的目标。但这种控制操作起来往往需要及时和准确的信息,而这些常常是很难办到的。因此,管理者总是不得不借助于另外两种类型的控制。

(二)事中控制

事中控制又称为同期控制。它是发生在活动进行之中的控制,即与工作过程同时进行。其特点是在活动过程中,一旦发生偏差,马上予以纠正。其目的就是要保证本次活动尽可能地少发生偏差和不发生偏差,改进本次而非下一次活动的质量。在事中控制中,由于需要管理者及时完成包括比较、分析、纠正偏差等完整的控制工作,所以,对管理者的要求较高。最常见的事中控制方式是直接视察。当管理者直接视察下属的行动时,管理者可以同时监督员工的实际工作,并在发生问题时马上进行纠正。虽然在实际行动与管理者作出反应之间肯定会有一段延迟时间,但这种延迟是非常小的。问题通常可以在出现大量资源浪费或重大损失造成之前就得以解决。事中控制的例子也非常多,例如,当你使用一些计算机软件如文字处理软件时,如果出现拼写错误或语法错误就会出现一个提示警告。

（三）事后控制

事后控制又称反馈控制。事后控制的控制作用发生在行动之后,是目前管理中最主要的传统控制方式。其特点是把注意力集中在行动结果上,并以此作为下一次行动改进的依据。其目的并非要改进本次行动,而是力求能"吃一堑,长一智",改进下一次行动的质量。事后控制的主要缺点在于,管理者获得信息时浪费或损失就已经产生了。但是在许多情况下,事后控制是惟一可用的控制手段。例如,财务报表就是一种事后控制的例子。如果收入表显示销售收入下降,则下降已经发生了。管理者这时惟一的选择就是找出销售下降的原因并改变目前的状况。

上述三种控制方式互为前提、互相补充。

总的说来,事后控制不如事中控制,事中控制不如预先控制。可惜大多数的组织管理者很难做到这一点,等到错误的决策造成了重大的损失才寻求弥补。弥补得好,当然是声名鹊起,但更多的时候是亡羊补牢,为时已晚。有一则故事,魏文王问名医扁鹊说:"你们家兄弟三人,都精于医术,到底哪一位医术最好呢?"扁鹊回答:"大哥最好,二哥次之,我最差。"文王再问:"那为什么你名气最大呢?"扁鹊答:"我大哥治病,是治病于病情发作之前。由于一般人不知道他事先能铲除病因,所以他的名气无法传出去,只有我们家里的人才知道。我二哥治病,是治病于病情刚刚发作之时。一般人以为他只能治轻微的小病,所以他只在我们的村子里才小有名气。而我扁鹊治病,是治病于病情严重之时。一般人看见的都是我在经脉上穿针管来放血、在皮肤上敷药等大手术,所以他们以为我的医术最高明,因此名气响遍全国。"

【思考】 预先控制、事中控制及事后控制的前提条件各是什么?

控制还有其他分类方法:
按照控制的性质,可以把控制分为预防性控制和纠正性控制;
按照控制手段的不同,可以把控制分为直接控制和间接控制;
按照控制信息的来源不同,可以把控制分为反馈控制和前馈控制;

按照控制时所采用的方式分,可分为集中控制、分层控制和分散控制。

9.1.4 控制系统的建立

现代管理的复杂程度越来越高,管理者要想依靠传统的技术手段进行有效的控制难度非常大。因此,必须依靠先进的信息技术建立一个完备的控制系统以实现对组织的有效控制。

一个组织的控制系统由以下几个要素组成,如图 9-1 所示。

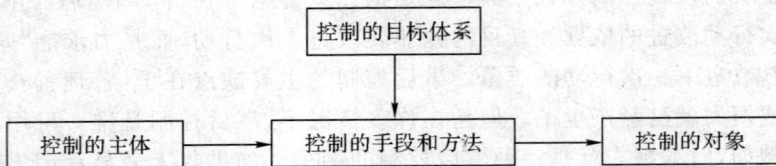

图 9-1　组织控制系统的构成

（一）控制的对象

要建立控制系统,首先必须明确控制的对象,即明确要控制什么。

控制对象可从不同的角度进行划分。从横向看,组织内的人、财、物、时间、信息等资源都是控制的对象;从纵向看,组织中的各个层次,如企业中的部门、车间、班组、各个岗位都是控制对象;从控制的阶段看,组织内不同的业务阶段也是控制对象,如企业中供、产、销三个阶段都需要控制;从控制的内容看,能力、行为、态度、业绩等都可以成为被控制的对象。组织的控制应该是全面的控制,组织控制系统的控制对象原则上应是组织的各个方面,并且组织控制活动中要把组织的各个方面当做一个整体来控制,只有统一控制才能使组织活动协调一致,达到整体的优化,从而有效地实现组织目标,否则就会顾此失彼。

（二）控制目标体系

要建立控制系统,除要明确控制对象外,还要明确控制的目标体系,即要求控制在怎样的范围之内。在一个组织中,控制的目标体系常常以各种形式的标准体现出来,如时间标准、质量标准、行为准则等。控制应服从于组织发展的总体目标,因此,控制标准往往是根据总目标所派生出来的分目标及各项计划指标或制度要求来确定的,也就是说,控制目标体系与组织目标体系和计划体系是相辅相成的。

（三）控制的方法和手段系统

为了了解控制对象实际达到控制目标体系的程度,还需要明确衡量控制对象实际状况与控制目标体系之间差距的方法和手段。

控制的方法和手段是多种多样的,只要控制对象确定、控制目标的要求明确,就一定可以找到相应的衡量指标和衡量方法。

（四）控制的主体

控制系统必须明确各项工作的控制主体,其目的是落实对各控制对象根据控制目标体系要求进行控制的职责。组织内的控制活动是由人来执行和操纵的,因此,组织控制系统的主体是各级管理者及其所属的职能部门。

在控制主体中,管理者由于所处的地位不同,其控制的任务也不同。一般而言,中低层管理者执行的主要是例行的、程序性的控制,而高层管理者履行的主要是例外的、非程序性的控制。控制主体控制水平的高低是控制系统能发挥多大作用的决定性因素。

需要注意的是,控制系统只是整个管理系统中的一个子系统。管理者进行控制的根本目的,在于保证组织活动的过程和实际绩效与计划目标及计划内容相一致,最终保证组织目标的实现。必须将控制职能置于整个管理工作过程之中,才能发挥其应有的作用。

【思考】 一个组织的控制系统与其信息管理系统是什么关系?

9.1.5 控制的基本前提

组织内任何形式的控制都有一定的前提条件。这些条件是否充分对控制工作能否顺利开展有很大影响。一般来说,控制的前提条件主要包括以下三个方面。

（一）有一个科学的、切实可行的计划

控制目标体系是以组织的目标和计划为依据的,控制工作的好坏与计划工作紧密相关。组织在行动之前制订出一个科学的符合实际的行为计划是控制工作取得成效相同的前提。另一方面,控制工作本身也需要有一个科学的、切实可行的计划,否则控制就会顾此失彼。从这两方面而言,有效控制是以科学的计划为前提的。

（二）有一个专司控制职能的组织机构或岗位

要做好控制工作必须要有专司监督职能的机构或岗位,建立健全与控制工作有关的规章制度。明确由何部门、何人来负责何种控制工作。监督机构与相应的规章制度越健全,控制工作也就越能取得预期的效果。

（三）有一个畅通的信息反馈渠道

控制工作中的一个重要步骤就是要将决策指令和计划执行情况及时反馈给管理者，以便管理者分析比较。为了获得准确的信息反馈，管理者在订好了计划，明确了各部门、各岗位在控制中职责以后，还必须设计和维护畅通的信息反馈渠道。确定有关人员在信息传递中的任务和责任，事先规定好信息的传递程序、收集方法和时间要求等，只有加强领导，并建立畅通的信息反馈渠道，控制工作才能有效地进行下去。

9.2 控制过程

9.2.1 控制过程

虽然控制的对象各有不同，控制工作的要求也各不一样，但控制过程大致是相同的，都包括三个基本环节的工作：确定标准、衡量绩效和纠正偏差。

（一）确定标准

确定标准是进行控制的基础。没有一套完整的标准，衡量绩效或纠正偏差就失去了客观依据。所谓标准是指作为一种模式或规范而建立起来的测量单位或具体尺度。在控制活动中，由于计划是控制工作的前提，因此计划就构成了控制活动的主要标准。然而，由于计划的明细度与复杂度均不一样，不一定能满足控制工作的需要，加之管理人员不可能事无巨细全部过问，因此在详细的控制过程中还需要根据计划制定具体的控制标准。这类标准一般要求具体化、数量化，使控制人员可以根据具体的、量化了的标准进行控制，以及时发现各个环节中的问题，并采取措施。

1. 计划和目标是确立控制标准的依据

组织活动的最终目的是实现组织计划中所制定的组织目标，而控制的目的就是为了保证计划的顺利进行和组织目标的最终实现。因此，控制标准的制定必须以计划和组织目标为依据。目标偏了，其他工作做得再好也不能符合要求。

2. 控制标准的确定必须抓住关键点

组织目标是最主要的关键点。除此之外，对于实现目标有重大影响的因素和环节，最容易出现问题的薄弱环节，都是应该加以控制的关键点。在控制过程中，对这些关键点必须确定相应的控制标准。在任何组织活动中都存在着此类关键点,如在酿造啤酒的过程中,影响啤酒质量的因素很多,但只要抓住了水的质量、酿造温度和酿造时间,就能基本保证啤酒的质量。

3. 控制标准尽可能定量化

控制标准可分为定量标准和定性标准两大类。定量标准便于度量和比较,是控制标准的主要表现形式。定量标准主要分为实物标准、价值标准、时间标准。实物标准如产量等,价值标准如成本、利润、销售收入等,时间标准如工时定额、工期等。除了定量标准外,还有定性标准,主要是有关服务质量、组织形象等方面的,一般难以量化。尽管如此,为了使定性标准便于掌握,有时也应尽可能地采取一些可度量的方法。

组织在确定控制标准的过程中肯定会遇到很多困难。但不管怎样,组织都应尽可能地建立量化、细化的控制标准,并且使控制标准具有可操作性。实在不能量化的也要尽量做到标准的细化。

4. 制定标准的方法

控制的对象不同,为它们建立标志正常水平的标准的方法也不一样。一般来说,组织可以使用的建立标准的方法有三种:利用统计方法来确定预期结果,根据经验和判断来估计预期结果,在客观的定量分析基础上建立工程(工作)标准。

(1)统计性标准。也叫历史性标准,是以分析反映组织在历史上各个时期状况的数据为基础,并为未来活动建立的标准。这些数据可能来自本组织的历史统计,也可能来自其他组织的经验。据此建立的标准,可能是历史数据的平均数,也可能是高于或低于中位数的某个数,比如上四分位值或下四分位值。

利用本组织的历史性统计资料为某项工作确定标准,具有简便易行的好处。但是,据此制定的工作标准可能低于同行业的先进水平,甚至是平均水平。这种条件下,即使组织的各项工作都达到了标准的要求,但也可能造成劳动生产率的相对低下,制造成本的相对高昂,从而造成经营成果不佳和竞争能力劣于竞争对手。为了克服这种局限性,在根据历史性统计数据制定未来工作标准时,充分考虑到行业的平均水平,并研究竞争组织的经验是非常必要的。

(2)根据评估建立标准。实际上,并不是所有工作的质量和成果都能用统计数据来表示,也不是所有的组织活动都保存着历史统计数据。对于新从事的工作,或对于统计资料缺乏的工作,可以根据管理人员的经验、判断和评估来为之建立标准。利用这种方法来建立工作标准时,要注意利用各方面的管理人员的知识和经验,综合大家的判断,给出一个相对先进合理的标准。

(3)工程标准。严格地说,工程标准也是一种用统计方法制定的控制标准,不过它不是对历史性统计资料的分析,而是通过对工作情况进行客观的定量分析来进行的。比如,机器的产出标准是其设计者计算的在正常情况下被使用的最大产出量;工人操作标准是劳动研究人员在对构成作业的各项动作和要素的客观描述与分析的基础上,经过消除、改进和合并而确定的标准作业方法。

【思考】　控制标准的制定应该注意哪些问题?

（二）衡量绩效

组织活动中并非所有的偏差都能在产生之前被预见。在这种限制条件下,最满意的控制方式应是必要的纠偏行动能在偏差产生以后迅速采取。为此,要求管理者及时掌握反映偏差是否产生,并能判定其严重程度的信息。用预定标准对实际工作成效和进度进行检查、衡量和比较,就是为了提供这类信息。

为了能够及时、正确地提供能够反映偏差的信息,同时又符合控制工作在其他方面的要求,管理者在衡量工作成绩的过程中应注意以下几个问题。

1. 通过衡量绩效,检验标准的客观性和有效性

标准的制定是为了衡量工作绩效,但利用预先制定的标准去检查各部门在各个阶段的工作,这本身也是对标准的客观性和有效性进行检验的过程。

检验标准的客观性和有效性,是要分析通过对标准执行情况的测量能否取得符合控制需要的信息。在为控制对象确定标准的时候,人们可能只考虑了一些次要的因素,或只重视了一些表面的因素,因此,利用既定的标准去检查人们的工作,有时并不能达到有效控制的目的。例如,衡量职工出勤率是否达到了正常水平,不足以评价劳动者的工作热情、劳动效率或劳动贡献;分析产品数量是否达到计划目标,不足以判定企业的盈利程度;计算销售人员给顾客打电话的次数和花费在推销上的时间,不足以判定销售人员的工作绩效。在衡量过程中对标准本身进行检验,就是指出能够反映被控制对象的本质特征,从而得出最适宜的标准。要评价员工的工作热情,可以考核他们提供有关经营或技术改造合理化建议的次数;评价他们的工作效率,可以计量他们提供的产品数量和质量;分析企业的盈利程度,可以统计和分析企业的利润额及其与资金、成本或销售额的相对百分比;衡量推销人员的工作绩效,可以检查他们的销售额是否比上年或平均水平高出一定数量,等等。

2. 确定适宜的衡量频度

控制过多或不足都会影响控制的有效性。这种"过多"或"不足",不仅体现在控制对象和标准数目的选择上,而且表现在对同一标准的衡量次数或频度上。

对影响某种结果的要素或活动过于频繁的衡量,不仅会增加控制的费用,而且可能引起有关人员的不满,从而影响他们的工作态度;而检查和衡量的次数过少,则可能使许多重大的偏差不能及时发现,从而不能及时采取措施。

以什么样的频度、在什么时候对某种活动的绩效进行衡量,取决于被控制活动的性质。例如,对产品的质量控制常常需要以小时或以日为单位进行,而对新产品开发的控制则可能只需以月为单位进行就可以了。需要控制的对象可能发生重大变化的时间间隔是确定适宜的衡量频度所需考虑的主要因素。

3. 建立信息反馈系统

负有控制责任的管理人员只有及时掌握反映实际工作与预期工作绩效之间偏差的信息,才能迅速采取有效的纠正措施,不精确、不完整、过多或延误的信息将会严重地阻碍他们的行动。通常,并不是所有的衡量绩效的工作都是由主管直接进行的,有时需要借助专职的检测人员。然而,管理人员所接受的信息通常是零乱的、彼此孤立的,并且难免混杂着一些不真实、不准确的信息。因此,应该建立有效的信息反馈网络,通过分类、比较、判断、加工,提高信息的真实性和清晰度,同时将杂乱的信息变成有序的、系统的、彼此紧密联系的信息,并使反映实际工作情况的信息适时地传递给管理人员,使之能与预定标准相比较,及时发现问题。这个网络还应能及时将偏差信息传递给与被控制活动有关的部门和个人,以使他们及时知道自己的工作状况,知道为什么错了,以及怎样做才能更有效地完成工作。建立这样的信息管理系统,不仅更有利于保证预定计划的实施,而且能防止基层工作人员把衡量和控制视作上级检查工作、进行惩罚的手段,从而避免产生抵触情绪。

【思考】 控制时为什么要进行实际绩效的衡量?

(三)纠正偏差

组织在计划的实施过程中,往往会有偏离计划的现象发生,如果不及时采取措施,就很难保证组织目标的实现。所以,在计划的实施过程中,利用科学的方法,依据制定的控制标准对工作绩效进行衡量,及时发现和纠正计划执行中出现的偏差就显得尤为重要。纠正偏差的过程中,要首先分析偏差产生的原因,然后制定并实施必要的纠正措施。纠偏工作使得控制过程得以完整,并将控制与管理的其他职能相互联结;通过纠偏,能使组织计划得以遵循,使组织机构和人事安排得到调整,使领导活动更加完善。

为了保证纠偏措施的针对性和有效性,在制定和实施纠偏措施的过程中必须注意下列问题。

1. 找出偏差产生的主要原因

并非所有的偏差都可能影响组织的最终目标实现。有些偏差可能反映了计划制定和执行工作中的严重问题,而另一些偏差则可能是一些偶然的、暂时的、局部性因素引起的,不一定会对组织活动的最终目标产生重要影响。因此,在采取纠正措施以前,必须对反映偏差的信息进行评估和分析。首先,要判断偏差的严重程度,是否足以对组织活动的效率构成威胁,从而值得去分析原因,采取纠正措施;其次,要探寻导致偏差的主要原因。

纠正措施的制定是以对偏差原因的分析为依据的。而同一偏差则可能由不同的原因造成:销售利润的下降既可能是因为销售量的降低,也可能是因为生产成本的提高。前者既可能是因为市场上出现了技术更加先进的新产品,也可能是由于竞争对手采取了某种竞争策略,或是企业产品质量下降;后者既可能是原材料、劳动力消耗和占用数量的增加,也可能是由于购买价格的提高。不同的原因要求采取不同的纠正措施。要通过评估反映偏差的信息,分析影响因素,透过表面现象找出造成偏差的深层原因,在众多的深层原因中找出最主要者,为纠偏措施的制定指导方向。

2. 确定纠偏措施的实施对象

如果偏差是由于绩效的不足而产生的,管理人员就应该采取纠偏行动:可以调整组织的管理战略,也可改变组织结构,或通过更完善的选拔和培训计划,或更改领导方式。但是,在有些情况下,需要纠正的可能不是组织的实际活动,而是组织这些活动的计划或衡量这些活动的标准。如大部分员工没有完成劳动定额,可能不是由于员工的抵制,而是定额水平太高;承包后企业经理的兑现收入可高达数万、甚至数十万元,可能不是由于经营者的努力数倍或数十倍于工人,而是由于承包基数不恰当或确定经营者收入的挂钩方法不合理;企业产品销售量下降,可能并不是由于质量劣化或价格不合理,而是由于市场需求的饱和或周期性的经济萧条。在这些情况下,首先要改变的不是或不仅是实际工作,而是衡量这些工作的标准或指导工作的计划。

预定计划或标准的调整是由两种情况决定的:一是原先的计划或标准制定得不科学,在执行中发现了问题;二是原来正确的标准和计划由于客观环境发生了预料不到的变化,不再适应新形势的需要。负有控制责任的管理者应该认识到,外界环境发生变化以后,如果不对预先制定的计划和行动准则进行及时的调整,那么,即使内部活动组织得非常完善,企业也不可能实现预定目标。如消费者的需求偏好转移,这时,企业的产品质量再高,功能再完善,生产成本价格再低,依然不可能找到销路,不会给企业带来期望利润。

3. 选择恰当的纠偏措施

找到产生偏差的主要原因,就可能制定改进工作或调整计划与标准的纠正方案。纠偏措施的选择和实施过程中要注意:

(1)使纠偏方案双重优化。纠正偏差,不仅在实施对象上可以进行选择,而且对同一对象的纠偏也可采取多种不同的措施。是否采取措施,要视采取措施纠偏带来的效果是否大于不纠偏的损失而定,如果行动的费用超过偏差带来的损失的话,这时最好的方案也许是不采取任何行动。这是纠偏方案选择过程中的第一重优化。第二重优化是在此基础上,通过对各种经济可行方案的比较,找出其中追加投入最少、解决偏差效果最好的方案来组织实施。

(2)充分考虑原先计划实施的影响。由于对客观环境的认识能力提高,或者由于客观环境本身发生了重大变化而引起的纠偏需要,可能会导致对原先计划与决策的局部甚至全局的否定,从而要求对企业活动的方向和内容进行重大的调整。这种调整有时被称为"追踪决策",即"当原有决策的实施表明将危及决策目标的实现时,对目标或决策方案所进行的一种根本性修正"。

追踪决策是相对于初始决策而言的。初始决策是所选定的方案尚未付诸实施,没有投入任何资源,客观对象与环境尚未受到人的决策的影响和干扰,因此是零起点的决策。进行重大战略调整的追踪决策则不然,此时企业外部的经营环境或内部的经营条件已经由于初始决策的执行而有所改变,是"非零起点"。因此,在制定和选择追踪决策的方案时,要充分考虑到伴随着初始决策的实施已经消耗的资源,以及这些消耗对客观环境造成的种种影响。

(3)注意消除人们对纠偏措施的疑虑。任何纠偏措施都会在不同程度上引起组织的结构、关系和活动的调整,从而会涉及某些组织成员的利益,不同的组织成员会因此而对纠偏措施持不同态度,特别是纠偏措施属于对原先决策和活动进行重大调整的追踪决策时。虽然一些原先反对初始决策的人会幸灾乐祸,甚至夸大原先决策的失误,反对保留其中任何合理的成分,但更多的人对纠偏措施持怀疑和反对的态度。原先决策的制定者和支持者因害怕改变决策标志着自己的失败,从而会公开或暗地里反对纠偏措施的实施;执行原决策、从事具体活动的基层工作人员则会对自己参与的已经形成的或开始形成的活动结果怀有感情,或者担心调整会使自己失去某种工作机会,影响自己的既得利益,而极力抵制任何重要的纠偏措施的制定和执行。因此,控制人员要充分考虑到组织成员对纠偏措施的不同态度,特别是注意消除执行者的疑虑,争取更多人的理解、赞同和支持,以避免在纠偏方案的实施过程中可能出现的人为障碍。

【思考】 是否所有的控制都包括以上三个步骤？

9.2.2 控制的原则

（一）原则性与灵活性相结合的原则

控制是按一定标准进行的管理活动，目的是为了保证计划完成。受控者在控制过程中必须严格执行施控者的命令和决策，施控者对要完成的计划和要达到的标准不能有丝毫动摇。控制须坚持原则，必须严格按计划，按标准办事。对计划中存在的问题，必须及时反馈；对计划执行中存在的重大消极因素，必须坚决排除。但是，控制又是针对未来进行的管理，为了保护员工的积极性，对一些非原则性的缺点和错误，以及一些不影响大局的失误，应从正面给予帮助，积极引导，争取受控者自觉、主动地去纠正偏差。

（二）重点控制与全面控制相结合的原则

重点控制指在计划的实施过程中，应对关系全局的重点部门和重点工作环节进行特别控制。全面控制指对计划实施过程中的诸多方面进行一般控制。控制必须做到重点控制与一般控制相结合，以重点控制来带动一般控制，以一般控制来保证重点控制。

重点控制在控制过程中是十分重要的。因为一项计划，无论多么简单，也会涉及多个部门的协调，要经过多个环节。不同部门、不同环节在计划实施中的地位和作用是不同的，有的事关全局，有的仅起配套的辅助作用。控制首先必须抓住这些事关全局的部门和环节，这样的控制才最有效率。

同时，在控制系统中，全面控制也是十分必要的。如果只抓重点控制，放弃全面控制，一些部门就会放任自流，一些环节虽然是非关键性的，但在失去控制之后也会影响计划的完成。所以说，全面控制和重点控制是相辅相成的，缺一不可。

（三）预先控制和事后控制相结合的原则

预先控制可以在一定程度上把问题解决在萌芽状态，但仅有预先控制还是远远不够的。因为计划执行受多种因素影响，人们不可能对所有的因素都知道得一清二楚，况且有些因素受各种条件约束，在事前也无法采取措施予以完全消除。所以，除了预先控制外还必须采取事后控制方式。事后控制内容明确，问题清楚，也比较容易采取办法解决。预先控制与事后控制相互补充，只要协调得好，可以大大提高控制的效率。

（四）有效性和经济性相结合的原则

在整个组织的活动中，生产、技术、人事、供应、销售、财务等工作各有不同，要按照不同的工作性质、内容、范围、要求和现实的条件进行控制，建立不同的控制标准，采用不同的方式，选择不同的控制类型，拟定具体的控制方案。这样的控制工作才能符合实际，才可能取得实效。同时要根据具体情况，建立和健全相应的组织机构，要在机构中将信息进行畅通无阻的传递，要做到权责分明，并且不同的工作要有各自不同的具体目标，切忌"一刀切"。

在保证控制活动有效性的基础上还应该注意控制活动的经济性。通过控制必须要能获得一定的经济效益，要把实施控制所获得的成果同实施的费用进行经济比较，选择出投入少、效益好的经济合理的控制方案。

【思考】 在实际中如果这些原则产生冲突时该如何处理？

9.2.3　控制的阻力及其管理对策

大量实践证明，对于那些有意义的控制，人们还是乐于接受的。但不管一个组织的控制系统是多么的有效，总会有人反对和抵制组织的控制，认为控制是对其行动自由的约束。

（一）控制过程中遇到阻力的主要原因

1. 控制过度

控制过度是管理者常犯的一种错误。如果这种过度的控制是与员工直接相关的，那么就会招致员工的反对，因为他们需要一定的自由度和自主权。如果控制涉及与工作无关的领域，就会使员工对这种过分的要求产生抵触情绪。控制过度不仅可能导致员工士气和责任心低下，而且还可能造成不信任，甚至法律纠纷，从长远来看无助于企业绩效的提高。

2. 不恰当的控制点或控制方法

即使不是面面俱到的控制，如果控制点选择不当，也会遭到反对和抵制。如有的组织只注意产品的数量而不注重质量，有的大学只强调教师出论著的多少而忽视教学等，都可能会引起人们对控制的反感。

控制方法不当也会导致人们对控制不满。例如，当一个组织单纯地根据管理者对下属的主观评价给予相应的奖惩时，人们就会对评价的客观性和奖惩的公平性提出质疑。

3. 不公平的报酬

有时人们反对控制是因为管理者未能根据考评的结果给予公平的奖惩。如果考评归考评,奖惩归奖惩,人们就会觉得这样的考评是没有必要的。例如,当两个同等规模和类型的部门在年终结算时,一个部门的行政费尚有 5000 元结余,另一个部门则超支 3000 元。在这种情况下,若管理者在决定这两个部门第二年的预算时,给予的行政费相同,均为 30000 元,其中前一个部门的 30000 元包括上年度节余的 5000 元在内,后一个部门的 30000 元则已扣除上年度的 3000 元赤字。这样前者因去年的节余受到了惩罚,后者则反而因上年的赤字受到了奖励,很明显,人们对这样的预算往往会持反对和抵制态度。

4. 责任制度问题

效率高的控制系统往往都明确地规定各组织成员的工作职责,若职责不明,就容易被一部分人钻空子,因为组织中常常有一部分人不坚守岗位好好工作。当制度不明时,这些人一旦自己的工作出了问题,就会千方百计地推卸责任,反对和抵制组织对自己的控制。

(二)管理者的对策

1. 建立和完善有效的控制系统

要想进行顺利而有效的控制,必须从一开始就建立一个高效率的控制系统。如果组织已经建立了控制系统,但在实施控制时还受到很大的阻力,则说明在很大程度上控制系统的设计不完善。新设计的控制系统不能简单地套用过去的做法和照搬其他组织行之有效的手段,控制系统的完善必须建立在对系统效率的连续监测和对存在问题深入分析的基础上,将控制与计划等管理职能更好地结合在一起,不断提高它的客观性、准确性、灵活性和适时性。

2. 鼓励更多的员工参与控制

参与可减少和避免人们对变革的阻力。让尽可能多的人参加对计划和控制系统的制定,可以使参与的人在遵守和执行控制中有更大的责任心,参与的人越多,反对和抵制的力量就会越小。

3. 采用目标管理

目标管理方法建立在将组织目标转化为其成员个人目标的基础之上,即让组织中的管理人员和员工亲自参加工作目标的制定,将所制定的目标作为评价个人绩效的标准,员工在工作中实行“自我控制”。

目标管理将员工个人目标与企业整体目标结合在一起,使员工在工作开始之前就了解个人所得报酬和奖励的多少取决于完成个人目标的好坏以及个人工作对企业整体绩效的影响。同时目标管理将计划与控制紧密地联系起来,从而大大降低了员工对控制的抵触。

4. 建立记录备查制度

为了明确责任和便于解释，要建立各方面的记录备查制度。例如，一个车间主任认为他这个车间之所以未能达到原定的降低成本的要求，是因为原材料的涨价。如果控制信息系统记载着各种原材料的进价的话，就可以很快查出这个主任的解释是否正确，并确定相应的责任。因此，建立平时各方面的记录备查制度可减少人们对控制的反对情绪。

【思考】 你认为控制还可能会遇到哪些阻力？该如何有效地解决？

9.3　控制方式与技术

9.3.1　常见的经营控制方式

经营控制是指管理者对组织中的人、财、物等各方面资源运用状况和成效的控制。在经营控制中，最常见的控制方式包括：资金（财务）控制、时间控制、数量和质量控制、安全控制、人员行为控制和信息控制。

（一）资金控制

资金的运动在组织业务活动的整个过程中往往占有很重要的地位，因此管理控制中运用最广泛的就是资金控制。资金控制通过对一个组织中资金运动状况的监督和分析，对组织中各个部门、人员的活动和工作实施控制。最常见的资金控制方法有预算控制、会计稽核、财务报表分析等。

预算是一种以货币和数量表示的计划，是关于为完成组织目标和计划所需资金的来源和用途的一项书面说明。预算可以控制各项活动的开展，并为工作效果评价提供检验标准。会计稽核的目的是通过对财务成本计划和财务收支计划的审查，以及对会计凭证和账表的复核，及时发现会计中存在的问题。财务报表是用于反映组织期末财务状况和计划期内的经营成果的数字表。财务报表分析就是以财务报表为依据来分析判断组织的经营状况，从中发现问题。

【思考】 以上三种资金控制方法是否都属于预先控制？

（二）时间控制

任何组织的活动都是在一定的时间内进行的，对时间进行控制的目的是使组织对其实现目标过程中的各项工作作出合理的安排，以求按期实现组织目标。

时间控制的关键是确定各项活动的进行是否符合预定的时间安排。在时间控制中，甘特图和网络技术是常用的工具，它们都有助于物资、设备、人力在指定的时间到达预定的地点，使之紧密地配合以完成任务。

（三）数量控制和质量控制

控制数量以满足生产和服务的需要，是每一个管理者都十分重视的问题。管理人员只有心中有"数"，才能综观全局。控制数量，关键是要确定控制的数量标准。标准是衡量实际业绩的尺度，应设置合理且为大家所接受。数量控制标准的制定可通过动作研究和时间研究、过去的经验、同业的资料比较等来确定。

对数量的控制很重要，但其前提是要有一定的质量水平。质量不合格的次品，是不能计入产品产量的。没有质量，再大的数量也将失去意义，没有质量保证的数量当然也就没有了效益。因此，数量和质量是一个问题的两个方面，两者相比较而言，质量更为重要。

【思考】 举例说明如何做好质量控制。

（四）安全控制

安全控制包括人身安全、财产安全、资料安全等方面的内容。由于直接关系到组织人心的稳定、财产的保障、组织的前途，因此安全控制也是经营控制的一个重要方面。

1. 人身安全控制

人身安全控制的核心是控制各种工伤事故和职业病的发生。在组织要素中，人是最重要也是最宝贵的，作为管理者有责任保证组织成员的人身安全。为此要努力营造安全的工作环境，建立定期体检制度，设置安全控制保护系统，采取措施消除可能产生不安全的各种隐患；要加强对全体人员的安全教育，使之遵守安全操作方法；对于已发生的事故，应做好调查和记录工作，深入分析原因，防止再犯。

2. 财产安全控制

组织中的各种财产是组织各项工作得以开展的物质保证，对于组织中的各种物资要进行妥善的保管。要建立适当的保管制度，根据不同物资的特性确定不同的保存要求,防止变质、丢失、火灾等事故的发生;要建立警卫制度,对保存有重要物资的部门设置安全门、警灯等系统及其他警备设施;要建立检查制度,定期或不定期地清点各类物资,做到账物相符,并检查各种设备是否保持在正常状态,以便在需要时能及时投入使用。

3. 资料安全控制

各种文件、资料、档案、数据库,都是组织过去历史、商业情报和组织知识的记录,对于组织工作和各类问题的处理极为有用。有些资料在不同的时期对不同的组织成员具有一定的机密性,或因为时机不成熟不宜公开,或因可能产生副作用而需加以保密,或因竞争需要而实施封锁。因此,对于各种文件档案资料,均应建立制度,力求妥善地加以保管。

(五)人员行为控制

组织是由人组成的,各种各样的工作都需要人去完成。从这个意义上讲,控制工作主要是对人的控制。由于人的行为是人的价值观、性格、经验、需要、社会背景等因素综合作用的结果,而这些因素又很难用精确的方法加以描述,因此对人的行为控制就成为控制中最复杂的部分,但也是必须加以重视的部分。常用的行为控制方法有评价和奖惩等。

1. 评价

对员工行为的评价可以是对其工作结果的评价,也可以是对其工作方法、工作内容的评价,还可以是对其工作行为的评价。通过对以上方面的评价,可以发现员工的工作结果与预期结果之间的差距,可以发现员工工作方法、工作内容及其行为中存在的问题,管理者可以通过帮助员工改进工作方法与工作内容,调整其行为,以符合组织目标的需要。

为了克服偏见和主观臆断,必须建立比较客观的评价标准,使得评价结果更接近实际情况。评价标准的制定必须符合组织的实际情况,做到公正合理。如果组织的成员认为评价标准是合理的、公正的,他就会根据组织的评价标准调整自己的行为,使之符合组织的要求。反之,则可能产生消极的结果,影响员工工作的积极性。

2. 奖惩

奖惩是指通过对员工行为或绩效的评价,对表现好的、完成组织规定任务的员工进行奖励,而对表现不好的、没有完成组织规定任务的员工进行处罚,以达到控制的目的。奖励是一种对员工的行为进行肯定的方法,通过奖励可以使员工对组织认可的表现进一步维持并发展下去,以促使其更加努力地为实现组织目标而努力工作。奖励可以是物质奖励,也可以是精神奖励,包括对其级别的提升,还可以通过给员工承担更重要、更关键的任务来对其进行心理奖励。惩罚是对员工的行为进行否定的方法,通过惩罚可以使员工改变不符合组织要求的行为,以达到组织要求的行为规范,更好地为实现组织目标而努力。

（六）信息控制

现实的组织活动一般表现为物流、资金流和信息流三种运动方式。其中物流是指组织中物质形态的输入(资源)变成物质形态的输出(成品)的过程。物流反映组织活动的基本运动过程,由于物流运动纷繁复杂,通过直接控制物流的方式来加强管理,有可能使管理者陷入日常事务中而无法脱身。资金流是组织中物流的反映,通过资金流来控制物流,有助于摆脱物流中具体形态的纠葛,从而提高管理的效能。但资金流的控制并不能完全代替物流的控制,能够综合反映物流和资金流的是信息流。信息流可以表现为各种文件、指示、合同、制度、报告等。信息流一方面伴随着物流和资金流的运动而产生,另一方面又对物流和资金流的方向、速度、目标起着规划和调节的作用,使之按一定的目的和规则运动。通过掌握和控制信息,就可以掌握和控制物流和资金流的情况,分析物流和资金流的运动规律,从而实现对物流和资金流的控制。现代组织中常用建立相应的计算机管理信息系统来实现信息流的控制。

【思考】 对于一个小型民营企业来说,该如何进行经营控制?

9.3.2 预算控制

预算控制是管理控制中应用最广泛,也是比较有效的一种控制方法。预算是一种以货币和数量表示的计划,是有关为完成组织目标和计划所需资源特别是所需资金的来源和用途的一项书面说明。作为一个组织,需要通过预算来估计和协调计划,预估未来一段时期内的经营收入与现金流量,为组织及下属各部门或各项活动规定了在资金、劳务、材料、能源等方面支出的额度。预算控制是指根据预算规定的收入与支出标准来检查、监督和控制各部门的活动,以保证各部门或各项活动在完成组织目标的过程中合理有效地利用资源,达到控制的目的。

（一）预算的作用

预算的作用主要体现在以下几个方面。

1. 帮助管理者掌握全局,控制组织的整体活动。资金财务状况对任何组织而言都具有十分重要的意义。通过预算,组织管理者可以清楚地看到资金将由谁、在什么项目上使用,从而可以通过资金状况来了解和控制组织的整体活动。

2.帮助管理者合理配置资源。组织中各项活动的开展都离不开资金的支持,资金作为一种重要的杠杆调节着组织各项活动的轻重缓急及其规模大小。因此,组织管理者可以通过预算合理配置资源,以确保组织重点活动的开展,同时对非重点活动的规模进行控制。

3.有助于管理者对各部门的工作进行评价。由于预算为各项活动确定了投入产出标准,因此只要运用正确,就可根据各部门执行预算的情况,了解各部门资金使用的效率及工作任务的完成情况,从而对各部门的工作进行评价。另外,由于预算规定了各项资金的运用范围及资金使用的负责人,因此通过预算还可以控制各级管理人员的职权,明确各级管理人员的职责。

4.有利于提高资金使用效率。由于预算的严肃性,且组织管理者常把预算的执行情况作为考核下属管理人员的依据,因此各部门管理者在收支方面会尽可能精打细算,有助于杜绝浪费,提高资金的使用效率。

(二)预算的种类

1.收入预算。收入预算是指用货币单位表示的组织在一定时期内的收入的预算。编制收入预算时,应尽量考虑到来自各方面可能的收入,特别是组织的主营业务收入。对于收入要考虑到其数量与时间,并努力提高实现的可能性。收入预算是建立在销售预算的基础上的。销售预算是对销售情况的预测与说明,是预算控制的基础。管理人员应当重视销售预算的编制,毕竟企业是靠产品销售与服务所提供的收入来支付经营费用并获取利润的。

2.支出预算。支出预算是指用货币单位表示的组织在一定时期内的支出的预算。对生产性企业而言,企业销售的产品或服务是在企业的内部生产过程中制造出来的,在这个过程中,企业要使用一定的劳动力资源,消耗一定的物质资源。因此,与销售预算相对应,企业应当编制能保证生产、销售活动得以正常进行的支出预算。在这个预算中,不仅要体现出获得必要的销售收入而需要的生产产品的支出,而且要考虑到为了实现销售收入而需要支出的费用。一般而言,这些预算包括:直接材料预算、直接人工预算、附加费用预算等。

3.现金预算。现金预算是对组织在未来一段时期内现金的流入与流出进行预测,并据此衡量实际现金的使用情况,通常由财务部门负责编制。现金是指现实的、可立即使用的资金。组织中有些用货币量表示的资金,实际处于实物形态,并不能自由使用;也有些资金只是挂在账上,而实际上并没有到手,这些资金均非现金,它们虽然也是组织的资产,但不能像现金那样自由使用。拥有一定的现金以偿付到期的债务是组织生存的首要条件。通过现金预算,可以估算计划期内可能提供的现金和所需支付的现金，以求得现金收支的平衡，并为管理人员利用可用的现金余量制定营利性投资计划提供所需信息。

4. 资本支出预算。资本支出预算是对未来一段时期内专门用于厂房、机器、设备、库存等资本支出情况的预测，也称为投资预算。这类支出具有支出数额较大、回收时间长等特点，故需要单独列出，慎重考虑。另外，资本支出预算通常与长期工作计划相联系。

5. 总预算。总预算是在综合组织的各种预算的基础上编制而成的全面性的预算。总预算包括预计的资产负债表、资产损益表和现金流量表。资产负债表预测组织的资产、负债和权益的情况，表达了组织财产的具体情况；资产损益表预计组织的收入、支出及利润情况，表达了组织的经营现状和成果；现金流量表预计现金的流入和流出情况，反映了组织的现金流动情况。总预算中还附有一些编制预算所必需的数据及资料，以及需要的情况分析。

（三）预算的编制

有效地从预期收入和费用两个方面对组织全面控制，不仅需要对各个部门、各项活动制定分预算，而且要对企业整体编制总预算。分预算是按照部门和项目来编制的，它详细说明了相应部门的收入目标或费用支出的水平，规定了他们在生产活动、销售活动、采购活动、研究开发活动或财务活动中筹措和利用劳力、资金等生产要素的标准。总预算则是在对所有部门或项目分预算进行综合平衡的基础上编制而成的，它概括了企业相互联系的各个方面在未来时期的总体目标。只有编制了总体预算才能进一步明确组织各部门的任务、目标、制约条件以及在活动中的相互关系，从而为正确评价和控制各部门的工作提供客观的依据。

总预算的编制要以组织目标和业务计划为依据，其基本编制过程为：第一步是编制业务计划，如企业估计销售品种、销售数量和销售时间，编制销售计划；第二步是根据业务计划编制生产计划，如企业根据销售计划确定生产数量及产成品的存贮量；第三步是根据生产计划编制成本计划，计算出直接材料、直接人工、制造费用和经营费用；第四步是根据成本和费用估计数，预测现金流量和对其他账户的影响；第五步是结合固定资产投资和资金筹集计划，编制出预计的资产负债表、资产损益表、现金流量表。

在预算的编制中应当注意以下几个方面。

（1）正确处理组织总预算与部门分预算之间的关系。在编制预算时，应当正确处理组织总预算与部门分预算之间的关系。在组织管理与控制的过程中，不仅需要各部门、各项活动的分预算，而且需要编制组织的总预算。总预算是在对所有部门及项目的分预算进行平衡的基础上编制完成的，它概括了组织一定时期内的总体目标。没有分预算,总预算就缺乏一定的科学依据;没有总预算,就很难对组织预算的整体有一个明确的了解,也难以明确组织内部各部门的任务、目标,以及互相制约的条件。

(2)用统一的数字形式来表述组织内的各类预算。任何预算都需要用统一的数字形式来表达,组织内的总预算更应如此。在组织的各种预算中,总预算应当用统一的货币单位来表示,而分预算则不一定使用统一的货币单位。对一些具体的项目而言,用时间、长度、重量等单位来表示能提供更多的信息。如在负责材料的部门预算中,用货币金额来表示原材料预算,则只能知道原材料的总费用标准,而不知道使用材料的种类与数量。

(3)避免预算过于烦琐。预算编制得过于烦琐是有危险的。如果一个预算详细地列出各种细枝末节的费用,则有可能剥夺管理人员工作时所需要的自由,影响工作的主动性与创造性。

(4)避免预算目标取代组织目标。编制与执行预算过程中的另一个危险的倾向是,把预算目标置于组织目标之上。如为了实现预算规定的支出标准,而在某些涉及组织发展的活动中节省经费,有可能危及组织目标的实现。预算执行过程中一定要把组织目标放在第一位,正确处理局部目标与全面控制目标之间的矛盾,形成互相配合、全面协作的组织文化。

【思考】 任何组织都需要预算控制吗?为什么?

9.3.3 其他控制方式

其他常用的控制方法有:比率分析、审计控制和统计分析控制等。

(一)比率分析

比率分析就是将企业资产负债表和收益表上的相关项目进行对比,形成一个比率,从中分析和评价企业的经营成果和财务状况。利用财务报表提供的数据,可以列出许多比率,常用的有两类:财务比率和经营比率。

1. 财务比率

财务比率及其分析可以帮助管理者了解企业的偿债能力和盈利能力等财务状况。

(1)流动比率。流动比率是企业的流动资产与流动负债之比。它反映了企业偿还需要付现的流动债务的能力。一般来说,企业资产的流动性越大,偿债能力就越强;反之则弱,并会影响企业的信誉和短期偿债能力。因此,企业资产应具有足够的流动性。资产若以现金形式表现,其流动性最强。但要防止为追求过高的流动性而导致财务资源的闲置,以避免使企业失去本应得到的收益。

(2)速动比率。速动比率是流动资产和存货之差与流动负债之比。该比率和流动比率一样是衡量企业资产流动性的一个指标。当企业有大量存货且这些存货周转率低时,速动比率比流动比率更能精确地反映客观情况。

(3)负债比率。负债比率是企业总负债与总资产之比。它反映了企业所有者提供的资金与外部债权人提供的资金的比率关系。只要企业全部资金的利润率高于借入资金的利息,且外部资金不会在根本上威胁企业所有权的行使,企业就可以充分地向债权人借入资金以获取额外利润。一般来说,在经济迅速发展时期,债务比率可以很高。

(4)盈利比率。盈利比率是企业利润与销售额或全部资金等相关因素的比例关系。它们反映了企业在一定时期从事某种经营活动的盈利程度及其变化情况。常用的比率有销售利润率和资金利润率。

销售利润率是销售净利润与销售总额之间的比例关系,它反映企业在一定时期的产品销售中是否获得了足够的利润。将企业不同产品、不同经营单位在不同时期的销售利润率进行比较分析,能为经营控制提供更多的信息。

资金利润率是指企业在某个经营时期的净利润与该期占用的全部资金之比,它是衡量企业资金利用效果的一个重要指标,反映了企业是否从全部投入资金的利用中实现了足够的净利润。

2. 经营比率

经营比率是与资源利用有关的比例关系。它反映了企业经营效率的高低和各种资源是否得到了充分利用。常用的经营比率有以下三种。

(1)库存周转率。库存周转率是销售总额与库存平均价值的比例关系,它反映了与销售收入相比,库存数量是否合理,表明了投入库存的流动资金的使用情况。

(2)固定资产周转率。固定资产周转率是销售总额与固定资产之比,它反映了单位固定资产能够提供的销售收入,表明了企业资产的利用程度。

(3)销售收入与销售费用的比率。这个比率表明单位销售费用能够实现的销售收入,在一定程度上反映了企业营销活动的效率。由于销售费用包括了人员推销、广告宣传、销售管理费用等组成部分,因此还可进行更加具体的分析。比如,预测单位广告费用能够实现的销售收入,或单位推销费用能增加的销售收入,等等。

反映经营状况的这些比率也通常需要进行横向的(不同企业之间)或纵向的

（不同时期之间）比较，这样才更有意义。

【思考】 比率分析与其他控制方法相比有什么优点？

（二）审计控制

审计是常用的一种控制方法。所谓审计，是指审计部门根据法律、法规及相关制度对组织活动进行监督、审核的过程。根据审计主体的不同，可以将审计分为内部审计与外部审计；根据审计对象的不同，又可以将审计分为财务审计与管理审计。

外部审计是指由组织以外的审计机构对组织活动进行的审计。常见的外部审计机构有国家的有关审计部门、独立的审计事务所等。外部审计的特点是审计机构与人员在本组织没有行政上的隶属关系，因而可以更加公正客观地进行审计，以增加审计的可靠性。这一类审计的缺点是由于参与审计的外部审计人员对组织的情况不太熟悉，因而有可能遇到一些困难，难以达到预期的效果。

内部审计是指由组织内部的审计机构或人员进行的审计。内部审计的特点是审计人员对组织情况比较熟悉，能有针对性地对本组织的情况进行审计，并根据审计的结果进行相应的监督与管理。另外，由于审计人员熟悉本组织的情况，还可以根据审计的结果提出促进组织发展的意见与建议。当然，内部审计也有其缺点，即由于审计人员为组织内部人员，与组织有着千丝万缕的联系，有可能影响审计的公正性与客观性，应加以注意。

财务审计是指以组织的财务活动为主体所开展的审计，其审计对象为组织的财务活动。财务审计的主要方法是对组织的财务账目、凭证、财物、债务等进行检查，以规范组织的财务行为。从这一方面而言，财务审计对于加强组织内部财务管理的制度化、控制支出的合理性、严格管理组织的财产、严格管理会计工作、改进组织的财务情况，都具有十分重要的意义。

管理审计是检查一个企业或部门管理工作的好坏，以评价人力、物力和财力的组织及利用的有效性。管理审计的目的是通过对组织管理工作的检查来评价组织各种资源利用的效果，以提高组织的管理水平。管理审计既包括对组织管理能力与效果的审计，也包括对各阶段管理活动的状况与效果的审计，如对组织内的部门审计，主要有对生产管理、财务管理、销售管理、人事管理等部门的审计。

在具体的审计过程中，要根据组织的实际情况及审计的目的来确定进行什么类型的审计。要将内部审计与外部审计、财务审计与管理审计等结合起来，从而更好地发现组织运行中存在的问题，及时进行整改，以更好地实现控制目标。

【思考】 审计控制对于组织而言是否是必需的？

（三）统计分析控制

统计分析控制是指组织的管理者通过运用各种数量分析方法，对有关的历史数据进行统计分析，了解有关因素的发展情况，据此进行趋势预测，并利用其中的规律与组织的实际运行业绩进行比较，从而进行控制的方法。用易于理解的方式编排统计资料和事先确定比较标准，是运用统计分析控制方法的关键。这种方法的优点是利用历史数据，可以形成简单明了的统计曲线或图表，使管理者对组织过去的经营情况一目了然，并能对未来进行预测。根据预测的结果与实际结果进行比较，可以发现组织活动中存在的问题，从而实施有效的控制。当然这一方法也有缺点，主要体现在根据过去对现在或未来的预测上，这种预测会受到多种因素的限制，从而影响其准确性，进而影响控制的效率。

☞【本章小结】

1. 控制是组织在动态的环境中为了实现既定的目标而进行的检查和纠偏活动或过程。计划为控制提供标准，是控制的前提条件之一；控制是确保计划正确实施的保证。

2. 控制职能有两个主要目的：一是维持现状；二是打破现状。

3. 控制可以按照不同的标准进行不同的分类。常见的按照控制时点把控制分为预先控制、事中控制和事后控制。

4. 一个组织的控制系统由控制的对象、控制目标体系、控制的方法和手段系统以及控制的主体几个要素组成。控制过程包括三个基本环节的工作：确立标准、衡量绩效和纠正偏差。

5. 控制的原则包括：原则性与灵活性相结合的原则，重点控制与全面控制相结合的原则，预先控制和事后控制相结合的原则；有效性和经济性相结合的原则。

6. 控制过程中遇到阻力的主要原因有：控制过度；不恰当的控制点或控制方法；不公平的报酬及责任制度问题。针对控制过程中所遇到的阻力，管理者可以采取的对策有：建立和完善有效的控制系统，鼓励更多的员工参与控制，采用目标管理及建立记录备查制度。

7. 经营控制是指管理者对组织中的人、财、物等各方面资源运用状况和成效的控制。在经营控制中,最常见的控制方式包括:资金(财务)控制、时间控制、数量和质量控制、安全控制、人员行为控制和信息控制。

8. 预算是一种以货币和数量表示的计划,是为完成组织目标和计划所需资源特别是所需资金的来源和用途的一项书面说明。预算的种类包括:收入预算、支出预算、现金预算、资金支出预算及总预算。

9. 其他常用的控制方法有:比率分析、审计控制和统计分析控制等。

⮕【复习思考题】

1. 什么是控制? 说明其与计划的关系。
2. 控制有哪些主要类型? 各自的特点是什么?
3. 控制过程一般由哪几个基本步骤构成?
4. 进行有效控制的基本原则是什么? 怎样才能贯彻这些原则?
5. 人们对控制不满的主要原因有哪些? 怎样才能减少人们对控制的抵制?
6. 常用的控制方法有哪些? 这些方法各自的特点是什么?

⮕【案例讨论】

中美上海施贵宝制药有限公司的内部控制制度

中美上海施贵宝制药有限公司,由美国百时美施贵宝公司与中国医药对外贸易总公司和上海医药(集团)总公司共同投资,于 1982 年 10 月 14 日成立,1985 年 10 月正式投产,是在中国成立的第一家中美合资制药企业。施贵宝位列 2002 年美国上市公司市值 500 强的 43 位,在中国已经成功地走过了二十多年,以先进的技术、现代的管理、优质的产品和良好的业绩闻名全国。其完善的内部控制制度是现代化管理的重要组成部分。

1. 公司内部控制的目标
(1)保护资产的安全。
(2)准确反映企业财务状况,给决策提供可靠的保证。
(3)保证政策规章和法规被遵守。
(4)提高管理效率。相应的,施贵宝公司设计了如下图所示的内部控制结构。

```
              ┌──────────┐
              │  董事会   │
              └──────────┘
   ┌──────────┐     │
   │审计委员会 │─────┤
   └──────────┘     │
              ┌──────────┐
              │  总裁    │
              └──────────┘
         ┌─────────┴─────────┐
   ┌──────────┐        ┌──────────┐
   │  审计员   │        │ 当地分公司 │
   └──────────┘        └──────────┘
```

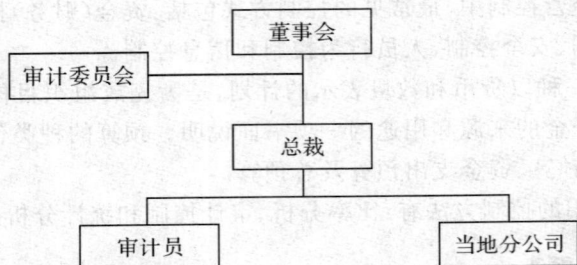

2. 公司内部控制的基本原则

(1)不相容职务相分离原则。所谓不相容职务,是指那些如果有一个人担任,既可能弄虚作假,又有可能掩盖其错误行为的职务。不相容职务分离就是要求把不相容职务由不同的人担任。该公司的内部控制制度正是通过对授权、核准、执行、记录各个环节合理的分工,实现了不相容职务的分离,保证了内部控制作用的发挥。

(2)合理的授权制度。授权制度是指企业在处理经济业务时,经过授权批准进行控制,即规定每一类经济业务的审批程序,以便按程序办理审批,避免越级审批和违规审批的情况发生。

(3)适当的信息记录。记录企业内部控制方面的重要信息。信息记录可以分为管理文件和会计记录。

(4)可靠的财产安全。其主要内容有限制接近、订购盘点、记录保护、财产保险、财产记录监控。

(5)健全的内部审计。

3. 公司内部控制流程设计

1)收入循环

(1)订单处理。该公司在发展新客户时,采取了非常严格的考核制度,如要求新客户证照齐全,同时还需要进行其他方面的考察。此外,订单必须顺序编号,如有缺号,必须查明原因。

(2)信用和退货控制。该公司根据自身实际经营状况、市场竞争的激烈程度和客户信誉情况等制定信用标准,并按规定向客户授予一定的信用额度。此外,该公司还严格控制销售质量,以减少退货损失。

(3)开票与发货。开票与发货职务相分离。开票以有关票据为依据,如客户的购货订单、发货通知等。发货通知单要编号,以保证所有发出货物均开票。发票和发货单须经有关主管部门和人员审批。

（4）应收账款管理。定期检查应收账款明细账余额并进行账龄分析。定期与客户对账，及时催收、回笼资金。确保受到的款项按时入账，并按时间顺序销账。

2）生产循环

（1）生产循环职责分离。身缠计划的编制与复核、审批相分离；产成品的验收与产品制造相分离，存货的审批、发放、保管与记账相分离等。

（2）存货保管责任与实物安全控制。该公司建立了严格的存货保管制度，以保证实物财产的安全。同时，对存货规定合理的储存定额，定期考核，积极处理超储积压的存货，加速资金周转。

（3）定期对存货进行盘点，做到账实、账卡、账表、账账相符，并购买足额保险。

3）付款循环

（1）采购。原材料的请购、采购、验收、付款、记账必须由不同人员担任。采购员只能在批准的采购计划内就货物名称、规格、数量进行采购，不得擅自改变采购价格和内容。

（2）验收。只有经过验货后方可进行付款的审批手续（预付款业务除外），此举旨在保证货物的价格、质量、规格等符合标准。验收部门则严格按合同规定的品种、数量、质量进行验收。

（3）付款。发票价格、运输费、税款等必须与合同复核无误，凭证齐全后方可办理结算，支付货款，且货款必须经过银行办理转账。定期核对应付账款明细账与总分类账。

4）信息管理

（1）凭证连续编号。凭证的使用必须按编号次序依次使用。领用空白凭证必须经过登记备案。

（2）建立定期复核制度，定期对凭证的填制、记账、过账和编制报表的工作进行复核。

（3）建立总分类账和明细分类账，总分类账和日记账的核对工作。

（4）业务经办人员在处理有关业务后必须签名、盖章，以备日后追溯责任。

（5）建立完善的凭证传递程序。

（6）制定定期会计信息分析制度，以便及时发现信息失误。

在内部控制过程中，应该注意：一是要求成本效益分析；而是注意例外控制；三是防止内部控制执行人渎职；四是防止管理层滥与授权。

（资料来源：朱婧晔,《中美上海施贵宝制药有限公司内部控制制度评析》,《工业会计》,2001(4)）

【思考】 1. 中美上海施贵宝有限公司的内部控制制度中采取了哪些控制方法？

2. 中美上海施贵宝有限公司的内部控制制度有何优点？

3. 中美上海施贵宝有限公司的内部控制制度有哪些不足之处？谈谈你的改进意见。

第 10 章

创 新

> > > >   >

学习目标

通过学习本章的内容,学生能够:

1. 掌握创新的含义、特征与分类;
2. 理解创新的基本原则;
3. 理解创新的过程、内容、策略及方法;
4. 理解管理创新过程的管理。

引 例

发现"不拉马的士兵"

一位年轻有为的炮兵军官上任伊始,到下属部队视察其操练情况。他在几个部队都发现同样的问题:在一个单位操练中,总有一名士兵自始至终站在大炮的炮管下面,纹丝不动。军官不解,究其原因,得到的答案是:操练条例就是这样要求的。军官回去反复查阅军事文献,终于发现,长期以来,炮兵的操练条例仍因循非机械化时代的规则。站在炮管下的士兵的任务是负责拉住马的缰绳(在那个时代,大炮是由马车运载到前线的),以便在大炮发射后调整由于后坐力产生的距离偏差,减少再次瞄准所需的时间。现在大炮的自动化和机械化水平很高,已经不再需要这样一个角色了,但操练条例一直没有调整,因此才出现了

"不拉马的士兵"。

军官的发现使上级对条例做了符合实际的调整，军官也因此获得了国防部的嘉奖。

管理启示：因循守旧、墨守成规是管理的最大敌人。创新则是企业生机勃勃的根本和源泉。

（案例出处：王雪莉，《经济观察报》）

10.1 创新概述

10.1.1 创新的含义与特征

（一）创新的含义

创新是一种思想及在这种思想指导下的实践，是一种原则及在这种原则指导下的具体活动。美国经济学家熊彼特在其《经济发展理论》一书中首次提出了创新的概念。他认为，创新是对"生产要素的重新组合"，具体来说，包括以下五个方面：①生产一种新产品，也就是消费者还不熟悉的产品，或是已有产品的一种新用途和新特性。②采用一种新的生产方法，也就是在有关的制造部门中未曾采用的方法。这种方法不一定非要建立在科学新发现的基础上，它可以是以新的商业方式来处理某种产品。③开辟一个新的市场，就是使产品进入以前不曾进入的市场，不管这个市场以前是否存在过。④获得一种原材料或半成品的新的供给来源，不管这种来源是已经存在的还是第一次创造出来的。⑤实现一种新的企业组织形式，例如建立一种垄断地位，或打破一种垄断地位。

【思考】 你能举例说明这五个方面吗？

后来，许多研究者也对创新进行了定义，有代表性的定义有以下几种：①创新是开发一种新事物的过程。这一过程从发现潜在的需要开始，经历新事物的技术可行性阶段的检验，到新事物的广泛应用为止。创新之所以被描述为是一个创造性过程，是因为它产生了某种新的事物。②创新是运用知识或相关信息创造和引进某种有用的新事物的过程。③创新是对一个组织或相关环境的新变化的接受。④创新是指新事物本身，具体说来就是指被相关使用部门认定的任何一种新的思想、新的实践或新的制造物。⑤创新是由新思想转化到具体行动的过程。

由此可见,创新概念所包含的范围很广,涉及许多方面。比如,有的东西之所以被称作创新,是因为它提高了工作效率或巩固了企业的竞争地位;有的是因为它改善了人们的生活质量;有的是因为它对经济具有根本性的提高。但值得注意的是,创新并不一定是全新的东西,旧的东西以新的形式出现或以新的方式结合也是创新。(注意:创新不一定就是全新的东西。)我们说,创新是生产要素的重新组合,其目的是获取潜在的利润。

(二)创新的特征

1. 创新的不确定性

(1)市场的不确定性。主要是不易预测市场未来需求的变化,外界因素如经济环境、消费者的偏好都会对市场变化产生影响。当出现根本性创新时,市场方向无从确定,也就无法确定需求。计算机刚出现时,有人估计全美国只有几十台的需求,这显然同实际情况相差万里。市场不确定性的来源,还可能是不知道如何将潜在的需要融入创新产品中去,以及未来产品如何变化以反映用户的需要。当存在创新竞争者时,市场的不确定性还指创新企业能否在市场竞争中战胜对手。

(2)技术的不确定性。主要是如何用技术来体现、表达市场中消费者需要的特征;能否设计并制造出可以满足市场需要的产品和工艺。有不少产品构思,按其设计的产品要么无法制造,要么制造成本太高,因此这种构思和产品都没有什么商业价值。新技术与现行技术系统之间的不一致性也是一个重要的不确定性来源。

(3)战略的不确定性。主要是针对重大技术创新和重大投资项目而言。它指一种技术创新的出现使已有投资与技能过时的不确定性,即难以判断它对创新竞争基础和性质的影响程度,以及面临新技术潜在的重大变化时企业如何进行组织适应与投资决策。当重大技术创新出现时,战略不确定性常常因严重的战略性决策失误导致产业竞争领先地位的交替。例如,美国钢铁业面临氧气顶吹转炉等重大工艺创新的机会时,他们没有放弃原来的大量投资,没有引入新的工艺技术,而日本则利用这一机会建成了世界上效率最高的钢铁厂。

2. 创新的保护性和破坏性

不同创新对企业产生影响的范围、程度和性质是不同的。两个极端的情况是:保护性的和破坏性的。具有保护性的创新,会提高企业现有技术能力的价值和可应用性。创新的破坏性则表现在使企业现有的技能和资产遭到毁坏,新的产品或工艺技术会使企业现有的资源、技能和知识只能低劣地满足市场的需要，或者根本无法满足要求，从而降低现有能力的价值，在极端情况下，会使其完全过时。

3. 创新的必然性和偶然性

必然性是由管理的不可复制性产生的。管理的不可复制性本身就必然要求管理创新，从泰勒制管理到丰田生产方式，再到现代流行的 CIMS、虚拟系统、电子商务、网络营销等，可以说任何一种管理的模式、方法都是随着时代的发展和许多科学技术的进步而产生的管理创新。很多情况下，创新是在大量的实验、调研、严谨思考的背景下产生的。然而，另一种创新方式对今天的管理人员来说也是丝毫不能忽视的：那就是偶然。就像牛顿从苹果落地而发现万有引力定律一样，一些偶然的事件可以引发创新。

4. 创新的被排斥性

创新活动常常受到来自各方面的排斥、压力和抵制。习惯于原有生活方式和思维方式的人们往往不欢迎任何改动和变革。形象地说，创新恐惧症已成为现代组织——企业、学校、政府的一种通病。在一种特定的社会环境中，对于那些公司最高管理层的人们，这里存在着无数条理由来使他们希望这个环境能够延续下去。因为在这种情况下，没有麻烦，没有威胁，也没有紧迫感，一切都显得平平稳稳。不过，这也意味着任何一项新产品的创新就其本质而言，都是一场推进创新力量和排斥、抵制创新力量之间的你争我夺。而管理者所面临的挑战就是如何在这些力量中间保持平衡。另一方面，我们应该对华而不实的或仅仅是象征意义的新产品的创新，以及与新产品战略目标不相一致的新产品持抵制态度，这种抵制不应受到阻挠。

【思考】 你有过创新思想被排斥的经历吗？

5. 创新的复杂性

有人说，创新过程就像一条链条。认为只要增加上游的基础研究的投入就可以直接增加下游的新技术、新产品的产出。但在实际经济活动中，创新有许多的起因和知识来源，可以在研究、开发、市场化和扩散等任何阶段发生。创新是诸多因素之间一系列复杂的、综合的相互渗透而共同作用的结果，创新不是一个独立的事件，而是由许多小事组成的一个螺旋式上升的轨迹，是一个复杂的系统过程。

6. 创新的时效性

企业创新一般总是从产品创新开始的。一种新的市场需求总是表现为产品需求,因而,在创新初期,企业的创新活动主要是产品创新。一旦新产品被市场接受,随之而来的企业将把注意力集中在过程创新上,其目的是降低生产成本、改进品质、提高生产效率。当产品创新和过程创新进行到一定程度时,企业的创新注意力会逐渐转移到市场营销创新上,目的是提高产品的市场占有率。在这些创新重点的不同时间段上,还会伴随着必要的组织创新。当新产品投放市场一定时间后又会被更新的产品所代替,这种替代也使得创新具有时效性。新产品被更新的产品所替代的原因可能有两方面:一是消费者的偏好发生了变化;二是生产产品的技术得到了更新。正是因为创新具有时效性,所以在进行创新决策时,要考虑三个问题:消费者对创新产品需求的持续时间、该产品被其他产品替代的可能性以及创新所处的时期。

7. 创新的动态性

事物是发展变化的,不仅组织的外部环境和内部环境在不断发生变化,而且组织的创新能力也要不断积累、不断提高,决定创新能力的创新要素也都要进行动态调整。从企业间的竞争来看,随着企业创新的扩散,企业竞争优势将会消失,这就要不断推动新的一轮又一轮的创新,以便不断确立企业的竞争优势。因此,创新绝不是静止的,而是动态的。不同时期组织的创新内容、方式、水平是不同的。从企业发展的总趋势看,前一时期低水平的创新,总是要被后一个时期高水平的创新所替代。创新活动的不断开发和创新水平的不断提高,正是推动企业发展的动力。

10.1.2 创新的作用

(一)创新可以提高企业的竞争实力

创新可以将企业的劣势转化为优势,将不利因素转化为有利因素。例如,洗衣机的载物洗涤容量一般为 5 公斤,而且还呈增大趋势,海尔公司凭着灵敏的市场触角,巧妙地在产品的细微之处大胆创新,与消费潮流背道而驰,思维逆转,推出 2 公斤装的"小小神童"洗衣机。海尔的"只有淡季的思想,没有淡季的产品"的创新理念,使海尔随时保持创新思维,建立了一整套技术创新制度和相应的科研管理模式,最终赢得了市场。

(二)创新为企业的长期持续发展提供动力

企业要想持续发展,必须进行创新,不进行创新的企业,其发展就会缺乏推动力。早在 1994 年,著名的经济学家克鲁格曼就提出了"虚拟的亚洲经济"的观点。他认为亚洲（除日本外）经济的增长主要是依靠资金和劳动力的大量投入，而不是依靠科技进步，因此这一地区的经济高速增长是不可能持续很久的。这一预言不幸被言中。1997 年爆发的东南亚金融危机波及整个亚洲，导致这些国家的经济增长放缓，甚至出现负增长。

与此相反，美国自里根时代以来，便重视和强调创新的作用，从而出现了目前自"二战"以来最长时间的持续的经济增长，特别是 1997 年的亚洲金融危机以及 1998 年的俄罗斯和拉美的金融风暴，导致大多数发达与不发达国家经济的倒退，而美国经济却始终稳定有力。这正好说明了光靠资金和劳动力的大量的投入来推动经济增长是不可持续的，必须把重点转移到知识创新上来。

（三）自主创新是企业的根本

一个企业要取得先进的知识有两个途径：一是引进；二是创新。引进知识当然不失为一种快捷的方法，这种方法曾经是一些发展中国家和企业实现赶超的根本途径，但这样永远也无法真正赶超先进国家和先进企业，而且有些技术由于对方为了获得竞争中的绝对优势而保守秘密。因此，企业要真正强大起来，进行自主创新才是立足之本。例如，日本企业在 20 世纪 80 年代通过引进技术并消化吸收确实得到迅速的发展，但知识呈几何级数增长的今天，却在竞争中败给了强调自主创新的美国企业。

10.2　创新的条件和过程

10.2.1　创新的条件

为使管理创新能有效地进行，还必须创造以下的基本条件。

（一）创新主体（企业家，管理者和企业员工）应具有良好的心智模式

这是实现管理创新的关键。心智模式是指由于过去的经历、习惯、知识素养、价值观等形成的基本固定的思维认识方式和行为习惯。创新主体具有的心智模式：一是远见卓识；二是具有较好的文化素质和价值观。

（二）创新主体应具有较强的能力结构

管理创新主体必须具备一定的能力才可能完成管理创新，创新管理主体应具有：核心能力，必要能力和增效能力。核心能力突出地表现为创新能力；必要能力包括将创新转化为实际操作方案的能力，从事日常管理工作的各项能力；增

效能力则是控制协调加快进展的各项能力。

（三）企业应具备较好的基础管理条件

现代企业中的基础管理主要指一般的最基本的管理工作，如基础数据、技术档案、统计记录、信息收集归档、工作规则、岗位职责标准等。管理创新往往是在基础管理较好的 基础上才有可能产生，因为基础管理好可提供许多必要的准确的信息、资料、规则，这本身有助于管理创新的顺利进行。

（四）企业应营造一个良好的管理创新氛围

创新主体能有创新意识，能有效发挥其创新能力，与拥有一个良好的创新氛围有关。在良好的工作氛围下，人们思想活跃，新点子产生得多而快，而不好的氛围则可能导致人们思想僵化，思路堵塞，头脑空白。

（五）管理创新应结合本企业的特点

现代企业之所以要进行管理上的创新，是为了更有效地整合本企业的资源以完成本企业的目标和任务。因此，这样的创新就不可能脱离本企业和本国的特点。在当前的国际市场中，短期内中国大部分企业的实力比西方企业弱，如果以刚对刚则会失败，若以太极拳的方式以柔克刚，则可能是中国企业走向世界的最佳方略。中国企业应充分发挥以"情，理，法"为一体的中国式管理制度的优势和特长。

（六）管理创新应有创新目标

管理创新目标比一般目标更难确定，因为创新活动及创新目标具有更大的不确定性。尽管确定创新目标是一件困难的事情，但是如果没有一个恰当的目标则会浪费企业的资源，这本身又与管理的宗旨不符。

10.2.2 创新过程

要有效地组织企业的创新工作，就必须研究和揭示创新的规律。创新有无规律？对这个问题目前颇有争议。美国是创新活动比较活跃的国家，对创新活动也有比较深的理解，所以 3M 公司的一位常务副总裁在一次讲演中甚至这样开头："大家必须以一个坚定不移的信念作为出发点，这就是：创新是一个杂乱无章的过程。"

应该说，杂乱无章是创新的本质的说法可以为人们所接受。因为创新是对旧事物的否定，是对新事物的探索。对旧事物的否定，必定要突破原先的制度，破坏原先的秩序，必须不遵守原先的章法；对新事物的探索，意味着要在不断的尝试中去寻找新的秩序、新的方法，在取得最终成果之前，要经历无数次的反复，无数次的失败。因此，它看上去必然是杂乱的。但这种杂乱是相对于旧制度、旧秩序而言的,就创新的总体来说,它们必然遵循一定的步骤、程序和规律。

总结众多成功企业的经验,成功的创新要经历:寻找机会—提出构想—迅速行动—忍耐坚持这四个阶段。

（一）寻找机会

创新是对原有秩序的破坏。原有秩序之所以要打破,是因为其内部存在着或出现了某种不协调的现象。这些不协调对系统的发展造成了某种不利的影响。创新活动正是从发现和利用旧秩序内部的这些不协调现象开始的,可以说不协调为创新提供了契机。

旧秩序中的不协调既存在于企业的内部,又可产生于企业的外部。就企业外部而言,有可能成为创新契机的变化主要有:

1. 技术的变化。可能影响企业相关资源的获取、生产设备及产品的技术水平。

2. 人口的变化。可能影响劳动市场的供给和产品销售市场的需求。

3. 宏观经济环境的变化。迅速增长的经济背景可能给企业带来不断扩大的市场,而整个国民经济的萧条则可能降低企业产品需求者的购买能力。

4. 文化与价值观念的转变。可能改变消费者的消费偏好或劳动者对工作及其报酬的态度。

就企业内部来说,引发创新的不协调现象主要有:

1. 生产经营中的瓶颈,可能影响了劳动生产率的提高和劳动积极性的发挥,因而始终困扰着企业的管理人员。这种不协调环节的产生,既可能是某种材料的质地不够理想,且始终找不到替代品,也可能是某种工艺加工方法的不完善,或是某种分配政策的不合理。

2. 企业意外的成功和失败。如派生产品的利润贡献不声不响地、出人意料地超过了企业的主营产品;老产品经过精心整顿改进后,结构更加合理、性能更加完善、质量更加优异,但并未得到预期数量的订单,等等,这些出乎意料的成功和失败,往往可以把企业从原先的思维模式中解放出来,从而成为企业创新的一个重要源泉。

企业的创新,往往是从密切地注视、系统地分析社会经济组织在运行过程中出现的不协调现象开始的。

（二）提出构想

敏锐地观察到了不协调的现象以后,还要透过现象研究原因,并据此分析和预测不协调的未来变化趋势,估计它们可能给企业带来的积极或消极的后果,并在此基础上,努力利用各种方法,消除不协调,使企业在更高层次实现平衡的创新构想。

（三）迅速行动

创新成功的秘密主要在于迅速行动。提出的构想可能还不完善，甚至可能很不完善，但这种并非十全十美的设想必须立即付诸实施才有意义。"没有行动的思想会自生自灭"，这句话对于创新思想的实践尤为重要，一味追求完美，以减少受讥讽、被攻击的机会，就可能坐失良机，把创新的机会白白地送给自己的竞争对手。例如，20世纪70年代，施乐公司为了把产品搞得十全十美，在罗彻斯特建造了一座全由工商管理硕士（MBA）占用的29层高楼。这些MBA们在大楼里对第一件可能开发的产品设计了拥有数百个变量的模型，编写了一份又一份的市场调查报告，然而，当这些人继续不着边际地分析时，当产品研制工作被搞得越来越复杂时，竞争者已把施乐公司的市场抢走了50%以上。所以创新的构想只有在不断地尝试中才能逐渐完善，企业只有迅速地行动才能有效地利用不协调提供的机会。

（四）忍耐坚持

构想经过尝试才能成熟，而尝试是有风险的，不可能一击即中。创新过程是不断尝试、不断失败、不断提高的过程。因此，创新者在开始行动以后，为取得最终的成功，必须坚定不移地继续下去，决不能半途而废，否则便会前功尽弃。

10.3　创新的内容与方法

10.3.1　创新的内容

系统在运行中的创新要涉及许多方面。在此，我们主要以社会经济生活中大量存在的企业系统来介绍创新的内容。

（一）观念创新

管理观念又称为管理理念，它是指管理者或管理组织在一定的哲学思想支配下，由现实条件决定的经营管理的感性知识和理性知识构成的综合体。一定的管理观念必定受到一定社会的政治、经济、文化的影响，是企业战略目标的导向、价值原则，同时管理的观念又必定折射在管理的各项活动中。进入20世纪80年代以来，经济发达国家的优秀企业家提出了许多新的管理观念。如知识增值观念、知识管理观念、全球经济一体化观念、战略管理观念、持续学习观念等。

在我国,企业的经营观念存在着经营不明确、理念不当、缺乏时代创新精神等问题,因此,应该尽快适应现代社会的需要,结合自身条件,构建自己独特的经营管理理念。

（二）目标创新

我们知道,知识经济时代的到来导致了企业经营目标的重新定位。为什么?原因很简单:一是企业管理观念的革命,要求企业经营目标重新定位;二是企业内部结构的变化,促使企业必须重视非股东主体的利益;三是企业与社会的联系日益密切、深入,社会的网络化程度大大提高,企业正成为这个网络中重要的联结点。因此,企业经营的社会性越来越突出,从而要求企业高度重视自己的社会责任,全面修正自己的经营目标。众所周知,美国曾经最为推崇利润最大化,盈利能力曾经是评价美国企业好坏成败的惟一标准,可是就在那里,今天评价企业的标准已经发生了巨大的变化。适应知识经济时代的多元目标相互协调的企业经营目标观念被广为接受。例如,在全世界享有盛誉的美国《财富》杂志最近评选最优秀企业时,采用了创新精神、总体管理质量、财务的合理性程度、巧妙地使用公司财产的效率以及公司做全球业务的效率等九项指标。从这些带有导向性的指标中我们看到,企业对员工、对社会、对用户的责任等指标在整个指标体系中占了相当分量。所以,在新的经济背景下,我国企业要生存,目标就必须调整为:"通过满足社会需要来获得利润"。

▷【小资料】

知识经济是指有别于传统工业经济的新型经济。它是以高新技术产业为支柱,以智力资源的占有、配置为依托的一种可持续发展的经济。1996 年,国际经济合作组织在《科学、技术和产业展望报告》中指出,在过去 10 年中,该组织成员国 GDP 增长的 50% 以上是以知识经济为基础的,这些国家的高技术产品在制造业产品中的份额翻了一番多,达到 20%～25%。在知识密集的服务部门,如教育、通讯、信息等部门的发展更是日新月异。有人估计,科技进步对经济增长的贡献率,已从 19 世纪初的 5%～20% 提高到 20 世纪 90 年代的 70%～80%,全球信息高速公路建成后将提高到 90%。因此,国际经济合作组织在报告的最后总结说,事情已使人们越来越清楚:知识是支撑经济合作组织国家经济增长的最重要因素。

（三）技术创新

技术创新是企业创新的主要内容,企业中出现的大量创新活动是有关技术方面的。技术水平高低是反映企业经营实力的一个重要标志,企业要在激烈的市场竞争中处于主动地位,就必须不断地进行技术创新。由于一定的技术都是通过一定的物质载体和利用这些载体的方法来实现的,因此企业的技术创新主要表现在要素创新、要素组合方法的创新和产品创新三个方面。

1. 要素创新

企业的生产过程是一定的劳动者利用一定的劳动手段作用于劳动对象,使之发生物理、化学形式或性质变化的过程。参与这个过程的要素包括材料、设备以及企业员工三类。材料是构成产品的物质基础,材料的费用在产品成本中占很大的比重,材料的性能在很大程度上影响产品的质量。设备创新对于减少原材料、能源消耗,对于提高劳动生产率、改善劳动条件、改进产品质量有十分重要的意义。企业的人事创新,既包括根据企业发展的技术进步的要求,不断地从外部取得合格的新的人力资源,而且更应注重企业内部现有人力的继续教育,提高人的素质,以适应技术进步后的生产与管理的要求。

2. 要素组合方法的创新

利用一定的方式将不同的生产要素加以组合,这是形成产品的先决条件。要素的组合包括生产工艺和生产过程两个方面。工艺创新既要根据新设备的要求,改变原材料、半成品的加工方法,又要求在不改变现有设备的前提下,不断研究和改进操作技术和生产方法,以求得现有设备的更充分的利用,现有材料的更合理的加工。工艺的创新与设备创新是相互促进的,设备的更新要求工艺方法做相应的调整,而工艺方法的不断完善又必然促进设备的改造和更新。企业应不断地研究和采用更合理的空间分布和时间组合方式,协调好人机配合,提高劳动生产率,缩短生产周期,从而在不增加要素投入的情况下,提高要素的利用效率。历史上,福特汽车公司将泰勒的科学管理原理与汽车生产实际相结合而产生的流水线生产方式是一个典型的生产组织创新。

3. 产品创新

产品创新包括品种和结构的创新。品种创新要求企业根据市场需要的变化,根据消费者偏好的转移,及时地调整企业的生产方向和生产结构,不断开发出用户欢迎的产品;结构创新在于不改变原有品种的基本性能,对现有产品结构进行改进,使其生产成本更低,性能更完善,使用更安全,更具市场竞争力。产品创新是企业技术创新的核心内容。它既受制于技术创新的其他方面,又影响其他技术创新效果的发挥;新的产品、产品的新结构,往往要求企业利用新机器设备和新工艺方法;而新设备、新工艺的运用又为产品的创新提供了更优越的物质条件。

(四)制度创新

制度是组织运行方式、管理规范等方面的一系列的原则规定,制度创新是从社会经济角度来分析企业系统中各成员间的正式关系的调整和变革。企业具有完善的制度创新机制,才能保证技术创新和管理创新的有效进行。如果旧的落后的企业制度不进行创新,就会成为严重制约企业创新和发展的桎梏。企业制度主要包括产权制度、组织制度和管理制度三个方面的内容。企业制度创新就是实现企业制度的变革,通过调整和优化企业所有者、经营者和劳动者三者的关系,使各个方面的权利和利益得到充分的体现;不断调整企业的组织结构和修正完善企业内部的各项规章制度,使企业内部各种要素合理配置,并发挥最大限度的效能。

(五)结构创新

在工业化社会的时代,市场环境相对稳定,企业为了实现规模经济效益,降低成本,纷纷以正规化、集权化为目标。但随着企业规模的不断发展,组织复杂化程度也越来越高,信息社会的到来,使环境不稳定因素越来越多,竞争越来越激烈。管理者意识到传统的组织结构不适应现代环境的多变性便会实施创新。一个有效组织应当是能随着环境的变化而不断调整自己的结构,使之适应新的环境的组织。根据这一认识,现代企业组织正不断朝着灵活性、有机性方向发展。

(六)环境创新

环境是企业经营的土壤,同时也制约着企业的经营。环境创新不是指企业为适应外界变化而调整内部结构或活动,而是指通过企业积极的创新活动去改造环境,去引导环境朝着有利于企业经营的方向变化。例如,通过企业的公关活动,影响社区政府政策的制定;通过企业的技术创新,影响社会技术进步的方向。就企业而言,市场创新是环境创新的主要内容。市场创新是指通过企业的活动去引导消费,创造需求。人们一般认为新产品的开发是企业创造市场需求的主要途径。其实,市场创新的更多内容是通过企业的营销活动来进行的,即在产品的材料、结构、性能不变的前提下,或通过市场的地理转移,或通过揭示产品新的物理使用价值,来寻找新用户,再通过广告宣传等促销工作,来赋予产品以一定的心理使用价值,影响人们的某种消费行为,诱导、强化消费者的购买动机,增加产品的销售量。

(七)文化创新

现代管理发展到文化管理阶段,可以说已达到顶峰。企业文化通过员工价值观与企业价值观的高度统一,通过企业独特的管理制度体系和行为规范的建立,使得管理效率有了较大提高。创新不仅是现代企业文化的一个重要支柱,而且还是社会文化中的一个重要部分。如果文化创新已成为企业文化的根本特征,那么,创新价值观就得到了企业全体员工的认同,行为规范就会得以建立和完善,企业创新动力机制就会高效运转。

10.3.2 创新的模式

(一)自主创新

自主创新是指通过拥有自主知识产权的独特的核心技术以及在此基础上实现新产品的价值的过程。自主创新包括原始创新、集成创新和引进技术再创新。自主创新的成果,一般体现为新的科学发现以及拥有自主知识产权的技术、产品、品牌等。

一般来说,自主创新活动风险较大,成本较高,相应的利润也较高。由于市场需求的复杂性和市场环境的多变性,以及生产、技术、市场等方面的不确定性,使首创型创新活动具有较大的不确定性和风险性。另外,要开辟一个全新的市场,企业必须先进行大量的市场开发投资,包括市场调查、产品开发、设备更新、组织变动、人员培训、广告宣传等市场开发费用。当然,如果首创型创新获得成功,企业便会因此获得巨大的市场利益。如果首创失败,企业就会蒙受一定的损失。首创型是一种高成本、高风险、高报酬的创新活动。因此,在采用首创策略时,创新者应根据实际情况,充分考虑各种创新条件的影响,选择适当的创新时机和方式,及时进行创新。

(二)模仿创新

模仿型创新是创新度最低的一种创新活动,其基本特征在于模仿性。模仿者既不必率先创造全新的新市场甚至也不必对首创进行改造。模仿创新者既可模仿首创者,又可以模仿改造者,其创新之处表现为自己原有市场的变化和发展。一些缺乏首创能力和模仿创新能力的中小企业,往往采用模仿战略,进行模仿创新。

一般来说,模仿创新者所承担的市场风险和市场开发成本都比较小。虽然模仿创新者不能取得市场领先地位,却可以通过自己某些独占的市场发展条件来获得较大的收益和竞争优势。例如,模仿创新者可以采取率先紧跟首创者的策略,从而取得时间优势;或者采用市场割据策略、低成本策略,从而获得价格竞争优势。模仿创新有利于推动创新的扩散,因而也具有十分重要的意义。任何一个首创者或模仿创新者企业,无论它拥有多大的实力,也无法在一个比较短的时间内占领所有的市场。因此,一旦自主或模仿创获得成功,一大批模仿创新者出现就成为必然。

(三)合作创新

合作创新是指企业与科研机构、高等院校、管理咨询公司等共同联合进行的创新。合作创新是以合作伙伴的共同利益为基础,以资源共享或优势互补为前提,通常有明确的合作目标、合作期限和合作规则,相互之间高度信任、共同参与的管理创新活动。合作创新是管理创新中最重要、最富有成效的一种创新模式,它最大的特点就是能够突破原有的思维定势,否定原有的管理模式,进行较大的管理创新活动。

10.3.3　创新的方法

(一)头脑风暴法

它是美国创造工程学家 A.F.奥斯本在 1940 年发明的一种创新方法。这种方法是通过一种别开生面的小组畅谈会,在较短的时间内充分发挥群体的创造力,从而获得较多的创新设想。当一个与会者提出一个新的设想时,这种设想就会激发小组内其他成员的联想。当人们卷入"头脑风暴"的洪流之后,各种各样的构想就像燃放鞭炮一样,点燃一个,引爆一串。这种方法的规则有:

1. 不允许对别人的意见进行批评或反驳,任何人不作判断性结论。

2. 鼓励每个人独立思考,广开思路,提出的改进设想越多越好,越新越好。允许相互之间的矛盾。

3. 集中注意力,针对目标,不私下交谈,不干扰别人的思维活动。

4. 可以补充和发表相同的意见,使某种意见更具说服力。

5. 参加会议的人员不分上下级,平等相待。

6. 不允许以集体意见来阻碍个人的创造性设想。

7. 参加会议的人数不超过 10 人,时间限制在 20 分钟到 1 小时。

这种方法的目的在于创造一种自由奔放的思考环境,诱发创造性思维的共振和连锁反应,产生更多的创造性思维。讨论 1 小时能产生数十个乃至几百个创造性设想,适用于问题较单纯,目标较明确的决策。

这种方法在运用中的发展,又有"反头脑风暴法",做法与"头脑风暴法"相反,对一种方案不提肯定意见,而是专门挑毛病、找矛盾。它与"头脑风暴法"一反一正可以互相补充。

(二)综摄法

这种方法是美国人哥顿在 1952 年发明的一种开发潜在创造力的方法。它是以已知的东西为媒介,把毫不关联、互不相同的知识要素结合起来创造出新的设想,也就是摄取各种产品和知识,综合在一起创造出新的产品或知识,故名综摄法。这样可以帮助人们发挥潜在创造力,打开未知世界的窗口。

综摄法有两个基本原则:

1. 异质同化,即"变陌生为熟悉"。这实际上是综摄法的准备阶段。是指对待不熟悉的事物要用熟悉的事物、方法、原理和已有的知识去分析对待它,从而提出新设想。

2. 同质异化,即"变熟悉为陌生"。这是综摄法的核心。是指对熟悉的事物、方法、原理和知识,用不熟悉的态度去观察分析,从而启发出新的创造性设想。

（三）逆向思考法

这种方法是顺向思维的对立面。逆向思维是一种反常规、反传统的思维。顺向思维的常规性、传统性,往往导致人们形成思维定势,是一种从众心理的反映,因而往往成为人们一种思维"框框",阻碍着人们创造力的发挥。这时如果转换一下思路,用逆向法来考虑,就可能突破这些"框框",取得出乎意料的成功。

逆向思考法由于是反常规、反传统的,因而它具有与一般思考不同的特点:

1. 突破性。这种方法的成果往往冲破传统观念和常规,常带有质变或部分质变的性质,因而往往能取得突破性的成就。

2. 新奇性。由于思维的逆向性,改革的幅度较大,因而必然是新奇、新颖的。

3. 普遍性。逆向思考法应用范围很广,几乎适用于一切领域。

4. 实效性。

（四）检核表法

这种方法几乎适用于任何类型与场合的创造活动,因此又被称为"创造方法之母"。它是用一张一览表对需要解决的问题逐项进行核对,从各个角度诱发多种创造性设想,以促进创造发明、革新或解决工作中的问题。实践证明,这是一种能够大量开发创造性设想的方法。

检核表法是一种多渠道的思考方法,包括以下一些创造技法:迁移法、引入法、改变法、添加法、替代法、缩减法、扩大法、组合法和颠倒法。它启发人们慎密地、多渠道地思考问题和解决问题,并广泛运用于创造、发明、革新和企业管理。它的要害是一个"变"字,而不把视线凝固在某一点或某一方向上。

（五）类比创新法

类比就是在两个事物之间进行比较,这个事物可以是同类的,也可以是不同类的,甚至差别很大,通过比较,找出两个事物的类似之处。然后再据此推出它们在其他方面的类似之处,因此,类比创新法是一种富有创造性的发明方法,它有利于发挥人的想象力,从异中求同,从同中求异,产生新的知识,得到创新性成果。类比方法很多,有拟人类比法、直接类比法、象征类比法、因果类比法、对称类比法、综合类比法等。

(六)信息交合法

它是通过若干类信息在一定方向上的扩展与交合,来激发创造性思维,提出创新性设想。信息是思维的原材料,大脑是信息的加工厂,通过不同信息的撞击、重组、叠加、综合、扩散、转换,可以诱发创新性设想。要正确运用信息交合法,必须注意抓好以下三个环节。

1. 收集信息

不少企业已设立专门机构来收集信息。网络化已成为当今企业收集信息的发展趋势。如日本三菱公司,在世界设置了115个海外办事处,约900名日本人和2000多名当地职员从事收集信息工作。收集信息的重点放在收集新的信息,只有新的信息才能反映科技、经济活动中的最新动态、最新成果,这些往往对企业有着直接的利害关系。

2. 简选信息

包含着核对信息、整理信息、积累信息等内容。

3. 运用信息

收集、整理信息的目的都是运用信息。运用信息,一要讲快,快才能抓住时机;二要交合,即这个信息与那个信息进行交合,这个领域的信息与那个领域的信息交合,把信息和所要解决的目标联系起来思考,以创造性地解决目标。信息交合可通过本体交合、功能拓展、杂交、立体动态四个原则进行交合。

总之,信息交合法就像一个"魔方",通过各种信息的引入和各个层次的交换会引出许多系列的新信息组合,为创新对象提供了千万种可能性。

(七)模仿创新法

人类的创造发明大多是由模仿开始的,然后再进入独创。勤于思考就能通过模仿作出创造发明,当今有许多项目模仿了生物的一些特征,以致形成仿生学。模仿不仅用于工程技术、艺术,而且也用于管理方面。

(八)形态分析

形态分析就是通过矩阵的方式来产生想法,这种方法起源于天体物理学的复杂技术领域。例如,一个二维矩阵,每条轴上有10个想法,这样两两结合,就会产生出100个想法。如果再增加也有10个想法的第三维,这样就能产生1000个想法。

以制造随身听的公司为例,在三维形态分析中,第一阶段就是为矩阵的三条轴找到合适的分类方式。在这一例子中,轴可以是形状、目的和地点,相应的矩阵如下:

形状:随身听的形状可以是:钢笔、手表、耳饰、眼镜、手杖、日记本、梳子以及纽扣等。

目的:随身听的目的是用来产生音乐、噪音、动物的叫声,也可以作为呼机或者是留声机。

地点:随身听使用的地点可以有教堂、办公室、厕所、足球场、机场和街道。

这例子显示出一个 $8 \times 6 \times 6$ 的矩阵,共产生了 288 个想法,从这个想法的宝库里找出一两个好想法的机会大大增加了。

10.4 管理创新的管理

创新是一种可以组织并需要管理的系统工作。据统计,在所有的有效创新中 90% 来自于分析、系统组合和有目的的创新。尽管管理者对灵机一动的创新也应该给予赞赏和鼓励,但管理者更应该致力于在组织中积极地引导员工进行系统的创新。从根本上说,推动一个组织稳定、快速发展必须依赖于有组织、有目的的系统创新。从这个意义上说,我们必须对管理创新进行管理,使之能够更有效地开展。

管理创新的管理实质上是要回答如何使管理创新活动更加有效,如何使管理创新行为持续、稳定地进行,使管理创新成为管理者必须履行的一个重要管理职能的问题。

为了保障管理创新工作的顺利进行,管理创新工作与其他工作一样,也需要做好计划组织领导和控制工作。

10.4.1 管理创新的计划

管理创新计划的制订是创新管理的基础。制订科学的管理创新计划可以提高管理创新过程的效率和成功率。

一般来说,与企业中的其他工作一样,管理创新计划的制订要服从企业的总体目标,通过深入分析企业的外部环境和内部条件,明确管理创新目标,选择正确的创新途径,配置必要的创新资源,制订切实可行的实施计划。

企业制订管理创新计划，首先要进行创新对象的选择，即根据企业环境的变化和管理中发现的各种问题决定进行什么样的创新，是观念创新、组织创新，还是方法创新。正确选择管理创新对象的关键在于管理者是否有强烈的问题意识，就是说在制定创新计划的时候，管理者能否事先预计到可能发生的各种问题；问题发生时，能否及时准确地感知和察觉。一般来说，应把前面计划期遗留的问题和最近发生的管理中的突出问题作为管理创新对象优先考虑。

管理创新计划应由企业最高领导亲自主持制订，由于实施管理创新成果涉及企业的方方面面，所以计划工作应尽早进行。

收集资料、分析资料、提供依据等具体工作由综合管理部门与其他职能部门去做，各部门应提交本部门本年度需要解决的各种管理问题，及创新活动开展所需要的人、财、物和可行性分析、对其他工作的影响。企业领导必须掌握第一手资料，拟定的草案和各种汇总资料、数据必须由企业领导班子亲自审定、批准。

10.4.2　管理创新的组织

管理创新的组织工作要求管理者按照创新目标和计划的要求建立合理、高效、能保证计划顺利实施的组织结构与体系，合理安排和调配各种组织资源，以保证管理创新计划的顺利完成。具体而言，管理创新的组织工作主要包括以下几个方面。

1. 建立和完善创新制度。制定鼓励创新的规章制度是企业进行创新管理的基础工作。通过制度建设可以使管理创新活动制度化、规范化、持续化。通过创新制度的建立和完善，可以将创新工作纳入组织体系之中，明确组织创新理念、与创新有关的职责分工和工作规则，有效保证从事创新活动所需要的各种资源，为创新工作的开展提供组织保障。如有的企业明确规定创新包括技术创新与管理创新，每年用于创新的经费不低于上一年度销售收入的 5%，同时明确了对创新成果的奖励政策和创新者的各种权益，使企业的各项创新工作得以正常进行。

2. 保证对管理创新的投入。对于管理创新，所需要的投入既包括资金方面，又包括时间、精力、信息等方面。管理者要舍得在管理创新与管理创新的组织上花一定的时间与精力，也要给员工以一定的时间和条件使其能够进行管理创新。把每个人的每个工作日都安排得非常紧，使每个人都"满负荷工作"，人们就没有时间进行思考，也就无法产生创新的构想。用部分工作时间去思索，如 IBM，3M、奥尔-艾达以及杜邦公司等美国成功的企业往往让员工自由地利用 5%～15% 的工作时间来开发他们的兴趣和设想。

3. 成立创新小组,在企业内部有效开展管理创新的组织形式可以多种多样,如成立质量管理小组(简称 qc 小组)从事管理创新的组织形式、攻关小组、管理专项工作推进小组等等。

广泛开展创新思维与创新技法教育。目前,我国许多企业的员工没有接受过创新思维和创新技法的教育。创新意识十分薄弱,甚至许多人不知道什么是创新学,个人的创新障碍普遍地不同程度地存在。许多人不想也不知道如何来开发自己的潜能,因而很少有人把心思放在各类创新活动上。这是一种极大的人力资源的浪费,事实证明,一般员工经过短时间的培训就可以收到明显效果,对员工进行全新技能的开发投资也是投资回报率最高的投资之一。

10.4.3 管理创新的领导

管理创新工作是开发员工的智力,而不是体力。在管理创新工作的领导过程中。管理者主要是要建立良好的组织创新环境并做好创新的激励工作。为此,管理工作要做好以下几个方面:

1. 管理者应以身作则,富有创新精神只有自身富有创新精神的管理者,才会珍惜员工的创新性,才会支持和鼓励员工的创新。只有富有创新精神的管理者,才会意识到创新主要取决于人。因而把那些不盲从、爱独立思考的有创新才能的人看成是最宝贵的财富,进而珍视他们的意见,善于吸收和保护有才能的人,在工作中善于鼓励下属进行创新,并帮助下级发挥他们的创新潜力。

2. 创造促进创新的组织氛围。公司文化对创新行为具有重大的影响。在官僚作风严重的环境下,创新是很难得到推动的。为了促进创新,公司必须创造一种环境,使雇员们敢于冒险。

3. 正确地对待失败。创新的过程是一个充满不确定性的过程,失败是难免的。创新者和创新的组织者都应该认识到这一点。为此,管理者必须非常小心地对待创新失败,如果创新失败的原因是能力不够、系统性失误或管理草率,组织应予以适当的惩罚;对由于不确定性而导致的失败,则不应惩罚。组织应致力于允许"试错"的组织文化的建设,并在制度上保证失败者不会因为创新失败而受到惩处,从而鼓励人们大胆创新。促进创新的一个好方法就是大张旗鼓地宣传创新、鼓励创新,使每一个人都奋发向上、跃跃欲试、大胆尝试,做好该做的事,鼓励创新,使每个人都认识到自己在组织中的职责不仅是要按照既定的规则,也包括寻找更好的工作方法,以更好地实现组织目标。我们甚至可以对创新的失败同样给予鼓励。

4. 强化创新激励机制。要激发每个人的创新热情,就必须建立合法的评价和报酬机制。创新的原始动机既可能是出于责任心、个人的成就感和自我实现的需要,也可能是为了生存,为了得到更多的收入,不管是出于什么目的,还必须建立合理的奖惩制度。如果创新的努力和工作不能得到企业的认可,不能得到公正的评价和合理的报酬,则创新的动力就会逐渐消失。

10.4.4　管理创新的控制

如同企业其他项目一样,对于管理创新的各项工作,也应该纳入企业工作检查范围并加以经常性的督促,只有这样,才能保证创新目标的实现。

建立实施过程中的控制与评价体系。管理创新方案实施的关键是要在实施过程中建立控制与评价制度,确保执行部门和人员严格按照创新方案去实施,否则创新方案实施效果不理想的原因就难以搞清楚。如果严格按照创新方案去实施,而效果不理想,那么就说明原来的创新方案需要修改与完善。如果没有严格按方案去实施,出现效果不理想的情况,将会面临左也不是右也不是的局面。修改方案没有依据,因为不能证明方案在什么地方有问题。如继续执行,则执行者有意见:明摆着没有用,为什么还要执行。这样,创新活动就会流产,企业就得不到实效。而在方案实施过程中建立信息反馈渠道,及时检查实施情况,发现差异,查明原因,对创新方案进行不断修正和完善,直至达到预定的创新目标为止,这样就可以确保创新目标的实现,促使企业管理水平上一个新台阶。

☞【本章小结】

1.创新是生产要素的重新组合,其目的是获取潜在的利润。

2.创新的特征:不确定性,保护性和破坏性,必然性和偶然性,被排斥性,负责性,时效性和动态性。

3.创新的过程:寻找机会—提出构想—迅速行动—忍耐坚持。

4.创新的内容:观念创新,目标创新,技术创新,制度创新,结构创新,环境创新和文化创新。

5.创新的模式:自主创新,模仿创新和合作创新。

6.管理创新的管理分成四个过程:管理创新的计划,管理创新的组织,管理创新的领导和管理创新的控制。

☞【复习思考题】

1.生活中,你是一个具有创新意识的人吗?周围的人在这个问题上是如何评价你的?请做一个调查。

2.你能理解熊彼特创新含义中五个具体方面的内容吗？说说你的看法。

3.请为创新的过程画一张图。

4.创新的内容和方法各有哪些？

▷【实训题】

每 10 人一组，围绕班级某项工作开一次会，用头脑风暴法找出创新构想。各组做好记录。然后进行比较，看谁想得多，想得好。最后列出认为具有可行性的构想（可有多个）。

▷【案例讨论】

案例 1　组合资源、不断创新的索尼公司

索尼公司是世界上生产视频设备的最大厂商，长期以来，它一直是日本文、理大学毕业生就业的首选目标企业。索尼之所以能够聚集人气，是因为在电子产品方面能够形成自己独特的竞争能力，反映在以下几个方面：

(1)及时调整发展战略。每当环境发生急剧的变化或企业发展面临新的转折点，索尼公司的最高管理层就会拿出应变措施，制定新的发展战略，为企业的发展指明方向。盛田在 20 世纪 60 年代初期访问荷兰的飞利浦公司，他对荷兰这么一个小小的农业国能够出现一个世界著名的电子企业飞利浦震动很大，从此，盛田把世界市场作为公司的市场。80 年代初期，索尼公司出现了首次减少收益的情况，为了打破公司内部郁闷气氛，公司推出了包括录像机最强、磁产品最强、消费品的强化、生产销售决策程序重组等六大重点方针。80 年代末，随着索尼国际化的发展。1998 年，盛田及时提出了新的发展战略，即"全球地方化战略"，从根本上改变公司的思维定势，要根据全球经济一体化的变化制定自己的发展战略。90 年代初，在新的形势下，盛田又提出了 AV & CCC(Computer、Communication、Component) 的发展战略，展示了索尼公司面向 21 世纪的新目标。进入 21 世纪，随着互联网的发展，索尼公司紧紧抓住消费者需求这个主题，不断调整自己的战略。索尼公司宣布将实行向"个人宽带网解决方案公司"全面转型，其目的是进一步加深与全球用户的互动关系，并为全球用户提供能够在宽带网社会享用丰富的产品与服务。

(2)技术引进。原公司总经理盛田说过，在技术进步这么快的今

天，一个企业要全揽某一方面的技术是不可能的，要尽可能利用各种关系，引进自己所需的技术。在这种思想指导下，根据公司的发展需要，索尼公司不断引进新的技术。如与 IBM 联盟生产计算机用磁带；与飞利浦联盟共同开发 CD 光盘；与微软、苹果公司合作共同开发软件，等等。

（3）重视独创性。索尼公司在引进技术、开发新产品之际，非常注重培养自己的核心技术。每当出现新的技术，只要与自己的研究、生产活动相关，就马上抓住机会，迅速应用到自己公司产品中来。有些技术在欧美刚刚出了实验室，索尼就开始考虑购买其专利，实现商品化，新产品不断打破日本或世界纪录，成为日本或世界首创的产品。在索尼发展史上，仅仅在 20 世纪 50 年代到 60 年代，就成功开发了 5 个日本首创、16 个世界首创的产品。研究员江崎还由于在半导体隧桥技术方面的突破，获得诺贝尔奖。

（4）致力于学习型组织的建立。为了及时收集最新技术信息和知识，使公司的技术始终保持领先地位，索尼公司内部举行各种技术学术交流活动，参加的成员从公司董事长到一般技术员，也有子公司和分公司的人员，或邀请学者参加，其目的是加强相关技术的交流，促进组织学习。通过各种不同人员的知识碰撞，产生新的知识和灵感，有利于组织的研究开发。通过举办各种各样的交流会和演讲会，索尼公司已成为一个真正的跨部门、跨专业的学习型组织。

（韩中和：《研究与发展管理》2001 年）

【思考】 1. 索尼公司在短短的 30 年时间里发展为国际化大企业，其依赖的基础和动力是什么？公司在创新方面表现出什么特点？有哪些积极的创新机制？

2. 信息时代，公司要保持未来的高速发展，应如何看待创新技术的引进和原创问题？

▷【案例讨论】

案例 2　武广模式

　　20 世纪 90 年代，中华大地"硝烟弥漫"的市场竞争莫过于中国商业,尤其是零售业。全国250家大型商业企业近50%销售利润零增长或负增长,不少新建商场开业不到一年即倒闭。然而在这种"恶劣"的市场环境下,1996年9月在武汉开业的武汉广场管理有限公司,却异军突起,取得了令人瞩目的骄人业绩:实现当月开业,当月盈利;当年开业,当年稳步进入市场成长期;1年零8个月收回投资成本。1997年实现利润1.37亿元;1998年1~4月又盈利4000多万元,占武汉市17家大型商场利润总和60%。截止到2004年,武广销售业绩以两位数的增长速度持续发展。1997年至2002年累计实现利润4.32亿元,上缴国家税收2.07亿元,六年赚回两个武广。2003年业绩再创新高,实现销售20亿元,利润1.5亿元。在2004年1~9月,实现销售15亿元,利润1.3亿元,提前三个月完成了全年的利润目标。特别是在1999年武汉广场的管理模式又被成功地运用于新武汉商场的管理经营之中,武汉广场以其独创模式的辉煌而享誉商界。

"一石激起千层浪",武汉广场的成功,引起了全国商界及理论界的强烈关注,被誉为"武广模式"。让我们沿着武汉广场的成功轨迹,来看看"武广模式"与企业创新管理。

一、管理模式的创新

当代世界零售业基本业态分为百货公司、仓储商店、超级市场、专卖店和购物中心几种。武汉广场管理有限公司从实际情况出发,在充分调研和分析的基础上,确立武汉广场为购物中心管理模式,但是没有简单照搬国外购物中心物业管理模式,而是以独特的创新精神,从中国国情出发,设计了"购物中心+百货公司"的管理模式。

1. 采用国际百货公司最新概念的管理模式:一级核算、进销分离、走动管理。

(1)一级核算。中国传统百货企业在相当长的时间里始终实行的是三级管理、二级核算的层叠式管理体制,权力分散,容易形成小集团利益中心,难以形成整体优势。武汉广场大胆选择了一级管理的方式:总经理对公司财务、人事、经营实行集中管理,不仅保证了企业资源一体化的有效使用,有效地消除了传统零售业由于两级核算造成的强调部门利益而整体实力削弱的弊端,而且保证了高度集中的财务、货品和人力资源流程控制,节省了大量劳动力资源,降低了经营与管理成本。

·(2)进销分离。作为国际流行的零售管理模式,它在经营和管理上把进货和销货两大功能彻底剥离,适应了社会化大生产和专业化分工的需要,以及市场竞争环境下管理规范化及成本最小化的需要。为此,武广重新设计了经营管理流程,改造了传统的购、销、存模式,成立了货品部和卖场部,各自独立、彼此制约。

(3)走动管理。现场管理是零售企业十分重要的环节,也是管理水平好坏的直接体现。在传统的零售企业中,现场管理总是管理环节中的弱点与难点。武广从零售企业直接面向广大消费者服务的特征出发,在营业现场推行"走动式管理法",要求楼面的现场管理人员不间歇地在楼面巡察,并规定现场管理人员在巡察过程中每分钟走动不少于90步。例如一现场管理人员通过"走动式管理",发现大厅地面有一质量问题,使之得到了及时解决。武汉广场就是通过这种不断地在现场走动,及时发现销售过程、服务过程、现场管理中的问题,争取在一开始就能解决出现的问题,从而提高工作效率和管理水平。

2.借鉴国际购物中心的物业管理概念,使武广购物中心简洁高效。

武汉广场不仅为所有客户提供包括水、电、空调、煤气、保安、保洁等物业服务,提供促销计划服务,而且还为客户提供企业注册、银行税务咨询、海关报关、运输、仓储等"一站通"服务。因此,武汉广场的物业管理,不仅在国内外客户中留下良好的口碑,同时也为广大消费者提供舒适宜人的休闲购物空间。购物中心物业管理的概念,不仅使其机构精减高效,而且使管理有序到位,极大地降低了经营成本,武汉广场40%的经济效益,来源于其有效的管理体系。

3.创新经营方式,以"永远比竞争对手快一步"为经营宗旨,不断创造差异竞争优势,确保经营领先。随着市场的发展,武汉广场在开业初期就取得巨大成功的"专柜保底抽成"经营方式的基础上,本着最大限度地实现工商"双赢"原则,创造了多种经营方式并存的格局。例如:对国际品牌实行"放水养鱼"政策;培育 N 个"年销售过千万元的金牌客户"计划等。此外,武汉广场还开创性地活用"淋浴式"概念,打造特殊经济。公司将高层 8 楼改建为"名品仓",通过强势包装,将客流吸引到八楼,再循环到一楼,实现人流和效益的双循环。

二、企业制度的创新

武汉广场创建伊始,就致力于企业制度的创新,实行现代企业制度。

1.创建一套指导经营管理运作的企业法典——全面质量管理控制文件体系。

这套体系被称为"武广经营管理思想库"。按照现代企业制度的要求和零售业发展规律,武汉广场从筹建起,就着手调研,并创建了一套以 ISO9000 全面质量管理文件格式为蓝本的文件控制体系,将各部门、各级岗位职责、工作标准、工作制度、流转环节、行为规范用全面质量管理文件体系的形式反映出来,以此规范指导各职能部门及每个员工的行为,使每个员工的工作制度化、程序化。

2.采用了全新的用工制度和分配制度。

与传统企业明显不同的是,武汉广场真正做到了"干部能上能下,员工能进能去,收入有多有少"。在武广,竞争是激烈的,制度是公平的,任何人都不能享有特权,没有业绩便是过错,并规定管理人员年终考核时必须有 5%～10% 的淘汰率,以此激励员工努力工作,优化公司人才结构。同时,公司鼓励员工利用各种机会展示才能,营造一种人才氛围,形成良好的激励机制。

3.建立无所不在的培训体系。

人才是武广创造价值的主要要素,是公司未来持续成长和发展的源泉。武汉广场自创建以来,始终把员工的培训放在一个战略高度上,融教育于管理过程中。武广的口号是"培训中心是利润中心,而绝不是成本中心","先出人才,后出效益"。由此建立了一套科学、严密、合理的培训体系。在武广,公司的每一位经理都是培训经理,而每一位柜长都是培训柜长。培训与学习无处不在,无时不在,任何管理员工的提职晋升都必须与其培训工作的业绩相联系。

三、管理技术的创新

商业企业的管理革命,必将伴随着管理手段的革命。高科技的迅猛发展,为武广管理技术的创新提供了坚实的基础。如何将最新的科技成果与传统的商业相结合?如何使高科技为商业经营服务,使其溶入企业的经营方法、组织流程、运作模式之中?为此,武广自开业以来,投资近千万元,用于构建电脑系统和开发应用软件,从 IBM6000 小型机、收款机、工作站到经营、财务、人事、总经理查询和店内卡系统软件等现代技术的应用,有效地支持了精简高效的组织及管理,并有效地规范了员工行为,降低了经营运作成本。

四、文化理念的创新

"把最微不足道的事情做得完美无瑕"是武广文化理念的内核,由此展开,构成了武广管理、经营、人才等各方面的文化系统。

1. 管理理念。

武广企业文化内涵的核心是得到公司员工认同的价值体系。公司以"制度创新、重在执行"为管理宗旨，打造武广规范的管理形象，提升武广的美誉度。强调管理始于每一个细节，公司在每一件事情上都要贯彻下道环节是用户的思想。为此，公司注重建立一套规章制度，更重视的是锲而不舍、不折不扣的执行。在武广，实行"制度大于总经理"，制度面前人人平等。在工作上，倡导能者上、庸者下，最大限度地满足员工的创造欲望和成就感；在工作态度上，提倡创造性学习、创造性思维、创造性工作；在考核中，树立"不纠缠过程，注重结果"的功过标准，营造"制度第一，自律第二"的管理氛围。

2. 经营理念。

坚持"顾客导向、物有所值"的经营方向，把企业经营的成败建立在良好的声誉上。为顾客创造人性化、个性化的生活空间，提倡顾客永远是对的。同时，加强合作与沟通，与供应商建立唇齿相依的关系，与社会各界建立良好的公共关系。创造需求，把握零售的主动权，实现以适应需求、引导需求向创造需求的飞跃。

3. 服务理念。

公司以"诚信经商、人性关怀"为服务宗旨，使优质服务更具前瞻性、时代性和创新精神。今天武汉广场的系统服务体系，从创业之初的"微笑、礼貌、普通话"、日式服务、星级服务、金钥匙服务、知识型专家型服务，到今天"$100-1=0$"和"$100+1=\infty$（无穷大）"的服务公式，六代服务品牌，一个比一个具有更新的内涵，一步比一步迈向更高的层次，赢得了一批又一批的忠实顾客。

4. 人才理念。

对于人才，公司坚持"以人为本"，崇尚"先出人才，后出效益"的理念，把企业的成功归功于其所拥有的人才，把公司的命运维系于全体员工的素质，以人为本，鼓励坦诚的双向沟通，建立和谐的工作环境，提倡亲密无间的新型人际关系和上下一心、群策群力的团队精神。公司对人力资本增值目标表现为对人才的吸纳、维持、激励和持续，不断地开展人才资源开发与培训活动。

（案例来源：http://jpkc. cug. edu. cn/2007jpkc/glxgj2/resoures/anlku/1％20(34).htm）

【思考】　1. 管理创新的含义是什么？

2. 有人认为，管理内容的核心就是维持和创新。任何组织系统的任何管理工作无不包含在维持或创新中，维持和创新是管理的本质内容。你怎样看待这一观点？如何通过适度的维持和适度的创新组合来实施有效的管理？

3. 结合本案例，说明管理创新职能应包括哪些方面的内容？

4. "武广模式"是否具有普遍意义？

主要参考文献

1. 邢以群. 管理学(第2版). 杭州:浙江大学出版社,2005.

2. 顾锋. 管理学. 上海:上海人民出版社,2004.

3. 熊勇清. 管理学. 长沙:湖南人民出版社,2005.

4. 周祖城. 企业伦理学. 北京:清华大学出版社,2005.

5. 理查德·L. 达夫特等. 管理学原理. 北京:机械工业出版社,2005.

6. 赵涛,齐二石. 管理学. 天津:天津大学出版社,2004.

7. [美]斯蒂芬·P. 罗宾斯,玛丽·库尔特著,孙健敏等译. 管理学(第7版). 北京:中国人民大学出版社,2004.

8. [美]小约翰·谢默霍恩著,甘亚平译. 管理学原理. 北京:人民邮电出版社,2005.

9. [美]哈罗德·孔茨,海因茨·韦里克著,张晓君等编译. 管理学(第10版). 北京:经济科学出版社,1998.

10. 杨孝伟,赵应文. 管理学——原理、方法与案例. 武汉:武汉大学出版社,2004.

11. 张兆响,司千字. 管理学. 北京:清华大学出版社,2004.

12. 徐光华等. 管理学——原理与应用. 北京:清华大学出版社,北京交通大学出版社,2004.

13. 周三多等. 管理学——原理与方法(第4版). 上海:复旦大学出版社,2003.

14. 孙焱林,陈雨良等. 实用现代管理学. 北京:北京大学出版社,2004.

15. 王卫东,陶应虎. 管理学——基于网络构建竞争优势. 北京:科学出版社,2004.

16. 成刚. 组织与管理原理. 上海:上海人民出版社,2002.

17. 赵涛. 管理学案例库. 天津:天津大学出版社,2005.

18. 周文霞. 管理中的激励. 北京:企业管理出版社,2004.

19. [美]加雷斯·琼斯,珍妮弗·乔治著,郑风田,赵淑芳译. 当代管理学. 北京:人民邮电出版社,2005.

20. 刘峰.管理创新领导艺术.北京:北京大学出版社,2006.

21. 苏勇,罗殿军.管理沟通.上海:复旦大学出版社,1999.

22. 郭咸钢.西方管理思想史.北京:经济管理出版社,2004.

23. 张明玉等.管理学.北京:科学出版社,2005.

24. 郭咸钢.西方管理思想史.北京:经济管理出版社,2004.

25. 张明玉等.管理学.北京:科学出版社,2005.

26. 赵涛,齐二石.管理学.天津:天津大学出版社,2004.

27. 赵涛.管理学习题库.天津:天津大学出版社,2005.

28. 周三多等.管理学——原理与方法.上海:复旦大学出版社,2004.

29. 邢以群.管理学.北京:高等教育出版社,2008.

30. 揭筱纹.管理思想史.北京:清华大学出版社,2011.